속도
전쟁

VELOCITY

by Dee Jacob and Suzan Bergland, with Jeff Cox

Copyright © 2010 by The Avraham Y. Goldratt Institute, a Limited Partnership, and Jeff Cox
Korean edition copyright © 2010 by Gimm-Young Publishers, Inc.
All rights reserved.

This Korean edition is published by arrangement with the original publisher, Free Press, A Division of Simon & Schuster, Inc., New York through KCC(Korea Copyright Center Inc.), Seoul.

속도 전쟁

제프 콕스 · 디 제이콥 · 수잔 버글랜드

최원준 감수 | 정성묵 옮김

김영사

속도 전쟁

저자_ 제프 콕스·디 제이콥·수잔 버글랜드
감수_ 최원준
역자_ 정성묵

1판 1쇄 인쇄_ 2010. 10. 18.
1판 1쇄 발행_ 2010. 10. 25.

발행처_ 김영사
발행인_ 박은주

등록번호_ 제406-2003-036호
등록일자_ 1979. 5. 17

경기도 파주시 교하읍 문발리 출판단지 515-1 우편번호 413-756
마케팅부 031)955-3100, 편집부 031)955-3250, 팩시밀리 031)955-3111

이 책의 한국어판 저작권은 KCC를 통하여
Free Press, a division of Simon & Schuster, Inc.와 독점 계약한 김영사에 있습니다.
신저작권법에 의해 한국 내에서 보호를 받는 저작물이므로
무단 전재와 무단 복제를 금합니다.

값은 뒤표지에 있습니다.
ISBN 978-89-349-4170-5 03320

독자의견 전화_ 031)955-3200
홈페이지_ http://www.gimmyoung.com
이메일_ bestbook@gimmyoung.com

좋은 독자가 좋은 책을 만듭니다.
김영사는 독자 여러분의 의견에 항상 귀 기울이고 있습니다.

서문
VELOCITY

노련한 경영자 치고 비즈니스 환경에서 변하지 않는 것은 하나도 없다는 사실을 모르는 사람은 없다. 시간이 지나면 다 변하기 마련이다. 물론 변화의 속도는 다 다르다. 천천히 변할 수도 있고, 전광석화처럼 순식간에 변할 수도 있다. 그런가 하면 실제 변화 속도는 느리지만 갑작스럽게 변화를 맞아 전광석화처럼 느껴질 수도 있다. 아무튼 시장, 첨단기술, 방법, 프로세스, 기술, 규제, 경영 기법에 이르기까지 변하지 않는 것은 없다. 이런 끝없는 변화를 다루려면, 아니 최대한 이용하려면 조직의 장기적인 성공이 지속적이고 발전적인 적응에 달려 있다는 사실을 알아야 한다. 이런 적응 방식은 '지속적인 개선'으로 알려져 왔다.

1980년대 이전부터 최근 몇 십 년 사이 지속적 개선을 위한 조직화된 프로그램이 수없이 많이 나타났다. 그 중에서 많은 프로그램이 세 글자의 약어로 명명되었다. 몇 가지만 소개하면 TPSToyota Production System, 도요타 생산 방식과 TQMTotal Quality Management, 전사적 품질 경영,

SPCStatistical Process Control, 통계적 공정 관리, JITJust in Time, 적시 생산 방식 등이 있다. 이 모든 프로그램, 심지어 폐기되거나 다른 프로그램으로 흡수된 프로그램들도 나름의 장점을 갖고 있는 유용한 도구이자 방법이다. 그런데 이런 프로그램의 실행과 때로는 근본 가정 자체에 문제점이 있었다. 그 결과, 많은 조직이 이런 프로그램을 통해 많은 것을 배웠지만 기대한 만큼의 지속적인 성과를 거두지는 못했다.

지속적인 개선이라고 하면 수많은 질문이 떠오른다. 무엇을 개선해야 하는가? 모든 것? 조직 전체의 모든 것을 개선하려고 노력해야 하는가? 이 질문에 많은 프로그램 관리자와 중역, 컨설턴트들은 고개를 끄덕일 것이다. "맞아. 운영의 모든 측면과 모든 기능, 그야말로 하나부터 열까지 다 개선해야 해." 마치 모든 부분에 집중해야 한다는 말처럼 들린다.

이것은 보통 심각한 질문이 아니다. 관리팀이 모든 것을 개선해야 하는가? 모든 것을 한꺼번에? 동시에? 그리고 지속적으로? 개선 범위는 어떻게 해야 하는가? 모든 부서를 포함시켜야 하는가? 모든 고객 서비스 담당부서와 공급처 관리부서까지? 시설관리부, 보전부와 회계부서도? 그리고 어떤 자원을 포함시켜야 하는가? 회사 내의 모든 것과 모든 사람을 포함시키면 어마어마한 작업이다. 이 작업을 어떻게 조직해야 효과적일까?

실용성과 예산이라는 빤한 이유로 모든 것을 한꺼번에 개선하지는 않을 생각이라고 하자. 그렇다면 처음 질문으로 돌아가야 한다. 무엇을 개선해야 하는가? 어디에 초점을 맞춰야 하는가? 어떤 기준에 따라 개선 프로그램을 선별하고 자원과 작업을 할당해야 하는가? 모든 투자와 노력이 정말 이익 증가로 이어질지 사전에 알 수 있는가?

"모든 것을 개선해야 해"라는 말의 속뜻은 대개 '전체'를 개선해야 한다는 것이다. 조직 전체가 해마다 커다란 성과를 이루기를 바란다는 뜻, '전체 시스템'이 개선되어 이익 성과가 지속적으로 나타나기를 원한다는 뜻이다. 그러나 '모든 것을 각각 개선하는 것'은 '전체를 개선하는 것'과 다르다. 무슨 말인지 궁금하다면 이 책을 끝까지 읽으라.

예나 지금이나 수많은 훈련과 내부 모임 등을 통해 대규모 개선 프로그램을 진행하는 기업이 많다. 그 이면에는 주로 '절감'이나 효율 증가, 낭비 요소 제거, 직원 사기 분야에서 작은 개선들이 쌓이면 수익성과 경쟁력, 고객 만족의 개선이 이루어진다는 믿음이 있다. 실제로 지역적인 개선은 이루어진다. 이를테면 B부서의 낭비와 M부서의 결손, 이런저런 프로세스의 산포, T부서의 처리 시간은 줄어든다. 하지만 대부분의 표면적 개선은 최종 손익에 전혀 보탬이 되지 않는다.

이것들이 이어지는 비즈니스 소설 《속도 전쟁》에 등장하는 에이미 키올라와 그 동료들뿐 아니라 세상 모든 기업과 조직의 수많은 관리자들이 마주한 문제다. 이런 문제가 중요한 것은 지속적 개선이 너무도 시급하기 때문이다. 그야말로 조직성과의 개선 없이는 살아남을 수 없는 세상이 되었다. 예전에도 그랬지만 요즘처럼 지속적 개선이 중요한 시기는 없었다. 하지만 관리자들뿐 아니라 린Lean과 식스 시그마 Six Sigma 같은 개선 프로그램의 전문가들은 어떻게 해야 하는가? 여태껏 수많은 기업과 조직이 린과 식스 시그마 같은 개선 프로그램과 공장, 장비, 기술에 막대한 투자를 했지만 기대한 결과를 얻지 못하고 있다. 무엇이 해답인가? 어떻게 해야 하는가?

이것이 우리가 이 책을 쓴 이유다. 여기서 우리는 세 가지 지속적 개선 프로그램린, 식스 시그마, 제약 이론 TOC(Theory of Constrains)을 융합하여 유기적 개선을 이루고 궁극적으로 실질적 성과를 이루기 위한 방안을 다룬다. 이 프로그램들을 잘 아는 독자도 많을 것이다. 하지만 잘 모르는 독자들을 위해 간단히 설명하면, 린은 도요타 생산 방식TPS의 개념을 기초로 하며 여러 형태의 낭비를 줄이는 데 초점을 맞춘다. 식스 시그마는 전사적 품질 경영을 비롯한 품질 개선 방식에서 비롯했으며 변동을 줄이는 효과가 있다. 제약 이론TOC은 우리 조직인 AGI 골드랫 연구소AGI-Goldratt Institute의 창립자 엘리야후 골드랫Eliyahu Goldratt이 개발한 이론이다. 제약 이론에 따르면, 제약 관리는 복잡한 시스템을 관리하기 위한 가장 실용적인 방법이며, 일단 시스템이 안정되고 예측 가능해지면 전체적 개선을 위해 집중해야 할 곳이 어딘지 알려준다. 하나의 개념으로서 벨로시티는 조직의 모든 자원뿐 아니라 세 가지 개선 프로그램을 관리하여 전략적 목표 달성에 필요한 속도와 방향성을 얻기 위한 수단이다. 조직 개선에 이보다 강력한 수단은 별로 없으리라 믿는다.

이 책을 읽으면서 벨로시티가 세 가지 기둥으로 이루어졌다는 점을 늘 명심하라. 세 기둥은 다음과 같다. 시스템 구조로서의 제약 이론 TOC, 집중적인 개선 프로세스TOC+린+식스 시그마=TOCLSS, 전개를 위한 틀로서의 전략, 디자인, 활성화, 개선, 유지Strategy, Design, Activate, Improve, Sustain, SDAIS. 벨로시티를 제대로 적용하기만 하면 어느 조직이나 큰 효과를 거둘 수 있을 것이다.

마지막으로, 우리가 이 주제를 비즈니스 소설의 형태로 쓴 이유는 좋은 전례 때문이다. AGI 골드랫 연구소의 창립자 골드랫 박사가 창조적인 작가 제프 콕스Jeff Cox와 함께 쓴 《더 골The Goal》은 전 세계적으로 수백만 부가 팔려 명실상부 비즈니스 소설의 고전 반열에 올랐다. 이제 제프 콕스가 이 유명한 책의 주제와 스타일을 업그레이드하여 《속도 전쟁》을 탄생시켰다.

하지만 무엇보다도 소설은 일반적인 비즈니스 텍스트보다 장점이 많다. 물론 비즈니스를 하려면 전략, 첨단기술, 유형 자산, 물질적 자원 등이 필요하다. 하지만 모든 조직의 핵심은 다름아닌 사람이다. 그런 의미에서 소설을 통해 우리는 비즈니스 개념들을 실제 사람들의 상호작용으로 경험할 수 있다. 갈등이 고조되고 해결되는 과정을 생생하게 확인할 수 있다. 직접 이야기 속의 등장인물들이 되어 비즈니스 개념들을 실제로 경험할 수 있다. 그리고 무엇보다도 재미있게 읽을 수 있다.

그러니 이 책을 즐기기를 바란다. 아울러 실질적인 조언을 얻어 스스로 성공을 거두고 조직을 발전시키기를 바란다.

CONTENTS

서문 _ 5

❶ 생각하지 못했던 변화 _ 12

❷ 금이 가기 시작한 차별 장벽 _ 27

❸ 고질라와 머피 _ 47

❹ 많고 많은 무다 _ 67

❺ 사랑과 업무 사이의 딜레마 _ 86

❻ 고질라의 포효 _ 109

❼ 이상한 시간 계산법 _ 122

❽ 수정 구슬 모임 _ 137

❾ 엄청난 재고의 물결 _ 163

❿ 톡톡 TOC TOC 주사위 놀이 _ 181

⑪ 병목과 제약 _ 217

⑫ 최악의 상황 _ 242

⑬ 우디 나무 이야기 _ 278

⑭ 먼저 제약을 개선하라! _ 305

⑮ 린과 식스 시그마, 그리고 제약 이론 _ 336

⑯ 벨로시티 원칙 _ 347

⑰ 흑연 같은 처세술 _ 384

⑱ 창공을 나르다 _ 393

⑲ 숨은 자산 찾아내기 _ 400

⑳ 세상에서 가장 훌륭한 행진곡 _ 412

감사의 말 _ 434

01 VELOCITY

생각하지 못했던 변화

복도에서, 사무실의 닫힌 문 뒤에서, 칸막이 너머로, 손으로 입을 가린 채 수화기를 통해, 쉬쉬하며 오간 소문이 서서히 조직 전체로 퍼져 나갔다. 그러던 어느 날, 어느 멍청한 작자가 그 소문을 이메일로 뿌리고 말았다. 그가 질책받고 해고된 것은 당연했다. 물론 그는 비밀을 처음 누설한 장본인은 아니었다. 어쨌든 몇 시간 만에 일부 이사들과 핵심 경영자들, 신임 받는 관리자들만 알아야 할 사실을 하이티 콤퍼지트Hi-T Composites 본사의 거의 모든 사람이 알게 되었다. 공식 발표 이틀 전에 벌어진 일이다.

그날 에이미 키올라는 평소처럼 마케팅 및 판매 담당자들과 수요일 미팅을 마치고 사무실로 돌아왔다. 키올라는 적당한 길이의 연한 갈색 머리를 가진 호리호리한 마흔한 살의 여성이었다. 머리를 묶기도 하지만 풀어헤치면 곱슬머리가 다소 사각인 턱선을 절묘하게 가려준다. 휴대전화로 문자 메시지를 보내면서 힘차게 사무실로 걸어 들어오느라 머리카락이 자꾸만 시야를 가렸다. 그때 비서 린다가 키올라의 뒤를 바짝 쫓아 들어와 문을 걸어 잠갔다. 그러고는 무시무시한 비밀을 누가 들을세라 그녀에게 바짝 붙어서 속삭였다.

"소식 들으셨어요?"

"뭘? 일레인과 빌? 다들 오래가지 않는다고 했잖아. 그럴 줄 알았어."

린다의 목소리가 조금 더 커졌다. "그거 말고요! 우리 회사가 큰 회사에 팔릴 거래요."

키올라의 푸른 눈이 린다의 근심 가득한 얼굴을 뚫어져라 쳐다보았다.

"그 말이 정말이에요?"

"린다, 그런 사실은 알지도 못하지만 알아도 아무한테도 이야기할 수 없는 거야. 누구한테 들었어?"

"그냥요. 이메일이 온통 돌아다니고 있어요. 지금 보내드릴게요."

"안 돼! 내 컴퓨터로는 보내지 마. 그냥 인쇄해서 줘."

린다가 문을 빠져나가 자기 자리로 돌아갔다. 그리고 몇 분 후 린다가 종이 한 장을 들고 오자 키올라는 그것을 재빨리 읽었다. 이윽고 키올라는 한숨을 쉬었다.

"이 작자, 큰일 났군." 키올라가 나지막이 속삭인 뒤 린다에게 말했다. "그냥 헛소문일 뿐이야. 신경 쓰지 마."

"하지만 제 남편 바비는 벌써 잘렸어요. 저도 임신 5개월이 넘었는데 걱정이에요. 무시무시한 인원 감축을 다시 겪을 걸 생각하니 끔찍해요."

"혹시 그런 일이 일어난다 해도 아직 시간이 많이 남았어. 그리고 바비는 똑똑하니까 좋은 직장을 찾을 거야. 다 잘될 거야. 우리 모두 잘 될 거야. 이제 출장 예약 좀 해줄래?"

마음을 가다듬은 린다는 임신 중인데도 높은 건물들 사이를 뛰어다니며 평소처럼 여러 가지 일을 바삐 해치웠다. 그 사이에 키올라는 이메일 프린트물을 들고 복도를 지나 하이티 콤퍼지트 사장 도널드 윌리엄스의 사무실로 직행했다. 그리고 사무실에 들어가자마자 린다가 했던 것처럼 문을 닫고 그 날씬한 몸을 사장 쪽으로 기울였다.

"뭔가?" 도널드 사장이 물었다.

"얘기 들으셨어요?"

도널드는 전혀 모른다는 듯이 눈을 깜박이다가 이내 인상을 풀었다. "음, 들었어. 솔직히 놀랄 일도 아니잖아."

"놀랄 일이 아니라고요?"

"전혀 아니지."

키올라의 입이 떡 벌어졌다.

"빤한 결과잖아."

"저는 정말 예상도 못했어요."

"이봐, 키올라! 빌이 얼간이라는 건 다 아는 사실이야. 일레인이 어떻게 그런 녀석과 계속 살 수 있겠어?"

"아뇨! 그 얘기 말고요. 이거요!"

키올라는 책상 너머의 도널드에게 이메일 프린트물을 건넨 뒤 의자에 앉았다. 안경을 쓰고 프린트물을 읽는 도널드의 눈이 휘둥그레졌다.

"이럴 수가! 제기랄! 도대체 이걸 어디서 난 거야?"

"제 비서 린다 말로는, 참 린다는 이 일과 아무런 상관이 없어요. 린다 말로는 다 알고 있대요. 다들 이 이야기를 하고 있어요. 정말 사실인가요?"

도널드는 몸을 뒤로 눕히더니 안경을 벗어 손가락으로 툭 하고 쳤다. 그러자 안경이 빙그르르 돌면서 책상의 가죽 장부 위를 지나갔다. 이어서 도널드는 눈을 감고 엄지와 집게손가락으로 콧날을 집었다.

참다못한 키올라가 다시 물었다.

"말씀 좀 해보세요."

그러자 도널드가 심각한 표정을 지으며 강한 어조로 말했다. "아무한테도 말하면 안 돼."

"하지만 다들 이미 알고 있다고요."

"그래도 자네 입으로 직접 말해선 안 돼. 알겠나?"

"알았어요."

"아무한테도. 알겠나?"

"알았다니까요. 하지만 린다 말로는 다 안다던데요."

"이 얼간이의 이메일 내용은 대부분 쓰레기야. 하지만, 정말 안타깝지만… 기본 내용은 진짜야. 우리 회사는 매각될 거야. 그게 내가 지난 몇 달간 세인트루이스에 자주 간 이유야. 그룹 본사에서 중역들과 인수 회사 측이 자주 모였지."

"인수 회사가 어딘데요?"

도널드가 책상 위로 몸을 쭉 빼 키올라의 귀에 대고 회사명을 속삭였다.

"정말이에요?"

"그렇다니까. 발설하면 나도 잘릴지 몰라. 아니, 요즘 같으면 감옥에 가겠지."

"입 밖에도 내지 않을게요. 걱정 마세요."

도널드는 다시 의자에 앉아 고개를 흔들면서 숨을 내뱉었다. 웃음과 한숨의 중간쯤 되는 소리가 났다.

"키올라, 자네 앞에서 욕하긴 싫지만……."

"괜찮아요, 사장님. 다 이해해요."

"정말 열 받는 건, 우리가 마침내 상황을 다 바로잡았다는 거야. 생산 문제들을 다 해결했어. 허비Herbie를 잡아냈어."

"뭐라고요?"

"허비를 잡아냈다고."

"허비요?"

"병목 지점 말이야. 시스템 제약 조건. 그걸 잡아냈어. 그런데 이 녀석들이 들어와 망쳐놓을 거야. 내 눈에는 훤히 보여. 녀석들이 거드름을 피우며 와서 엉망을 만들어놓겠지."

"사장님, 죄송한데 무슨 말씀인지 통 모르겠어요."

"음, 자네는 마케팅 쪽이지. 내 얘기는 물류 문제고."

"마케팅에도 영향을 미치지요. 판매는 말할 것도 없고."

"아무튼, 그렇다는 말이야. 각자 할 수 있는 일을 해야지. 키올라, 자네가 나보다 말발이 훨씬 세잖나. 이 소문, 특히 사실인 소문을 잠재울 만한 글을 좀 써주게. 그러니까 거짓말은 거짓말이되 나중에 너무 욕을 먹지 않을 정도의 거짓말을 지어달란 말이야."

다섯 달 후, 주주들과 여러 기관들이 승인하면서 거래가 성사되었다. 이로써 하이티 콤퍼지트는 뉴욕 시티에 본사를 둔 글로벌 기업 위너 주식회사Winner, Inc.의 자회사가 되었다. 한편, 린다와 바비 부부는 딸 홀리를 얻었다. 바비는 전보다 훨씬 못한 봉급이지만 일단 새 직장에 들어갔다. 예상외로 빌과 일레인은 화해했고 심지어 두 번째 신혼여행까지 떠났다첫 번째 신혼여행은 불과 2년 전에 다녀왔다. 하지만 두 사람은 신혼 여행지인 코스타리카로 떠나기 전부터 줄곧 다퉜다.

소유권 이전이 끝나자 도널드 윌리엄스는 뉴욕으로 날아가 하이티 콤퍼지트의 전략을 소개하고 위너의 고위 경영자들을 사귀었다. 그리고 돌아와서는 직원들과 일련의 모임을 열어 위너의 식구가 되는 데서

오는 유익을 선전하면서 걱정스러운 이야기는 슬쩍 넘어갔다. 하지만 키올라는 그가 하지 않은 이야기가 많다는 것을 쉽게 알 수 있었다.

어느 날 늦은 오후, 직원 대부분이 외근을 나갔지만 키올라는 사무실에 머물러 있었다. 마침 근처를 지나가던 도널드가 사무실 문을 두드렸다.

"잠시 시간 있나?"

"그럼요. 들어오세요."

도널드가 안으로 들어와 문을 닫고 말했다.

"이건 비밀인데 말이야."

"알겠어요."

"자네가 알아야 할 게 있어. 자네를 비롯한 몇 사람만, 좋은 사람들만 알아야 해. 아무한테나 말할 수 없는 거야."

거기까지 말한 도널드는 뜸을 들였다. 그는 창문 밖을 응시하며 생각을 정리하더니 이내 키올라의 책상 쪽으로 의자를 끌어와 앉았다.

"키올라, 이번 변화는 처음 생각했던 것보다 힘들 것 같아. 위너 사람들 말이야…" 도널드는 천천히 고개를 흔들었다. "여기 문화와 너무도 달라. 너무 경쟁적이야. 세인트루이스 경영진이 처음에 말한 것보다 훨씬, 정말 훨씬 더 경쟁적이더라고. 적자생존이 지배하는 곳이라고나 할까."

"그렇다면 오히려 잘됐네요! 정말 재미있을 것 같아요."

"재미? 상황이 완전히 달라진다니까! 모든 제조 공장이 같은 성과 평가 지표에 따라 서로 경쟁할 거야. 모든 부서도 마찬가지고. 위너 안의 모든 마케팅과 판매 팀이 서로 경쟁하게 된다고."

"뭘 놓고 경쟁한다는 거예요?"

"자원과 인재, 보너스, 스톡옵션, 특전, 승진, 인정을 놓고 말이야.

당근 못지않게 채찍이 날아올 거야. 성과를 내지 못하면 제거되겠지. 약자는 설 자리가 없어지는 거야."

"하지만 우리도 충분히 제 밥그릇을 지킬 능력이 있어요. 웬만한 경쟁은 두렵지 않아요. 경쟁 규칙이 뭔지 말해보세요. 뭐든 해낼 테니."

"바로 그게 가장 큰 문제점이야."

"혹시 규칙이 없다는 말씀이세요? 마구잡이로 싸우나요?"

"아니, 규칙은 정말 많아." 도널드가 너털웃음을 터뜨렸다. "성문법과 불문법이 모두 많아. 그걸 모두 지켜야 해. 잘 들어, 키올라. 내가 두려운 건 작은 경쟁이 아니야. 우리 하이티 팀은 그 누구와 맞붙을 만한 능력이 있어."

키올라는 책상에 다시 등을 붙이고서 '하지만'이라는 단어가 나오기만 기다렸다. 아니나 다를까, 도널드의 이어지는 말은 "하지만"으로 시작되었다.

"하지만 위너에서 제조나 서비스, 행정 등에 사용하는 평가 지표를 살펴봤는데, 그 지표들이 최종 순익에 전혀 도움 되는 것 같진 않더라고. 위너의 경영자들이 지시하는 대로 해서는 이익을 거두기 힘들 것 같아. 위너의 연차 보고서를 한번 읽어봐. 실제로 성장하는 부문이 많지 않아. 아니, 거의 없어. 그렇다고 많은 현금을 창출하는 것도 아니야. 일부 부문의 현금은 바닥나기 직전이야. 매출 성장과 주당 순이익 earning per share 성장률 등 위너 그룹 전체의 숫자를 보면 대단하지. 하지만 속사정을 들여다보면 위너는 오로지 인수를 통해서만 성장하고 있어. 이것이 위너가 우리 같은 회사를 사들여서 부채를 낮추는 이유야. 내부 운영은 허울뿐이야. 겉으로는 경쟁을 말하지만 사실상 위너는 경쟁력이 전혀 없어!"

키올라는 불안할 때면 의자에서 자세를 바꾸고 펜을 돌리는 버릇이 있다. 그녀는 지금 그런 모습을 보이며 귀를 쫑긋 세웠다.

도널드의 말이 계속되었다.

"그래서 상황이 나빠질 거야."

키올라는 어색한 미소를 잠시 띠었다가 입을 열었다.

"상황이 정말 그렇다면 빨리 떠나는 게 상책이겠네요."

"내 말이 그 말이야."

"예?"

"떠날 거라고. 손 뗄 거야."

"언제요?"

"아직 정하진 않았어. 하지만 떠난다는 사실만큼은 확실해. 위너에서 오래 버티기는 힘들어. 물론 버티면 엄청난 연봉을 받을 수 있을지도 모르지. 하지만 버틸 마음은 전혀 없어. 내 나이 벌써 쉰아홉이야. 당장 은퇴해도 아쉽지 않을 만큼 벌었어. 혹시 낚시나 골프, 세계 여행을 하다가 지루해지면 돌아올지도 모르지만."

키올라의 눈가에 살짝 이슬이 맺히고 입에서 한숨이 터져 나왔다.

"정말 그리울 거예요, 사장님."

도널드가 고개를 끄덕였다. "고맙군. 우리는 함께 멋진 일을 많이 해냈지. 그렇지 않나? 몇 번의 고비에서 회사를 구해내고 여태껏 성장시켰지. 이곳 하이보로에서 많은 사람을 고용했어. 이곳 사람들을 다 먹여 살리지는 못하지만 그들에게 아직도 우리는 가장 큰 직장이야. 또 우리가 만든 부품 덕분에 거대한 비행기들이 날아다니고 있지. 정말 그래. 우리는 가격을 낮추고도 많은 이익을 거두었고 시장 점유율도 많이 늘렸어. 게다가 차세대 복합재료도 개발했어. 에너지 분야의 풍력 발전 터빈 부문은 전망이 매우 밝아. 정말 그리울 거야. 자네, 아니 모두가 그리울 거야. 도전하는 삶도 그립겠지. 하지만 떠나야 할 때가 되면……."

도널드가 몸을 앞으로 기울였다. 키올라는 그가 일어나서 나가려는 줄 알았다. 하지만 그는 일어서지 않고 키올라를 똑바로 쳐다보며 목소리를 낮추었다.

"키올라, 이 대화는 없었던 거네. 이런 말하기는 그렇지만 내가 자네라면 서둘러 다른 직장을 알아보겠어."

키올라는 고개를 내저었다. "그러긴 힘들어요. 이곳이나 아주 가까운 곳이 아니면 안 돼요. 부모님의 현재 상황에 변화를 줄 수 없어요."

"자네의 파란만장한 삶 덕분에 부모님도 마음 편할 날이 별로 없었을 거야. 안 그래?" 도널드가 빙긋 웃었다.

"맞아요. 하지만 사장님, 아시잖아요. 저희 아버지는 치매에 걸리셨어요. 이제는 다른 동네로 이사하면 집을 찾아오지 못할 거예요. 엄마는 이곳에서 마음에 쏙 드는 의사를 만나셨죠. 하지만 다른 곳에 가면 그만한 의사를 찾을지 미지수예요. 아이들도 문제고요… 친구들을 다 잃게 되잖아요. 아이들에게 뭐라고 말해요? 그래서 전 여기를 떠날 수 없어요."

"이해하네. 자네가 굳이 머물겠다면 마지막으로 꼭 한 가지 말해줄 게 있어. 늘 자네는 세인트루이스 본사에 눈에 보이지 않는 차별의 장벽이 있다고 불평했지."

"그때마다 사장님은 아니라고 하셨죠."

"차별 장벽이 없다는 말은 아니었네. 단지 여성이라도 능력만 있으면 뚫고 나갈 수 있다는 뜻이었지. 세인트루이스에서는 그래. 하지만 이 사람들은 말이야, 내가 뉴욕에서 들은 말이 있어. 걱정 마. 자네가 직접 들을 일은 없을 테니까. 하지만 그 말로 짐작해보면 안타깝게도 위너에는 그 차별 장벽이 진짜 있어. 그들을 상대로 자네 의견을 너무

내세우지 말게. 이것도 그들이 말하는 경쟁의 일부인가 봐."

키올라는 잠시 상념에 잠겼다가 이내 천진난만한 미소를 지었다.

"아무튼 사장님 말씀에 힘을 얻었어요! 고마워요."

도널드는 한바탕 웃은 뒤에 자리에서 일어나 손을 뻗었다. 키올라는 악수를 하고 나서 책상을 돌아 나와 도널드를 껴안았다.

"키올라, 몸조심하게. 알겠나?"

몇 달 뒤 도널드 사장은 은퇴했다. 그와 아내 데이지는 곧 1년간의 세계 일주 크루즈를 예약하여 마이애미에서 해 뜨는 동쪽으로 항해를 시작했다.

도널드의 자리를 대신한 인물은 고속 승진을 거듭하여 위너의 신성으로 불리는 랜달 토란도스라는 사람이었다. 그러나 사람들이 그를 뒤에서 부르는 별칭은 랜덤 토네이도Random Tornado, 즉 무자비한 폭풍이었다. 실제로 경영에 관한 그의 열정은 선풍을 일으켰다. 주로 그는 새벽 4시 30분에 하이티의 하이보로 시내 사무실에 나와 자신의 충성스러운 IT 팀이 준비한 전날의 성과 분석을 상세히 검토했다. 사람들은 이 IT팀을 작은 돌풍이라는 의미로 마이크로버스트Microbusts라 불렀다. 이 IT 팀은 상관에게 최신 데이터를 제공하기 위해 주간과 야간 교대조로 나눠 불철주야로 일했다. 언제부턴가 키올라를 비롯한 모든 사람이 출근해 컴퓨터를 켜면 으레 토네이도가 오전에 보낸 이메일이 대여섯 통은 날아와 있었다. 이메일에는 성과에 관해 즉시 살펴야 할 점들이 자세히 기술되어 있었다. 이메일은 그나마 양호했다. 출근해서 의자 바닥에 붙어 있는 토네이도의 대문짝만한 포스트잇 메모를 발견할 때면 발등이 불이 떨어졌다. 더 큰 문제는 순식간에 갈겨쓴 글씨를 거의 알아보기 힘들다는 사실이었다. 이 메모를 발견하는 즉시 모든 일을 뒤로 미룬 채 토네이도의 명령을 수행해야 했다. 대개는 메모의 내용을 해독하는 일이 가장 어려웠다.

토네이도에게 만사의 핵심은 언제나 윙 3.2WING, Winner Information Network, Generation 3.2, 위너 정보 네트워크 3.2버전였다. 그냥 '윙'으로 불리는 이것은 기업 전체에서 사용되는 정보 네트워크로, 모든 사업 부분의 모든 부서를 놀랄 만큼 상세히 감시할 수 있는 소프트웨어를 갖추고 있었다. 이 네트워크가 다른 모든 사람에게는 놀랍게 느껴질지 몰라도 컴퓨터의 달인인 토네이도에게는 전혀 그렇지 않았다. 토네이도는 자신이 1세대 네트워크인 윙 1.0을 만든 소프트웨어 엔지니어 중 한 명이라고 자랑하곤 했다. 그리고 하이티 콤퍼지트로 온 뒤에도 세부 검색 기술과 데이터 비교 기능을 더해 네트워크를 꾸준히 손보았다. 토네이도는 윙 3.2를 사용하면 구매량과 추정 소비량을 근거로 어느 지역의 창고에 얼마나 많은 종이 집게와 펜이 있어야 하는 것까지도 정확히 파악할 수 있다고 자랑했다. 차세대 윙에 그가 말하는 '팔팔한 인공지능'을 더하면 특정한 시간에 각 작업자가 뭘 해야 할지까지 통제할 수 있다고 했다. 키올라는 이 모든 상황이 전체주의처럼 느껴졌지만 보스는 토네이도이니 그냥 따라가는 수밖에 없었다.

윙의 완전한 구현은 몇 년이 걸려야 했다. 하지만 토네이도와 그의 IT 팀은 여러 컨설턴트의 도움을 받아 몇 달 만에 기본적인 부분을 구현할 수 있었다. 네트워크가 자리를 잡기가 무섭게 토네이도는 자신의 계획을 실천하기 시작했다.

먼저 그는 예외 없이 모든 부서의 10% 인원 감축을 단행했다. 키올라는 하마터면 고연봉 비서 중 한 명인 린다를 잃을 뻔했다. 다행히 노트북과 토너 카트리지를 훔치다 걸린 두 비서가 해고되면서 린다를 구할 수 있었다. 인원 감축의 명분은 합당했지만 그 과정은 모든 사람에게 너무 가혹했다.

그 다음 토네이도는 메릴랜드 주 로크빌에 소재한 하이티의 사업 단위인 F&D Formulation & Design, 제조 처방과 설계에 소량으로 맞춤 납품하던 버지니아 주 북부의 공장을 매각해버렸다. 그러고 나서 모든 생산을 하이보로에서 약 30킬로미터 떨어진 오크톤 공장으로 통합했다. 그리고 생산성을 높인다는 명목으로 공장장 머피 맥과이어의 반대를 무시한 채 성과급 제도를 도입했다. 그 외에 많은 정책과 업무 규칙이 새로 도입되었다. 일례로 이제 오크톤 공장의 모든 부서는 모든 작업을 윙의 계산에 따라 가장 경제적인 로트 크기로 나눠 처리해야 했다.

토네이도는 별나고 황당한 새 정책들도 밀어붙였다. 그는 사무실에 커피포트를 설치하지 못하도록 했고, 직원들이 탄산음료와 점심 식사를 저장하는 작은 냉장고를 모조리 치웠다. 회사가 이런 용도의 공간과 전력을 제공할 의무가 없다는 것이 이유였다. 토네이도는 비용을 줄일 방법을 모조리 알아내라며 날마다 관리자들을 들들 볶았다.

첫해에 랜덤 토네이도는 본사에 하이티 콤퍼지트의 순이익이 11% 성장하고 생산성이 17% 증가했다고 보고했다. 키올라는 도대체 '생산성' 증가분 계산이 어떻게 된 건지 감을 잡을 수 없었다. 하지만 토네이도에게 윙이 계산한 수치는 곧 진리였다. 첫해의 엄청난 성과로 토네이도는 막대한 보너스를 받았다. 들리는 소문에 의하면 수백만 달러에 이른다고 했다. 그 후 토네이도는 하이보로의 모든 관리자를 위너의 전용 제트기에 실어 자메이카의 리조트로 날아가 광란의 사흘을 보냈다.

인간적으로 보면 토네이도는 재미있고 유쾌한 사람이었다. 일할 때는 열심히 일하고 놀 때는 열심히 노는 스타일이었다. 키올라도 자메이카에서 본 토네이도만큼은 좋아하지 않을 수 없었다. 검게 그을려 사무실로 복귀한 그녀는 토네이도가 곱슬머리 가발을 쓴 사진과 리조트 수영장에 캐논볼 다이빙을 하는 사진, 오후에 전세 보트로 낚은 상어의 등지느러미를 물어뜯는 포즈의 사진을 린다에게 보여주었다.

"린다, 토네이도가 춤추는 걸 봤어야 하는데. 약한 칵테일 한두 잔만 마시면 발동이 걸린다니까. 토네이도가 정말 맞나 싶었어. 사무실에서의 모습이랑 완전히 달라."

토네이도는 온 지 18개월 만에 떠났다. 기술주 거품 붕괴를 견뎌냈으나 침체와 하락을 겪고 있는 실리콘밸리의 반도체 업체 책임자로 영입된 것이다. 토네이도는 체계적인 원가 절감을 기반으로 몇 년 안에 그 회사를 되살릴 수 있다고 호언장담했다. 그가 그곳에서 주로 스톡옵션으로 받을 액수는 막대할 거라고 했다. 심지어 수백만 달러에 달한다는 소문도 있었다.

토네이도의 IT팀 마이크로버스트는 토네이도의 송별회를 거창하게 열어주었다. 하지만 이상하게도 IT팀 외부의 사람은 아무도 초대되지 않았다. 키올라는 토네이도에게 리본이 달린 좋은 샴페인 한 병과 카드 한 장을 건넸다. 그러나 토네이도가 떠난 다음날 출근한 키올라는 윙이 찾아낸 성과 문제에 관한 이메일과 포스트잇 메모가 없는 걸 보고 깊은 안도의 한숨을 내쉬었다. 며칠 후 커피포트도 다시 등장했다.

하지만 그 기분은 오래가지 못했다. 사실 토네이도가 캘리포니아로 떠나기도 전, 심지어 그가 하이티 콤퍼지트에서 첫해의 막대한 보너스를 챙기기도 전에 이미 불안이 엄습했었다. 17%의 생산성 개선이라는 호재와 달리 일이 잘 풀리지 않을 거라는 예감이 키올라의 마음 한 구석에서 스멀스멀 피어올랐다.

위너가 하이티 콤퍼지트를 인수한 직후에는 키올라는 최선을 다해 일했다. 소유주의 변화를 긍정적으로 평가한 프레젠테이션과 팸플릿도 깔끔하게 준비하고 판매 담당 사원들을 다독였다. 주요 고객들을 직접 만나 장밋빛 미래를 약속했다. 하지만 윙 3.2가 도입되고 토네이도가 변화를 단행하는 모습을 가만히 보니 미래를 너무 낙관했다는 후회가 일었다.

막연하지만 하이티 콤퍼지트가 운동력과 방향성을 잃고 추락하고 있다는 느낌이 들었다. 처음에는 성과 하락의 속도가 점진적이어서 잘 눈에 띠지 않았다. 먼저 사람들의 얼굴에서 이상 징후가 포착되었다. 위너의 정책 변화가 공지되었을 때 동료 관리자들의 찌푸린 표정들. 토네이도에게 스트레스 받을 때의 일그러진 얼굴들. 이 기간에 도널드 사장을 비롯한 많은 관리자가 은퇴하거나 이직했다. 키올라도 처음에는 회사를 떠날 생각이었지만 하이보로 지역에서 구할 수 있는 유일한 일자리의 연봉이 현재 수준에 비해 턱없이 낮았다. 키올라는 어쩔 수 없이 남을 수밖에 없었다.

돌이켜보니 토네이도의 부임 첫해가 끝나갈 무렵, 하이티의 재무 관리 담당 부사장 일레인, 그러니까 빌의 아내 일레인이 현금 흐름 감소와 오크톤 공장의 재고 증가에 관해 불평하기 시작했다. 그러자 토네이도는 윙이 계속해서 모든 부서를 최적화하고 원가를 줄이면 그 문제가 자연스럽게 해결될 거라고 안심시켰다. 일레인은 워낙 요란스러운 여자였다. 별 것 아닌 일에도 야단을 떨어 자주 긴장감을 조성했다. 하지만 실제로 일레인의 말처럼 거대한 재난이 일어난 적은 한 번도 없었다. 그래서 도널드 시절부터 일레인의 '연극'을 곧이곧대로 믿는 사람은 별로 없었다.

그런데 얼마 후 키올라는 서비스 관련 고객 불만이 증가하고 있다는 사실을 발견하고 토네이도에게 보고했지만 일레인과 똑같은 말만 들었을 뿐이다. 토네이도는 변화에 동반되는 '젖니 문제'일 뿐이니 윙이 제대로 실행되면 자연히 사라질 거라고 했다. 하지만 예상과 달리 젖니가 계속해서 자라나자 토네이도는 단순히 그 문제를 키올라에게 떠넘겨버렸다. 특히 고객에게 비현실적인 납기를 약속한 판매원들의 잘못이 크다고 했다. 그러나 하이티 콤퍼지트는 그 이전에는 오랫동안 이렇게 납기를 약속했어도 별 문제 없이 잘 운영되었다.

품질 문제도 걱정스러웠다. 토네이도는 처음에는 아무 문제가 없다가 나중에는 앞서 말한 비현실적인 납기를 문제의 원인으로 지적했다. 한마디로, 이번에도 키올라의 잘못이라는 말이었다. 납기가 너무 촉박하니 애초에 공급업체들과 작업자들이 매번 납기를 맞추기는 힘들다는 것이었다. 토네이도는 생산성 향상과 원가 절감이 가장 중요한 목적이라고 말했다.

"품질은 부차적인 문제야."

토네이도는 곧 위너를 떠난다는 사실을 발표하기 한 달 전쯤 이렇게 말했다. 그런데 그가 떠난 뒤로도 윙은 그대로 남았다. 윙이 풀어내야 할 문제들도 그대로 남아 있었다.

02 VELOCITY
금이 가기 시작한 차별 장벽

전화에 대고 고함을 지르는 주 거래처 직원을 상대하느라 퇴근 시간은 늦어지고 말았다. 결국 파김치가 되어서야 키올라는 자신의 BMW를 타고 집으로 향했다.

키올라의 집은 조용한 동네에 있었다. 도로 양쪽으로 가로수와 고목과 벽돌로 된 집들이 늘어서 있었다. 이런 집은 몇 십 년 전인 당시만 해도 고급 축에 속했다. 키올라와 두 아이는 꽤 오래 전부터 여기 살았다. 남편 아론과의 사이에서 미셸이 태어나기 직전에 산 집이었다. 지금 봉급으로는 더 크고 깨끗한 집을 새로 살 수 있지만 이 집은 진정한 집 냄새를 풍겼다. 이보다 아늑하고 익숙하고 안전한 집은 다시 찾기 힘들 것 같았다. 특히 세상을 떠난 남편의 흔적이 남아 있는 이 집을 차마 떠날 수 없었다.

키올라의 차가 집에 도착하자 여느 때처럼 부모의 커다란 포드 자동차가 주차되어 있었다. 키올라의 부모 해리와 젤다는 1.5킬로미터쯤 떨어진 곳에 살았다. 젤다는 오후마다 손주인 벤과 미셸이 학교에서 돌아올 시간에 맞춰 남편과 함께 키올라의 집으로 차를 몰고 왔다. 젤다가 요리를 하면 다섯 식구가 둘러앉아 저녁을 먹었고, 그 후에는 키올라가 부모를 포드에 태워 집까지 모셔다드렸다. 어머니는 어두워진 후에는 운전하지 않았다. 부모를 집에 모셔다드린 뒤 키올라는 운동삼아 뛰어서 돌아왔다. 키올라가 매일 즐겁게 행하는 일상행동이었다. 하지만 오늘은 너무 힘들어서 조용히 혼자 있고 싶었다. 물론 어디까지나 바람일 뿐이었다.

키올라가 거실에 들어섰을 때 벤과 미셸은 텔레비전 리모컨을 놓고 싸우고 있었다. 쑥쑥 자라는 13살 소년 벤은 10살짜리 여동생 미셸의 손이 닿지 않도록 리모컨을 머리 위로 높이 쳐들었다. 그러자 미셸은 깡충깡충 뛰면서 리모컨을 빼앗으려고 안간힘을 썼다. 그러나 우연인지 고의인지 미셸이 오빠의 맨발을 밟자 벤이 악! 소리를 지르며 팔을 낮췄다. 미셸은 그 순간을 놓칠세라 작은 손가락으로 리모컨의 한쪽을 확 움켜쥐었다.

"얘들아! 그만해!" 참다못한 키올라가 고함을 질렀다.

그래도 전쟁이 멈추지 않자 키올라는 손을 내밀었다.

"이리 내. 같이 쓰지 않으면 엄마 거야!"

"하지만 엄마!" 둘 다 우는 소리를 했다.

하지만 키올라는 엄한 표정을 지었다. 그러자 미셸은 즉시 리모컨을 쥔 손을 폈고 벤은 마지못해 리모컨을 엄마에게 넘겼다.

"숙제는 다 했어?"

"나는 숙제 없어요." 미셸이 해맑게 웃으며 대답했다.

"그러면 가서 책이라도 읽어. 벤, 너는 숙제했어?"

"아뇨."

"그럼 네 방에 가서 빨리 숙제해."

"하지만 할머니가 곧 저녁 먹는다고 했어요."

"시키는 대로 해."

벤이 뾰로통한 표정으로 계단을 내려갔다. 소파에는 해리가 정신없이 졸고 있었다. 키올라는 서류 가방을 내려놓고 주방으로 갔다. 가녀린 체구에 백발인 젤다가 싱크대 앞에 서서 능숙하게 상추를 씻고 있었다.

"왔구나. 오늘은 정말 늦었네."

"예. 정말 긴 하루였어요. 지겹도록 길었어요."

"왜, 무슨 일 있었니?"

"음, 잘 모르겠어요." 키올라는 냉장고를 열어 간식거리를 찾았다. "뭐가 문제인지 모르겠어요. 하지만 문제가 분명 있기는 있어요. 그런데 아무도 그걸 고치려고 하질 않아요."

84세의 어머니는 앙상하고 굽은 어깨를 으쓱했다.

"애야, 너는 똑똑하니까 잘해낼 거야."

키올라는 어머니의 말 중에서 "애야"는 한 귀로 듣고 한 귀로 흘려버렸다. 이제 애가 아니라고 여러 번 말했지만 소용없었다. 키올라는 종일 굶은 사람처럼 청포도를 입 안으로 마구 쑤셔 넣었다. 안 좋은 습관이라는 걸 알면서도 어쩔 수 없었다. 일로 스트레스를 받을 때면 늘 그랬다. 포도 열댓 개를 먹은 뒤 키올라는 냉장고 문을 닫고 의자를 끌어당겨 어머니 옆에 앉았다.

"B. 도널드가 너무 그리워요."

"누구?"

"옛 사장 도널드요. 원래 이름은 바르톨로뮤Bartholomew인데 그 이름이 싫다며 B라고 부르라 했죠. 그가 그리워요. 그러면 어떻게 해야 할지 알 텐데요. 도널드의 유일한 단점은 모든 사람을 독방에 넣었다는 거예요."

"독방이라니, 무슨 말이니?"

"각자의 부서에서 나오지 못하게 만들었어요. 사장은 언제나 각자 잘하는 일만 하라고 했죠. 부서 간 협력은 별로 없었어요. 특별한 이유는 없고, 그냥 스타일이 그랬어요. 그는 좋은 경영자였지만 굳이 단점을 찾자면 그것이었죠. 덕분에 나는 다른 영역에 관해서 배울 기회가 별로 없었어요. 이를테면 생산 부분은 전혀 몰라요."

"내가 만나본 사람이니?"

"예. 몇 번이나 보셨어요."

어머니는 자기 머리를 툭 치더니 말했다. "요새는 기억력이 영… 옛날 같지 않아."

"제발, 엄마. 무서운 소리 하지 말아요. 아버지가 치매에 걸린 것만 해도 충분해요."

그때 아버지가 멍한 얼굴로 발을 질질 끌며 주방으로 들어왔다.

"여기가 어디야?"

"키올라의 집이에요." 어머니는 차분하게 설명해주었다.

"누구?"

"당신 딸 키올라요."

"아빠, 저예요."

"응, 키올라구나. 맞다, 맞아. 그런데 우리가 여기서 뭘 하는 거니?"

"손주들이 학교에서 오면 함께 저녁 먹으려고 거의 매일 여기에 오잖아요." 어머니가 다시 설명했다.

그러자 아버지가 중얼거렸다. "키올라는 저 멀리 남쪽에 사는데. 캐롤라이나던가?"

"맞아요, 아빠. 그리고 아빠 엄마도 캐롤라이나에 살아요. 8년 전 제 남편 아론이 죽은 뒤에 이곳 노스캐롤라이나 주 하이보로로 이사하셨어요. 하지만 여기는 우리 집이에요. 아빠와 엄마는 여기서 멀지 않은 곳에 사시고요."

"나는 클리블랜드에 사는 줄 알았는데."

"예전에는 그랬죠. 하지만 오래 전 얘기에요." 어머니가 말했다.

"맞아. 맞아." 아버지는 기억의 편린들이 모두 제자리로 돌아왔다는 듯 고개를 끄덕였다. 그러더니 다시 발을 질질 끌며 거실로 돌아갔다.

키올라는 잠시 엄마를 바라보다가 슬픈 표정으로 고개를 흔들었다.

"잠에서 막 깨어났을 때가 가장 심하구나."

"엄마가 대단해요. 어떻게 견디고 지내는지."

"어쩔 수 없잖니. 무엇보다도 네 아빠를 아직도 사랑하니까 견딜 수 있단다."

아침에 알람이 울리기 시작하자 키올라는 일어나기 싫어 이리저리 뒤척였다. 일하러 갈 생각을 하니 저절로 신음이 터져 나왔다. 태어나서 일하기가 이토록 싫기는 처음이었다.

가까스로 몸을 일으켜 아이들을 학교에 보내고 나서 출근 준비를 하려다가, 문득 그날이 오전 내내 모임이 하나도 없다는 사실이 떠올랐다. 일 년을 통틀어 그런 날이 손에 꼽을 정도였다. 키올라는 너무 기뻐 침실까지 한걸음에 뛰어올라가 휴대전화를 끄고 옷을 벗어던진 다음 침대로 몸을 던졌다. 그리고 이불을 얼굴 위까지 덮은 다음 곧바로 다시 잠에 빠져들었다.

두 시간 뒤 상쾌한 기분으로 잠이 깬 키올라는 잠시 머리를 매만진 뒤 아래층으로 내려가 오렌지 주스 한 잔을 따르고 휴대전화를 켰다. 꺼둔 동안 린다가 전화를 다섯 번이나 걸었다는 사실을 알았다. 뭔가 심상치 않은 분위기가 느껴져 키올라는 음성 메시지도 확인하지 않고 곧바로 사무실로 전화를 걸었다.

린다는 전화를 받자마자 다짜고짜 물었다. "어디세요?"

"집이야. 좀 피곤해서 늦잠을 잤어."

"당장 움직여야 해요."

"왜? 내가 늦게 출근했다고 회사에 불이라도 났어?"

"아니에요. 뉴욕 시티의 위너 그룹 본사에서 전화가 왔어요."

"나한테? 뭐라는데?"

"피터 원의 수석 비서한테 연락이 왔어요. 피터 원이 누구냐면······."

"위너의 창립자이자 회장이며 CEO지." 그렇게 말하는 키올라의 푸른 눈이 커졌다.

"맞아요. 그가 오늘 오후 3시에 맨해튼 사무실에서 부사장님을 만나겠다고 했어요."

"왜? 무슨 말이 있었을 거 아냐?"

"아무 말도 없었어요. 그냥 극도로 시급한 문제라고만 했어요."

"젠장, 하이티에서 나 말고 또 누가 가지?"

"아무도 없어요. 부사장님만 보내요. 지금은 일반 항공기를 잡을 수가 없어서 뉴욕까지 갈 개인 비행기를 전세 냈어요. 비행기에서 내리면 차가 대기하고 있을 거예요. 그래도 서둘러야 해요. 메모하실 수 있어요? 전세 비행기가 기다리고 있는 곳은······."

비행기에는 프로펠러가 달려 있었다. 두 개의 프로펠러가 키올라의 눈에 들어왔다. 라인은 매끄럽게 잘 빠졌다. 조종사도 비행기를 닮아 호리호리했지만 탄탄해 보였다. 키는 별로 크지 않았다. 머리카락은 양쪽으로는 아주 짧았지만 위쪽은 적당히 길었다. 얼굴은 다소 나이

들어 보였고 양 볼은 움푹 파여 있었으며 두 눈에는 고급스러운 레이벤 광각 선글라스가 쓰여 있었다. 조종사는 전체적으로 선홍색에 군데군데 금색으로 칠한 비행기 옆에 서 있었다. 키올라를 위해 비행기 문을 이미 열어 놓은 상태였다.

조종사가 키올라의 서류 가방을 받아들면서 자신을 소개했다.

"안녕하세요. 톰 도슨입니다. 오늘 제가 조종사뿐 아니라 부조종사에 승무원 역할까지 해드리지요. 추가 요금은 없습니다."

"제가 정말 바쁘거든요."

"예, 알겠습니다. 금방 출발하겠습니다."

도슨은 키올라를 조종실 뒤의 좌석에 앉힌 뒤 비행기 문을 탁 하며 확실하게 닫은 뒤 비행 전 점검을 했다. 이윽고 두 개의 엔진이 되살아나면서 비행기가 움직였다. 도슨은 활주로 위를 달리면서 엔진의 출력을 높였다. 키올라는 자신도 모르게 눈을 질끈 감았다. 잠시 후 눈을 떠보니 사방이 온통 구름 천지였다. 이 모두가 5분, 아니 4분 만에 이루어진 일이었다.

도슨은 기체를 수평으로 유지하고 자동 조종으로 바꾼 뒤 고개를 돌려 키올라에게 엄지손가락을 들어보였다. 키올라는 고개를 끄덕이며 생각했다. '나 좀 그냥 내버려둬.'

텔레파시가 통했는지 도슨은 더는 키올라를 귀찮게 하지 않았다. 키올라는 고개를 뒤로 기댄 채 자신이 느닷없이 뉴욕으로 불려가는 이유를 알아내려고 애썼다. 그리고 한참 만에 불길한 결론을 내렸다.

잠시 후 도슨이 고개를 돌렸다가 키올리의 그늘진 얼굴을 보고 걱정스레 물었다.

"괜찮으세요? 핼쑥해보여요."

"괜찮아요. 그러니까, 괜찮아졌어요. 하지만……."

"멀미 봉지가 있어요."

"아뇨. 그런 건 아니에요. 괜찮아요. 좀 신경 쓸 일이 있어서요."

"혹시 기분이 조금이라도 좋아지실까 하여 말씀드리는 건데, 제가 비행기는 좀 조종해봤습니다."

"혹시 불시착해본 적은 있나요?"

"불시착이요? 그 얘기는 안 하는 게 좋을 텐데요." 도슨이 씩 웃으며 말했다.

"말해 봐요. 불시착해본 적이 있나요?"

"이 비행기 말고요. 이 비행기는 아무 문제없어요." 갑자기 도슨의 얼굴에서 장난기가 완전히 사라졌다. "꽤 오래 전 일이지요. 약간의 문제가 생겨 비상 탈출해야 했어요. 정말 일진 사나운 날이었죠."

"그렇군요. 그런데 지금 비행기 속도가 얼마죠?"

"현재 약 190노트로 나는 중입니다."

"더 빨리 날 수는 없나요?"

"예, 약간 더 속도를 낼 수는 있어요. 그런데 왜 그렇게 서두르시죠?"

"제가 야단맞으러 가는 중이거든요. 모회사에서 뭔가 마음에 들지 않는 구석이 있는 것 같아요. 어쩌면 해고될지도 몰라요. 그러니까 괜히 늦어서 더 화를 돋우고 싶지 않아요."

"모임이 몇 시에요?"

"3시요."

도슨은 아무것도 아니라는 듯 손을 흔들었다. "뉴저지 주 티터보로 공항에 대략 오후 1시에 도착할 거예요. 맨해튼의 교통 상황이 어떨지는 잘 모르겠지만 두 시간이면… 어떻게 하면 좋을까? 좀 덜컹거릴 수는 있지만 고도를 높이면 강한 순풍을 탈 수 있을 거예요."

그렇게 말한 도슨은 계기판으로 몸을 돌렸다. 그리고 1시간 반 후 다시 키올라 쪽으로 몸을 돌렸다.

"부인, 지금 맨해튼이 보입니다. 잘 보이게 해드릴게요."

도슨이 비행기를 오른쪽 날개 쪽으로 기울이자 키올라의 옆 창문 아래로 맨해튼의 풍광이 눈에 들어왔다. 흐릿한 구름을 뚫고 빽빽한 철과 유리, 돌의 숲이 펼쳐져 있었다.

오후 12시 49분, 비행기는 착륙한 뒤 활주로를 달려 키올라를 기다리는 차를 향해 갔다.

"행운을 빕니다." 도슨이 계단을 내려가는 키올라를 부축하며 말했다. "일이 잘 풀리면 좋겠어요. 혹시 일이 잘 풀리지 않으면 제가 싼 값에 조종술을 가르쳐드리지요. 혹시 알아요. 제가 부인을 부조종사로 채용할지."

키올라는 억지웃음을 지어보인 뒤 서류 가방을 받아 자동차 쪽으로 걸어갔다. 몇 분 후 기어가는 차 안에서 키올라는 잠시 도슨에 관해 생각했다. '날 놀린 건가?' 그렇다고 생각하니 잠시 화가 치밀었다. 하지만 눈앞의 걱정거리에 비하면 그까짓 비웃음쯤은 얼마든지 웃어넘길 수 있었다. 링컨 터널을 반쯤 지났을 때 키올라는 실제로 한바탕 웃음을 터뜨렸다. 영문을 모르는 파키스탄인 운전자는 어리둥절한 표정을 지었다.

위너의 본사는 맨해튼 중심부의 록펠러 센터에서 몇 블록 떨어진 곳에 있는 우아한 흑색 건물이었다. 짙은 감색 셔츠와 재킷 속에 하얀 실크 블라우스를 받쳐 입은 키올라는 오후 2시 53분, 59층 엘리베이터에서 내려 호화로운 카펫에 발을 내딛었다. 거의 2시간 동안 거북이처럼 기어서 교통지옥을 뚫고 왔다. 결국은 해냈다. 〈보그Vogue〉지에서 막 튀어나온 것 같은 접수 담당자가 키올라의 이름을 묻고 전화를 걸더니 친절하게 앉을 자리를 내주었다.

오후 3시 22분, 은발의 여인이 키올라 쪽으로 힘차게 걸어와 다소 기계적으로 웃으며 윈 씨가 지금 보자 한다고 말했다. 그러고 나서 키올라를 이끌고 수많은 복도와 대기실과 사무실을 지나 마침내 검은색 이중 나무문을 통해 회장 겸 CEO 피터 윈의 코너 사무실로 들어갔다.

키올라는 난생 처음 본 거대한 동양 카펫을 가만히 밟았다. 카펫이 어찌나 화려하고 형형색색이던지 밟는 것조차 부담스러웠다. 저 멀리 카펫 반대편 끝에는 검은 나무 책상이 놓여 있었다. 책상 다리에는 포도원의 모습이 정교하게 새겨져 있었다. 책상 뒤의 얼굴을 보니 피터 윈이었다. 연차보고서에 실린 사진을 봐서 익히 알고 있었다. 마른 몸에 훤칠한 키. 억세 보이지만 잘생긴 얼굴. 불그스레한 금발. 짙은 눈썹. 좁고 약간 뾰족한 코. 조각 같은 이마 아래의 담갈색 눈. 마치 나이든 영화배우처럼 보였다. 윈은 양복 상의를 벗은 와이셔츠 차림이었다. 손으로 꿰맨 버터크림색의 와이셔츠에 빨강, 검정, 은색 사선 무늬의 넥타이가 매여 있었다.

책상 앞 양쪽에는 등받이가 낮은 진한 적색 가죽 의자 두 개가 놓여 있었다. 의자 하나에는 영국과 독일에서 자란 유럽인 니젤 퍼스트가 앉아 있었다. 그의 직함은 '그룹 회장'이었다. 그가 관리하는 그룹은 세 개의 개별적인 사업 단위로 이루어져 있었는데, 그 중 하나가 하이티 콤퍼지트였다. 영국식 양복을 입은 퍼스트는 키는 멀대같이 크고 다리는 길며 허리는 가느다란 모습이 마치 운동선수 같았다. 금발은 윤기가 하나도 없었고, 가늘고 긴 얼굴에 큼지막한 회색 눈은 반짝였다. 그의 인상은 웃고 있을 때조차 더없이 진지해보였다.

키올라는 토네이도 시절 모임에서 퍼스트를 만난 적이 있었다. 하지만 책상 앞의 다른 의자에 앉은 남자는 전혀 모르는 얼굴이었다. 뼈대는 굵직하지만 살은 없고, 볼은 움푹했고 머리카락은 프로 야구 선수나 티베트 승려처럼 짧게 깎은 사람이었다. 검은 두 눈은 크고 깊었다. 마른 데다 피부까지 파리해서 얼핏 해골처럼 보였지만 전체적으로는 꽤 잘생긴 풍모였다.

이 남자는 의자에서 몸을 반쯤 일으켜 키올라에게 환영의 미소를 지어보였지만 완전히 일어서지는 않고 도로 앉았다. 다른 두 사람은 키올라를 아는 체조차 하지 않았다. 그들은 마치 키올라가 눈에 보이지 않는 듯 대화 삼매경에 빠져 있었다. 독일 바이에른의 어떤 코스가 어렵다는 둥 골프 이야기만 계속하고 있었다. 원과 퍼스트가 대화를 나누다가 세 번째 인물이 틈을 봐서 가끔씩 끼어드는 식이었다.

마땅히 앉을 자리가 없는 터라 키올라는 어정쩡한 자세로 조용히 서서 상황을 판단했다. 1분, 2분이 흘렀다.

'내 인내력을 시험하는 게 분명해. 기분을 드러내지 말자. 조급함이나 그 어떤 감정도 드러내지 말자. 때가 되면 저들이 인내심을 잃고 내게 말을 걸 거야. 저녁 식사 시간을 넘기지 않으면 좋겠는데.'

그렇게 생각하는데 원의 질문이 들렸다.

"골프 할 줄 아오?"

키올라는 자신에게 묻는 질문이라는 걸 바로 알아챘다.

"예, 시간이 나는 대로 즐깁니다."

"여성용 티를 써요? 아니면 남성용 티?"

"여성용을 씁니다. 하지만 코스 레이팅과 적당히 계산된 핸디캡으로……." 키올라가 몸을 곧게 펴며 말했다.

"핸디캡은 얼마요?" 원이 키올라의 말을 끊으며 다시 물었다.

"얼마로 할까요?" 키올라가 눈 하나 깜박이지 않고 대답했다.

세 번째 남자가 껄껄거렸고 원과 퍼스트는 시큰둥한 표정이었다.

윈은 셔츠의 소매를 걷어 손목시계를 보았다. "늦게라도 왔으니 다행이군."

"회장님, 모임 시간은 동부 시간으로 오후 3시라고 들었습니다. 저는 2시 53분 전에 이곳에 왔습니다."

키올라의 말에 퍼스트가 상어 같은 이빨을 드러내며 웃었다. "내가 뭐라고 했습니까, 윈 회장님. 발끈할 거라고 했잖아요."

세 사람이 잠시 껄껄 웃다가 윈이 자리에서 일어나자 다른 두 명도 따라 일어났다. 일어서고 보니 세 사람 모두 거인이었다. 윈은 족히 195센티미터는 되었고 퍼스트는 그보다 조금 더 컸다. 세 번째 인물은 겨우 머리카락 하나 정도가 작았다. 그에 반해 키올라는 힐을 신고도 고작 165센티미터였다.

"자, 이리로 옮깁시다." 윈이 네 사람이 모두 앉고도 남을 만큼 넓고 아름다운 소파를 가리켰다.

소파로 옮기는 중 세 번째 인물이 몸을 숙여 작은 목소리로 자신을 소개했다. "시올라 부사장님, 웨인 리즈입니다. 만나서 반갑습니다."

"저도 정말 반가워요." 키올라는 리즈의 솥뚜껑만 한 손을 잡고 흔들었다. "그런데 제 이름은 키올라로 발음한답니다. 제 이름의 C는 K처럼 강하게 발음해요."

"이런, 미안합니다."

"괜찮아요. 그냥 키올라라고 불러주세요. 약간 뉴잉글랜드 악센트가 있으신 것 같네요."

"보스턴에서 태어났죠." 리즈는 일부러 악센트를 더 강하게 줘서 말한 뒤 이렇게 덧붙였다. "하지만 그 뒤로 여러 곳을 돌아다녔죠. 대부분의 사람들은 제 악센트를 못 알아듣던데요."

리즈가 약간 수줍게 웃었다. 둘은 퍼스트와 윈의 맞은편에 앉았다.

"언어지리학적 토론은 끝났소? 그럼 이제 키올라가 자신에 관해 이야기해보시오." 윈이 말했다.

"어디서부터 말씀드려야 할지 모르겠지만, 일단 클리블랜드 근처 오하이오 주 셰이크 하이츠에서 태어났습니다. 줄곧 판매와 마케팅 일을 했죠. 첫 직장은 제강 회사였어요. 얼마간 뉴잉글랜드 지역을 관리하기도 했습니다. 그래서 웨인 씨의 약한 악센트를 알아차릴 수 있었죠. 남편이 직장을 바꾸면서 노스캐롤라이나로 이사했고, 하이티 콤퍼지트의 판매담당으로 취직했습니다. 그리고 지금 하이티의 마케팅 및 판매 부사장이 되었지요."

"결혼했군요?"

"지금은 혼자에요. 남편은 몇 년 전에 세상을 떠났어요."

"아이들은?"

"두 명이요. 사내아이와 여자아이 한 명씩이요. 이제 저를 부르신 이유를 여쭤봐도 될까요?"

"뭐가 그리 급하오? 서로 만난 적이 없으니 당신을 알고 싶었을 뿐이오."

"아, 그러시다면 뭐든 물어보세요."

"다시 결혼할 생각은 있소?"

너무 사적인 질문에 키올라는 잠시 망설였다. 하지만 결국 솔직히 대답했다.

"아니오. 절대 없어요."

"운영 경험은 있소? 생산을 관리해본 경험은?"

"제대로는 없어요. 잠깐 제강 회사에서 생산 계획을 담당했고, 고객들과 함께 오크톤 공장도 시찰해봤어요. 골프 접대를 하기 전에요. 하지만 그게 전부에요."

"혹시 린Lean 생산에 관해서 좀 아오?" 퍼스트가 물었다.

"예, 잘 아는 건 아니고 들어는 봤어요. 낭비를 없애는 거라고 알고 있어요."

"맞소. 더 정확히 말하면 낭비를 없앰으로써 고객 가치를 창출하는 거요."

이번에는 리즈가 입을 열었다. "린의 관점에서 보면 고객의 눈에 가치가 없는 건 모조리 낭비지요. 린 생산은 장기적이고 지속적인 개선 프로세스에요. 낭비를 제거하고 가치 증대에 집중하라. 모든 것을 더 빨리하고 고객을 만족시키기 위해 끊임없이 노력하라. 이것이 린의 핵심이죠."

"예." 키올라는 리즈를 바라보며 그의 역할은 무엇일까 생각했다.

"식스 시그마에 대해서는 아오?" 원이 물었다.

"예, 그것도 들어만 봤어요. 식스 시그마는 모토로라가 개발한 걸로 알고 있습니다. 품질에 관한 거죠."

이번에도 리즈가 끼어들어 말했다. "식스 시그마는 역사상 가장 뛰어난 품질 관리 및 개선 프로그램 중 하나입니다. 변동을 줄이자는 것이 핵심이죠. 변동을 줄이면 오류와 하자를 없앨 수 있습니다."

키올라가 진지한 표정으로 천천히 고개를 끄덕였다.

리즈의 설명이 계속되었다. "그리스어 '시그마'는 통계 모집단 내의 표준 편차를 말하는 수학 기호입니다. 간단하게 말해 값들이나 숫자들의 범위를 말하죠. 식스 시그마 기법을 적용하면 이 범위가 점점 좁아져요. 프로세스가 더 철저히 통제되고 프로세스의 결과가 더욱 예측 가능해진다는 뜻이죠. 프로세스가 식스 시그마 수준에 도달하면 최대한 완벽해졌다고 할 수 있습니다."

퍼스트가 헛기침을 하자 리즈가 그쪽을 힐끔거리며 말했다.

"죄송합니다. 강의할 생각은 아니었는데."

"괜찮아요. 그 이름이 어디서 왔는지 늘 궁금했거든요."

"어쨌든 위너는 이 두 프로그램에 그룹 차원에서 막대한 투자를 해 왔습니다. 뭐, 원하신다면 프로그램이 아니라 방법론이라고 불러도 좋겠습니다. 최근에는 린과 식스 시그마의 개념을 합쳐 린 식스 시그마, 줄여서 LSS라는 걸 만들었죠. 여기에 수년간 수백만 달러를 쏟아 부었어요."

이때 윈이 신음하면서 투덜거렸다. "그랬지. 직원 훈련과 교육, 장비 교체 등에 그야말로 수백만 달러를 쏟아 부었지. 원래는 하이티에서도 두 프로그램을 적극 활용할 생각이었소. 하지만 인사 문제를 안정화하지 못해서, 우리 식으로 표현하면 인수 기업을 소화하지 못해서 아직까지도 그러질 못하고 있지."

"예, 제가 도울 수 있는 일이 있다면……."

"최근 생긴 배송과 품질 문제를 알고 있소?" 퍼스트가 물었다.

"예, 알고 있어요. 판매 담당자들에게서 전화와 이메일을 받았고 직접 고객과 통화도 했어요."

"그들에게 뭐라고 했나요?"

"주로 사과했어요. 물론 빗발치는 요구를 처리하기 위해 제 작은 권한으로 할 수 있는 일은 다 했고요. 하지만 정말 힘들어요. 협력해주는 사람이 거의 없거든요. 며칠 전 머피 맥과이어와 통화했는데……."

"누구요?"

윈이 묻자 퍼스트가 대신 대답했다.

"하이티의 생산 책임자입니다. 랜달 토란도스가 아주 씩씩한 사내라고 했죠."

"정말 그렇습니다. 머피는 오크톤 공장을 오랫동안 관리해왔어요.

그런데 몇 주 전에 최대 고객 중 한 명의 요구 사항을 대신 전했더니 머피가 전혀 협력해주지 않는 거예요. 절대 신속 처리해줄 수 없다더군요. 아마 스케줄 때문인 것 같아요. 정중하지만 안 된다고 딱 잘라 말하더군요. 그의 말을 그대로 옮기자면, 요리사가 너무 많으면 수프를 망친대요."

윈이 혼란스러운 듯 몇 번이나 눈을 깜박였다.

"머피는 원래 말하는 스타일이 그렇습니다. 흥분하면 더 그래요."

"어쨌든 그게 무슨 뜻이오?" 퍼스트가 물었다.

"잘 모르겠어요. 머피 자신은 잘 알고 일하는 것 같지만 남들은 그가 그 일을 하는 이유와 방법을 전혀 몰라요. 제가 아는 건 지난밤에는 정말 중요한 고객이 전화에 대고 고함을 질렀다는 거예요. 배송 지연으로 심각한 문제가 발생했으니 거래를 끊겠다고 윽박질렀어요."

이때 윈이 말을 끊었다. "당신이 지난밤에 통화한 그 고객이 미 해군 제독은 아니겠지요?"

순간 키올라는 등골이 싸늘해졌다.

"어떻게 아셨어요? 존스 제독 맞아요."

"어제 늦은 밤에 내가 존스 제독과 통화했소."

"정말 죄송해요, 회장님. 정말 최선을 다했어요. 제독과 1시간이 넘도록 통화했어요."

윈은 그만하라는 듯 손을 들었다.

"당신의 처신은 적절했소. 제독이 당신에게 목소리를 높인 걸 후회한다고 하더군. 당신의 긍정적인 태도와 상식적인 행동을 높이 산다는 말도 덧붙였고."

키올라는 안도의 한숨을 내쉬었다.

"그렇다고 문제가 없어진 건 아니오. 브이 레인지 시리즈V-Range

Series라는 부품 시리즈가 있는 걸로 아는데, 맞소?"

"예, 회장님. 이 부품들을 제조하는 데 시간이 많이 든다는 말을 들었어요."

"원인이 뭐든 존슨 제독은 공급 부족 때문에 해군과 해병 항공기들의 전투태세에 문제가 있다고 말했소. 군 입장에서는 매우 심각한 문제요."

"예, 정말 심각한 문제라는 걸 통감합니다. 내일이라도 당장 어떤 일이 일어날지 알 수 없지요."

원은 키올라의 얼굴을 유심히 뜯어보았다. 깊은 진심이 느껴졌다.

"어쨌든 문제가 극도로 심각하오. 제독은 상황을 빨리 해결해주지 않으면 계약을 철회할 뿐 아니라 의회 조사가 이루어질 수도 있다고 했소. '빨리'가 정확히 어느 정도 시간을 말하는지는 모르겠지만."

키올라는 침을 삼키려 했지만 입이 바짝 말라 마른기침만 나왔다.

"의회 조사는 겁을 주려는 말이겠지. 아니, 그랬으면 좋겠소. 하지만 상황이 그만큼 심각한 것만은 확실하오. 서둘러 해결해야만 하오."

"회장님, 아까 말씀드렸듯이 판매나 마케팅 측면에서 제가 할 수 있는 일은 다……"

"바로 본론으로 들어가죠." 퍼스트가 영화감독처럼 큐를 넣는 제스처를 취하며 말했다. "알다시피 랜달 토란도스는 더 푸른 초장을 찾아 떠나갔소. 솔직히 우리 입장에서는 기분이 더럽다오. 처음에는 잘하는 듯했지만 결국 문제만 산더미처럼 쌓아놓고 도망갔지. 우리가 기대한 건 이런 상황이 아니에요. 어쨌든 우리는 랜달 토란도스를 대신할 인재를 물색하고 있소. 하지만 그 일이 시간이 꽤 걸리기 때문에 당장 상황을 정리할 사람이 필요하오."

"이봐, 퍼스트 회장, 당장 급한 불만 끌 사람이 필요한 게 아니오."

윈의 눈에서 불꽃이 번쩍하고 튀었다. "봉급을 주는 만큼의 성과가 있어야지!"

"물론입니다! 하지만 지금은… 키올라, 나는 여러 사람과 직접 이야기를 나눴다오. 가장 중요한 고객들과도 통화했고. 그런데 모든 대화에서 한 가지 공통점이 발견되더군. 다들 당신을 좋게 말한다는 거요. 사람들, 특히 고객들이 당신을 존경하더군. 다들 당신을 좋아하고 믿는 것 같소. 존스 제독도 당신과 일하는 게 가장 편하다고 했소. 그래서 윈 회장님과 나는 결정을……."

"원래 내 생각이오. 뭐, 잘한 결정인지는 모르겠지만." 윈이 말했다.

그러자 퍼스트가 키올라에게 윙크를 해보였다.

"키올라, 당신에게 임시 사장 직책을 제안하고 싶소." 윈이 말했다.

"정말요? 사장이요? 하이티의?"

"맞소." 퍼스트가 말했다.

순간 키올라는 가슴이 부풀어 터질 것만 같았다.

"사장이라, 모든 것의……."

이때 퍼스트가 끼어들었다. "아니 그냥 하이티의 사장이오. 일단은 하이티의 임시 사장직을 맡아주시오. 잘해낸다면 정식 직으로 바꿔주겠소. 키올라, 듣고 있소?"

"잘 듣고 있어요."

"단, 기본급은 그대로 유지할 거요. 하지만 성과급을 많이 책정할 거요. 잘하면 전체 급료가 두 배가 될 수도 있소."

키올라가 얼굴을 찡그리자 퍼스트가 물었다.

"맘에 들지 않소?"

"현재 급여에는 불만 없습니다. 하지만 임시라도 사장이라면 더 많은 책임을 맡아야 하잖아요. 책임이 늘면 급여도 늘어야 하는 게 당연하다고 생각해요."

윈과 퍼스트가 눈빛을 교환하더니 윈이 말했다.

"그렇다면 급여는 조종하겠소. 이제 임시 사장직을 맡아주겠소?"

"예. 맡고말고요. 단, 몇 달 안에 저를 교체하지 말아주셨으면 합니다. 결과를 보여드리려면 시간이 필요해요."

"좋소. 그러면 구체적인 기간은 정하지 않고 일 년 정도 시간을 주면 어떻겠소? 퍼스트 회장, 당신 생각은 어떻소?"

"좋습니다. 하지만 한 가지 조건이 더 있어요. 생산 측면에 매우 강한 인물이 필요할 것 같아요. 키올라 부사장은 그 방면에 별로 경험이 없으니까요."

"맞아요." 키올라도 고개를 끄덕였다.

"그 인물이 바로 이 자리에 있소. 당신 오른쪽에 있는 웨인 리즈가 바로 당신의 오른팔 역할을 할 거요. 리즈가 하이티의 생산 책임자가 될 거요. 리즈는 린 식스 시그마 전문가요. 린 식스 시그마의 검은 띠라고나 할까. 제조 경험도 있고 최근에는 우리 그룹 전체의 린 식스 시그마 프로그램을 관리했지. 리즈는 필요하다면 궂은 일도 마다하지 않을 친구요. 그래서 윈 회장님과 나는 두 사람이 멋진 콤비가 될 거라고 확신하오. 하이티의 시장과 고객을 잘 아는 키올라와 린 식스 시그마로 생산 측면을 개선할 수 있는 리즈, 두 사람이 뭉치면 문제를 신속히 해결할 수 있을 거요."

"정말 든든하네요. 고마워요. 리즈, 우리 잘해봐요."

리즈가 환하게 웃으며 고개를 끄덕였다. "예, 열심히 하겠습니다."

"키올라, 린 식스 시그마를 정말 진지하게 받아들여야 하오. 존스 제독은 린 식스 시그마의 열렬한 옹호자요. 그래서 윈 회장님과 나는 우리, 아니 당신이 하이티에 린 식스 시그마 문화를 창출하기 위해 최선을 다할 거라고 제독에게 말했소. 그렇게 말하지 않았다면 제독을 달래지 못했을 거요. 그러니 신속히 움직여요. 실패해서는 안 돼요. 린 식스 시그마를 지체 없이 실행해야 하오. 더는 새벽에 해군에서 오는 전화를 받고 싶지 않소."

퍼스트의 말에 키올라는 천천히 고개를 끄덕였다. "알겠습니다. 걱정하지 마세요. 있는 힘을 다해서 해군을 만족시키겠습니다."

자리에서 일어난 윈이 키올라 쪽으로 다가가 손을 내밀었다.

"그럼 임시 사장직을 받아들인 거로 알겠소."

"예, 회장님. 맡겠어요. 다시 한 번 고맙습니다."

그렇게 위너의 차별 장벽은 박살나지는 않아도 금이 가기 시작했다.

03
VELOCITY

고질라와 머피

    고등학교와 대학 시절 '머피' 맥과이어는 미식축구 수비수로 활약했다. 주로 자기보다 몸집이 훨씬 큰 상대들을 블로킹하고 태클을 했는데, 그 강단에 상대 선수들은 혀를 내둘렀다. 상대 선수가 공을 잡고 달리거나 패스하는 곳에는 예외 없이 머피가 있었다. 그는 언제나 죽기 살기로 상대 선수에게 달려드는 독종이었다.

    하지만 젊은 시절의 탄탄했던 육체는 수십 년 세파에 약해지고 쪼그라들었다. 예전에는 잘생긴 얼굴로 치어리더들의 시선을 사로잡고 그중 한 명과 결혼까지 했지만 이제 그 얼굴은 이중 턱으로 변했다. 한마디로 지금 그의 외모는 볼품없다. 그러나 지금도 머피가 등장하면 여전히 주위가 꽉 차는 느낌이다. 월요일 아침 7시 30분 머피가 오크톤 공장으로 들어서자 갑자기 건물 전체에 긴장감이 감돌았다. 하이트의 모든 직원은 그 분위기만으로 머피의 등장을 알아챘다.

    머피가 처음 들른 곳은 쿨러Cooler였다. 쿨러는 복합재료를 만들기 위한 수지resin와 여러 원료를 보관해두는 거대한 냉동고다. 재료들은 화학적으로 안정된 상태를 유지하기 위해 영하 18°C에서 저장되었다. 수지가 깊은 냉동 상태에서 나오는 순간부터 시계가 돌아가고 그때부터 수지의 '외적 삶'이 시작된다. 보통 실내온도에서는 수지의 화학적 성질이 변하기 시작하기 때문에 공장 작업자들은 며칠 내로 이 수지로 제품을 만들어내야 한다. 대개는 3주를 넘기지 말아야 한다. 수지 상태에 따라 마지노선이 좀 더 빨라지거나 늦어질 수는 있다. 하지만 어느 정도 시간이 지나면 수지는 쓸모없어지고 쓰레기가 되어버린다.

머피가 다가서자 쿨러의 문이 열리고 하얀 김 속에서 자재관리 책임자 제롬 펩스가 나왔다. 제롬은 방금 북극에서 온 사람처럼 후드 파카를 입고 벙어리장갑을 끼고 있었다.

"어이쿠, 저승사자가 왔군요." 제롬이 머피를 보고 말했다.

"자이로, 자네를 잡아가려고 왔네."

"좋은 아침입니다. 하지만 오늘 '좋은'이라는 말을 듣는 건 이게 마지막일 거예요. 커피 한 잔 하실래요?"

"끊으려고 애쓰는 중이지만 오늘은 한 잔 하는 게 좋겠군."

제롬머피를 비롯한 많은 사람은 그를 자이로라 불렀다은 벙어리장갑을 벗고 파카의 지퍼를 연 뒤 머그잔 두 개에 커피를 따라 하나를 상사인 머피에게 건넸다.

"얼마나 심각한가?"

"무엇보다도 해군 납품 건이……."

"해군 이야기는 나중에! 커피를 한 모금도 넘기기 전에 입맛 떨어지는 이야기부터 하면 어쩌나?"

"알았어요. 가압처리기 작업자들부터 이야기하죠."

"뭔데?"

"또 난리가 났어요. 다들 뭘 해야 할지 몰라서 곤혹스러워 해요. 컴퓨터 화면에 말도 안 되는 명령만 나타나거든요."

"바보 같은 윙이 또 모든 걸 망쳐놓는군. 사전에서 '교통정체gridlock'란 단어를 찾아보게. 필시 윙 3.2 터미널의 그림이 나올 걸세. 좋아, 내가 처리하지."

"그 외에 23시간의 담금soak이 필요한 네 가지 제품이 있어요. 모두 금요일까지 출하해야 해요."

"제기랄! 큰일이군. 정말 큰일이야. 자이로, 작업을 분산시켜야겠어. 어느 멍청이가 네 가지 제품의 제작을 일주일로 잡은 거야?"

자이로는 미소를 지으며 말했다. "저를 보지 마세요! 일정은 제가 짠 게 아니잖아요. 전 그저 일정표를 읽었을 뿐이라고요."

"제품 하나는 월요일 출하로 바꾸고 나머지는 이달 말로 미뤄야겠어. 잠깐, 주문량이 얼마나 되지? 어쩌면 모두 월요일까지 맞출 수 있을지도 모르겠군. 아무튼 금요일은 안 돼."

"사양명세를 프린트해 드릴게요."

"좋아. 이젠 됐나? 해군 납품 건만 빼고 다 됐지? 이젠 한가롭게 커피 좀 마셔도 되겠나?"

"아직 안 끝났어요. WEX-457이 대량으로 필요해요. 방금 쿨러 안을 점검했는데 양이 최저한도 아래에요."

"어떻게 된 거야? 제때 다시 주문하지 않았나?"

"물론 했지요. 최저한도에 이르기 전에 다시 주문했지요. 하지만 아직 주문한 것이 들어오지 않았어요. 이제 거의 바닥났다고요. 지난주에 전화했더니 엄마와 아빠는 휴기 중이다라고요. 그들이 집이 불타고 있을 때는 조용히 있어야 착한 어린이라고 했어요."

'엄마와 아빠'는 하이티의 부모 곧 위너 그룹을 말하는 것이었다. 인수 후로는 하이티는 위너 화학 회사Winner Chemicals Company에서 WEX

를 공급받았다. 그리고 정책 명령에 따라, 위너 화학 회사가 제조하는 수지를 다른 공급자로부터 조달할 수도 없었다. 때로 하이티는 위너 화학 회사로부터 필요하지도 않은 제품을 억지로 구매해야 했다. 심지어 월말에 제품을 실은 트럭이 아무런 통보 없이 들어오기도 했다.

"WEX-100은 어떤가? 평생 쓰고도 남을 만큼 있는 걸로 아는데." 머피가 말했다.

"맞아요. 그런데 냉동 저장의 권장 기간은 최대 36개월이에요."

머피가 경멸의 빛을 담아 낄낄거렸다. "필요한 건 없고 필요 없는 것만 수년치가 쌓여 있구먼. 또 다른 건?"

"끝도 없지 많지만 정말 큰일은……."

"해군 납품 건이지? 말해보게."

"실금들이 가 있어요."

머피가 레프트훅을 맞은 사람처럼 휘청거렸다.

"전부 말인가?"

"일부만요. 4% 아래일 거예요. 그래도 전부 확인해야 해요. 그냥 출하할 수는 없어요. 물론 공장장님이 하라신다면, 알잖아요."

"안 돼. 절대 안 돼. 이봐, 자이로! 자네가 더 잘 알잖나. 절대 그럴 수 없어. 해군 납품 건은 더더욱 그럴 수 없어."

"그런데 출하가 벌써 한 달이나 늦었어요. 높은 곳에서 통화가 오간다는 말이 있어요. 제독들이 높은 양반들에게 전화를 걸고 있다고요."

"알아. 나도 알고 있어. 하지만 하자가 있는 제품을 출하할 수는 없어. 제기랄. 못 살겠군. 위에서 거액의 퇴직금을 주면서 조기 은퇴라도 시켜주면 좋겠어, 원. 그러면 최소한 내 문제는 해결될 거야. 거액은 아니더라도 적당히는 챙겨주겠지."

"이 문제를 해결 못하면 겨우 푼돈만 받고 나가야 할 수도 있어요."

"로크빌에 있는 '천재들'이 직접 이리로 와서 이 문제를 함께 고민해주면 좋으련만. 그 녀석들이 그럴 리 없지."

워싱턴 D. C. 외곽 메릴랜드 주 로크빌에 위치한 하이티의 F&D를 두고 하는 말이었다. '천재들'은 그곳에서 일하는 화학자들과 여타 과학자들을 조롱하는 표현이었다. 하지만 그들 대부분이 천재까지는 아니더라도 극도로 머리가 좋고 학벌이 높기 때문에 그 단어는 조롱인 동시에 사실적인 표현이기도 했다. F&D는 하이티의 이익 센터 profit center였다. 실질적으로는 고도의 재료 연구와 엔지니어링을 담당하는 별개의 사업체라고 할 수 있었다.

"실금 문제 때문에 미치겠군. 그들이 준 사양명세가 문제인가? 아니면 우리가 뭔가를 잘못하고 있는 건가? 정말 모르겠군. 어쨌든 V시리즈 작업을 네다섯 번은 해야 납품할 만한 결과물을 얻을 수 있어."

"천재들은 도통 손에 물을 묻히려 하지 않아요. 아시죠?"

머피가 인상을 찡그리며 고개를 끄덕였다. 그리고는 갑자기 커피 잔을 내려놓더니 몸을 돌려 가버렸다.

"공장장님! 점심은요?" 자이로가 큰 소리로 머피를 불렀다.

"11시 30분. 늘 먹던 곳에서. 맛있는 걸로 가져오지 않으면 각오해!"

자이로가 입꼬리 한쪽을 올리며 씩 웃었다. 입술 사이로 드러난 이빨은 밤하늘에 반짝이는 반달 모양이었다.

오크톤 공장은 전체적으로 커다란 U자 모양으로 배치되었다. 먼저 U자의 한쪽 끝에 재료들이 투입된다. 수지는 굴러에 넣어 보관하고 '마른' 재료들은 여러 창고의 저장용기와 선반에 놓았다가 필요할 때마다 꺼낸다. 고객 주문이 들어오면 재료를 꺼내 지게차나 손수레로 가져온다. 액체의 경우에는 파이프와 호스로 옮긴다. 그때부터 재료들이 제품으로 변신하는 과정이 시작된다. 모든 과정이 잘 이루어진다면, 그래서 재료들이 외부의 쓰레기통으로 들어가지 않는다면, U자의 마지막 끝부분에서 완성품이 출하된다.

U자의 정중앙에는 금형 및 공구mold-and-tool 제작소를 배치했다. 다들 M/T 제작소로 부르는 이곳은 공장 안의 공장이라고 할 수 있다. 이곳에서 컴퓨터로 통제되는 기계들이 작업에 필요한 금형과 공구들을 만들어냈다. 그 뒤에는 많은 단계와 공정이 M57 라인과 라미네이팅Laminating, 가압처리기Autoclave, 코팅Coatings, 마무리Finishing, 포장Packaging 공정으로 구분되어 있다. 각 공정을 마칠 때마다 부가 가치가 더 증가했다. 하지만 보통 사람들은 최종 제품의 가치를 알아보기 힘들었다. 그것은 공장의 최종 제품이 대개는 비행기, 자동차, 석유 굴착 장치, 송유관, 배, 그리고 펌프에서 전동기까지 다양한 형태의 산업 장비 같은 다른 제품의 부품이기 때문이었다. 최종 제품의 종류는 더없이 방대하고 전문적이었지만 그 중 약 절반은 '규격품'이었다.

가장 중요한 공정 중 하나는 수지를 화학적으로 안정화시키는 경화공정이었다. 이 공정을 효과적으로 진행하려면 가압처리기가 필요했다. 가압처리기 구역은 U자의 아랫부분에 위치했으며 가압처리기 한 대만으로 이루어졌다. 대학교 화학 실험실에 흔히 있는 '탁상용' 가압처리기가 아니라 오크톤 공장을 위해 특별히 제작된 것이다. 전체적인 형태는 오렌지색으로 칠해진 거대한 실린더였으며 한쪽 끝에 은행 금고의 문과 흡사한 모양의 커다랗고 둥근 문이 달려 있었다. 다른 쪽 끝에는 조금 더 작은 문이 달려 있었다. 잠수함의 문처럼 생긴 이 문의 중앙에는 둥근 바퀴를 달려 있었는데, 이 바퀴를 돌리면 수많은 걸쇠가 움직였다. 실린더의 길이는 16미터, 직경은 7미터였다. 실린더 안은 다양한 소형 배치batch를 정교하게 처리하기 위해 여러 구획으로 나닐 수도 있고 몇 가지 매우 큰 복합재료를 만들기 위해 구획들을 합칠 수도 있었다. 가압처리기는 넓은 범위의 온도와 압력에서 작동했으며 여러 개의 관 덕분에 순수 질소나 여러 가스들의 독특한 혼합 같은 특수한 환경을 만들어낼 수 있었다. 높은 봉급을 받은 정규직 기술자 6명이 2교대로 밤낮없이 가압처리기를 관리했다. 그 외에도 감독이 상주했으며 때로는 6~8명의 추가 인력이 다들 '고질라'라고 부르는 이 거대한 기계의 작업준비와 내용물 넣기와 빼기를 도왔다.

머피가 가압처리기 지역에 들어서자마자 고질라 근처 컴퓨터 탁자 앞에 앉아 있는 주간 조 감독 리치가 보였다. 리치는 전화기를 어깨에 낀 채 통화하면서 컴퓨터 키보드와 마우스를 조작하고 있었다. 그 뒤로는 대여섯 명의 가압처리기 작업자들이 반원형으로 서서 리치가 전화를 끊기만 기다리고 있었다. 그들의 표정은 어리둥절함에서 짜증스러움까지 다양했다.

"아, 예. 계속 찾고 있습니다." 통화하던 리치가 머피를 보았다. "아, 잠깐만요."

"무슨 문제야?" 머피가 물었다.

리치가 전화기 송화구에 손바닥을 붙이고 말했다. "서부 해안의 판매 부서에 있는 사람이에요. 지난주까지 출하되어야 할 주문이 늦어졌거든요. 고객이 난리래요."

머피가 손가락을 흔들려 전화기를 달라는 신호를 했다.

"머피 맥과이어입니다. 존함이 어떻게 되시죠? 아, 가스 퀸시 씨! 어쩐 일로 이렇게 일찍 전화를 주셨어요? 캘리포니아는 아직 깜깜할 텐데요. 아, 네, 아닙니다. 그런 일이 있으면 안 되죠. 하지만 가끔 그럴 때가 있어요. 주문 번호와 그걸 리치에게 주셨다고요? 예, 알겠습니다. 제가 알아보죠. 책임자에게 한 시간 내로 상황을 파악해서 전화를 드리라고 하죠. 예, 수고하십시오."

머피는 전화를 끊고 리치에게 물었다. "주문 번호는 어디 있나?"

"여기요." 리치가 종이 한 장을 내밀었다. "하지만 뭘 주문했는지 모르겠어요. 일정표를 봐도 없어요. 왜 내게 전화했는지 도통 감이 잡히질 않아요."

"왜긴. 생산 중에 있는 제품이 가압처리기 지역에서 지체되고 있는 것을 아니까 전화한 거지. 뻔해." 머피가 그렇게 말하면서 자이로의 내선 번호를 눌렀다.

"이봐, 자이로. 나야 공장장. 당장 뭐 좀 찾아봐야겠어. 서부 해안의 판매 책임자 가스 퀸시 알지? 자취를 감춰버린 주문 내역 때문에 똥줄이 타고 있나봐. 일정표에도 나와 있지 않대. 주문 번호를 알려줄 테니까 좀 알아봐서 한 시간 내로 퀸시씨에게 전화 드려. 내게도 상황을 알려주고. 펜 있나? 좋아. 주문 번호는……."

머피가 전화를 끊고 나서 모인 작업자들을 쳐다보았다. "다들 준비할 거 있지? 내 규칙 잘 알잖아? 고질라가 불필요하게 단 1분이라도 멈춰 있는 꼴은 절대 못 봐!"

그러자 작업자들 중 한 명이 손을 들었다. "공장장님, 그게 문젭니다. 다음번에 뭘 준비해야 하는지 모른다고요."

"좋아. 잠시만 기다려. 상황을 정리해줄 테니까."

가압처리기 작업자들이 흩어지자 머피는 리치 옆에 바짝 붙어 앉았다. 리치는 마우스로 작업 지시서를 확인하고 있었다.

"정말 짜증나는 월요일이구먼. 왜 이렇게 정신이 없어?" 머피가 투덜거렸다.

"윙에 따르면 지금 우리는 이 시리즈를 제작하고 있어야 해요." 리치가 컴퓨터 스크린 상의 주문 내역들을 가리키며 말했다. "하지만 아무리 생각해도 이건 아니에요. 다음번 담금에서는 고질라가 반이나 빈 채로 돌아갈 거예요. 그 다음 담금에서는 양이 너무 많고요. 모두 맞지 않아요. 그리고 이런 식으로는 제때 트럭 출하는 불가능해요."

"자네 말이 맞아. 정확한 지적이야. 좋아. 이 멍청한 윙의 지시 따위는 잊어버려. 이제부터 수동으로 작업을 계획하겠네. 자네가 기록하게. 그런데 시간이 얼마나 남았나?"

리치가 시계를 힐끗거리더니 말했다. "이번 담금은 36분 뒤에 끝납니다."

"좋아. 허비할 시간이 없어. 자, 보자고."

머피는 리치에게서 마우스를 빼앗아 컴퓨터 스크린을 이리저리 탐색했다. 그는 셈을 주로 암산으로 했지만 가끔 주머니 속에서 휴대용 계산기를 꺼내 숫자를 다시 확인했다.

머피가 마침내 스크린을 가리키며 말했다. "됐어. 고질라 안을 비우자마자 이 네 가지를 넣어. 그 다음에는 이것, 그리고 이 두 가지를 함께 넣어. 알았지? 그리고 다음번 담금에서는 이 다섯 가지를 넣고."

리치는 재빨리 숫자와 글자를 휘갈겼다.

"정말 이것들을 넣으라고요? 사양이 다 다르잖아요?"

"물론 다르지. 하지만 사양은 '천재들'이 쓴 거야! 녀석들은 워싱턴 D.C.의 예쁜 유리 탑 안에 앉아 종일 컴퓨터 스크린만 쳐다보고 있잖아. 뭐든 컴퓨터 스크린에 뜨는 게 그들이 우리에게 주는 사양이야. 심지어 자기들끼리도 이야기를 나누지 않아. 당연히 우리 같은 부류와는 말도 섞질 않지. 어쨌든 이 네 가지는 함께 넣어도 괜찮아. 내가 책임질게. 해봐."

"좋아요. 그렇게 하죠." 리치가 그렇게 말하고 나서 준비 담당자들에게 속사포처럼 지시를 쏟아댔다. "서둘러! 준비할 시간은 겨우 31분이야! 움직여!"

머피와 리치는 고질라의 그날 일정을 일일이 확인했다. 리치가 우선순위를 충분히 이해한 듯하자 머피는 그의 어깨를 두드린 후 빠르지도 느리지도 않은 걸음으로 멀어져갔다. 작업 센터마다 윙 터미널이 있었고 대부분의 스크린 중앙에는 물음표를 둘러싼 빨간 삼각형이 깜박였다. 머피는 점멸하는 삼각형을 모조리 무시한 채 사람들과 장비들의 실제 작업만 살폈다. 현장경영의 신봉자답게 그는 눈앞의 작업자들을 거의 다 알아봤지만 딱 한 사람, 기계 작업자만은 처음 보는 사람이었다. 머피는 그에게 다가가 배지에 적힌 이름을 읽었다.

"바비? 나는 공장장 머피 맥과이어네."

"예, 안녕하세요."

"새로 왔나보군."

"지난주부터 일했습니다."

"오, 그래. 무슨 작업을 하고 있나?"

바비는 윙 터미널의 스크린 위에서 한 줄을 가리켰다. "바로 이 부분이요."

"이유가 뭔가?"

"왜냐면, 컴퓨터에서 시키는 대로 하는 겁니다."

"저 기계를 멈추게."

"무슨 말씀인지?"

"멈추라고!"

바비가 황급히 제어판의 빨간 버튼을 누르자 기계가 멈췄다. 그러자 즉시 윙 터미널 스크린 위에 물음표와 빨간 삼각형이 나타났다.

"5-20 코드를 치게." 머피가 젊은 기계 작업자에게 명령했다.

"그건 예방 정비 코드잖아요." 바비가 시키는 대로 하면서 말했다. "이 기계를 예방 정비하라는 말씀인가요? 한창 작업 중인데요?"

"꼭 예방 정비를 하려는 건 아냐. 하지만 뭐라도 명령어를 치지 않으면 경고가 울릴 거 아냐. 내가 정말 알고 싶은 건 자네가 이 자재를 어디서 얻었냐는 거야."

"창고에서요."

"자네가 가서 가져왔나?"

"컴퓨터가 시켜서 갔다 왔죠. 제가 잘못했나요?"

"너무 긴장하지 말게. 처음이니까 배우면 되지. 이제부터는 자네 앞에 배달되는 자재로만 작업하게. 알아듣겠나? 자네 구역 책임자가 시키기 전까지는 직접 가지 말라고."

"하지만 아까는 작업할 자재가 하나도 없었어요. 그래도 가만히 있었어야 합니까?"

"자재가 없으면 생산을 할 수 없지. 바로 그거야. 자재가 없으면 생산하지 않으면 돼. 그게 이곳의 불문율이야. 자네한테 아무도 설명해주지 않았나보군."

"하지만 컴퓨터가……."

"컴퓨터, 그러니까 윙 터미널이 작업 지시를 내려도 자네 앞에 자재가 없으면 무시해버려. 이 소프트웨어는 잘못된 가정에 따라 작동하거든. 단지 생산적이어야 한다는 이유로 일을 지시하지."

"공장장님, 혹시나 해서 묻는데 바로 그래야 하는 것 아닙니까? 생산적이어야 하는 게 아니냐고요?"

머피는 잠시 설명할 방법을 고민하다가 입을 열었다.

"바비, 아주 단순하게 설명하자면 자네 앞에 자재가 있을 때는 그렇게 해도 돼. 생산적이어야 한다고. 생산해도 좋아. 자네 역할을 최대한 빨리 수행해야지. 물론 안전과 품질도 신경을 써야지. 그런데 자재가 없을 때는 말이야, 쓸모 있는 게 중요해. 알겠나? 두 가지 상태가 있어. 생산적인 상태는 뻔하지. 장비를 돌려 자재를 가공하는 거야. 쓸모 있는 상태는 좀 어려워. 그건 자재가 도착할 때 생산할 만반의 채비를 갖추고 있는 거지. 생산할 때 장비가 삐거덕거리지 않고 제 기능을 최대한 발휘하도록 잘 정비해두는 거야. 결과물의 품질이 완벽하도록 허용 오차를 점검하고 센서도 초기화해야지. 모든 것을 깔끔하게 정돈해둬야 해. 바닥도 깨끗이 닦고. 두서없이 설명했는데 이해하겠나?"

"대충 알 것 같습니다. 하지만 왜 컴퓨터를 무시해야 하는지는 아직도 모르겠어요."

"그건 저 윙이 시키는 대로 다 따라하면 도처에 재고가 쌓여 지나가지도 못할 지경이 되기 때문이야. 바로 6개월 전에 상황이 그랬어. 그 얘긴 넘어가자고. 그냥 내 말대로 해. 자재가 오면 생산하고, 자재가 떨어지면 그냥 기다리면서 뭐든 쓸모 있는 일을 해."

그때 공장의 확성기에서 리치의 목소리가 흘러나왔다. "주목! 주목! 고질라가 막 토하려 한다. 모두 동기화하시오. 모두 동기화하시오."

"바비, 저 말이 들리나?"

"물론이죠. 잘 들립니다. 자주 나는 소리에요. 어떤 때는 1시간에 한 번씩 나고 어떤 때는 2시간에 한 번씩 나죠. 한참 동안 나지 않을 때도 있어요."

"가압처리기 구역에서 나는 소리야. 이 공장의 모든 프로세스는 정확한 시간 계산에 따라 이루어지지. 그래서 자재도 정확한 때에 저기 보이는 오렌지색 괴물 옆에 도착해야 해. 저걸 가압처리기라고 하는데 우리는 그냥 고질라라고 부르지. 고질라처럼 거대하고 흉물스럽잖아. 저 옆에 항상 자재가 수북이 쌓여 있어야 해. 그래야 한 번의 작업, 우리 식으로 표현하면 한 번의 '담금'이 끝나자마자 고질라 안으로 집어넣을 수 있으니까. 고질라 바로 옆 자리와 트럭이 기다리는 출하장소 외에는 그 어떤 곳에도 자재가 쌓여 있어서는 안 돼."

바비가 고개를 끄덕였다.

"방금 확성기로 동기화하라는 말을 들었지? 자재들을 첫 공정에 투입하라는 말이야. 재재들이 작업현장으로 새로 들어올 거야. 그건 곧 자네에게 곧 할 일이 생긴다는 뜻이지. 그러니 준비해야지. 자재가 오면 바코드를 스캔하고 컴퓨터가 시키는 대로 작업 준비를 해야 해. 이때가 바로 컴퓨터가 시키는 대로 해야 할 때지. 알아듣겠나?"

"예, 알 것 같아요. 이유는 잘 모르겠지만 시키는 대로 할게요."

"내 눈에는 자재가 이곳으로 오는 게 보이네. 그러니 이제 준비하게. 그리고 나중에 시간이 나면 저 여기 있는 다른 자재들은 원래 있던 자리로 갖다놓고. 이곳 오크톤에서 좋은 경력을 쌓기를 바라네."

"예, 고맙습니다. 열심히 하겠습니다."

머피가 사라지자 바비는 어리둥절한 표정으로 머리를 긁적였다.

오전 10시가 되기 조금 전, 머피는 인턴으로 일하는 대학생을 불러 자동차 키를 주며 주차장으로 심부름을 보냈다. 얼마 후 대학생은 스티로폼 아이스박스를 들고 머피를 따라 압축기 모터 앞으로 갔다. 이 모터의 비효율성 때문에 주위 온도는 계속 78도에서 85도를 유지했다. 그 앞에 이르자 머피는 학생에게 짐을 내려놓고 가라고 말했다. 그러고 나서 아이스박스에서 시꺼먼 무쇠 솥을 꺼내 모터 덮개 옆에 놓았다. 머피가 특별히 주의를 주지는 않았지만 그 솥을 만지면 안 된다는 것을 모르는 사람은 아무도 없었다.

1시간 반 뒤에 돌아온 머피의 손에는 알루미늄 호일로 겹겹이 싼 뭔가가 들려 있었다. 머피는 창문이 없는 버려진 공구실로 솥을 가져갔다. 그곳에는 잘 사용되지 않는 공구들과 서류 캐비닛 몇 개, 의자 두 개와 쇠 탁자 하나밖에 없었다. 몇 분 후 자이로가 아까 호일에 싼 물건이 든 마분지 상자 외에도 종이 접시와 값싼 냅킨들, 다양한 물건들을 들고 들어왔다.

"나 줄 것 좀 싸왔나?"

"공장장님 줄 거요? 그럼 저한테 주실 거는 뭘 싸오셨어요? 그게 중요하죠."

"꽤 괜찮은 걸로 싸왔다네. 자네가 맞바꿀 만한 걸로 싸왔는지 모르겠군."

"제 거야 항상 괜찮죠. 제가 언제 실망시킨 적이 있었나요?"

"얼마 전에 먹은 수프는 좀 괜찮았지. 그거 말고는 도통 생각이 나질 않는데."

지난 17년간 머피와 자이로는 월요일마다 이 공구실에서 점심을 먹었다. 단 둘이서만. 몇 번은 다른 사람들과도 함께하려고 해봤지만 결과가 별로 좋지 않았다. 두 사람은 서로 뭐든 이야기할 수 있었다. 하지만 다른 사람들이 끼면 분위기가 달라졌다. 특정한 주제들은 피해야 했다. 그래서 결국 다시 둘이서만 오붓하게 점심 식사를 하게 되었다.

"오늘은 정말 별미를 싸왔어요, 공장장님." 자이로는 호일을 감질나게 천천히 벗겨 갈비 조각을 선보였다. 은은한 갈색이 꽤 먹음직스러워 보였다.

"먹다 남으면 드릴게요."

"음." 머피가 가까이 붙어 냄새를 맡으며 중얼거렸다.

"제 특별 요리에요. 간밤에 아들 녀석과 경기를 보면서 사과나무 장작에 다섯 시간이나 훈제로 요리했죠. 공장장님 요리는 뭐예요?"

그 말에 머피가 솥뚜껑을 열자 또 다른 연기와 양념 냄새가 방 안을 가득 채웠다.

"바비큐일세. 이웃집 돼지로 만든 피크닉 햄이야. 우리 숲에서 구한 좋은 히커리나무로 9시간을 요리했지. 우리 아내의 양배추 샐러드와 향긋한 차도 있다네. 자, 이제 자네 갈비 좀 맛보자고."

두 사람은 몇 분간 조용히 유쾌한 만찬을 즐겼다.

한참 만에 자이로가 먼저 입을 열었다. "좋은 분위기를 망치고 싶진 않지만 캘리포니아의 가스 퀸시 씨와 통화했어요."

"그가 필요로 하는 걸 찾아냈나?"

"예. 글쎄 오늘 아침에야 작업 일정표에 올라왔어요. 벌써 일주일이나 늦었는데 말이죠. 로크빌의 F&D 천재들이 지난 목요일까지도 디자인 검토 승인을 내주지 않았어요."

"그들이 그 건을 얼마나 오래 붙잡고 있었나."

"두 달 넘게요. 거들떠보지도 않고 그냥 방치한 것 같아요. 그런데 비난의 화살은 우리에게 돌아오죠. 다들 우리 잘못으로 알아요."

"자이로, 수년간 이 문제를 풀어보려고 했지만 소용없었어. F&D의 저 천재 녀석들은 자기 세상에 갇혀 있고 우리 쪽 일은 신경도 안 써. 정말 두 손 두 발 다 들었네. 나는 오크톤을 책임지고 그거면 됐어. 나는 최선을 다하고 있어. 더는 할 수 있는 게 없어. 디자인 검토 승인은 가끔 한꺼번에 몰아서 오지. 그제야 우리는 정신없이 뛰어다니며 제품을 찍어낼 수밖에 없지. 하지만 F&D에서 승인이 떨어지기 전까지는 아무것도 할 수 없어."

"그래도 기운 내셔야죠, 공장장님. 상황이 더 나빠지고 있어요."

머피가 깨끗이 뜯어먹은 갈비 하나를 한쪽으로 던지며 고개를 흔들었다.

"그래야지. 기운을 내야지."

"퀸시 씨가 요청한 주문 말이에요. 사양대로라면 고질라에 23시간 동안 담가야 해요."

"제기랄." 머피가 차마 지면에 실을 수 없는 욕 몇 마디를 더했다. "자이로, 뭐라고 약속했나?"

"그럴 리가 있나요. 작업 일정표에 방금 올라왔기 때문에 일단 공장장님과 얘기해보겠다고 말했다. 물론 좋아하지 않더라고요."

머피는 잠시 눈을 감았다가 갈비 하나를 더 집어 한동안 뜯은 후 말했다.

"내가 전화하겠네. 욕을 먹어도 내가 먹지. 그 정도로 오래 담가야 하는 주문을 빼고 다른 주문들만 작업해도 월요일 오후 전까지는 출하하기 힘들겠어. 퀸시 씨 주문은 주말에 담금을 해야겠어. 그 주문을 앞으로 당기면 50에서 100개의 다른 주문들이 모두 늦어질 거야. 집단으로 욕을 얻어먹으니 한 명에게 욕먹는 게 그나마 낫잖아?"

"그렇기도 하네요. 어쨌든 바비큐 맛은 죽이네요."

머피가 고개를 끄덕이며 칭찬을 받아들였지만 기분은 별로 좋아지지 않았다.

"다른 얘기 좀 하죠. 사장으로 새로 부임한 키올라는 어떤가요?"

"'임시' 사장이지. 위에서 얼마 있다가 자를 생각인가 봐. 하지만 키올라는 꽤 괜찮은 사람이야. 아주 정직하고 착실하지. 자기 분야인 마케팅과 고객도 잘 알고. 하지만 생산은 잘 몰라. 그래서 뉴욕에서 웨인 리즈라는 생산 전문가가 온 거야. 그가 키올라에게 이런저런 이야기를 해줄 거야. 물론 말해줘도 못 알아듣겠지만. 참, F&D의 천재들도 있지. 자기 세상에 갇혀 자기만 생각하는 녀석들. 키올라가 녀석들을 다룰 수 있을지 의문이야. 도널드 전 사장도 녀석들을 다루느라 진땀 뺐잖아. 하지만 어떨지 모르지. 두고 보자고."

"새로 온 생산 전문가는 어떤가요?"

머피는 돼지 바비큐 뼈를 조심스레 깡통에 넣을 뿐 대답하지 않았다. 뼈가 깡통까지 이동하는 시간이 너무 길어 자이로는 머피가 자신의 질문을 무시하는 줄 알았다. 한참 후 결국 머피가 입을 열었다.

"자이로, 우린 정말 고생을 많이 했지. 전사적으로 비용을 삭감했던 때를 기억하나? 하지만 우리는 고질라를 끝까지 지켜냈지. 지금은 내가 없앴지만 생산량에 따른 인센티브도 있었지. 잘못된 명령을 남발하는 윙 터미널. 생산성을 위해 도입되었지만 오히려 생산성을 떨어뜨린 재고 관리 시스템. 필요 없는 재료만 구입하라고 하고 정작 필요한 재료는 공급해주지 않는 위너 화학 회사. 그리고 고질적인 F&D 천재들의 무관심. 정말 가시밭길이었지."

"맞아요, 공장장님. 정말 그래요."

"그런데 이제 한 줄기 희망의 빛이 보여. 토네이도가 사라졌잖아."

"맞아요. 아싸!"

"차츰 나아지고 있어. 이제 공장 바닥에 과도하게 쌓인 재고들에 걸려 넘어지는 일은 없어졌어. 고질라가 생산의 중심에 놓이게 됐어. 이제 모든 생산이 고질라의 실제 생산 속도에 맞춰 이루어지고 있어. 처리 속도를 높이기 위해 토네이도가 쫓아낸 사람들을 다시 불러들이고 적잖은 인력을 새로 고용했지. 이번에 가스 퀸시 사건 등이 있었지만 그래도 배송 약속을 전보다는 잘 지키고 있어."

"이 향긋한 치로 긴배하죠."

"그래. 물론, 아직도 문제는 있어. 해군 납품 건 문제가 심각하지. 게다가 생산에 돌입하기도 전에 늦어진 주문이 한두 가지가 아니야. 하지만 우리 공장은 점점 나아지고 있어. 정상 수준으로 돌아가고 있어.

최소한 위너가 오기 전의 수준은 회복했어. 그런데……."

"그런데 뭐요?"

"기우로 끝났으면 좋겠지만 웨인 리즈가 걱정이야."

이번에는 자이로가 침묵을 지켰다.

"이 웨인 리즈는 린 식스 시그마에 미친 사람이야. 약어로 LSS라고 불러도 상관없어. 위너 본사에서 LSS 프로그램을 관리했다더군."

"그래서 뭐가 문제에요?"

"품질 분임조 기억나나?"

"아뇨. 제가 오기 전의 일이에요."

"TQM은? 전사적 품질 경영 말이야."

"약간 기억나요. 하이티에서 아주 잠깐 시행했었죠."

"그래서 걱정이야. 스쳐 지나가는 이런 프로그램이 어느 순간부터 수단이 아닌 목적이 되어버리지. TQM이 그랬어. TQM이라는 개념이나 의도가 나쁘다는 말은 아니야. 하지만 프로그램이 더 좋은 상황으로 가기 위한 다리가 아니라 하나의 족쇄로 변질되었어."

"그런 상황이 또 다시 벌어질까요?"

"알 수 없지. 지금 우리 공장은 아주 중요한 단계에 있어. 토네이도가 윙으로 공장을 난장판으로 만들었지. 단기성과를 끌어올리기 위한 온갖 술수가 심각한 부작용을 일으켰어. 이제 다행히 그는 떠나갔지. 그런데 이제 웨인 리즈의 린 식스 시스마는 어떨지 걱정스러워."

"공장장님, 린 식스 시그마인지 뭔지가 큰 효과를 거둘지도 모르잖아요."

"자이로, 난 은퇴도 몇 년 남지 않았어. 모험을 할 여력이 없단 말이야. 이 린 식스 시그마에 관해 들은 게 좀 있어. 제발 평온히 있다가 은퇴했으면 좋겠어."

"무슨 말씀인가요?"

"웨인 리즈의 방법이 통하지 않으면 어떻게 하냐는 말이야. 그는 젊으니까 실패해도 다시 하면 되겠지. 하지만 나 같은 늙은이는 그렇지 않아. 자네도 마찬가지일 거야."

"그렇게 되면 우리가 내내 이야기했던 바비큐 요리점이나 열어야겠군요."

"그렇게 될까 걱정이네."

그날 저녁, 머피에게 일장 훈계를 들었던 기계 작업자 바비는 아내 린다에게 그날 있었던 일을 이야기했다. 특히, 생산하지 말라는 황당한 명령에 관해 이야기했다. 회사는 생산하라고 자기한테 봉급을 주는 것 아닌가.

몇 주 뒤 키올라는 비서 린다에게 바비의 근황을 물었다. 자신이 바비를 오크톤 공장에 취직시켜준 것은 아니지만 린다를 통해 바비의 지원서가 통과되었다는 사실을 알고 있었다.

"잘하고 있어요. 딱 하나, 아니에요. 말하지 않는 게 좋겠어요." 린다가 말했다.

"말을 꺼냈으면 끝내야지. 뭔데?"

"할 일이 별로 없대요. 남편이 얼마나 열심히 일하는지 아시잖아요. 그런데 일할 자재가 없을 때가 많대요. 한번은 컴퓨터가 시키는 대로 직접 가서 자재를 가져왔다가 공장장에게 다시는 그러지 말라고 혼났다더군요."

"누구? 머피 맥과이어?"

"예, 그럴 거예요. 바비는 바쁜 걸 좋아해요. 그런데 주로 자재가 오기만 기다리면서 장비나 닦고 있으니 오죽 답답하겠어요?"

"그도 그렇군. 주문이 많이 밀렸는데도 하는 일 없이 기다리는 사람들이 있다니."

"이래서 요놈의 입을 조심해야 하는데. 괜한 걱정을 끼쳐드려 죄송해요."

"괜찮아. 새로 온 생산 전문가 웨인 리즈 부사장이 해결할 거야. 걱정하지 마."

04 VELOCITY

많고 많은 무다

"벤, 미셸, 샐러드 좀 먹어라. 남겨서 버리면 '무다' 야." 어느 날 저녁 키올라가 아이들에게 말했다.

"뭐라고요?" 아이들이 엄마에게 물었다.

"무다." 키올라는 린 식스 시그마에 관한 사흘짜리 경영자 세미나를 막 마치고 귀가한 상태였다. "무다는 일본어로 '낭비' 란다."

"다시 말해보렴. 물라moolah : 돈을 뜻하는 속어?" 젤다가 물었다.

"아니요. 무우우다요."

"떽! 엄마한테 그런 말을 하면 못써!" 해리가 식탁 건너편에서 소리를 질렀다.

"여보, 그게 아니에요. 그냥 직장에서 들은 얘기를 하는 거예요." 젤다가 남편에게 설명하고 나서 다시 딸에게로 몸을 돌렸다. "그래, 그게 뭐니?"

"무다는 나쁜 거예요. 적이요. 돈이며 시간, 자원, 자재 등을 잡아먹고 가치는 창출하지 않는 건 모두 무다에요. 우리가 무다에 너무 익숙해 있기 때문에 잘 느끼지 못할 때가 많아요. 일을 처음부터 다시 하게 만드는 실수, 그것도 무다죠. 폐기품도 무다, 납품 지연도 무다에요. 하는 일 없이 기다리는 시간도 무다죠. 고객이 정말로 원하지도 않는 사양, 고객에게 아무런 가치가 없는 사양에 대해 값을 받는 것, 그것도 무다에요."

"이제 무슨 말인지 알겠구나."

"이 외에도 예를 들자면 끝이 없어요. 자재가 그냥 쌓여서 대기하는 상태도 무다에요. 시간 낭비죠. 10분 남짓이면 끝날 수 있는 모임이 체계적으로 진행되지 않아 몇 시간씩 지속되는 것도 무다에요. 할 일이 없어서 그냥 서 있는 작업자들도 무다에요. 에너지와 유지비만 잡아먹을 뿐 별로 필요도 없는 기계도 무다에요. 무다는 어디에나 있죠."

"무슨 소리야?" 해리가 젤다에게 물었다.

그러자 키올라가 참을성 있게 설명했다. "아빠, 제가 일하는 회사에서 린 식스 시그마라는 걸 시작했어요. 회사 곳곳에 낭비 요소를 없애 고객 가치를 높이기 위한 거예요. 이번 주에 모임을 시작했는데 반응이 정말 뜨거워요."

해리가 고개를 끄덕였다. "그래? 좋구나."

"어쨌든 엄마, 새 생산 담당 부사장 웨인 리즈는 정말 대단해요. 그야말로 LSS의 마스터 검은 띠라니까요."

"검은 띠? 너 사람들에게 태권도를 가르치니?"

"맞아요, 엄마. 우리는 사람들을 모아놓고 때리면서 '자원을 낭비하지 말라'고 다그치죠. 검은 띠는 기술 수준을 말해요. 프로그램에 처음 참여하면 LSS 훈련의 기본 단계를 배우는데 그럼 흰 띠나 노란 띠가 돼요. 그 다음에는 좀 더 강도 높은 훈련을 받는 녹색 띠가 있고, 최종적으로는 검은 띠와 마스터 검은 띠로 올라가죠. 이때는 훨씬 더 많은 훈련을 받고 경험을 쌓아야 해요. 승인을 받기 위한 프로젝트를 이끌고 시험을 통과해야 하죠. 어쨌든 웨인 리즈는 마스터 검은 띠예요. LSS를 완전히 꿰뚫고 있죠. 정말 믿음직스러워요."

"그 사람, 결혼했니?"

"엄마, 제발요. 결혼했고 아이가 셋이에요. 두 아이는 대학에 다니고 막내가 고등학교를 졸업하면 여기에 집을 살 거래요."

"물라." 해리는 그 단어가 맘에 드는 듯 연신 읊조렸다. 키올라는 아버지의 말을 듣지 못한 척했다.

"리즈는 제게 희망의 빛을 밝혀줬어요. 제가 볼 때는 잠재력이 엄청나요. 그의 말로는 위너 그룹에서 린을 실행한 부문마다 수백만 달러를 절감했대요. 고객 만족도도 쑥쑥 올라갔고요. 직원 사기가 높아지고 일터가 더 깔끔하고 깨끗해졌대요. 모든 사람이 하자를 줄이고 고객 만족을 높이기 위해 모든 것을 정확히 측정하고 있어요. 하지만 리즈는 많은 노력이 필요하다는 당부도 잊지 않았죠. 속도를 높이기 위해 모든 사람이 힘을 합쳐야 한대요. 조직 문화를 바꿔야 하고요, 그러려면 많은……."

"물라." 해리가 작게 낄낄거리며 다시 말했다.

"아빠, 물라가 아니라 무다에요." 키올라가 약간 짜증조로 말했다. "무슨 뜻이냐면."

"나도 알아. 일본어로 낭비야. 누가 가르쳐줬는지 알아?" 해리가 딸의 말을 끊고 말했다.

"누구에요?"

"타이치 오노."

치매인데도 아주 가끔씩 해리의 정신은 돌아왔다. 특히 옛 기억이 담긴 대화를 할 때 말이다. 그럴 때마다 예전 같은 예리한 분석력이 다시큼 살아났다.

"누구요? 오노? '오, 노! 점심식사를 까먹었어!'라고 할 때의 오노 말이에요?" 벤이 물었다.

"그래. 타이치 오노. 너는 오노 박사님이라고 해야지. 누가 또 있더라? 기억을 더듬어보자. 그래, 시게오 신고와 에이지 도요타가 있었어. 셋 다 정말 똑똑하지."

"엄마, 할아버지가 무슨 얘기를 하시는 거예요?" 이번에는 미셸이 물었다.

"들어본 이름이야. 도요타에서 일했던 사람들이지."

"그래. 그들이 도요타 생산 시스템을 창조했지. 이 시스템의 요소들은 영어로 JIT Just-In-Time 생산으로 알려지게 되었지. 아주 혁신적이야. 낮은 재고율, 품질 개선, 생산 전환 시간 단축도 이 시스템의 요소 중 하나지. 예전에 우리 회사에서 시도해봤지만 너무 급진적이었어. 공급업체들과 하급 관리자들 누구도 이해하지 못했지."

"엄마, 아빠 말이 진짜에요?" 키올라가 물었다.

"나도 잘 모르겠구나. 하지만 생각해보니까 1980년대에 회사에서 네 아빠를 일본으로 보냈어."

"맞아. 거기! 일본에 갔어!" 해리가 흥분하며 말했다.

"재미있네요. 하지만 나는 기억이 안 나요." 키올라가 말했다.

"아마 너는 대학생이어서 집을 떠나 있었을 거야." 젤다가 말했다.

"그때 뭘 마셨는데, 뭐였더라? 향긋한 냄새가 나는 와인이었는데, 이름이 뭐였더라?"

"사케잖아요. 아빠는 일본에서 귀국한 뒤로 금요일 저녁마다 사케를 마셨단다. 사케가 차가워지자 데워서 마셔야 한다며 나한테 데워달랬지. 나는 당신의 게이샤가 아니니까 직접 데워 드시라고 말했지."

그러자 해리가 눈빛을 번뜩이더니 젤다의 뺨에 입을 맞추었다. "그래도 당신은 늘 사랑스러워."

"할머니 얼굴이 빨개졌대요!" 미셸이 놀렸다.

젤다의 얼굴은 정말 홍당무처럼 변해 있었다. 젤다는 얼른 몸을 뒤로 빼면서도 환한 미소와 행복한 눈빛을 보냈다.

"내가 어디까지 얘기했더라?"

해리가 묻자 키올라가 대답했다. "제가 무다 얘기를 하니까 아빠가 물라 얘기를 하셨잖아요."

"맞아. 맞아. 내가 문제를 하나 낼게. 어떻게 하면 무다에서 물라가 나올까?"

"아빠, 그거 정말 좋은 질문이네요."

"물론이지. 어때? 답해봐."

그러자 키올라는 아이들에게 몸을 돌려 말했다. "할아버지 말씀은, 어떻게 해야 낭비 요소를 없애서 이윤을 낼 수 있느냐는 거야."

"바로 그거야." 해리가 박수를 쳤다.

"음, 우리는 빨리 결과를 얻으려고 하죠. 하지만 이건 장기적인 프로그램이에요. 훈련이 필요하고 팀들을 구성해야 해요. 그러면 팀들이 모든 상황을 분석해서 우리 경영진에게 기회가 있는 곳을 말해주죠. 당연한 말이지만 팀원들에게 동기를 부여해야 해요. 열정을 이끌어내야 하죠. 우리가 전반적인 방침을 정할 수는 있지만 어떤 프로젝트를 추구할지는 그들 스스로 결정하게 해야 해요."

"그래서?"

"팀원들을 자극하고 격려하며 노력을 인정해줘야죠. 그들이 해법을 실행하도록 도와야 해요. 그러면 결과가 나타나겠죠."

"맞는 말이야. 하지만 그래서 어떻게 이윤을 낼 건데?"

"아빠, 빤하잖아요. 무다, 그러니까 결점defect을 없애면 모든 사람이 더 빨리 일할 수 있어요."

"맞아. 그럴 거야. 하지만 그게 좋은 거니?"

"물론 좋죠! 품질이 좋아지고 모든 사람이 더 빨리 일하고, 그래서 생산성이 높아지고 고객 니즈를 만족시키면 이윤을 거둘 수 있어요."

해리가 키올라의 말을 찬찬히 듣고 나서 말했다. "과연 그럴까? 물라를 많이 쓴다는 말 같은데, 아무리 봐도 너는 물라를 다시 벌 방법을 모르는 것 같아. 어떻게 무다에서 물라를 얻어낼래?"

키올라가 고개를 끄덕였다.

"맞아요, 아빠. 장담할 수는 없죠. 하지만 노력할 거예요. 다들 나를 챔피언이라고 불러요. 여기서는 린 식스 시그마를 굳게 믿는 경영자라는 뜻이죠. 저는 이 길로 갈 거예요. 분명 잘될 거고요. 아무리 봐도 이 방법이 최고에요."

"아이스크림 먹을 사람?"

젤다가 묻자 두 아이가 번쩍 손을 들었다. 하지만 곧 키올라에게 제지당했다.

"샐러드 다 먹고 난 다음에 먹어."

"제발, 엄마!"

이때 해리의 정신이 다시 까마득한 나락으로 떨어졌다.

"그래서, 어디니?"

"어디까지 얘기했냐면……."

"아니, 여기가 어디냐고?"

키올라가 허탈한 듯 의자에 다시 푹 눌러앉았다.

젤다는 해리의 손을 잡고 늘 하던 주문을 다시 외웠다.

"여보, 여기는 키올라의 집이에요. 키올라는 당신 딸이고, 애들은 당신 손주 벤과 미셸이에요. 우리는 근처에 살고 매일 여기 놀러 와요."
서로 이야기하는 사이, 가족의 저녁식사 시간은 순식간에 지나갔다.

"이걸 보세요." 리즈가 끝없이 뻗은 고속도로를 가득 메운 채 기어가는 자동차들을 손가락으로 가리켰다. "여기도 무다가 있어요. 엄청난 무다네요. 긴 도로가 꽉 막혀서 아무런 움직임이 없잖아요. 그저 기름만 낭비하고 있어요. 린의 눈으로 세상을 보면 어디를 가나 낭비가 보여요.'"
키올라도 맞장구를 쳤다. "맞아요. 10킬로미터나 되는 고속도로가 멈춰 있네요. 사람들이 겨우 기지개나 펴며 시간을 낭비하고 있어요."
"제 말이 그 말이에요. 린에 따르면 가치는 언제나 고객의 관점에서 정의해야 해요. 우리 운전자들이 최종 고객이잖아요. 하지만 주 정부 교통성과 도로 공사 업체들은 늘 우리가 아닌 자기들의 효율성만 생각해요."
두 사람은 리즈의 하얀색 하이브리드 SUV를 타고 가는 중이었다. 키올라가 조수석에 앉아 스마트폰으로 이메일을 확인하는 동안 리즈는 끊임없이 짜증을 발산했다. 두 사람의 목적지는 하이보로 시내에서 30킬로미터 정도 떨어진 오크톤 공장이었다. 하지만 공사 때문에 2차선 고속도로가 1차선으로 줄어들면서 자동차 속도는 겨우 시속 5킬로미터 남짓밖에 되지 않았다.
문득 리즈가 짜증 섞인 인상을 풀면서 말했다. "사장님, 기분 좋은 얘기 좀 하죠. 하이티, 특히 오크톤 공장에 린과 식스 시그마를 도입할 생각을 하니 너무 설레요. 전 직접 발로 뛰는 스타일이랍니다. 직접 현장에서 가치 흐름을 파악하고 사람들에게 LSS에 대한 열정을 심어주고 프로젝트를 이끌 생각입니다. 하이티에서 제 목표는 사례 연구로 쓸 수 있을 만큼 철저하게 정석대로 린을 실행하는 겁니다."

"멋지네요. 린의 정석을 다룬 책도 정말 많더군요."

"맞습니다. 린의 변형이 꽤 많아요. 우리가 위너에서 개발한 것도 그런 변형 중 하나죠. 하지만 중요한 건 문화의 변화에요. 회사 전체를 완벽한 린 조직으로 바꾸는 거죠. 단순한 프로그램 정도가 아니에요. 아시겠죠? 마음가짐을 바꿔야 합니다."

"마음껏 해봐요, 리즈. 전폭적으로 지원할게요. 물론 위너 그룹 전체의 지원도 확실할 거예요. 정말 기대되네요. 명심해요. 당신은 오크톤 공장의 LSS 시행뿐 아니라 생산 전체의 관리를 책임져야 해요. 니젤 퍼스트 회장은 성장을 원하는데, 전 사장이었던 랜달 토란도스가 만든 장벽이 너무 높아요."

"몸이 부서져라 뛰겠습니다, 사장님. 물론 아직 어떤 프로젝트를 추진하고 절감액이 얼마나 될지 등을 정확히 파악하진 못했어요. 하지만 제대로만 하면, 완벽하게 하려고 노력한다면 성장 목표를 충분히 달성하리라 확신해요."

"정말인가요? 그렇게 확신하는 근거는 뭐죠?"

"글쎄요, 제가 위너에서 린 철학을 배울 때 처음 배운 사실은 작은 개선이 쌓여 큰 성과를 이룬다는 겁니다. 완성된 프로젝트 하나는 별것 아닌 듯 보여도 차츰 사업의 성공으로 이어지죠. 당장은 아닐지 몰라도 결국 큰 성과가 나타납니다. 린 식스 시그마로 얻는 이익은 차곡차곡 쌓여서 나중에는 큰 이익으로 열매를 맺습니다. 고객 가치에 집중할수록 마케팅 측면도 더 살아나죠."

신이 난 키올라가 손바닥을 들어 하이파이브 자세를 취하자 리즈가 오른손을 핸들에서 떼서 키올라의 손바닥에 부딪쳤다. 그 순간, 핸들을 잡은 왼손이 미끄러지는 바람에 차의 범퍼가 가드레일을 살짝 스치고 지나갔다. 리즈가 재빨리 핸들을 바로잡았지만 키올라의 눈은 놀란 토끼처럼 동그래졌다.

"설마 불길한 징조는 아니겠죠?"

키올라의 농담에 리즈가 진지하게 반응했다. "절대 아니에요! 괜찮습니다. 긁힌 자국조차 없을 거예요."

"아니, 내 말은… 아니에요. 됐어요."

"좋은 소식이 더 있습니다. 하이보로에서 좀 있어보니까 이곳 생산 담당 관리자들이 정말 뛰어나더군요. 물론 제가 모든 일을 철저히 관리하겠지만 린 식스 시그마를 제대로 실행하려면 충분한 시간을 투자해야 합니다. 생산 담당 관리자들 덕분에 제가 린 식스 시그마에 더 집중할 수 있을 것 같군요."

"'제대로'가 정확히 무슨 뜻이죠?"

"아까 말씀드린 그대로에요. 계속해서 옳은 일을 옳게 만드는 거죠. 그래야 조직의 문화가 바뀌거든요. 일례로 제가 위너의 내부 고객들에게 늘 가르친 것이 있어요. 바로 1/10 비율이에요."

"그게 뭔가요?"

"1/10이란 직원 숫자를 10으로 나눈다는 거죠. 이 숫자는 곧 1년 안에 실행해야 하는 린 시그마 식스 활동의 숫자에요."

키올라가 재빨리 암산하니 꽤 큰 숫자가 나왔다.

"그렇다면 '활동'은 무엇을 의미하죠?"

"음, 린과 식스 시그마 태도를 조장하는 건 뭐든지 다요. 우리가 오늘 오크톤 공장과 내일 로크빈의 F&D에서 할 프레젠데이션도 그린 활동이죠. 린 식스 시그마를 서비스 조직에도 적용하게 되어 얼마나 기쁜지 몰라요. 이 원칙은 제조뿐 아니라 서비스에도 적용됩니다. 어쨌든 프레젠테이션과 개선 프로젝트, '믹서mixer' 같은 행사가 그런 활동이에요. 저는 함께 모여 린에 관한 경험을 나누는 행사를 '믹서'라고 불러요. 린 식스 시그마를 장려하고 조직 전체에 린 식스 시그마 정신을 불어넣는 건 모두 린 식스 시그마 활동이라고 할 수 있죠."

키올라가 고개를 끄덕였다. "정말 많은 활동이 있겠네요."

"맞습니다. 훈련까지 포함시키면 더 많아지죠. 훈련이 정말 중요해요. 물론 훈련비용이 만만치 않죠. 하지만 실제로 개선이 이루어지려면 기술을 가진 사람이 꽤 많아야 해요."

"물론 그렇겠죠."

"제가 내부 고객들에게 자주 하는 말 중에 하나는 녹색 띠와 검은 띠의 적정한 비율을 유지하기 위해 애써야 한다는 거예요. 전 직원의 2% 정도는 검은 띠가 되어야 해요. 물론 검은 띠는 더 높은 기술 수준을 의미하지만 린 방식을 조직의 모든 부분으로 퍼뜨리려면 녹색 띠도 충분히 있어야 하고요."

키올라는 검은 띠와 녹색 띠의 비율에 관해 더 듣고 싶지 않았다. 그래서 그냥 아무 질문이나 생각나는 대로 던졌다.

"'내부 고객들'이 있다고 했죠?"

"예, 그렇습니다. 10년인가 11년인가 위너에 있는 동안 오로지 린과 식스 시그마만 다뤘죠. 그룹의 식스 시그마 강사가 된 뒤 린에 대해 흥미를 갖게 되면서 린 식스 시그마의 사내 컨설턴트가 되었어요. 다른 컨설턴트들에 비해 다소 적은 액수지만 위너의 사업 단위들이 제 시간과 경험에 대해 비용을 지불했죠. 그런 의미에서 이 사업 단위들은 내 내부 고객이었죠. 한동안 그런 일을 하다가 아예 린 식스 시그마 본부로 들어갔죠."

"그랬군요. 궁금한 게 있어요. 일전에 당신의 인사 기록을 훑어봤는데, 실제 생산관리 경험은 어디서 했나요?"

"위너에서요. 대학을 갓 졸업해서 위너에 취직했죠. 1년 남짓 공장 엔지니어로 있다가 일종의 속성 과정을 통해 구매부터 재고 관리, 공장 관리, 유지 보수, 유통까지 모든 것을 조금씩 배웠어요. 그 다음에는 품질 관리를 배웠죠. 그런데 이게 정말 재미있더군요. 처음에는 식스 시그마를 배우고 나서 1년쯤 후에 린 생산 방식을 배웠어요. 물론 저의 마지막 임무는 총괄이었어요. 위너 그룹의 모든 LSS 프로그램과 활동을 조율하는 일이었죠. 그런데 몇 년 지나니까 지겨워졌어요. 이제 실제 세상으로 돌아오니까 너무 행복하네요."

"그랬군요. 하지만 실제로 생산을 관리하진 않았잖아요."

"음, 지금까지 정확히 생산 책임자라는 직함을 맡아보진 않았지요. 하지만 온갖 생산관리 문제를 다뤄봤어요. 내부 컨설턴트 시절에 모든 것을 보고 다뤘어요. 그러니까 우리 모두 성장해야만 하지요. 안 그렇습니까?"

키올라는 리즈의 마지막 말이 마치 자신을 가리키는 것 같다고 생각했다. 옳은 말이다. 자신도 여태껏 마케팅과 판매 관리 말고 해본 일이 없지 않은가. 하지만 퍼스트와 윈은 그런 자신을 기꺼이 믿어주었다. 아무리 중요한 고객의 추천이 있었더라도 경험이 부족한 사람에게 그토록 큰일을 맡기는 쉽지 않은 법이다. 그런 그들이 웨인 리즈를 선택했다. 물론 리즈는 현장 경험이 다소 부족하다. 그러나 윗선에서 신임하는 사람을 어찌 반대하겠는가?

"듣고 보니 그러네요. 우리는 모두 성장해야 하죠. 앞으로가 기대돼요. 정말 기대돼요."

리즈가 미소를 짓는 순간, 둘 사이에는 암묵적인 협력 의식이 싹텄다. 리즈가 갑자기 차창 밖으로 고개를 빼 교통 상황을 확인했다. 어느새 이동 속도가 빨라져 있었다.

"좋아. 드디어 갑니다."

저 앞에서 공사 현장이 끝난다는 표시가 보였다. 서쪽으로 이어진 고속도로가 다시 2차선으로 넓어졌다.

"늦은 것 같군요." 키올라가 시계를 훔쳐보며 말했다.

"망할 공사 때문에요." 리즈가 투덜거리며 왼쪽 차선으로 끼어들었다. 그리고는 액셀을 밟았다. "잃은 시간을 벌어야겠어요. 딱지 끊지 않게 기도해주세요."

한편 오크톤 공장에서는 머피가 현장 관리자들을 전부 모아 놓고, 웨인 리즈가 식당에서 린 식스 시그마에 관한 프레젠테이션을 진행하는 동안 생산이 멈추지 않도록 인력을 신속히 교대하는 연습을 하고 있었다. 주간 조와 야간 조로 나눠 두 번의 프레젠테이션이 진행될 예정이었다. 두 프레젠테이션 사이에서 인력 교대가 원활하게 이루어져야 생산에 차질을 빚지 않을 수 있었다.

"리치는 어디 있나, 리치? 고질라가 언제 토하나?" 머피가 소리를 질렀다.

"2시간 56분 뒤에요."

"다음 작업은 준비됐나?"

"예, 다 준비해 놓았습니다."

"다음번 담금은 얼마나 걸리는가?"

"3시간 26분입니다."

"좋아. 그때쯤이면 교육이 끝날 거야. 잘 들어, 첫 번째 프레젠테이션을 들을 사람들은⋯⋯."

1시간도 채 되지 않아 웨인 리즈의 첫 번째 프레젠테이션이 시작되었다. 셔츠에 무선 마이크를 붙인 리즈가 공장 작업자들 앞에서 천천히 오가며 강연을 했다. 뒤쪽에 설치된 스크린 위로 프로젝터에서 쏜 슬라이드가 보였다.

"이 린이라는 게 도대체 뭘까요?" 리즈가 힘을 주어 물었다. "또 식스 시그마는 뭘까요? 우리는 주로 이 두 가지 이름을 함께 써서 '린 식스 시그마' 라고 부릅니다. 이니셜을 따서 'LSS' 라고도 하죠. 하지만 린과 식스 시그마는 서로 다릅니다. 원리가 완전히 다르죠.

린은 시장 수요와 완벽히 맞아떨어지는 스피드로 낭비를 최소화하여 제품과 서비스를 제공함으로써 고객을 위한 가치를 창출하는 기법입니다. 식스 시그마는 결점과 실수를 찾아 없애는 기법입니다. 소비자가 원치 않는 것은 뭐든 찾아 제거하는 거죠. 이것이 위너의 정의이며 우리가 사용할 정의입니다. 린은 매우 다양한 방법으로 회사 곳곳의 낭비를 없앱니다. 식스 시그마는 주로 변동을 줄임으로써 낭비를 줄입니다. 그러면 자연히 품질이 좋아지죠. 이 둘이 서로 잘 보완되어야 합니다. 우리는 이 둘을 자주 함께 사용하여 린 식스 시그마라 부릅니다.

이 시간에는 린 식스 시그마를 아주 간단히 소개하려고 합니다. 이제 하이티 콤퍼지트는 모든 일에 LSS 정신을 불어넣기 위한 여행을 시작할 겁니다. 영원히 끝나지 않는 중요한 여행입니다. 완벽을 향해 끊임없이 개선해가는 과정입니다. 아시다시피 완벽은 인간이 영원히 도달할 수 없는 수준입니다. LSS는 많은 면에서 일종의 철학입니다. 하지만 그 도구와 프로젝드들은 지극히 실질적이시요. 구체적인 방법들은 매우 체계적입니다.

DMAIC에 관해 간단히 말씀드리겠습니다. 정의Define, 측정Measure, 분석Analyze, 개선Improve, 관리Control, 이것은 문제 해결을 위한 5단계 프로세스입니다. 오늘, 그리고 앞으로 여러분은 여러 가지 프로젝트를 들을 텐데, 그 중에서 '5S'는 공구들을 편리한 곳에 보관하고 장비를 잘 관리하기 위해 작업장을 재정비하는 도구입니다."

리즈가 슬라이드를 바꿔 구불구불한 선들이 가득 차 있는 그래프 비슷한 그림을 띄웠다.

"이건 관리도입니다. 식스 시그마에서 사용하는 핵심 도구 중 하나죠. 여러분은 전통적으로 낭비를 많이 하는 배치batch 생산 대신 '한 개 흘리기 흐름생산one-piece flow'을 만들어내는 린 프로젝트들에 관해 듣게 될 겁니다. 낭비를 줄이고 프로세스의 실수를 없애주는 프로젝트들이 정말 많습니다. 방금 이야기한 것들은 맛보기에 불과합니다.

이 모두를 살피기 전에 제가 개인적으로 린 식스 시그마를 얼마나 신뢰하는지 말씀드리고 싶습니다. 특히 린은 늘 더 좋은 방식을 찾는 태도입니다. 여기 계신 모든 분이 이곳 오크톤 공장이나 저 밖의 지역사회 혹은 자신의 집에서 일을 처리하는 방식을 보며 안타까워했던 적이 있을 겁니다. '왜 이렇게 하지? 정말 어리석군! 낭비야! 비합리적이야!' 그런가 하면 고객으로서 뭔가를 구매하고 돈이 아깝다고 느낀 적이 있을 겁니다. 그래서 현재 방식에 의문을 던지면 으레 이런 답이 돌아올 겁니다. '항상 그렇게 해왔어. 원래 그래. 그게 정책이니까 그렇게 해야 해. 이게 법이야.'

린 사고방식은 이 모든 관행에 의문을 던지는 겁니다. 린은 현재 상태에 절대 만족하지 않아요. 린은 지속적인 개선에 관한 겁니다. 늘 더 좋은 방식을 찾는 거지요. 낭비를 찾아 제거하거나 최소한 줄이는 겁니다. 낭비라고 하니까 쓰레기통을 떠올리는 분이 많을 겁니다. 휴지조각 따위가 떠오릅니까?

하지만 낭비의 형태는 여러 가집니다. 그리고 대부분의 낭비는 우리

눈에 보이지 않죠. 몇 주, 때로는 몇 달씩 쌓여 있는 자재들, 이것이 낭비에요. 자재 자체가 아니라 그것이 창고에 그냥 썩고 있다는 사실이 낭비죠. 자재가 썩고 있는 동안 돈이 그 자재 안에 묶여 있기 때문입니다. 그러므로 우리는 의문을 던져야 합니다. 필요할 때가 되려면 아직 멀었는데 자재가 왜 이토록 산더미처럼 쌓여 있는가?

린은 고객의 니즈를 만족시키는 거예요. 정확히 고객이 원하는 것을 고객이 원하는 때에 전해주고 고객이 원하지 않는 것은 모두 없애는 겁니다.

그러려면 불필요한 것을 없애야 합니다. 혹은 불필요한 것을 애초에 만들지 말아야 하죠. 불필요한 것을 없앤 뒤에는 뭐가 남을까요? 당연히, 꼭 필요한 것만 남습니다. 정말 필요한 것만 남죠. 그러면 완벽한 것을 완벽한 순간에 완벽한 가격에 고객의 손에 쥐어줄 수 있게 됩니다. 세상에서 이런 상황은 자주 벌어지지 않죠. 하지만 이것이 우리가 이곳 오크톤 공장뿐 아니라 하이티 콤퍼지트 전체적으로 추구하는 목표입니다."

무대 옆쪽에 서 있던 키올라는 리즈의 걸음과 제스처를 보면서 속으로 생각했다.

'와, 정말 잘하는군.'

식당 뒤편에서는 머피가 팔꿈치로 자이로를 찌르면서 속삭였다.

"이런, 생각보다 더 심각하군."

"뭐가 문젠데요?" 자이로가 물었다.

"저 양반은 이상주의자야." 미피가 들릴 듯 말 듯 속삭였다.

"쉿, 조심하세요."

웨인 리즈는 매사추세츠 주 폴리버에서 어린 시절을 보냈다. 평생

잡부로 일한 그의 아버지 에드문도 레이스는 포르투갈 혈통이었다. 머리는 좋았지만 17세부터 가족의 생계를 돕기 위해 고등학교를 중퇴한 그는 존 웨인의 열렬한 팬이었기에 맏아들의 이름을 웨인으로 지었다. 웨인이 태어난 후로 몇 년 동안 힘들게 살다가 마침내 놋 제품을 만드는 공장에서 좋은 일자리를 얻었다.

하지만 웨인이 여덟 살 때 놋 제품 공장은 문을 닫았다. 졸지에 일자리를 잃은 에드문도는 보스턴에서 프린트 기판을 만드는 공장에 취직했다. 당시 에드문도 가족은 보스턴 남부 끝자락에서 흔히 '아일랜드 전함'이라고 하는 3층짜리 집에서 살았다. 에드문도는 사회에 잘 적응하기 위해 성을 영국식인 '리즈'로 바꾸었다. 하지만 웨인에게는 새로운 성이 별로 도움이 되질 않았다. 학교에서 이방인으로 따돌림을 당하는 바람이 하루가 멀다 하고 주먹다짐이 벌어졌다. 하지만 2년 후 태권도를 배운 이후로는 아무도 그를 놀리지 못했다.

당시 프린트 기판의 미래는 밝아 보였고 실제로도 그랬다. 리즈 가족은 보스턴 근처 메드퍼드에 작은 집을 샀고, 몇 년간 모든 일이 잘 풀렸다. 고등학생이 된 웨인은 테레사라는 아리따운 여학생을 만나 훗날 결혼하게 되었다. 그런데 느닷없이 에드문도가 일하는 공장이 문을 닫으면서 고단한 삶이 되풀이되었다. 에드문도는 동분서주한 끝에 다시 좋은 직장을 얻었지만 불경기가 닥치자 가차 없이 해고되었다. 몇 년마다 일자리가 사라지는 바람에 그는 메모리칩 생산 기계를 운전하기도 하고 워드 프로세서 기계를 조립한 적도 있으며, 뉴햄프셔 공장에서 신발을 만들기도 했다.

매번 변화는 에드문도를 실망시켰다. 경쟁사, 직원들의 현실 안주, 경영진의 무기력증, 새로운 기술, 글로벌화 등, 모든 요소가 그의 삶을 정신없이 뒤흔들었다. 그가 개인적으로 할 수 있는 일은 그리 많지 않았다.

"이런 과정을 통해서 저는 지속적인 개선을 향한 열정을 얻게 되었습니다. 이 열정은 저의 아버지로부터 나왔습니다." 웨인 리즈는 슬슬 프레젠테이션을 마칠 준비를 했다.

"제가 볼 때 아버지는 들어가는 회사마다 뼈를 묻을 생각을 하셨습니다. 하지만 맘처럼 되질 않았죠. 모든 회사가 정점에 달했다가 추락하면서 모든 직원이 고통을 겪었습니다. 여기에는 많은 원인이 있습니다. 그러나 제가 볼 때 가장 큰 요인은 타성에 젖은 태도입니다. 제 아버지가 일한 회사 중에 지속적인 개선을 위한 시스템을 제대로 갖춘 곳은 하나도 없었죠. 모든 회사가 현재 상태가 영원히 지속되리라는 착각 속에 아무 생각 없이 표류했습니다. 그러다가 시장이나 기술, 글로벌 경쟁 구도에 변화가 일어나자 재빨리 적응하지 못해 도태되고, 덕분에 애꿎은 작업자들만 일자리를 잃었죠."

리즈는 청중 앞에서 말을 계속했다. 모든 사람이 열심히 경청했다.

"그래서 지난 45분 동안 저와 여러분은 린과 식스 시그마가 무엇이며 그것들을 어떻게 사용할지에 관해서 간략하게 살펴보았습니다. 궁극적으로 우리의 목표는 속도와 품질로 고객을 열광시키는 겁니다. 고객을 감동시켜야 합니다. 그러기 위해 우리는 가치를 제공할 겁니다. 물론 언제나 고객의 시각에서 가치가 있어야지요. 우리가 낭비를 없앨 때마다 가치가 높아집니다. 우리는 고객이 정말로 원하는 것만 제공하기 위해 끊임없이 개선하고 또 개선해야 합니다.

제 아버지 이야기로 이 프레젠데이션을 마치고자 합니다. 왜냐하면 지금 하이티 콤퍼지트에서 일하는 모든 사람은 제 아버지가 갖지 못한 기회를 갖고 있기 때문입니다. 저희 아버지는 뼈가 부서져라 열심히 일했지만 회사에 장기적인 성공을 안겨줄 프로그램에 참여할 기회는 얻지 못했습니다. 하지만 여러분에게는 기회가 있습니다. 린 식스 시그마에 참여할 기회가 있습니다.

물론 저는 미래를 예측할 수 없습니다. 그 누구의 미래에 대해서 장담할 수 없습니다. 하지만 낭비가 거의 없는 회사, 더없이 유연하고 빠른 회사, 완벽한 품질을 가장 비용 효율적으로 제공하는 회사를 만든다면 우리의 미래는 분명 밝을 것입니다. 그렇지 않습니까? 린 식스 시그마에 적극 참여해주시길 호소합니다. 함께 하이티의 미래를 밝게 만듭시다. 감사합니다."

누가 시키지도 않았는데 곳곳에서 진심어린 박수가 터져 나왔다. 끝없이 이어지는 갈채 속에서 리즈는 키올라를 바라보았고 키올라는 훌륭했다는 뜻으로 고개를 끄덕였다.

오후 5시를 바로 넘긴 시각, 키올라와 리즈는 흐뭇한 기분으로 하이보로 본사로 돌아와 헤어졌다. 키올라는 도널드 윌리엄스의 사무실, 아니 이제 그녀의 사무실로 향했다. 그녀가 사무실 의자에 앉자마자 린다가 들어왔다.

"안 좋은 소식이에요."

"한창 기분 좋은데 뭐야?"

"사장님이 애용하시던 항공사가……."

"왜, 뭐가 문제야?"

"이후로 하이보로와 워싱턴 D.C. 사이의 남은 직항로를 모두 취소한다는 발표가 오늘 오후에 나왔어요."

"안 돼!" 키올라가 발로 바닥을 구르고 손으로 책상을 내리쳤다. "그건 안 돼!"

"어쩌죠?"

"지금 이후로? 내일은? 로크빌에 가야 한다고!"

"우선 여기서 남쪽 애틀랜타로 갔다가 북쪽 덜래스 공항이나 볼티모어 공항으로 가는 방법이 있어요. 현재로서는 이게 최선일 것 같아요. 아니면 서쪽 내슈빌로 갔다가⋯⋯."

"린다, 나는 북쪽으로 가야 해. 서쪽이나 남쪽, 동쪽이 아닌 북쪽으로 가는 항공편은 없어?"

"하나 있기는 해요. 먼저 피츠버그로 갔다가 3시간 기다린 후에⋯⋯."

이 말에 키올라가 손바닥으로 이마를 쳤다.

"잠깐만, 그 남자 이름이 뭐더라? 그 조종사 말이야."

"도슨. 도슨 항공사에요."

"거기에 전화해봐."

05
VELOCITY

사랑과 업무 사이의 딜레마

빨간 불이 파란 불로 바뀌자마자 은색 포르쉐 카이맨 S가 심하게 굽은 고속도로 진입로를 시속 130킬로미터로 통과하더니 순식간에 시속 160킬로미터에 이르렀다. I-270 고속도로 위에서 차의 속도는 계속 올라가기만 했다. 이른 시각이라 교통량이 매우 적었다. 운전자 빅터 키잔스키는 거의 매일 이 고속도로를 타면서 겪었던 아찔한 경험들을 통해 위험 구간을 손바닥 보듯 훤히 알고 있었다. 그래서 상대적으로 '안전한' 구간에서는 제한 속도의 두 배에 달하는 시속 210킬로미터까지 밟으며 푸르른 메릴랜드 주 시골의 새파란 여름 하늘 속으로 마음껏 질주했다. 하지만 30킬로미터도 채 지나지 않아 신나는 질주는 막을 내렸다. 어느새 차들끼리 범퍼를 거의 맞대고 기어가는 상황이 펼쳐졌다.

키잔스키 박사는 주로 자신을 남들에게 '하이티 F&D 소장'으로 소개했다. 하지만 그는 직함에 '하이티'라는 명칭이 들어간 것이 지독히도 싫었다. 회사 로고도 아무리 뜯어봐도 흉하기 짝이 없었지만 어쩔 도리가 없었다. 언젠가 자신의 뜻대로 회사명과 로고를 바꿀 수 있을

지도 모르지만 지금은 그럴 힘이 없었다. 키잔스키는 소장으로서는 비교적 젊은 마흔일곱 살이었으며 매우 높은 연봉을 받고 있었다. 그는 마음만 먹으면 지금이라도 얼마든지 더 높이 비상할 수 있다고 자신했고, 하이티가 위너에 인수되었을 때 누구보다도 기뻐했다. 하지만 서두를 생각은 없었다. 그는 지금의 자리와 일이 마음에 들었다. 더없이 편안한 현재의 자리를 당장 떠날 생각은 없었다.

F&D가 들어서 있는 유리벽으로 된 두 개의 다층 건물은 고속도로 사이의 고즈넉한 숲속에 숨어 있었다. 키잔스키는 숲속 진입로의 수많은 S자 커브를 지나 제1건물 옆 전용 주차 공간에 애마인 포르쉐를 주차했다. 몇 칸 건너 '수석 화학자 S. 슈윅'이라고 쓰인 주차 공간에는 자전거가 한 대 세워져 있었다.

사라 슈윅은 화학 실험실 근처의 사무실에서 실험 데이터가 포함된 스프레드시트에 글을 입력하고 있었다. 뼈만 앙상할 정도로 마른 그녀는 150센티미터가 겨우 넘는 작은 키였고, 아주 짧은 쥐색 머리카락은 별로 꾸밈이 없었다. 하지만 거친 철제 테로 된 두꺼운 안경을 벗으면 숨겨진 미모가 드러났다. 특히 몸매가 최고였다. 매일 조깅을 하고 자전거로 출퇴근하면서 다져졌기 때문이다. 그녀는 자가용도 없었고 굳이 필요할 때는 렌트카를 사용했다. 슈윅은 거의 모든 것을 인터넷으로 주문했고 식료품도 늘 배달시켰다.

키잔스키가 슈윅의 사무실로 조용히 들어와 그녀 옆에 섰다. 롤렉스 시계를 확인해보니 아직 오전 7시가 되지 않았다. 그는 슈윅의 어깨에 살포시 손을 얹고 부드럽게 마사지를 하기 시작했다.

"일찍 나왔네."

슈윅은 컴퓨터 화면에서 눈을 떼지 않은 채 심란한 투로 말했다. "하이보로의 본사 사람들이 오늘 온대네. 그들이 오기 전에 이 실험 보고서들을 마무리해야 해."

"혹시 다른 이유 때문에 일찍 나온 건 아니고?"

키잔스키가 그렇게 말하며 슈웍의 목 뒤에 키스했다. 하지만 슈웍은 목석처럼 아무런 반응도 보이지 않은 채 일에 집중했다. 마침내 그녀는 마지막 글자를 친 뒤에 자리에서 일어나 문 앞으로 걸어갔다. 그리고는 아무도 없는지 확인한 뒤 문을 걸어 잠갔다. 슈웍이 몸을 돌리자 키잔스키는 야릇한 눈빛을 던지며 넥타이를 풀었다. 슈웍도 추파를 던지며 하얀 실험실 가운의 단추를 끌러 마치 침실에서 하듯 맨 어깨를 드러냈다.

십여 분 후 두 사람은 다시 옷을 입었다. 두 사람의 밀애가 부적절하기는 해도 부도덕한 관계는 아니었다. 둘은 예전에 서로 부부였다가 이혼한 상태였다. 이혼한 뒤로 슈웍은 누구도 사귀지 않았지만 키잔스키는 마치 자동차를 바꾸듯 수시로 애인을 갈아치웠다.

"하이보로 친구들이 몇 시에 온대?" 키잔스키가 물었다.

"오전 늦게. 11시쯤 되지 않을까? 모임 전에 그들과 점심식사를 하기로 되어 있어."

"정말 웃기지도 않아. 필시 허튼소리로 우리 시간만 빼앗을 거야."

슈웍이 사무실 소파에 나란히 앉아 있는 키잔스키의 어깨 위에 머리를 기댄 채 아무 말도 하지 않았다.

"내 말이 틀렸다고 생각해?"

"나는 그냥 그들의 말을 들어보고 싶어."

"이유가 뭐야? 그건 공장 사람들을 위한 프로그램일 뿐이야. 일벌들을 위한 프로그램이라고. 우리 일에는 통하지 않아."

"우리가 당신 생각만큼 모범적이지는 않아. 믿건 말건 우리에게도 문제는 있어."

"우리가 완벽하다는 말은 아니야."

"자기가 무례하게 방해하기 전까지 작성하던 이 보고서들은……."

"전 부인을 향한 깊은 애정의 표현을 어떻게 '무례'라고 표현할 수 있지?"

"몇 주나 밀렸어. 제때 마칠 수 있을지 모르겠어. 테스트해야 할 일이 점점 더 늘어나서 큰일이야!"

키잔스키가 일어서서 옷매무새를 정리하기 시작했다.

"자기, 듣고 있어?"

"우리는 중요한 일을 하고 있어. 고객에게는 반드시 지킬 수 있는 약속만 해야 해. 우리 일처리 속도가 엄청나게 빠르지는 않고, 우리 몸값이 싸지도 않아. 하지만 우리는 정말 중요한 일을 하는 최고급 인력이야. 게다가 우리는 이 일을 정말 잘해내지."

"맞는 말이야. 하지만 그래서 어쨌다는 거야?"

"공장에서나 쓰는 사기 진작 프로그램 따위는 우리에게 전혀 필요 없다는 말이야."

"내가 볼 때는 그런 프로그램은 아닌 것 같아."

"물론 공장 생산성 향상 프로그램이겠지. 뭐든 상관없어! 효율성을 무시하진 않지만 완벽도와 정확성이 속도보다 훨씬 더 중요하다고 생각해. 급하게 하면 어딘가 구멍이 생기기 마련이지."

"구멍은 벌써 생겼어. 단지 자기가 인정하지 않으려고 할 뿐이야."

"이제 그만! 이 얘기는 이만하면 됐어. 이따가도 이 문제로 립 서비스나 하며 시간을 낭비하게 될 테니까."

"너무 앞만 보고 달려가지 말고 가끔 자기도 멈춰서 뒤를 돌아보면 좋겠어." 슈윅이 실험실 가운의 단추를 다시 채우며 말했다. "그나마 자기에게 진실을 말해주는 사람은 나뿐이야. 다들 자기의 못된 성미를 무서워하지."

키잔스키가 슈윅에게 팔을 두르며 키스하려 했다. 하지만 슈윅은 그를 밀어내며 손가락으로 문 쪽을 가리켰다.

"일할 게 많아! 나가! 빨리 안 나가면 성희롱으로 고소할 거야!"

키잔스키가 슈윅의 이마에 입을 맞춘 뒤 빠른 걸음으로 문 쪽으로 걸어갔다.

"고소만 해봐, 맞고소할 테니까." 키잔스키가 뒤를 돌아보며 말했다. "분명 내가 승소할 거야!"

키잔스키와 슈윅이 밀회를 마친 순간, 톰 도슨은 하이보로 시립 공항 활주로 위로 비행기를 이동시키고 있었다. 도슨의 뒤에는 웨인 리즈와 그의 LSS 검은 띠 중 한 명이 앉았고, 조종석 옆에는 무게를 적절히 분배해야 한다는 도슨의 주장에 따라 에이미 키올라가 앉았다. 비행기는 곧 로크빌을 향해 날아오를 예정이었다.

저 앞에서 먼저 세스너 경비행기 한 대가 이륙 준비를 하고 있었다. 도스는 엔진을 공회전시키며 기다렸다.

"그래서 여러분 모두 하이티에서 오셨다고요?" 도슨이 대화의 물꼬를 텄다.

"예, 우리 모두요." 키올라가 대답했다.

"혹시 이 비행기의 부품 중에 하이티 제품이 많다는 것을 아시나요?"

"이게 무슨 비행기죠?" 리즈가 물었다.

"낡았지만 아주 좋은 비행기죠. 비치 항공사의 배런 58입니다. 새 거는 100만 달러나 해요. 하지만 이건 훨씬 싼 값에 사서 수리했죠."

"그렇군요. 정말 이 비행기에 하이티 부품이 있나요?"

"그렇답니다. 부품에 하이티 로고가 새겨져 있어요."

"그래요? 하지만 비치는 우리 거래처가 아니었던 것 같은데. 우리 거래처라면 판매 책임자였던 제가 모르지 않을 텐데요."

"하이티 부품들은 나중에 장착한 거예요. 제가 업그레이드를 좀 했죠. 날개 앞 가장자리가 보이나요? 저게 하이티 콤퍼지트 부품들이에요. 바로 여기 하이보로에서 만들었죠."

키올라는 창문을 통해 날개 앞쪽의 굽은 부분을 보며 말했다.

"우리가 잘 만들었어야 할 텐데."

"그 말씀은, 잘못 만들었을 가능성도 있다는 뜻인가요?"

도슨의 말에 키올라는 대답하지 않았다.

활주로를 확인한 도슨이 엔진 속도를 높이자 굉음이 났다. 이윽고 도슨이 브레이크를 풀었다.

"좋습니다. 하이티에서 부품을 제대로 만들었는지 확인해보죠!" 도슨의 외침과 함께 비행기가 활주로를 무서운 속도로 질주했다.

도슨이 조종간을 당기자 비행기가 날아올랐다.

도슨의 예상대로 날개가 부러져 비행기가 추락하는 일은 없었다. 이후 품질에 대한 얘기는 더 이상 없었지만 비행기 안의 모든 사람은 품질의 중요성을 새삼 실감했다. 그들은 모임 시간보다 몇 분 일찍 메릴랜드 주 로크빌에 안전하게 도착했고 잠시 후 F&D에서 키잔스키의 따뜻한 환대를 받았다.

그날 키잔스키는 방문객들과 함께 걸어가는 동안 과학과 비즈니스에 관한 예리한 통찰과 아울러 세련된 태도로 자신의 진면목을 유감없이 드러냈다. 그는 직접 방문객들을 이끌고 F&D의 다양한 실험실을 돌며 '눈이 휘둥그레질 만한' 물질들을 선보였다. 구부러지고 구겨지고 접혔다가도 원 상태를 '기억했다가' 천천히 펴져 몇 분 안에 다시 매끈해지는 형상기억 폴리머, 500°C 이상 달구어졌다가도 테스트 오븐에서 꺼내면 몇 분 만에 손으로 만질 만큼 식는 탄소 섬유 재료, 명함처럼 얇고 깃털처럼 가볍지만 극도로 강한 BL-726이라는 복합 재료 박판. 키잔스키가 이 박판을 작업대 두 개 사이에 올려놓고 그 중앙에 서도 부러지거나 구부러지지 않을 정도였다.

"안타깝게도 이걸 생산하려면 평방 센티미터 당 5백 달러 가까이 들어요." 키잔스키가 말했다.

일행은 온갖 장비를 구경했는데 대부분은 지루할 뿐이었지만 간혹 시선을 끄는 첨단 장비도 있었다. 키잔스키는 수많은 선임 화학자와 공학자들도 빼놓지 않고 소개했다. 마침내 시설물 구경이 끝나갈 무렵 키올라가 입을 열었다.

"고마워요, 키잔스키 소장. 정말 좋은 경험이었어요. 하지만 리즈 부사장을 비롯한 우리 모두가 정말 알고 싶은 것은 전체 프로세스에요. 이곳의 비즈니스 모델은 뭐죠?"

"맞아요. 우리가 알고 싶은 건 흐름이 뭐냐는 거예요." 리즈가 덧붙였다.

"흐름이요?" 키잔스키가 물었다.

"시작부터 마무리까지 프로젝트의 흐름 말이에요. 쉽게 말해, 제가 곧 프로젝트라고 해보죠. 제가 F&D 안에 들어오면 어디 어디를 어떤 순서로 이동할까요?"

"음… 그건 무엇을 연구하느냐에 따라 달라요. 그리고 그 흐름은 나선형으로 복잡하게 왔다 갔다 할 수도 있어요."

"바로 그거예요. 린 식스 시그마의 효과 중 하나는 그런 나선의 주름을 줄이는 겁니다. 한마디로, 공정 단계들 사이의 거리를 좁혀주지요.

그 거리를 좁히면 낭비를 줄여 일의 속도를 높일 수 있어요."

"그렇군요. 하지만 리즈 부사장님이 곧 프로젝트라면 이더넷Ethernet을 통해 이동하게 되죠. 다시 말해, 전자적으로 이동한다는 말이에요. 여기서는 그런 식으로 일해요. 그래서 이곳의 복도에서는 지게차를 찾아보기 힘들죠."

"예, 알겠습니다. 하지만 주름의 숫자, 단계의 숫자, 이곳 상황을 알아야겠군요."

"물론이죠. 얼마든지 설명해드리겠습니다. 점심식사를 하면서 이야기하시죠. 자, 이쪽입니다." 키잔스키가 일행을 식당으로 안내했다.

점심식사는 근처 조제 식품점에서 가져온 콘비프, 칠면조 고기, 치즈, 각종 야채, 각종 샐러드 등으로 이루어졌다. 식당으로 사용된 1층 컨퍼런스 룸은 우거진 주변 숲을 볼 수 있도록 유리벽으로 되어 있었다. 숲을 응시하던 키올라는 문득 이곳이 깊이 고립되어 있다고 느꼈다. F&D는 세상과 너무도 동떨어져 있었다. 키올라는 그것이 좋은지 나쁜지 잠시 고민했다.

점심식사 자리에는 슈웍과 F&D의 몇몇 고위 관리자들도 동석했다. 리즈와 키올라가 계속 물어보자 키잔스키와 F&D 관계자들은 고객과의 첫 모임에서 시작하여 시료 조제와 때로 프로토타입을 포함한 최종 설계의 승인과 문서화까지 이어지는 전형적인 F&D 프로젝트의 핵심 단계들을 하나씩 공개했다. 전체 공정에는 12개 정도의 주요 단계기 있었다. 리즈는 음식 접시 옆에 종이 한 장을 놓고는 흐름과 다양한 재료 투입 상황을 열심히 도표로 그리면서 박스마다 굵은 글씨체로 명칭을 적어 넣었다. 이것이 그가 말하는 '가치 흐름'이었다.

이 흐름의 중심에는 주로 테스트와 분석으로 이루어진 일련의 단계들이 있었다. F&D 사람들은 이것을 '루프'라 불렀다.

"무한 루프라고 하기도 해요. 정말 끝이 없게 느껴질 때가 많거든요." 슈웍이 빈정대듯 말했다.

"왜 그렇죠? 궁금하네요. 왜 루프라고 부르죠?"

키올라가 묻자 키잔스키가 대신 대답했다. "다시 말하면 순환이죠. 프로젝트가 여러 번 반복될 수 있다는 뜻이에요. 테스트하고 또 테스트하고, 분석하고 재분석하고, 의심하고 또 의심하는 거죠. 계약할 때 고객이 명시한 결과물을 얻을 때까지, 혹은 우리가 알아야 할 것을 다 알 때까지 순환은 계속됩니다."

"그건 돌아가는 거 아닙니까? 이유가 뭐죠? 왜 꼭 흐름이 순환적이어야 해요? 왜 루프여야 합니까?" 리즈가 물었다.

"루프가 아니어야 하는 이유는 또 뭡니까?"

"모르겠어요. 단지 그렇게 반복하기만 해서는 프로젝트가 진행될 수 없다는 생각이 드네요."

"아뇨. 프로젝트는 분명 진행되고 있어요. 가설과 테스트, 분석의 순환이 한 번 이루어질 때마다 더 많은 것을 배우죠."

리즈와 키잔스키는 당장이라도 주먹다짐을 할 것 같은 모습이었다. 키올라는 급히 리즈의 소맷자락에 손을 대며 말했다.

"키잔스키 소장, 리즈 부사장이 루프의 가치를 무시하는 건 아니에요. 단지 이 조직의 시스템을 정확히 알려는 것뿐이에요."

그러자 리즈가 재빨리 맞장구를 쳤다. "바로 그거예요. 그러니까 왜 굳이 그런 형식을 쓰는지 알고 싶을 뿐이에요."

"제가 말씀드릴 수 있는 건 단지 수십 년 동안 이 방식이 잘 통했다는 겁니다. 루프가 단순한 반복이 아니라는 것만 알아주세요. 대량 생산 같은 개념이 절대 아니에요."

"그건 압니다." 리즈가 고개를 끄덕였다.

"여기서 틀에 박힌 건 하나도 없어요. 우리는 늘 발전하죠. 우리는 항상 미지의 것을 다뤄요."

"그 부분에 대해서는 전혀 이의가 없어요. 하지만 제가 업무 흐름에 관해 물었을 때 소장님이 쓰신 '나선'이란 단어 말입니다. 제가 볼 때 그 단어 자체에 개선의 기회가 함축되어 있다고 생각되는데요. 가치와 속도, 품질을 높이고 원가를 낮출 기회 말입니다."

"아무래도 단어를 잘못 골랐나봅니다." 키잔스키가 멋쩍은 미소를 지었다. "아마도 '복잡하다'라는 단어가 더 정확할 듯합니다."

이때 슈윅이 끼어들었다. "유연성이 있다는 표현도 괜찮죠. 특정한 프로젝트를 진행하는 중에 일어나는 일들을 항상 처음부터 다 알 수는 없어요. 한 가지 방식을 시도해서, 애초에 계획했던 결과물을 얻을 수도 있고 그렇지 못할 수도 있죠. 계획대로 되지 않을 때는 처음부터 다시 시작해요. 완전히 새로운 방식을 시도하는 거죠."

그러자 키잔스키가 무릎을 쳤다. "바로 그거예요. 그리고 리즈 부사장님, 무시하려는 건 아니지만, 거기 종이 위에다 예쁘게 박스를 그리고 화살표와 명칭 등을 덧붙인 거 말이에요. 이곳 시스템을 도식화하려는 거죠? 일단 제 말을 들어보세요."

키잔스키가 손가락으로 리즈의 종이 위를 가리키며 말을 이어갔다.

"부사장님은 이걸 가치 흐름이라고 부르잖아요. 하지만 우리가 고객에게 제공하는 가치는 다릅니다. 우리가 창출하는 가치는 생각에 있어요. 그걸 화이트보드나 종이 위에 도식화할 수는 없어요. 왜냐하면 이 가치는 다차원적이기 때문입니다. 이 건물 안에는 과학적이고 기술적인 창의력이 살아 움직이고 있어요. 한 개의 데이터 세트를 A부서에서 B부서로 보내 세 번의 반복 작업을 거친 뒤 또 다른 부서로 보내는 식이 아닙니다. 우리는 매우 까다로운 문제들의 해법을 찾는 사람들이에요. 이것이 우리가 매년 수십만 달러, 때로는 수백만 달러를 받는 이유지요. 결과물의 양이 아니라 질이에요. 그게 바로 가치지요."

잠시 침묵이 흐른 후 키올라가 입을 열었다.

"잘 알겠어요. 명쾌하게 이야기해줘서 고마워요. 우리보다 더 잘 아시는 분들에게 이래라 저래라 간섭하려고 온 건 아니에요. 그래도 하나만 물어보고 싶어요. 키잔스키 소장, 이곳에서는 모든 것이 완벽하나요? 개선할 부분이 전혀 없나요?"

"물론 아니죠." 키잔스키가 갑자기 시비조에서 타협조로 분위기를 바꿨다. "이곳의 모든 것이 완벽하다는 말은 아닙니다. 개선해야 할 점도 있죠."

키올라가 고개를 끄덕였다. "좋아요. 이제 서로를 이해할 기반이 생겼군요. 린 시그마 식스의 목적은 지속적인 개선이니까요. 피터 윈 회장님부터 니젤 퍼스트 그룹 회장님, 그리고 나까지… 우리 조직의 모든 사람이 LSS의 힘을 굳게 믿고 있어요."

"어떤 식으로든 개선은 저도 정말 중요하다고 생각합니다. F&D도 사장님의 LSS 프로그램에 전적으로 협력할 것을 약속드립니다."

"고마워요. 자 이제 프레젠테이션을 시작합시다."

LSS 프레젠테이션을 위한 노트북들이 설치되자 키올라는 키잔스키가 멀리 떨어져 있는 것을 보고 리즈의 옆구리를 찔렀다.

"저 사람 어때요?" 키올라가 눈으로 키잔스키를 가리키며 속삭였다.

"제 말을 전혀 받아들이지 않는 것 같더군요."

"아마 저 사람도 당신에 대해 똑같이 말할 것 같군요."

리즈가 눈살을 찌푸렸다. "그렇겠죠. 그의 말이 맞는 구석도 있지만 이곳의 생산 방식이 공장과 비슷한 면도 있어요. 물건을 만들진 않지만 여기서도 일종의 제품을 생산해요. 정보로 이루어진 지적 제품이죠. 상당한 가치가 있는 지식을 생산하죠. 이런 제품을 만들려면 제조 공장에서처럼 공정이 필요해요. 심지어 그가 말한 창의적 측면들, 그것들도 일종의 공정이죠. 따라서 많은 변동이 있어요. 예측할 수 없는 사건들이 있을 겁니다. 그러니 가치 흐름을 따라 모든 공정을 최적화하면 더 좋은 결과를 얻게 될 거예요."

키올라가 이 문제를 깊이 생각하고 있는데 문득 그녀의 이름을 크게 부르는 소리가 들렸다. 키잔스키가 그녀를 소개하려는 것이었다.

"이 문제는 나중에 다시 이야기합시다." 키올라가 낮게 속삭였다.

모임은 무사히 끝났지만 키올라의 기분은 썩 좋지 않았다. 첫째, 빈자리가 너무 많았다. 키잔스키가 F&D 직원들에게 이메일을 보내어 모임 참석을 권유했을 뿐 강권하지는 않았기 때문이다. 둘째, 리즈가 한창 말하는 중에 선임 화학자들 중 한 명이 갑자기 자리에서 일어나 뭐라고 투덜거리더니 밖으로 나가버렸다. 그것을 기점으로 대여섯 명이 차례로 자리를 떴다. 사실, F&D의 문화는 자유로운 정신을 용인하고 권장하기까지 하는 문화였다. 이 점을 알고 있는 키올라는 대수롭지 않게 넘어가려고 했지만 가슴 한구석이 답답했다.

반면 맨 앞줄에 앉아 귀를 기울인 사람들도 있었다. 외모로 보아 그들 대부분은 고도로 뛰어난 기술자들이었다. 그들은 온갖 질문 공세를 퍼부으면서 공식 프레젠테이션이 끝나고도 1시간이 다 되도록 리즈와 그의 검은 띠 동료를 놔주지 않았다. 질문 공세는 키잔스키가 제지한 뒤에야 끝났다. 그들의 질문은 대부분 식스 시그마와 린의 통계 도구들과 관련이 있었다. 그리고 대부분은 단순히 설명을 바라는 질문이 아니라 노골적인 도전이었다. 하지만 리즈와 검은 띠는 전혀 움츠러들지 않았고, 결국 많은 참여자가 마음을 열었다. 슈윅도 그 중 한 명이었다.

길고 긴 모임이 끝나자 볼일이 급해진 키올라는 화장실에 갔다가 슈윅을 만났다. 키올라는 슈윅과 이런저런 이야기를 나누다가 언젠가 들었던 소문을 기억해냈다.

"키잔스키 소장과 부부였다는 게 사실인가요?"

"예, 맞습니다. 오래 전 일이죠." 슈윅이 순순히 인정한 뒤 곧바로 이렇게 덧붙였다. "사실, 지금도 아주 좋은 친구로 지내고 있습니다. 일할 때 손발도 잘 맞고요. 단지 함께 살기만 힘들 뿐이죠."

두 사람은 서로를 향해 미소를 지었다.

"하지만 전 남편이 상사라는 게 불편하지 않나요?"

"전혀요. 절 정말 편하게 대해요. 서로 못할 말도 없고요."

'다행이군.' 키올라는 속으로 생각했다.

두 사람이 화장실을 나와 강당으로 걸어가다가 키올라가 다시 물었다.

"LSS를 어떻게 생각해요?"

"아직 생각을 정리하는 중입니다."

"당신이 훈련에 참여하면 정말 좋겠어요. 당신의 이력에 전혀 해를 끼치지 않을 거예요."

슈윅이 잠시 생각에 잠겼다가 말했다. "고맙습니다. 하지만 키잔스키 소장과 이야기해봐야 할 것 같습니다."

"이해해요. 그렇게 해요."

하이보로 대표단이 떠난 뒤 슈윅은 키잔스키의 사무실로 갔다. 키잔스키는 자리를 정돈하며 사무실을 나갈 채비를 하고 있었다.

"나기가 전에 할 말이 있어." 슈웍이 말했다.

"뭔데?"

"LSS에 참여하고 싶어."

키잔스키가 눈꺼풀을 씰룩거리면서 매우 혼란스러운 표정을 지었다.

"정말이야. 참여하고 싶어."

"그럴 시간이나 있어?"

"시간이야 내면 되잖아."

키잔스키가 사무실 의자에 다시 털썩 주저앉아 턱을 쓰다듬으면서 잠시 고민하다가 말문을 열었다.

"좋아. 마음껏 참여하라고. 잘하면 우리가 우위를 얻을 수 있을지도 몰라."

"우위? 무슨 말이야?"

"적을 알면 백전백승이지."

줄곧 문틀 위에 서 있던 슈웍이 안쪽으로 더 들어와 팔짱을 끼고 믿을 수 없다는 듯 어색한 웃음을 띠었다.

"정말 그들을 그렇게 생각해? 적으로 보는 거야?"

"적이지 뭐야? 알았어. 내 생각이 너무 적자생존적인 태도라고? 그렇다면 그냥 동맹군에 관해 아는 게 좋다고만 말해두지."

"혹시 내가 스파이 노릇을 해줄 거란 기대는 하지도 마."

"누가 뭐랬나?" 키잔스키가 싱긋 웃으며 말했다.

"LSS가 제대로 효과를 발휘했으면 좋겠어. 아니, 그래야만 해. 이건 나뿐 아니라 우리 모두에게 필요한 일이야. 우리 고객들은 높은 대금과 느린 납기에 짜증이 날 대로 나 있어. 고객들이 더 떨어져나갈까 걱정이야."

"우리가 왜 이혼했는지 알아?"

"자기가 바람 펴서 그런 거 아냐?"

"그거 말고. 솔직히 내가 처음 5년간은 잘했잖아. 우리 결혼생활의 가장 큰 문제점은 나는 낙관론자인데 자기는 지독한 비관론자라는 거였어."

"그렇지 않아."

"자기가 왜 그렇게 걱정하는지 정말 모르겠어. F&D가 완전히 붕괴될 것처럼 말하잖아. 그런 일은 절대 일어나지 않아! 물론 급히 꺼야 할 작은 불들은 있지. 가끔 사업 방향을 조정해야 할 필요성도 있고. 하지만 우리가 쌓아 놓은 일감은 모두가 부러워할 만큼 많아. 우리 사업은 조금도 흔들리고 있지 않아. 지금 다 처리하기 벅찰 만큼 많은 일감이 쌓여 있잖아."

"그건 맞아. 나도 감당하기 힘들어. 그렇지만 내가 말하는 건 일감 때문이 아니라 맘속의 스트레스 때문이야."

"그렇다면 원래의 질문으로 돌아가 보자고. 추가적인 책임을 감당할 자신이 있어? 굳이 필요하지도 않은 일에 투자할 시간이 있냐고?"

"자기 그리고 나, 여기 사람은 다들 뛰어난 엔지니어링 연구 조직을 일구어냈어. 그래서 상도 받고 돈도 벌었지. 기술 수준도 더욱 높였어. 하지만 지금 우리는 퇴보하고 있는 것 같아. 고객들에게 그런 말을 하지는 않았지만 그들도 이미 다 알고 있어. 우리의 평판은 예전 같지 않아. 우리가 앞으로 5년 뒤에 별 볼일 없는 계약을 따내려고 굽실거려서는 안 되잖아."

"그런 일은 없으니까 괜한 걱정은 그만해." 키잔스키가 그렇게 말하면서 자신의 시계를 힐끗거렸다. "미안. 너무 늦었어. 뛰어야겠어."

"애인과 저녁 약속?"

"음, 맞아."

슈윅이 고개를 흔들면서 살며시 입술을 깨물었다.
"자기는 정말 나쁜 남자야."
"나는 매사에 최선을 다할 뿐이야. 내일 아침 일찍 봐."
슈윅은 키잔스키의 뒷모습을 씁쓸하게 바라보며 들릴 듯 말 듯 작은 목소리로 말했다.
"일찍 나오지 않을 거야. 한동안 그럴 거야. 아니, 영원히."

로크빌의 F&D에서의 모임 다음날 저녁, 키올라는 늦게 귀가했다. 평소 일정에다가 LSS에 집중하느라 밀린 일까지 마치고 돌아오니 저녁 8시가 넘었다. 회사에서 미리 어머니에게 전화를 걸어 먼저 저녁식사를 하라고 말했기 때문에 모든 가족은 이미 저녁식사를 마친 상태였다. 키올라는 어머니가 음식을 데우는 동안 주방에 앉아 와인 한 잔을 마셨다.
"맞다! 아까 전화가 왔었어." 키올라의 어머니가 갑자기 큰소리로 말했다.
"누구한테서 왔어요?"
"남자야."
"남자가 어디 한둘이에요? 보험회사 직원? 아니면 주식중개인?"
"몰라. 이름을 알려줘서 종이에 적어놓았는데… 보자, 내가 종이를 어디에 뒀더라?"
"아빠가 전화를 받지 않아서 다행이네요."
"키올라……." 어머니의 목소리에 불쾌한 기색이 역력했다.
"죄송해요."
"여기 있다. 6시쯤에 전화가 왔었구나."
종이에는 톰 토슨이라는 이름과 전화번호가 적혀 있었다.

"이상하네." 키올라가 지갑에서 휴대전화를 뒤지며 말했다. "직장 전화번호를 알고 있는데 왜 집으로 전화했을까?"

휴대전화를 찾자 키올라는 뒷문으로 나가 문을 꼭 닫았다. 문밖으로 나온 뒤에야 그녀는 자신이 신호를 잘 잡기 위해서가 아니라 통화 내용을 밝히기 싫어 밖으로 나왔다는 사실을 깨달았다. 마음속 깊은 곳에서 기대감 비슷한 것이 피어올랐다. 키올라는 잠시 마음을 가라앉힌 뒤 휴대전화의 버튼을 눌렀다.

신호가 가자마자 도슨이 전화를 받았다. "여보세요."

"안녕하세요, 에이미 키올라입니다. 전화하셨다고요?"

"예. 어제 제 비행기에 우산을 놓고 가셨더라고요."

그날 오후 늦게 소나기가 온다고 해서 우산을 갖고 나갔던 사실이 기억났다. 하지만 우산을 갖고 돌아온 기억은 없었다. 비행기에서 내릴 때 날씨가 너무 화창해서 우산을 까마득히 잊었던 것이다.

"아, 맞아요. 죄송해요."

"괜찮습니다. 그래서 말인데, 제가 갖다 드릴까요?"

"갖다 주신다고요? 여기로요?"

"그러니까, 부담되지만 않으신다면 말이에요."

"방금 집에 왔는데……."

"괜찮으시다면……."

말을 더듬거리는 것을 보니 도슨은 분명 긴장하고 있었다. 그러자 키올라는 왠지 기분이 좋아졌다. 죽음의 전장을 누비던 해병대 출신의 용맹스러웠던 조종사가 자신과 통화하면서 긴장하다니.

"그래도 괜찮다면 오세요." 자신도 모르게 키올라는 이렇게 말했다.

"좋아요. 알았어요. 15분이면 도착할 거예요. 기다릴 수 있죠?"

"물론이에요. 주소는 아세요? 길을 알려 드릴까요?"

"괜찮아요. 알아서 찾아갈게요. 있다가 봐요."

키올라는 주방으로 돌아가 어머니에게 말했다. "그가 온데요."

"누가?"

"톰 도슨이요."

"저런, 집이 엉망인데." 어머니는 부리나케 집을 정돈하기 시작했다.

"엄마, 그냥 제 우산을 돌려주려고 오는 거예요. 그만하세요. 별로 중요한 일도 아니에요!"

키올라는 남은 와인을 한 번에 들이켠 후 거실로 갔다. 아버지가 신문이며 아이들의 비디오게임기와 DVD까지 정신없이 어질러 놓은 상태였다. 벤과 미셸은 마네킹처럼 텔레비전 앞에 딱 붙어서 미동도 하지 않았다.

키올라는 뭐라고 말하려다가 그만두었다. '엄마한테는 늘 잔소리하지 말라고 하면서 정작 내가 잔소리를 하면 어쩌겠어.'

도슨은 단지 우산을 주러 오는 것이었다. 그 이상도 이하도 아니었다. 하지만 키올라의 내면에서는 다른 목소리가 들렸다. '그렇게 단순한 게 아니야. 왜냐하면 내가 그를 좋아하니까.' 키올라는 여태껏 자신을 감쪽같이 속여 왔다. 하지만 지금 생각하니 도슨을 만난 뒤로 수없이 그를 생각했다. 소녀의 짝사랑 같은 것은 아니었다. 단순한 호기심이 주를 이루었다. 키올라는 도슨이 독신이라는 사실을 알고 있었다. 비행 중에 이에 대해 직접적으로 물었고 그도 거리낌 없이 대답했다. 하지만 그가 자기 이야기를 한 것은 그게 다였다. 그는 장비와 날씨 등에 관해 쉴 새 없이 떠들었지만 정작 자기 이야기는 거의 하지 않았다. 반면 키올라는 자신의 이야기를 시시콜콜하게 다 떠들었다. 그럴 때마다 도슨은 공손하게 귀를 기울였다. 하지만 그의 진짜 반응은 레이벤 선글라스 뒤에 철저히 감추어져 있었다. 이제 그가 키올라의 집으로 오고 있다. 키올라는 뜻밖의, 그리고 약간 쑥스러운 기대감을 느꼈다.

키올라가 신문을 줍고 소파를 정돈하는 동안 어머니는 음식 접시와 포크를 들고 쫓아다니며 연신 "자, 이것 좀 먹어"라고 말했다.

이윽고 현관 벨이 울렸다. 키올라가 문을 열자 우산을 손에 든 도슨이 서 있었다. 선글라스는 보이지 않았다. 하늘처럼 푸른 눈이 꽤 멋져 보였다.

"우산을 가져다 주셔서 고마워요. 저 때문에 괜히 고생하셨네요."

"아뇨, 괜찮습니다. 밤에도 일하셨나 봐요."

"네. 일이 끝이 없답니다. 산더미처럼 쌓였어요."

젤다가 딸의 어깨 너머로 도슨을 바라보았다.

"엄마, 이분은 비행기를 조종하시는 톰 도슨 씨에요."

"잘 오셨어요."

"처음 뵙겠습니다."

서로 인사가 끝나자 느닷없이 젤다가 물었다. "두 사람, 레모네이드 좀 마실래요?"

키올라가 '엄마, 난 이제 어린애가 아니라고요!' 라는 표정으로 젤다를 쳐다보며 이렇게 말했다. "엄마, 도슨 씨는 아마 맥주를 좋아하실 거예요. 아니면 와인도 괜찮고."

그러자 도슨이 손사래를 쳤다. "아뇨, 괜찮아요. 레모네이드도 좋아요. 가리지 않습니다."

"둘 다 앉아요. 내가 뭣 좀 내올게요." 젤다가 현관 지붕으로부터 늘어진 구식 그네를 가리키며 말했다.

그네의 의자 위에는 커다랗고 푹신푹신한 쿠션이 놓여 있었다. 편안하기는 하지만 커다란 쿠션 때문에 앉을 자리가 확 줄어들었다. 덕분에 두 사람이 너무 가까이 앉게 되자 키올라는 약간 거북스러웠다. 도슨도 쑥스러웠던지 마치 금을 긋듯 우산을 두 사람 사이의 쿠션 위에 놓았다.

"여기 가까이 사세요?" 키올라가 물었다.

"별로 멀지 않아요."

도슨이 사는 동네를 설명하자 키올라는 어딘지 알 것 같았다. 수수한 집들이 있는 동네였다. 그 동네에 키올라 집만큼 오래된 집은 별로 없었다. 키올라는 도슨의 집을 상상해보았다. 해병대 기지의 축소판처럼 생긴 집과 뜰의 이미지가 머릿속에 떠올랐다. 키올라는 웃음이 나오는 걸 가까스로 참았다.

"왜 웃어요?" 도슨이 영문도 모르면서 덩달아 미소를 지었다.

"아무것도 아니에요. 그냥 좋은 밤이네요. 집을 찾기 어렵진 않았어요?"

집 앞에는 엄청난 속도를 낼 것만 같은 시꺼먼 포드 머스탱 한 대가 서 있었다. 키올라는 이 차가 도슨의 애마일 거라고 짐작했다. 여태껏 도슨은 키올라를 공항까지 태울 때마다 깨끗하지만 낡은 픽업트럭을 몰고 왔다.

젤다가 레모네이드를 접시에 받쳐 왔고, 도슨이 두 잔을 받아 한 잔을 키올라에게 건넸다.

"어머님도 앉으시죠."

도슨의 말에 젤다가 고개를 내저었다.

"괜찮아요. 할 일이 있어서. 남편이 어디서 헤매고 있는지도 알아봐야 하고."

음료수를 홀짝이는 사이에 두 사람 다 긴장을 풀었다. 잠시 후 도슨이 마음의 빗장을 풀어 자신이 노스캐롤라이나 남부의 어딘가가 아닌 알래스카에서 태어났다고 말했다. 그의 아버지는 페어뱅크스 동쪽의 작은 활주로에서 출발하여 알래스카의 수풀 지대를 비행하는 비행사였다. 그의 어머니는 동네 우체국을 운영했다. 그래서 그의 아버지는 어머니의 우체국에서 우편물을 받아 길이 없는 곳으로 배달하는 일도 맡았다. 도슨은 9살 때 처음 비행기 계기판을 조작했고, 물론 불법이었지만 몸이 아픈 아버지를 돕기 위해 14세 때부터 간혹 혼자서 비행기를 운전했다. 17세 때는 민간 조종사 자격증을 땄다. 그리고 아버지가 세상을 떠난 이듬해에는 19세의 나이로 해병대에 입대했다.

키올라는 대화를 나눌수록 도슨이 마음에 들었다. 도슨은 예전에 그녀에게 관심을 보였던 여느 남자들과는 달랐다. 말끝마다 위트가 묻어나왔고 그의 인생 이야기는 참으로 특별했다.

키올라는 처음에 도슨에 대한 끌림을 애써 모른 척했던 것과 달리, 그날 밤에는 두 사람이 비즈니스 관계에 있다는 사실을 애써 외면하려고 했다. 그의 옆에 앉아서 대화를 나눌수록 그 사실이 그녀의 어깨를 무겁게 짓눌렀지만 그 순간만큼은 잊고 싶었다.

어느 순간부터 두 사람은 음식과 식당 이야기를 하기 시작했다. 도슨이 일부러 대화를 음식 쪽으로 유도한 게 분명했다. 시간이 갈수록 키올라를 향한 도슨의 호감이 점점 더 분명히 드러났다.

"어때요? 껍질째 먹는 게 요리 좋아하시나요?" 도슨이 물었다.

"그럼요. 정말 좋아해요."

"잘됐네요! 얼마 전 해변에서 게 요리를 끝내주게 하는 식당을 발견했거든요. 뿐만 아니라 그곳까지 날아갈 멋진 빨간 비행기에 기름 값까지 두둑이 있는 멋쟁이 조종사도 있고요. 이번 토요일에 해변으로 날아가 멋진 게 요리를 즐기는 게 어때요? 자정까지는 꼭 귀가시켜드리죠. 어때요?"

순간 키올라의 눈가가 촉촉이 젖었다. 데이트 신청을 받아들이고 싶은 마음이 굴뚝 같았지만 마음과 달리 그녀 입에서는 거절의 말이 튀어나왔다.

"그럴 수 없어요."

"토요일이 안 된다면 일요일은요?"

"죄송해요. 갈 수 없어요."

"이유를 물어봐도 될까요?"

키올라는 우산 위로 손을 뻗어 도슨의 손을 살짝 잡았다.

"정말 같이 가고 싶어요. 하지만 이건 비즈니스잖아요. 우리는 비즈니스 관계에 있어요. 도슨 씨는 서비스 제공자고 저는 고객이에요. 우리가 적정한 선을 넘을까 두려워요."

도슨의 얼굴에 실망한 기색이 역력했다. 그 모습이 마치 바람이 다 빠진 타이어와 같았다.

"우리를 이상하게 생각할 사람이 있을까요?"

"도슨 씨, 요즘은 정말 무서운 세상이에요. 저는 한 회사의 사장이에요. 도슨 씨의 대금 청구서를 승인하는 위치에 있답니다. 조금만 부적절하게 보여도 제 이력이 끝날 수 있어요. 때로는 소문이 사실보다 무서워요. 게다가 여자 입장에서는 너무 조심스러워요."

도슨이 무겁게 고개를 끄덕인 뒤 레모네이드 잔을 현관 바닥에 놓고 자리에서 일어났다.

"무슨 말씀인지 알겠습니다. 이해합니다."

키올라도 자리에서 일어나며 말했다. "와 주셔서 고마워요. 오늘 대화 정말 즐거웠어요."

"어머님께 인사를 전해주세요."

도슨이 작별인사를 한 뒤 자기 차로 갔다. 키올라는 도슨이 천천히 차를 몰아 저 멀리 코너를 돌 때까지 현관 앞에서 지켜보았다. 도슨의 차가 시야에서 사라지자 키올라는 레모네이드 잔들을 주방으로 가져갔다. 그리고 아무 말 없이 어머니에게 팔을 두르고 그 가냘픈 어깨에 머리를 기댔다.

06 VELOCITY
고질라의 포효

린 식스 시그마를 통해 하이티를 변화시키려는 웨인 리즈의 계획은 급물살을 탔다. 리즈는 의욕적으로 계획을 추진했고, 임시 사장 키올라도 니젤 퍼스트 회장의 인내력이 바닥나기 전에 결과물을 내놓을 생각에 발이 부르트도록 뛰어다녔다. 쉽지는 않았지만 모든 사람의 열정을 이끌어내기 위해 그녀는 부단히 애썼다. 재무 담당 부사장 일레인이 수차례 반발했지만 키올라는 리즈에게 자금과 온갖 지원을 아끼지 않았다. 그리하여 오래된 회사에서는 보기 드문 속도로 변화가 진행되었다.

리즈는 순회 모임을 진행하는 중에도 위너 본사 경영진들과 긴밀하게 협력했다. 특히 그는 린 식스 시그마 프로그램을 본격적으로 추진하기 위해 경험이 많은 LSS 검은 띠 유단자들의 지원을 확보했다. 이 전문가들은 하이티의 자원자들이 훈련을 받는 동안 준비 작업을 담당할 예정이었다. 리즈가 확보한 새 유단자들의 수장은 30대 초반의 커트 코나니였다. 하와이 태생인 그는 리즈의 동료이자 친구였지만 외모는 리즈와 정반대였다. 리즈의 까까머리와 달리 코나니는 짙은 갈색 장발과 덥수룩한 콧수염을 과시했다. 리즈는 키가 크고 홀쭉한 반면 코나니는 평균키보다 작고 약간 통통했다. 하지만 둘의 궁합은 정말 잘 맞았다. 코나니를 비롯한 검은 띠들이 나서자 오크톤 공장에서 많은 변화의 바람이 불기 시작했다.

지평선 위의 태양이 새빨갛게 타오르던 시각, 머피 맥과이어의 차가 오크톤 공장 입구에 들어섰다. 이른 아침의 태양빛이 반짝이는 와중에 뭔가가 머피의 시선을 사로잡았다. 대형 쓰레기 수집용기인 덤프스터 Dumpster들 옆에 주차된 하얀 SUV였다. 덤프스터 한 대의 옆에는 사다리가 놓여 있었다. 머피는 차를 세우고 상황을 살폈다. 자세히 보니 누군가가 덤프스터 안에 들어가 쓰레기를 뒤지고 있었다. 순간, 산업 스파이라는 생각이 든 머피는 서둘러 휴대전화를 꺼내 공장 경비실의 단축 번호를 눌렀다.

"서긴스 경비팀장, 나 머피 공장장이야. 경비를 다 모아 당장 덤프스터 구역으로 와. 지금 당장!"

"예, 알겠습니다."

말이 끝나자마자 머피는 낡고 거대한 시보레의 액셀을 밟아 곧장 하얀 SUV 앞으로 돌진했다. 그리고 SUV 바로 앞에서 급브레이크를 밟아 멈춘 뒤 휴대전화 카메라로 차량 번호를 찍었다.

그런 다음 차에서 내린 머피는 덤프스터 안에 웅크려 쓰레기를 파헤치고 있는 사람을 불렀다.

"이봐요, 뭐 도와드릴 일 있소?"

그러자 그 사람이 몸을 일으켰다. 뜻밖에도 그는 리즈였다. 놀란 머피가 눈을 끔쩍였다.

"안녕하십니까, 머피 공장장! 잠시만 기다려요. 하던 메모 좀 마치고 내려갈게요." 리즈가 씩씩하게 말하고 나서 다시 몸을 굽히자 그의 까까머리가 덤프스터 속으로 사라졌다. 마침 서긴스와 제복 차림의 경비 한 명이 골프 카트를 타고 공장 모퉁이를 돌아 덤프스터 구역으로 쇄도하는 모습이 보였다. 머피는 즉시 휴대전화를 꺼내 다시 단축 번호를 눌렀다.

"서긴스, 이번에도 나야, 머피. 확인하니 아무 일도 아니야. 다시 돌아가게."

골프 카트가 재빨리 유턴한 뒤 온 방향으로 다시 돌아갔다.

"아까 도와줄 일이 없냐고 물었죠? 그래서 말인데, 이게 뭡니까?" 리즈가 다시 일어나며 말했다.

머피는 리즈가 던진 물체를 잡아 이리저리 돌려봤다.

"여기 이런 게 수백 개, 아니 수천 개는 있어요." 리즈가 말했다.

"정확히 뭔지는 저도 모르겠지만 확실한 건 스크랩 공정상 문제로 폐기되는 물품이군요."

"왜 이게 스크랩이죠?"

"색상이 잘못되었어요. 원래 노란색이 아니라 녹색이어야 합니다. 기계 작업자가 선반에서 엉뚱한 염료를 꺼내온 거죠."

"그렇군요. 최소한 원인은 아는군요. 이것이 우리가 표적으로 삼아야 할 또 다른 기회입니다."

"실례지만 여기서 뭐하시는 겁니까? 처음에는 무슨 스파이인 줄 알았습니다."

"스파이 맞아요." 리즈가 사다리에서 내려오며 말했다. "정보를 수집하고 있어요. 쓰레기 안을 분석해서 이 공장에서 어떤 종류의 낭비를 만들어내는지 알아내려는 겁니다. 이 공장에서 어떤 식으로 돈을 공중에 뿌리고 있는지 확인하려고요. 게다가 이 쓰레기를 치우는 데도 돈이 들어가지요."

"음, 평소에도 이렇다고 생각하지 마셨으면 합니다. 이 사건을 기억해요. 실수한 작업자를 확실히 처벌했습니다. 이틀치 임금을 삭감했고, 또 다시 같은 일이 벌어지면 해고될 거라고 공식적으로 경고했죠."

"그건 해답이 아닙니다."

"무슨 말씀인지?"

"명백한 근무태만이나 파업 때문에 일어난 사건이 아니라면 작업자를 탓해선 안 되요. 그래봐야 해결되는 건 아무것도 없어요. 그보다는 포카 요케poka-yoke를 추천합니다."

"포카 뭐요?"

"포카 요케요. 일본어랍니다. 실수가 없도록 만든다는 뜻입니다. 실수 방지라고나 할까요. 작업자가 엉뚱한 염료를 가져온 것은 작업 공간과 공정이 실수를 저지를 수밖에 없도록 되어 있기 때문이에요. 이것이 우리가 살펴봐야 할 부분이에요."

머피는 처음에는 그저 리즈를 멍하니 쳐다만 보았다. 그러다가 갑자기 그 말의 의미를 이해할 수 있었다. 그건 그렇지만, 허점을 찾아내겠다고 쓰레기통을 뒤지는 이 '버르장머리 없는' 이방인이 밉살스러웠다. 아무리 생각해도 무례한 행동이 아닌가. 아니, 치사한 짓이었다. 하지만 그는 자신의 상관인 생산 책임자가 아닌가. 리즈에게는 뭐든 원하는 대로 할 권한이 있었다. 머피는 그 점이 싫었다. 리즈라는 사람 자체가 싫은 게 아니라 그의 간섭이 싫었다. 머피의 내면에서 리즈의 말에 무조건 반박하고 싶은 심술보가 발동했다.

리즈는 더 이상 아무 말도 하지 않고 덤프스터 측면에 걸쳐 있던 사다리를 떼서 자신의 SUV 뒷문으로 집어넣었다. 리즈가 SUV 뒷문을 닫는 순간, 뭐라도 말해야겠다고 생각한 머피는 입을 열었다.

"리즈 부사장님, 제가 왜 머피로 불리게 되었는지 아시나요?"

"아일랜드 출신이라서요?"

"실제로 제 안에 스코틀랜드인과 아일랜드인의 피가 함께 흐르고 있죠. 증조할머니는 체로키 인디언이셨고요. 하지만 원래 제 이름은 머피가 아닙니다. 오래 전 M57 라인의 감독일 때 얻은 별명이지요. 제 책상 위에는 '머피의 법칙'을 적은 포스터가 놓여 있었습니다."

"나쁜 일은 꼭 일어나고야 만다는 법칙이죠." 리즈가 팔짱을 끼며 아는 체를 했다.

"맞습니다. 제가 그 말을 하도 자주 인용했더니 다들 저를 머피라 부르기 시작하더군요. 그래서 머피가 제 이름이 되었어요. 하지만 이건만은 알아주세요. 제가 M57 라인의 감독이 될 때 불량률은 40%나 되었어요. 그걸 제가 몇 년 만에 4%로 줄였죠. 요즘에는 평균 불량률이 2% 정도밖에 되질 않아요. 통계적으로 가능한 일이라면 어느 때곤 반드시 일어난다는 사실을 모든 사람의 머릿속에 각인시켰더니 그런 결과가 나타났답니다. 해마다 실수가 조금씩 줄어들었죠."

"그래서 요점이 뭡니까?" 리즈는 훈계를 듣는 기분이었다.

"부사장님이 말씀하시는 일본어들은 잘 모르지만, 일을 처리하는 방식만큼은 제 나름으로 안다고 자부합니다."

리즈가 불편한 듯 이리저리 자세를 바꾸면서 텅 빈 주변을 두리번거렸다. "공장장, 2%라면 괜찮다는 말입니까?"

"솔직히 현재 이 공장의 여러 가지 문제점으로 볼 때 M57 라인의 불량률을 2%로 줄이는 것이 저의 최우선사항은 아닙니다."

"이 2%의 불량품 중 일부가 해군 항공기로 들어가 말썽을 일으킨다고 생각해봐요. 불량품이 아무도 모르게 누군가의 자동차나 트럭으로 들어가 사고가 나면 사람이 죽습니다. 비극도 비극이지만 회사를 상대로 소송이 빗발칠 겁니다. 이래도 괜찮습니까?"

"그걸 방지하려고 최선을 다하고 있습니다."

"아이고. 공장장, 잘 들어요. 생산 책임자인 내 입장에서는 모든 공정에서 완벽 외에 그 어떤 수준도 용납할 수 없습니다. 식스 시그마 품질을 위한 끊임없는 개선만이 살 길입니다."

침묵이 흐르고 머피도 팔짱을 꼈다. 잠시 두 사람은 서로를 노려보며 가만히 서 있었다. 먼저 침묵을 깬 건 리즈였다. 리즈는 자동차로 가면서 머피에게 말했다.

"공장 안에서 만납시다. 오크톤 공장에 관해 하나부터 열까지 철저히 알고 싶소. 공장장이 직접 다니면서 설명을 해주면 좋겠어요. 물론 더 급한 일이 없다면 말이죠."

리즈의 하얀색 하이브리드 SUV가 거의 소음 없이 한 바퀴를 돌아 주차장으로 향했다. 반면 머피는 저속한 말들을 한바탕 내뱉더니 기름을 빨아먹는 시보레에 올라타 필요 이상으로 액셀을 밟으며 리즈의 차를 따라갔다.

공장 안으로 들어온 머피는 쿨러 옆에 놓인 자이로의 커피포트에서 허락도 없이 커피를 한 잔 따랐다. 그는 천천히 커피를 마시며 그날의 작업 계획표를 살핀 뒤 리즈를 찾았다. 찾아보니 리즈는 M57 라인의 출발 지점에서 새로운 LSS 검은 띠인 코나니와 대화를 나누고 있었다. 어찌나 소곤거리던지 머피는 그들이 복화술을 하는 것이 아닐까 생각했다. 머피는 그들의 대화 내용을 엿듣기 싫어 평소의 그답지 않게 걸음의 속도를 늦췄다. 그때 두 사람이 동시에 말을 멈추고 머피 쪽을 바라보았다.

"신경 쓰지 말고 말씀들 나누세요." 머피가 말했다.

"괜찮아요." 리즈가 대답하고서 코나니의 어깨를 살짝 건드리자 코나니가 자리를 비켜주었다.

"제가 무엇을 도와드릴까요?" 머피가 물었다.

"하나부터 열까지요."

"하나부터 열까지요? 그건 좀 많은데요."

"바쁜 하루가 될 겁니다."

"맞습니다. 출하해야 할 품목이 6가지이고 생산을 준비해야 할 새 주문도 14개나 되죠. 현재 생산 중에 있는 납품건도 18개나 되고요."

"급한 일이 있으면 언제라도 가세요. 아무튼 나는 오크톤 공장을 처음부터 열까지 낱낱이 파악해야겠습니다. 최대한 나를 안내해주면 됩니다."

"리즈 부사장님, 뭐든 보여드리고 뭐든 말씀드리죠. 하지만 잠시만 제 얘기를 들으시면 시간이 많이 절약될 겁니다."

리즈가 두 손을 엉덩이에 대고 말했다. "말씀해보시오."

"이 공장 쓰루풋의 열쇠는 우리가 '고질라'라는 애칭으로 부르는 거대한 장비입니다."

리즈가 낄낄거리며 물었다. "그 장비 하나가 공장 아웃풋의 열쇠인 이유는 뭐죠?"

"죄송합니다만 아웃풋output이 아니라 '쓰루풋throughput' 입니다."

"쓰루풋이나 아웃풋이나, 그게 그거 아니오?"

"아니오, 제 사전에서는 다릅니다. 생산량은 생산된 제품의 양을 말하죠. 쓰루풋은 다양한 제품을 생산하여 고객들에게 판매함으로써 돈을 버는 속도를 말합니다."

"그래서요? 결국 똑같잖아요. 생산량이 곧 매출이지 않습니까?"

"그렇지 않습니다. 제품을 생산했다고 해서 꼭 돈이 벌리는 건 아니지요."

"좋아요. 그렇다고 칩시다. 바로 그것이 린의 중요한 개념 중 하나에요. 고객이 원하기 전까지는, 고객이 돈을 지불하기로 하기 전까지는 그 무엇도 생산하지 말아야 한다는 겁니다."

머피가 미소 지었다. 이제야 얘기가 통하는 것 같았다.

"바로 고질라라고 하는 이 장비 하나의 성과가 회사 전체 제조 시스템의 성과를 결정합니다."

"잠시만, 왜 그렇죠?"

"고질라가 전체 시스템의 주된 제약이기 때문이죠."

"제약? 이 고질라라는 기계가 전체 시스템을 방해한다는 말이오? 이 기계가 문젯거리라는 뜻입니까?"

"아니오, 고질라는 전혀 문젯거리가 아닙니다. 고질라는 정말 잘 돌아갑니다. 효율이 최고조에 달했어요. 우리가 최고의 인력을 배치하고 철저히 관리하기 때문입니다."

"그런데 왜 그게 제약이죠?"

"모든 자원에는 한계가 있습니다. 그래서 모든 자원은 시스템 내의 제약이 될 수 있죠. 하지만 시스템 내에 주된 제약으로 작용하는 하나의 제약이 있습니다. 아니, 그런 제약이 있어야 합니다."

"있어야 한다는 게 무슨 뜻이오? 왜 생산 공장에, 뭐지? 아, 왜 주된 제약이 있어야 하죠?"

"흐름을 평준화하기 위해서입니다."

"그래서 우리가 린을 적용하려는 겁니다. 우린 생산 능력을 평준화할 겁니다. 그런데 뭐가 문제죠?"

억지로 표정 관리를 하느라 머피의 얼굴이 씰룩거렸다.

"그렇지 않습니다. 우리는 그런 걸 원하지 않아요. 우리가 원하는 건 생산 능력이 아니라 흐름을 평준화하는 겁니다. 그러기 위해서는 주된 제약이 필요한 거고요."

리즈의 얼굴에는 알아들 수 없는 머피의 말 때문에 발생한 짜증이 듬뿍 묻어 있었다.

"괜찮다면 제 말을 좀 더 들어주세요. 쓰루풋 얘기를 다시 해보죠." 머피가 말했다.

"좋을 대로."

"아까 말씀드렸듯이 '쓰루풋'은 돈을 얼마나 빨리 버는지 측정하는 척도입니다. 결국 이것이 우리가 여기 있는 이유 아닙니까? 돈을 버는 것이 중요하잖아요?"

"공장장, 우리는 고객을 만족시키기 위해 여기에 있는 겁니다. 그것이 우리의 궁극적인 목표에요."

"저는 비즈니스의 최대 목적은 돈을 버는 거라고 생각합니다. 그게 아니라면 저는 오랜 세월 동안 착각 속에서 살아온 거죠."

"음, 물론 비즈니스의 목적은 돈을 버는 거지." 리즈가 짜증난 말투로 말했다. "하지만 돈을 벌려면 고객을 만족시켜야 하잖소?"

"부사장님, 문제는 이곳 공장에서는 고객을 보기가 힘들다는 겁니다. 최소한, 매일 보진 못해요. 그러니 고객이 만족했는지 알 도리가 없습니다. 그래서 돈 버는 거에만 신경을 쓰는 거죠."

"어떻게?"

"어떻게 아냐고요? 컴퓨터를 사용해서 확인하죠. 그런데 '돈 비는 거'와 관련해서 쓰루풋 외에도 정말 중요한 두 가지 척도가 더 있습니다. 하나는 운영비용에요. 직원 급료와 시설 유지 보수 등에 쓰는 돈 말입니다. 다른 하나는 재고와 투자입니다. 단기적으로 재고는 중요한 요소입니다. 거기에는 우리 공장의 모든 원자재, 생산 과정에 있는 물품, 완제품 다 포함됩니다. 재고는 앞으로 쓰루풋으로 전환할 목적으로 일시적으로 잠겨 있는 모든 돈을 말하죠. 재고를 쓰루풋으로 전환하려면 장비를 비롯한 여러 자산이 필요합니다. 이런 자산을 구매하는 데 쓰인 돈이 투자입니다. 부사장님, 듣고 계십니까?"

리즈가 어깨를 으쓱했다. "듣고 있어요."

"이 척도들의 관계를 보면 우리가 얼마나 잘하고 있는지 알 수 있죠. 장기적으로 우리는 쓰루풋을 끌어올려야 합니다. 재고를 완전한 매출로 전환하는 비율을 늘려야 한다는 말입니다. 아울러 재고량은 주된 제약이 잘 돌아가는 데 필요한 수준만큼만 유지해야 합니다. 쓰루풋 대비 운영비용 비율도 계속해서 낮춰야 합니다. 마지막으로, 기계 등에 필요한 투자액이 늘어나서는 안 됩니다. 다시 말해, 언제나 노력을 적게 들여 많은 결과를 만들어내는 게 중요하죠."

리즈의 얼굴에 혼란이 가득했다. "내가 제대로 이해했다면 린 개념과 비슷하군요. 어디서 배웠소?"

"책에서요. 소설이에요."

"소설이요? 제목이 뭡니까?"

"《더 골The Goal》이라는 책이에요. 꽤 오래 전에 두 사람이 쓴."

"《더 골》이요? 들어봤소. 읽지는 않았지만."

"전 사장님이 몇 년 전에 주신 책이죠. 당시는 재고가 많고 진도 관리 문제가 심각했어요. 이 책을 읽고 나서 사장님과 머리를 맞댄 끝에 병목 지점을 찾아냈죠. '허비' 말이에요. 그 책을 읽어보면 '허비'가 뭔지 아실 수 있을 겁니다. 아무튼 허비는 바로 우리가 고질라라고 부르는 이 장비였어요. 그 사실을 알고 나서는 그 제약을 활용했죠."

"제약을 활용했다고요?" 리즈가 의아한 표정으로 머피를 바라보며 말했다.

"예, 맞습니다. 제약을 활용하고 다른 모든 공정을 제약에 종속시켜야 합니다."

"좋아요, 공장장. 말로 아무리 들어봐야 감이 잡히지 않으니 그 고질라라는 문젯거리를 실제로 보여주면 좋겠군요."

"문젯거리가 아니라니까요!"

두 사람은 나란히 걸어 M57 라인과 라미네이팅 구역, 경화 작업용 선반, 배치를 편성하는 구역을 지나갔다. 그들의 발걸음이 멈춘 곳에는 리즈가 생산 공장에서 본 수많은 장비 중에 가장 거대하고 흉측한 장비가 있었다.

"이것이 고질라입니다." 머피가 말했다.

"우와, 정말 괴물이군. 이렇게 큰 것이 어떻게 제약이란 말이오?"

"시간 때문입니다, 부사장님. 전체 흐름 내의 시간 말입니다. 이것이 다른 모든 공정을 고질라에 종속시켜야 하는 이유죠. 고질라의 생산성이 전체 생산 시스템의 생산성을 결정하기 때문입니다. 결국 고질라의 생산성이 우리의 쓰루풋을 결정합니다."

리즈는 머피의 말을 듣는 둥 마는 둥하다가 말했다.

"좋아요. 이곳의 상황을 대충 알 것 같군. 공장장이 무엇을 읽었는지 과거에 어떤 대응 메커니즘을 사용했는지는 모르겠지만 이것 하나는 약속할 수 있어요. 린을 적용하면 그 모든 문제를 훨씬 더 효율적으로 해결할 수 있소. 날 믿어요. 린과 식스 시그마가 공장장의 모든 문제를 해결해주고 이 공장을 혁신시킬 테니까. 린 식스 시그마를 적용하면 이 공장은 탱탱해진 드럼처럼 빈틈이 없어질 거요. 모든 공정의 변동이 최소화될 거요. 그러면 더는 변동에 신경 쓸 필요가 없어지겠지. 물론 한두 주 안에 그렇게 되지는 않을 거요. 몇 달, 아니 몇 년이 걸릴지도 모르오. 그러나 꼭 그렇게 될 거고 그때가 되면 입이 떡 벌어질 거라오."

"그랬으면 좋겠습니다. 하지만 이것만은 알아주세요. 현재의 시스템도 별 문제 없이 잘 돌아가고 있습니다. 완벽하지는 않지만 쓸 만해요. 더 말씀드리면……."

"이젠 내 말을 들어봐요. 서로 협력했으면 해서 하는 말이오. 개선을 이루려면 변화가 필요해요. 개선은 곧 변화고. 그런데 공장장은 특정한 방식에 익숙해져 있는 것 같아요. 하지만 앞으로는 바뀌어야 합니다. 공장의 한쪽 끝에서 다른 쪽 끝까지 라인을 평준화하면 더 이상 병목은 없을 거요. 이 고질라로 인해 생겼던 모든 문제점이 저 멀리 기억 속으로 사라질 거요. 모든 것이 마치 퍼레이드에서 행진하는 악단처럼 택트 타임takt time에 따라 진행될 테니까."

"네? 택트 타임이요?"

리즈가 막 대답하려는데 고질라의 꼭대기에 달린 빨간 등이 번쩍이면서 사이렌 소리가 울려 퍼졌다. 작업자들이 바삐 뛰어가 귀마개와 두꺼운 장갑을 착용한 뒤 마치 자동차 경기장에서 경주용 자동차가 들어오기를 기다리는 피트 크루pit crew : 경주용 자동차의 급유, 타이어 교환 등을 하는 사람-역주들처럼 만반의 준비를 갖추고 서 있었다.

"무슨 일이오?" 리즈가 물었다.

"담금이 막 끝났습니다. 고질라 뱃속에서 경화된 것을 꺼낸 뒤에 다음번 배치를 넣을 겁니다."

고질라의 주간 감독 리치가 귀마개를 들고 다가왔다.

"이걸 차시는 게 좋을 겁니다. 정말 시끄럽거든요." 머피가 귀마개 두 개를 받아 하나를 리즈에게 주면서 말했다.

리치가 제어반으로 가서 장내 방송 설비의 마이크를 들고 말하자 그의 목소리가 공장 전체에 울려 퍼졌다.

"모두 들으라. 고질라가 곧 토한다. 다시 말한다. 고질라가 이제 토하려 한다. 동기화하시오. 동기화하시오!"

리치가 마이크를 걸고 제어반의 핸들을 돌리자 고질라가 포효를 지르며 뜨거운 가스를 내뿜었다.

07 VELOCITY

이상한 시간 계산법

"택 타임?" 젤다가 물었다.

"아뇨, 택트 타임이요. 박자를 뜻하는 독일어에서 비롯한 용어에요. 작업에 사용할 수 있는 시간을 주문량으로 나눠요. 즉 제품 생산에 사용할 수 있는 시간을 필요한 제품 개수로 나눈 거요. 고객이 어떤 물품 여덟 개를 8시간 안에 만들어달라고 하면 택트 타임은 개당 60분 정도가 되는 거죠."

"그런 걸 다 알다니, 대단하구나." 젤다가 말했다.

토요일 오후, 졸고 있는 해리만 빼고 모든 가족이 키올라의 집 지하실에서 빨래를 하고 있었다. 키올라는 옷을 분류했고 미셸은 젖은 옷을 세탁기에서 건조기로 옮겼다. 젤다는 수건을 갰고 벤은 마지못해 다림질을 하고 있었다.

"요즘 웨인 리즈 부사장은 택트 타임을 맞출 방법을 알아내기 위해 아예 공장에 살림을 차렸지 뭐예요. 그 방법을 알아내면 엄청난 돈을 줄일 수 있을 거예요. 최소한 리즈 부사장 말로는 그래요. 우리는 분명 성공할 거예요. 리즈 부사장 말로는 니젤 퍼스트 회장이 원하는 목표 수치를 쉽게 달성할 수 있을 거래요. 그렇게 되면 나도 임시 사장에서 정식 사장으로 바뀌겠죠. 보너스도 두둑하게 받을 거고요. 보너스를 받으면 내년에는 하와이 같은 곳으로 휴가를 쏠게요."

키올라의 말에 벤의 눈이 휘둥그레졌다. "우와! 엄마, 정말?"

"그럼."

"신난다! 어서 택트 타임 얘기를 해줘요!" 미셸이 말했다.

"애들아, 김칫국부터 마시지는 마렴." 젤다가 미셸에게 윙크했다.

"맞는 말이에요. 아무튼 머피 맥과이어의 공장에서는 기계가 쉬는 시간이 너무 많아요. 열심히 일하지 않는 작업자도 많고요."

"흠, 게으른 사람들이네." 미셸이 빈정대는 투로 말했다.

"그렇지. 돈을 받고 일하는 사람이 네 오빠처럼 빈둥대면 안 되지." 키올라가 미셸을 바라보며 말했다.

"다리미가 너무 뜨겁다고요. 옷이 다 타요, 엄마." 벤이 투덜댔다.

"네가 다리미를 빨리 움직이지 않으니까 그렇지."

키올라가 이번에는 젤다를 보며 말했다. "근데 정말 이상한 노릇이에요. 옛 사장인 도널드는 입을 열 때마다 머피가 좋은 공장장이라고 했거든요. 머피가 '허비'라는 걸 잡아냈다고 했어요. 머피 덕분에 납품이 정확해지고 재고 수준이 떨어졌다고 했죠. 하지만 내가 볼 때 머피의 방식에 문제가 생긴 것 같아요. 최근 고객 불만이 많아졌거든요."

"그가 제대로 일하지 않는다면 해고해야 하잖니?" 젤다가 말했다.

"리즈 부사장이 기회를 주자고 해요. 하지만 저는 잘 모르겠어요. 머피 때문에 짜증날 때가 한두 번이 아니에요. 리즈 부사장은 공장에 개선할 점이 많다고 해요. 그의 표현을 그대로 옮기자면 '낮은 곳에 달린 과일'이 많대요. 돈 안 들이는 좋은 대안이 많다는 말이죠. 리즈 부사장이 라인을 평준화하고 모든 사람이 최대한 택트 타임을 지키면 피터 윈 회장의 입이 귀에 걸리게 만들 만큼 높은 분기 매출을 기록할 수 있어요."

젤다가 다시 고개를 갸웃거렸다. "라인을 평준화한다고?"

"맞아요. 생산 능력에는 돈이 들죠. 그런데 그 능력이 필요 없다면 돈을 낭비한 꼴이에요. 그래서 고객의 요구에 맞춰 생산 능력, 그러니까 인력과 장비, 재고를 평준화해야 하는 거예요. 이를 위해 택트 타임을 계산하고요."

하지만 설명을 이어질수록 젤다의 표정은 더욱 혼란스러워졌다.

"엄마, 너무 복잡하죠? 쉽게 설명해드릴게요. 세탁을 예로 들어보자고요."

"좋아요!" 벤이 말했다.

"벤, 농땡이 부리지 말고 다림질 계속해! 엄마, 세탁을 하나의 공정으로 생각해봐요. 이 공정에는 여러 단계들이 있고, 한 단계를 완성해야 다음 단계로 넘어갈 수 있죠. 먼저 위층 바구니에 담긴 더럽고 냄새 나는 옷을 지하실로 가져와야 해요. 그런 다음에는 흰색 옷과 색깔 옷을 분류해요. 그러고 나서 세탁을 시작하죠. 세탁기에 옷을 넣고 세제를 첨가한 다음 사이클을 맞추고 시작 버튼을 눌러요. 참, 미셸이 가장 좋아하는 건조 단계를 빼먹으면 안 되죠."

"맞아요. 건조가 끝날 때까지 기다리는 시간은 정말 좋아요!" 미셸이 환하게 웃었다.

"그래? 그 다음에는 마지막 단계들이 있지. 다림질과 옷 개기와 분배. 깨끗한 옷을 잘 개서 위층으로 가져간 다음 해당 고객들에게 전달해야지."

"지난주처럼 미셸의 양말을 제 서랍에 넣으면 안 된다고요." 벤이 투덜거렸다.

"말 잘했다. 네 말은 품질과 안전을 말하는 거야. 빨간 셔츠를 하얀 셔츠와 섞으면 안 되고, 다림질에 손가락을 데이거나 없던 주름을 만들지 않도록 조심해야 해."

"그래서 요점이 뭐예요?" 미셸이 지친 얼굴로 말했다.

"알았다, 요 녀석아. 요점은 이 세탁 공정이 가치 흐름이라는 거야. 새로운 한 주를 잘 시작할 수 있도록 더럽고 구겨지고 악취 나는 빨랫감을 깨끗하고 팽팽하고 향긋한 옷으로 바꾸는 과정이지. 이 세탁 공정이 하나의 사업이고 이 지하실이 작은 공장이라고 생각하면, 우리의 목적은 뭐지?"

"돈을 버는 거예요." 미셸이 똘똘하게 대답했다.

"맞아. 하지만 공장의 시각에서는 효율이 목적이잖아? 최소의 노력과 낭비로 세탁 과정을 부드럽게 완성하는 게 중요해. 전체 세탁 공정을 최대한 적은 시간 안에 해내야 해. 그리고 생산량이 주문량과 똑같아야 해. 다시 말해, 필요 이상으로 많은 옷을 세탁하지 말아야 해. 빨랫감을 쌓아둬서도 안 되고 깨끗한 옷이 모자라서도 안 돼. 쉽게 말해, 세탁 작업자인 우리의 작업량이 세탁 고객인 우리의 깨끗한 옷 필요량과 정확히 일치해야 해. 그래서 택트 타임은……"

"드디어!" 미셸이 말했다.

"택트 타임에 따라 생산의 속도가 정해지지. 택트 타임은 각 단계를 끝내고 다음 단계로 넘어가기까지 주어진 최대 시간이야. 이번에는 웨인 리즈 부사장이 이 세탁 공정을 관리한다고 해보자. 리즈 부사장은 세탁 공정을 연구하고 각 단계의 통계를 낸 후 택트 타임에 따라 생산 라인을 재조정하겠지. 각 단계가 끊임없이 돌아가고 세탁 라인 작업자들의 작업량이 많지도 적지도 않게 수요량에 딱 맞도록 말이야."

미셸이 황당한 표정으로 엄마를 응시했다.

"문제가 있니?" 키올라가 물었다.

"세탁기와 건조기와 다리미가 모두 동시에 돌아간다고요?"

"맞아. 뭐가 잘못됐니? 리즈 부사장은 세탁물이 너무 쌓이지 않도록 작업을 배치할 거야. 택트 타임의 속도에 맞춘 꾸준한 흐름이 나타날 거야. 이를테면 벤이 다림질을 끝내자마자 건조기가 멈추고 다림질할 옷들이 다시 생기는 거지."

"그게 말이 돼요? 생각만 해도 끔찍해요." 벤이 몸서리를 쳤다.

"걱정하지 마. 리즈 부사장이 너에게 쓰러질 때까지 일을 시키지는 않을 테니까. 하지만 모든 작업이 동시에 착착 진행되어야 해. 세탁기에서 옷을 꺼내자마자 또 다른 옷들을 분류해서 집어넣을 준비를 해야 해. 무슨 말인지 알겠니? 한 작업이 진행될 때 다른 모든 작업도 동시에 진행되는 거야. 모든 작업이 주문량에 딱 맞춰 진행되어야 하지. 그러면 위층에는 종류마다 옷이 과하지도 부족하지도 않게 딱 적당량이 있게 되지. 속옷이 세 벌 이하로 줄어들면 시스템에서 속옷을 더 빨라는 신호를 지하실에 보내게 되지."

"엄마, 아무리 생각해도 이상해요. 그럼 건조기는 어떻게 해요?" 미셸이 물었다.

"건조기가 뭐?"

"건조 시간은 언제나 세탁 시간보다 길잖아요. 이건 다 알고 있는 사실이라고요. 세탁물을 가득 채우면 건조 시간이 두 배는 더 걸려요. 세탁기와 건조기가 동시에 착착 돌아간다고 해보죠. 그러면 세탁기가 멈춰도 건조기는 30분을 더 돌아가야 해요."

키올라가 입술을 굳게 다문 채 이 문제를 고민했다.

"미셸 말이 맞아. 리즈 부사장이 건조기 문제에 대해서는 뭐라고 할까?" 젤다가 물었다.

"좋아요. 건조기가 골칫거리라는 건 인정해요. 하지만 리즈 부사장은 어떻게든 해법을 찾아낼 거예요. 건조기를 한 대 더 설치해서 세탁물을 나눠 넣으면 세탁기와 작업을 동시에 진행할 수 있잖아요."

"건조기 두 대요? 그러면 비용이 두 배로 들잖아요. 전기도 두 배로 들고요. 그건 무다잖아요. 게다가 각 건조기에 원래 넣을 수 있는 양의 반만 넣는 것은 더 심한 무다 아닌가요?" 미셸이 물었다.

"음, 그렇긴 해. 하지만 젖은 옷을 세탁기에 넣은 채로 기다리는 것은 무다야. 그렇다고 네 게으른 오빠가 다림질할 옷이 없어 빈둥대도록 놔두는 것도 무다고. 아마 리즈 부사장이 무다를 줄일 방안을 찾아낼 거야."

그때 키올라의 머릿속에 한 가지 생각이 떠올랐다.

"잠깐! 미안하지만 지금까지 한 세탁 이야기는 잊어버려. 왜냐하면 이런 세탁 방식은 소위 배치 생산 방식이거든. 리즈 부사장은 배치 생산 방식을 싫어해. 그건 낡은 방식이야."

"얘야, 그러면 달리 어떻게 할 수 있니?" 젤다가 물었다.

"리즈 부사장은 새로운 기술에 투자할 거예요. 세탁기와 건조기 앞에 세탁기 바구니들, 다시 말해 배치들을 쌓아두는 건 옛날 방식이거든요. 리즈는 한 개 흘리기 흐름생산을 만들어낼 거예요."

"한 번에 셔츠 하나씩만 빨라고요? 그럼 언제 빨래를 끝내요? 그러다 날이 새겠어요." 벤이 말했다.

"그러지 말고 더 좋은 방식을 상상해봐. 리즈가 위층에서 지하실로 연결되는 최첨단 세탁물 운반 장치를 설치할지도 몰라. 나아가 그 장치가 세탁물을 자동으로 분류해서 세탁기에 넣으면 센서가 세탁물의 옷감을 인식하여 그에 딱 맞는 온도와 세제량을 처방하는 거야. 아예 우리가 생각하는 세탁기 개념이 아닐지도 모르지. 이를테면 세제와 물이 아니라 초음파로 옷을 빠는 거야. 그러면 세탁물이 젖지 않으니까 건조기는 필요 없지."

"아주 그럴듯하네요. 하지만 어느 세월에 그런 걸 만들어요? 그 많은 돈은 또 어디서 나고요?" 벤이 물었다.

"맞아, 내가 죽은 다음에나 나올지 몰라." 미셸이 맞장구를 쳤다.

"알았다, 알았어. 이 얘기는 이제 그만하자." 키올라가 한숨을 쉬며 말했다.

"엄마가 우리를 세탁 사업에 끌어들여놓고 혼자만 빠져나가면 안 되죠. 해결하세요." 벤이 엄마를 놀리며 말했다.

키올라가 입술을 깨물면서 말했다.

"좋아. 건조 시간이 세탁 시간의 두 배가 걸린다고 해보자. 이때 리즈 부사장이 라인의 평준화를 위해 사용할 만한 방법은 잠시도 빈둥거리는 사람이 없도록 인력을 적절히 배치하는 거야. 이를테면 세탁 라인에 네 사람만 배치할 수 있지. 아니면 세 사람만 투입할 수도 있고."

키올라는 이 말을 내뱉자마자 곧바로 후회했다. 왜냐하면 미셸의 눈이 번뜩였기 때문이다.

"그럼 엄마, 날 해고시켜줘요."

미셸의 말이 끝나자마자 벤의 손이 번쩍 올라갔다. "안 돼요. 내가 그만둘게요. 날 해고시켜줘요!"

"미안하지만 모든 아이가 세탁을 돕는 게 우리 가문의 철칙이야. 굳이 해고하려면 할머니를 해고할 거야."

"난 괜찮다." 젤다가 말했다.

"할머니가 세탁업에서 은퇴한 뒤에는 내 차례야."

키올라가 그렇게 말하고 나서 미셸 쪽을 보자 그 작은 눈에서 영악

한 빛이 번뜩였다.

"엄마, 방금 묘안이 떠올랐어요. 정말 좋은 아이디어에요."

"말해봐."

"네 명은커녕 두 명도 필요하지 않은 방법 어때요? 혼자서 다 하는 방법을 알아내면 되잖아요?"

미셸의 말에 벤이 음흉하게 웃으며 손가락으로 동생을 가리켰다.

키올라는 팔짱을 끼면서 말했다. "그건 안 돼. 엄마는 네 속셈을 뻔히 알아. 일하기 싫어서 그러는 거지?"

"하지만 엄마!"

"안 돼. 너희 둘 다 엄마를 도와야 해. 이상! 더 이상 토 달지 마."

"엄마, 내 말 좀 들어봐요. 각 단계마다 드는 시간을 조정해서 모두 건조 시간과 일치시킬 수 있다면요? 최소 1시간은 넘겠죠. 그리고 모든 단계를 한 사람이 다 한다고 해봐요. 어때요? 한 번 시도해봐요."

"그럼 우리가 돌아가면서 하면 되겠네. 한 주는 오빠가, 다음 주는 내가 하고."

그러자 벤이 무릎을 쳤다. "바로 그거야! 두 사람이 다 빨래를 하되 한 주 걸러 하니 각자의 일하는 시간은 반으로 줄어들잖아."

키올라가 젤다 쪽을 바라보았지만 젤다는 그저 어깨만 으쓱했다.

"네가 근면의 미덕을 가르치려는 건 알겠지만 정말로 쟤들이 혼자서 할 수 있고, 시간도 반밖에 걸리지 않는다면……."

키올라는 잠시 눈동자를 굴리다가 아이들을 바라보았다. "잘 들어. 제대로 해야 해. 둘 중 하나라도 텔레비전이나 보면서 대충 하면 봐주지 않을 거야."

"당연하죠! 열심히 할게요." 미셸이 말했다.

"별로 미덥진 않지만, 얼마나 능률적인지 증명해봐. 한번 보자."

그 즉시 다림질과 옷을 개는 속도는 빨라졌다.

"엄마, 궁금한 게 하나 있어요." 벤이 말했다.

"뭐야?"

"이게 세탁 사업이라면 내 월급은 언제 올려줘요?"

"엄마 월급이 오르면."

"어이, 자이로, 단단히 대비하라고. 곧 허리케인 리즈가 불어 닥칠 테니까."

"왜 그렇게 말씀하세요?"

"검은 띠들이 뭐라는 줄 알아? 우리 공장이 최고의 작업자들을 충분히 활용하고 있지 않다는 거야."

"뭐라고요?"

"충분히 활용하고 있지 않다고. 그래서 라인을 평준화하겠대."

"라인을 평준화한다는 게 무슨 말이에요?"

"이제 우린 죽었다는 거지. 리즈 부사장 말로는 평준화된 라인이란 생산 능력과 주문량이 일치하는 생산을 의미한다는군. 정확히 해당 작업을 할 만큼의 인력과 장비, 재료, 시간만 배정한대. 그러면 각 공정이 다른 모든 공정과 평준화가 되어 이론적으로는 흐름이 최소 낭비 수준으로 진행된다는 거야. 자원과 공정이 너무 적으면 제때 다음 공정으로 넘어갈 수 없고, 그렇다고 너무 서두르면 품질이 떨어진다는 거지. 반대로 자원이 너무 많으면, 그러니까 생산 능력이 필요 이상으로 커지면 비용이 높아져서 가격은 올라가고 이익은 줄어든다는 거야."

두 사람은 여느 월요일 점심시간처럼 창문 없는 칙칙한 공구실 안에 있었다. 탁자 중앙에는 각각 수프와 밥이 담긴 단지가 놓여 있었다.

"그래서 라인을 평준화하면 어떻게 되나요?"

"검은 띠들 말로는 라인을 평준화하면 모든 게 좋아진다는군. 자재가 제때 도착하고 다음 공정이 준비되자마자 현재의 공정이 끝난다는 거야. 기다리는 시간과 비용, 낭비가 모두 최저 수준으로 떨어진다고 하네. 모든 게 고르게 평평해진대."

"나쁘지 않아 보이는데요."

"꽤 그럴듯하지."

"그런데 왜 그렇게 반대하세요?"

"세상은 평평하지 않으니까."

"네?"

"자연을 봐. 완벽한 직선이 아예 없지는 않지만 극히 드물지. 바다나 지평선은 직선처럼 보이지만 실상은 곡선이야. 파도가 있지. 변동, 값들의 차이 말이야."

"하지만 공장장님, 여긴 해변이 아니라 최첨단 공장이라고요. 철저히 통제된 환경이죠. 여기서 우리의 중요한 일 중 하나는 꾸준한 결과를 내는 거예요. 직선이 불가능하지는 않아요."

"아무리 직선처럼 보여도 가까이 들여다보면 구불구불해. 늘 변동이 있다고. 변동을 없앨 수는 없어. 관리할 수만 있을 뿐이지. 주문량을 생각해봐. 주문량이 일정할 수는 없잖아. 주문량은 요동치기 마련이야. 따라서 이런 파도를 감안해서 생산 능력을 충분히 준비해야 해. 그렇지 않으면 시간과 돈을 허비하게 된다고. 리즈 부사장과 그 일행들은 완벽한 일관성을 얻어내기가 불가능에 가깝다는 사실을 이해하지 못하고 있어. 고질라를 여느 공정과 똑같이 취급하는 것만 봐도 알 수 있지."

"고질라에 자재를 채운 뒤에는 속도를 높일 수 없다는 말을 그들에게 안 하셨어요? 특정한 시간 동안 온도와 압력을 일정하게 유지시켜야 한다는 말은요? 뭘 만드느냐에 따라 시간이 1시간에서 하루 종일까지 다양하다고도 말하셨나요?"

"물론 설명했지. 리즈 부사장에게 장황하게 말했지만 꿈쩍도 하지 않더군. 그는 자기 사람들과 LSS 방식을 맹신하고 있어. 그러니 생산 라인은 평준화될 거야. 작업자들을 최대로 활용하게 될 거야. 그리고 그 결과 온갖 종류의 돈을 '아끼게' 될 거야."

"그러면 공장장님은 어떻게 하실 거예요?"

"그들이 두둑한 퇴직금을 주길 바라야지."

"진심이세요?"

"반반. 하지만 일단은 그들을 이길 수 없으니까 따라야겠지. 검은 띠 학교에나 등록할까."

"공장장님이요? 훈련은 몇 주, 아니 몇 달이 걸리는 거 아닌가요? 그동안 공장은 누가 이끌어요?"

"리즈 부사장이 직접 지휘봉을 잡을 거야. 그의 충성스러운 검은 띠들이 돕겠지. 참, 난 자네를 추천했네."

자이로가 짜증스럽게 고개를 흔들며 머피가 준비한 디저트인 복숭아 파이 하나를 집었다.

"참 고맙네요. 짐은 다 저한테 떠넘기고 혼자 내빼시려고요?"

"내가 아니더라도 어차피 자네는 짐을 져야 해."

"제가 부공장장으로 있는 동안 공장이 돈을 아끼다가 결국 폐업했다는 내용을 이력서에 쓰게 되면 아주 좋겠네요. 아무래도 제가 검은 띠 학교에 가야겠어요."

"자네 차례는 곧 올 거야. 내가 먼저 훈련을 받고 나서 다음은 자네 차례야. 참, 자네에게 녹색 띠 훈련을 시키는 게 어떠냐는 말도 있었어. 검은 띠 훈련보다 시간이 훨씬 적게 걸리는 코스야."

"공장장님, 이 LSS라는 걸 탐탁지 않게 생각하면서 왜 훈련을 받으시려는 거예요? 그리고 왜 저까지 끌어들이려는 거예요?"

"그래야 최악의 경우라도 우리 둘의 이력에 흠집이 가질 않을 테니까." 머피가 이를 드러내며 웃었다. "하지만 LSS가 완전히 쓰레기인 것까지는 아니야. 내가 알기로 LSS에도 유익한 점이 있어. 자네가 배울 도구들은 쓸 만해. 배울 가치가 있어. 핵심적인 개념은 매우 흥미롭지. 완전히 무시할 건 아니야. 내가 걱정하는 건 현실적인 부분이야. 아무튼 이론을 배우면 꽤 쓸모는 있을 거야."

자이로가 고개를 끄덕였다. 하지만 머피는 자이로가 자신의 말에 수긍하는 건지 그저 파이가 맛있다는 건지 알 수 없었다.

"그런데 궁금한 게 있어요. 공장장님이 협조하겠다고 하니까 리즈 부사장이 뭐라던가요?"

"정말 탁월한 선택이라고 치켜세우더군."

"23시간?" 리즈가 황당하다는 듯 물었다.

"정확히 23.5시간이요. 최대치를 물으셨잖아요. 그게 최대 '담금' 시간이에요. 저희는 담금이란 표현을 쓰죠. 그 외에도 21시간을 요하는 사양이 있죠. 하지만 23시간과 21시간 담금은 드문 경우에요." 가압처리기 주간 책임자인 리치가 눈앞의 스크린에 뜬 데이터를 읽으며 말했다.

리치의 뒤에서는 리즈의 수석 검은 띠 요원인 커트 코나니가 스크린을 들여다보고 있었다. 리즈는 오크톤 공장의 LSS 프로그램을 총지휘하고, 코나니는 전술적인 측면을 담당했다. 리치와 리즈, 코나니는 가압처리기 고질라의 제어반 주위에 모여 있었고 자이로도 LSS 훈련 때문에 자리를 비운 머피 공장장을 대신해 자리를 지키고 있었다. 그들은 택트 타임을 알아내려고 애쓰는 중이었다.

"그럼 1,410분이군요. 그렇다면 최소 수치는 뭡니까?" 코나니가 눈썹을 치켜 올리며 물었다.

"최소 수치는 52분입니다." 리치가 데이터를 스크롤하며 말했다."

"바로 그거야. 모든 작업을 1시간 내에 끝낼 수 있으면 좋겠어." 리즈가 말했다.

"예, 바로 이 부분에서 식스 시그마가 필요하죠. 범위는 52분에서… 얼마까지였지? 아, 1,410분까지… 이게 우리가 변동이라고 부르는 거예요. 이 정도 변동이면 치명적이에요." 코나니가 말했다.

"죄송하지만 지금 우리는 사양에 관해 이야기하는 거 아닙니까?"

자이로의 말에 코나니가 멍한 표정으로 쳐다봤다.

"52분에서 1,410분까지의 범위는 통계적 변동이 아니에요. 가압처리기에서 소요되는 시간은 작업에 따라 달라져요. 하지만 어떤 고객의 경우 그가 원하는 화학적, 기계적 특성을 갖춘 완제품을 만들어내려면 1,410분을 다 채워야 합니다. 조금이라도 시간을 앞당기면 제대로 된 제품을 뽑아낼 수 없어요."

자이로가 시간 차이에 관한 현실을 일깨워주자 리즈와 코나니의 눈이 동시에 몽롱해졌다.

"사실 가압처리기 자체만 따지면 변동이라는 건 없어요. 컴퓨터가 모든 작업과 시간을 통제하죠. 사양서에 52분이라고 쓰여 있으면 담금은 딱 그 시간만큼만 이루어져요. 모든 처리 과정이 자동적으로 시작하고 멈춰요." 리치가 그렇게 덧붙였다.

"바보 같은 질문이지만, 하나만 물어볼게요. 어떻게 한 처리 과정은 1시간이 걸리지 않고 다음 처리 과정은 그보다 20배나 많이 걸릴 수 있나요?"

리즈가 묻자 자이로가 대답했다. "로크빌 F&D 연구소에서 정해주는 대로 하는 것뿐입니다. 로크빌의 화학자가 23.5시간이라고 명시하면 우리는 무조건 그대로 해야 해요. 우리 맘대로 바꿀 권한이 없습니다."

이번에는 리치가 말했다. "부사장님이 로크빌 사람들에게 담금 시간을 다 똑같게 하라고 말씀주시면 저희야 좋죠. 로크빌에서 내려온 사양을 저희 맘대로 바꿀 수는 없습니다."

"무슨 뜻인지 알겠소." 리즈가 말했다.

"어떤 상황인지 알겠습니다. 문제가 더 복잡해졌네요." 코나니가 울상을 지었다.

"더 자세히 이야기합시다. 이렇게 긴 담금 작업은 드물다고 했죠? 얼마나 드뭅니까?"

리즈가 묻자 리치가 어깨를 으쓱하면서 말했다. "대중없어요. 어떤 때는 서너 달에 한 번씩 그래요. 일주일에 대여섯 번 정도 그럴 때도 있죠. 하지만 그런 경우는 극히 드물어요. 그렇게 긴 담금 작업을 하는 경우는 거의 없어요."

리즈와 코나니의 얼굴을 보니 그나마 다행이라는 표정이었다.

"좋아요. 담금 시간의 평균은 뭔가요?" 리즈가 물었다.

"2~4시간 정도에요. 95% 정도가 그 시간대입니다. 아니, 95%가 넘을 수도 있어요." 리치가 대답했다.

그러자 코나니가 리즈를 바라보며 말했다. "이렇게 거의 하루가 꼬박 걸리는 담금 작업을 빼고 택트 타임을 계산하면 4시간이면 되겠어요. 긴 작업을 빼야 해요. 그런 작업은 거의 없으니까요. 그런 작업이 다른 작업에 비해 무시해도 될 정도로 드물잖아요. 그런 특별한 상황은 나중에 차차 다루도록 하죠."

리즈가 뒤통수를 긁적이다가 천천히 고개를 끄덕였다.

"일단 그렇게 하지. 평균 시간대 내에서 작업하자고. 전체적으로 다룬 뒤에 예외적인 상황은 나중에 다루지."

"때가 되면 로크빌 사람들을 설득해서 LSS 프로젝트의 일환으로 담금 시간을 줄이라고 해야겠어요."

"그럼 더 좋지. 이 괴물을 완전히 없애려면 우리가 뭘 해야 할까?"

하지만 적어도 단기간 동안, 그들이 할 수 있는 일은 하나도 없었다.

08 VELOCITY
수정 구슬 모임

　검은 띠 유단자들은 리즈 부사장이 LSS 본부로 삼은 하이티 건물 4층 회의실에서 몇 주 동안 머리를 싸맸다. 회의실 탁자 위에는 오크톤 공장에서 찍은 사진, 공정흐름도 process diagram, 설계도면, 공장 작업자들과의 인터뷰를 기록한 메모들이 흩어져 있었다. 그 외에도 노트북과 계산기, 사탕 같은 간식거리, 아이팟이 연결된 보스 Bose 라디오 겸 시계가 놓여 있었다. 회의실의 긴 측면 벽에는 리즈가 개인적으로 가져온 흰 전지로 도배되어 있었다. 그 위에는 깨알 같은 글씨가 적인 수백 개의 포스트잇이 붙어 있었고, 전체 흐름을 의미하는 긴 선이 왼쪽에서 오른쪽으로 포스트잇들을 연결했다. 리즈와 코나니가 다른 단원들과 함께 입씨름을 벌이거나 아이들처럼 웃고 떠들면서 세심하게 꾸민 것이었다.
　키올라는 LSS 본부를 거의 방문하지 않았다. 간섭하기 싫기도 했고 남자들이 있어서인지 여러 냄새가 뒤섞여 있어 별로 가고 싶지 않았다. 하지만 그날은 리즈의 팀이 완성품을 보여주겠다며 키올라를 초대했다.

리즈가 흰 전지로 뒤덮인 벽을 자신 있게 가리키며 말했다. "이게 바로 가치 흐름 지도입니다. 일명 VSM(Value Stream Map)이라고 하죠. 이 지도를 보면 현재 오크톤 공장에서 복합재료 제품들을 제조하기 위해 사용하는 모든 공정의 모든 단계를 한눈에 알 수 있습니다."

"와, 정말……." 키올라가 말했다.

"정말 복잡하죠."

리즈는 원료 구매와 저장을 표시한 지도 왼쪽 부분을 가리킨 뒤 생산품의 실제 사용처와 사용 용도를 표시한 오른쪽 부분을 가리켰다. 두 끝 사이에는 원료와 최종 생산품 사이에서 일어나는 모든 단계가 놀랄 만큼 상세하게 묘사되어 있었다.

"이 점은 다 뭐죠?" 키올라가 수백 개의 포스트잇 노트마다 붙은 형형색색의 점 모양 스티커를 가리키며 물었다.

"그건 부가가치를 낳는지 여부를 보여주는 겁니다. 파란색 점은 부가가치를 낳는 단계에 붙입니다. 노란색 점은 부가가치를 낳진 않으나 규제나 회사 정책 때문에 꼭 필요한 단계에 붙죠. 빨간 점은 부가가치는 물론이고 아무런 쓸모가 없는 단계, 다시 말해 낭비를 가리킵니다."

"빨간 점이 꽤 많군요."

"그냥 빨간 점 하나하나가 LSS 프로젝트를 적용할 수 있는 대상이라고 생각하세요." 이번에는 코나니가 대답했다.

"낭비를 줄일 기회들인 셈이죠. 가능성을 보시라는 말씀입니다." 리즈가 덧붙였다.

"그렇군요. 로크빌은 어떤 상황인가요?"

"훌륭한 LSS 컨설턴트가 F&D에서 사라 슈웍의 팀과 협력하고 있습니다. 곧 훌륭한 시범 프로젝트들을 내놓을 겁니다. 하지만 슈웍이 계속 골칫거리로 지적하고 있는 '루프'는 1년 안에 해결할 만한 게 아니에요. 그리고 빅터 키잔스키 소장은…."

"소장은 내가 잘 알아요. 종잡을 수 없는 사람이죠. 까다롭고 수동적이면서 공격적이에요. 하지만 F&D를 소홀히 다루면 안 돼요."

"물론이죠."

"언제쯤 가시적인 결과가 나타나기 시작할까요?"

"곧 나옵니다. 이제 첫 번째 프로젝트들을 선별할 수 있는 단계에 이르렀어요."

"잘됐네요. 시간은 계속 흘러가고 투자 금액도 만만치 않으니."

"잘 알고 있습니다. 걱정 마세요. 투자한 보람이 있을 테니."

키올라는 초조해했지만 사실 리즈가 하이티로 온 뒤 4개월 동안 많은 성과가 있었다. KPI Key Performance Indicator라고 하는 주요 성과 지표들이 정해졌고, 그 지표들에 따라 많은 평가가 이루어졌다. LSS와 관련된 공식 정책 보고서, 거대한 가치 흐름 지도들도 완성되었다. 많은 행사와 모임이 있었고, 수차례 위너 그룹 훈련 센터가 있는 이국적인 롱아일랜드로 날아가 린과 식스 시그마 기법을 배우는 시간도 있었다. 이 모든 일을 마치고 나니 훈련비용이 수만 달러에 이르렀다.

LSS 프로그램의 청구서는 산더미처럼 쌓였지만 정작 키올라의 걱정거리는 그것이 아니었다. 일부 비용은 그룹 본사에서 지원되었고 대충 예산 범위를 넘지 않았다. 문제는 비용 계산에서 빠진 '추가 비용'이었다. 일례로 LSS에 참여한 시간급 공장 작업자들의 초과 근무 수당이 있었다. 많은 작업자가 훈련으로 공장을 비운 사이 전반적인 성과가 떨어진 것도 문제였다. 하지만 키올라가 가장 짜증나는 일은, 니젤 퍼스트가 걸핏하면 이메일과 전화로 하이티의 성과에 관해 자존심을 긁는 소리를 해대는 것이었다. 실제로 하이티의 성과는 아직까지 나아지지 않았다.

1월 말 키올라는 농담반 진담반으로 '수정 구슬'이라는 이름의 비공식 모임에 불려갔다. 퍼스트 산하의 사장들이 모두 모여 지난 성과와 다음 목표에 관해 상세히 발표하는 자리였다. '수정 구슬'은 퍼스트가 다음 4분기들의 정확한 예측을 요구한다고 해서 붙여진 이름이다. 그는 완벽한 분석을 바탕으로 한 매출과 이익 성장의 상세한 시나리오를 원했다. 게다가 모든 사장이 한 방에 모이고 프레젠테이션을 다 녹화해 피터 윈 회장에게 보낸다는 점에서 매우 공적인 모임이다. 하지만 프레젠테이션 녹화에는 또 다른 목적이 있었다. 목표를 달성하지 못하면 증거물로 제시하기 위해서였다. 어쨌든 퍼스트 그룹의 네 사장은 때로 가혹한 퍼스트의 평가를 견뎌내야 했다. 키올라는 퍼스트가 험한 소리도 서슴지 않는다는 말을 들었다.

수정 구슬 모임에 처음 참석하면서 아무런 준비 없이 갈 수는 없었다. 하이티의 린 식스 시그마 '혁명'이 잘 진행되고 있다는 확실한 증거가 필요했다. 그래서 키올라는 리즈에게 혁명의 고삐를 늦추지 말라고 신신당부했다.

1월 초 LSS 본부에서 모임이 열렸다. 키올라는 당연히 참석했고, 오크톤 공장을 대표해서 머피 맥과이어와 자이로, 커트 코나니가 왔다. 사라 슈윅을 비롯해서 F&D에서 LSS에 참여한 몇몇 사람이 로크빌에서 발걸음을 했다. 하지만 F&D의 우두머리 빅터 키잔스키는 고객을 만나러 가느라 참석하지 않았다.

모두 자리에 앉자 리즈 부사장이 말문을 열었다. "안녕하세요. 제가 LSS 행동 프레젠테이션이라 이름을 붙인 모임에 오신 걸 환영합니다.

우리는 린 식스 시그마 프로젝트들을 세심히 선별했습니다. 이 프로젝트들이 낭비를 대부분 없애줄 거라 확신합니다. 오늘 이 자리에서 이 프로젝트들을 소개하고 우리의 목표를 설명하겠습니다. 그 다음에는 물론 여러분의 협력과 지원을 부탁드리고자 합니다. 이제부터 시작하겠습니다."

"무척 기대됩니다." 하이티 본사 주 회의실에서 긴 테이블의 어둑한 자리에 앉은 키올라가 말했다.

"좋습니다. 이제 시작합니다."

리즈가 버튼을 누르자 프레젠테이션의 첫 번째 도표가 긴 테이블 위 벽의 스크린에 나타났다.

"여러분이 보시는 것은 우리가 '픽 차트pick chart'라고 부르는 겁니다. 4개 사분면으로 나눈 행렬입니다. 세로로 두 열은 프로젝트들을 보상의 크기에 따라 나누었습니다. 가로로 두 행은 프로젝트들을 쉽고 빠르게 실행할 수 있는 것과 어렵고 비용이 많이 들며 시간이 오래 걸리는 것으로 나눈 겁니다.

오크톤 공장과 로크빌 모두에서 시행할 만한 프로젝트 후보가 정말 많았습니다. 부가가치를 낳지 못하는 공정 단계들은 시행 가능성이 있는 프로젝트 대상이었습니다. 왜냐하면 부가가치를 낳지 못하는 곳에는 '무다'가 발생하고 있기 때문입니다. 그래서 두 곳 모두에서 프로젝트를 최종 선별하기가 정말 어려웠습니다.

선택 과정에서 많은 요소를 고려했습니다. 물론 가장 중요한 요소는 낭비 제거였죠. 모든 프로젝트는 워너 그룹 전체의 목표 한두 가지와 연결되어 있었습니다. 아시다시피 자원 가동률의 극대화, 직접노무비를 포함한 비용의 최소화, 안전, 환경 친화, 식스 시그마 품질을 달성하라는 피터 원 회장님의 지시 등이 바로 우리 그룹의 목표입니다. 하지만 가장 결정적인 요소들은 제거될 수 있는 낭비의 크기, 예상 비용 편익, 프로젝트 달성에 걸리는 시간과 난이도였습니다. 다시 말해, 실행하기는 힘들고 보상은 작은 프로젝트보다는 짧은 시간에 많은 보상을 얻을 수 있는 프로젝트를 선택했습니다. 이처럼 이 프로젝트들은 무작위가 아니라 상당히 힘든 작업을 거쳐서 선별된 것입니다."

리즈는 사라 슈웍을 찾기 위해 어둑한 곳을 훑더니 다시 말했다. "F&D부터 시작합시다. 사라 슈윅 수석 연구원이 로크빌의 LSS 팀이 가져온 걸 보여줄 겁니다."

로크빌 픽 차트	큰 보상	작은 보상
쉽고 빠른 프로젝트	보고서 형식 표준화, 시료 조제의 물리적 단계 축소	양방향 프린트, 토너 카트리지 리필/재생, 스캔 실험실의 5S (정리, 정돈, 청소, 청결, 습관화)
어렵고 느린 프로젝트	수동적인 사무실 건물	'루프'의 재구성 및 단순화

슈윅이 연단으로 나오자 150센티미터가 조금 넘는 몸이 거의 다 가려졌다. 결국 슈윅은 연단 옆으로 한 발자국 나온 뒤 단조로운 어조로 발표문 원고를 읽기 시작했다. 원고는 그녀가 젊은 엔지니어 시절 배웠던 실험 보고서 양식 그대로 수동태 문장 일색이었다. 그녀는 문단마다 '활용'이라는 단어를 한 번 이상씩 '활용'했고, 유머러스하거나 감상적인 언어는 자제했다. 그리고 가끔씩 청중을 돌아보았다.

키올라는 슈윅의 두서없는 설명에 답답함을 느꼈다.

"LSS 프로젝트 후보들은 철저한 분석 끝에 선정되었습니다. 보고서 형식을 표준화하고 보고서 템플릿 수를 줄이면 필요한 자원의 양이 꽤 절감될 수 있다고 판단되었습니다. 적절한 실행 방식이 정해졌습니다."

다행히 키올라는 이전에 충분히 토론했기 때문에 슈웍의 말을 대부분 알아들을 수 있었다. 로크빌에는 온갖 규칙과 엄격한 절차 탓에 너무도 다양한 보고서 형식이 존재했고, 그 형식은 대부분 서로 조화를 이루지 못했다. 그 결과, 실험 결과에 관한 혼란이나 오해가 자주 나타났다.

"표준화된 보고서 형식을 활용하면 고객 검토용 실험 보고서를 만들어내는 시간이 15% 정도 줄어들 겁니다. 보고서 그림을 그리는 시간은 25~50%가 줄어들 거고요." 슈웍이 발표문을 읽어나갔다.

이 외에 다른 프로젝트들도 있었다. F&D 직원들이 엔지니어와 고객들에게 제시할 시료를 준비하려면 건물 안을 수없이 오가야 하는데 이 거리를 줄이자는 내용도 있었다. 현재 시료 하나를 준비하기 위해 작업 구역들을 오가는 거리를 모두 합치면 무려 1.2킬로미터에 달했다. LSS 프로젝트로 그 거리를 킬로미터 수준이 아닌 미터 수준으로 바꾸고, 시료 하나를 만드는 시간을 평균 나흘에서 50% 이하로 줄일 참이었다.

"훌륭합니다." 키올라가 박수를 쳤다.

"이런 개선 프로젝트를 통한 절감액은 줄잡아도 연간 25만 달러를 넘을 겁니다."

"역시 훌륭합니다."

이에 비해 효과는 덜하지만 꽤 가치 있는 프로젝트 중 하나는 소재 실험실을 재단장하는 일이었다. '5S'를 추구하고 조직 수준을 끌어올리기 위한 LSS 기법들을 적용하기로 했다.

그 외에 '녹색' 프로젝트도 있었다. 일례로 종이 사용을 줄이고 토너 카트리지를 재활용하는 것이다. 키올라는 이 프로젝트들을 승인하기로 진작부터 마음먹고 있었다.

다음은 시간이 많이 걸리는 '어렵고 느린 프로젝트'들이었다. 아래 왼쪽 사분면에는 수동적인 사무실 건물이라는 항목이 있었다. 이 항목에서 갑자기 슈윅의 무미건조한 말투가 열정적인 말투로 바뀌었다.

"저, 방해해서 미안하지만 '수동적인'이 무슨 뜻인지 설명해주세요." 키올라가 말했다.

"네, 그러죠. 현재 북유럽에는 '수동적인 집'이라는 게 있습니다. 이 집에는 난로가 없어요. 아시다시피 북유럽의 겨울은 지독히 춥죠. 그런데도 이런 집은 겨울에는 아주 따뜻하고 여름에는 에어컨 없어도 아주 시원해요. 특별한 설계와 뛰어난 통풍 시스템 때문이죠. 온도 유지 능력도 매우 뛰어나요. 일반적인 냉난방기보다 에너지가 훨씬 적게 드는 작은 열교환기만 있으면 돼요. 우리 생각은 지금 F&D 건물들을 수동적인 건물로 개조하거나 다른 부지에 새로 수동적인 건물들을 세우는 거예요. 둘 다 지금보다 에너지가 훨씬 적게 들 겁니다."

"F&D 건물은 물론 하이티 건물도 개조하면 좋겠군요. 하지만 이것을 왜 린 식스 시그마 프로젝트의 범주에 넣었죠?"

키올라가 묻자 리즈가 끼어들었다. "이건 린 식스 시그마 영역 밖에 있다고 할 수 있군요. 개선이 아니라 완전히 새로운 시장, 연구 개발에 가깝네요. 모험적 사고에요. 어느 범주에 넣어야 할지 잘 모르겠군요."

"아주 흥미로워요. 하지만 슈윅, 이건 F&D 비즈니스 모델에서 많이 벗어났어요. F&D 비즈니스 모델은 고객이 개발 자금을 대도록 하는 겁니다." 키올라가 말했다.

"왜 항상 고객의 지시를 따라야 하나요? 왜 스스로를 굴레에 가둬야 합니까? 한 번쯤 우리가 리드할 수는 없나요?" 슈윅이 불만스러운 투로 말했다.

"고객이 비용을 지불하니까요. 고객이 돈을 내지 않으면 출혈이 너무 커요. 이 프로젝트를 배제하자는 게 아니라 단지 LSS 프로젝트가 아니라는 말이죠. 더 자료를 모으고 토론할 가치가 있다고 인정이 돼요. 그렇지만 수백만 달러의 개발비가 들어가고 결과는 몇 년 후에나 나올 텐데, 이런 사안은 위너 그룹의 허가를 받아야 해요."

키올라의 말에 슈웍은 살짝 반발했지만 이내 수그러들었다. 그리고 다시 스크린의 픽 차트 도표를 향했다.

"마지막으로, 루프라 부르는 공정 낭비를 줄이면 어떨까 합니다. 저 외에도 많은 사람이 이 프로젝트의 보상이 클 거라고 예상합니다. 하지만 상사인 키잔스키 소장이 반대해 이 안건은 취소되었습니다."

"이유가 뭐죠? 소장이 왜 반대했나요?"

"소장은 늘 품질 생각뿐입니다. 나름 잘 돌아가는 시스템을 건드리기에는 너무 위험하고, 그 위험에 비해 돌아올 보상이 너무 작다는 게 이유에요. 그래도 지금 소개하는 것은 이런 프로젝트도 고려했다는 사실을 알려드리기 위해서입니다. 하지만 사실상 죽은 프로젝트나 다름없습니다. 잘하면 내년에나……"

슈윅은 그 말을 끝으로 프레젠테이션을 마쳤다. 이후 잠시 토론을 거쳤고 키올라는 쉽고 빠른 사분면의 모든 항목을 승인했다.

오크톤 공장의 LSS 프로젝트들을 소개할 차례였다. 리즈가 프레젠테이션을 진행할 사람으로 커트 코나니를 소개했다.

코나니는 레이저 포인터로 벽에 붙은 거대한 흰 전지 위의 가치 흐름 지도를 가리켰다.

"이 VSM을 바탕으로 수많은 프로젝트를 구상했습니다. 앞으로 이 프로젝트들을 실행할 기회는 정말 많을 겁니다. 하지만 금년에는 낭비를 가장 많이 없애줄 프로젝트들, 린 조직을 향한 우리의 여정에 가장 큰 도움이 될 프로젝트만 선별해야 합니다."

코나니가 자신 있게 소개한 대형 프로젝트는 '택트 타임을 중심으로 한 라인 평준화'였다. 이상하게도 이 프로젝트는 두 개의 사분면에 동시에 들어가 있었다.

오크톤 픽 차트	큰 보상	작은 보상
쉽고 빠른 프로젝트	택트 타임을 중심으로 한 라인 평준화, M57 라인 재배치, 간판(Kanban) 방식 도입	수지 염료 저장 선반의 실수 방지(포카 요케), 쿨러 재편성, 출하부서의 5S
어렵고 느린 프로젝트	택트 타임을 중심으로 한 라인 평준화, M/T 제작소에 워크셀(work cell) 설치, 미국 해군의 실금 문제 해결을 위한 식스 시그마 적용	고질라 리엔지니어링

"평준화된 라인은 모든 공정에서 주문에 비해 많은 과잉 생산 능력을 모두 없애는 걸 의미합니다. 이걸 두고 '평평하게 고르기'라는 표현을 자주 쓰고 실제로도 그렇습니다. 모든 사람에게 할 일이 있도록 사람들을 이동시키고 업무를 조정함으로써 라인을 고르게 하는 거죠. 이상적으로는, 과로하는 사람도 없고 빈둥대는 사람도 없게 됩니다. 장비도 마찬가지입니다.

우리가 라인 평준화 프로젝트를 쉬운 프로젝트와 어려운 프로젝트에 모두 포함시킨 이유는 이렇습니다. 공장의 일부 영역에서는 가동률을 92%, 심지어 95% 이상으로 끌어올리기가 상대적으로 쉽습니다. 하지만 생산되는 제품이 다양한 탓에 그러기가 어려운 영역도 있습니다. 그런 영역에서는 프로젝트 소요 시간도 더 걸립니다. 세 달이 아닌 여섯이나 아홉 달이 걸릴 수 있죠."

키올라가 펜으로 턱을 누른 채 생각하다가 물었다.

"사이클 타임의 변화가 그렇게 심한데 어떻게 택트 타임에 따라 라인을 평준화할 수 있습니까?"

리즈가 끼어들었다. "사이클 타임의 변동이 큰 곳은 가압처리기뿐이기 때문입니다. 이걸 해결할 방법은 차차 알아내야 합니다. 라인의 나머지 부분은 큰 무리 없이 평준화할 수 있을 겁니다."

"그렇습니다. 이 프로젝트를 마치면 정확히 택트 타임 내에 마무리할 수 있을 만큼, 혹은 약간 초과하는 생산 능력이 모든 공정 단계에 배정될 겁니다." 코나니가 거들었다.

키올라는 생각에 잠겼다가 머피 맥과이어를 바라보았다. 그는 아무 말도 하지 않았고 말할 기색도 없었다. 이윽고 키올라는 코나니와 리즈에게 말했다. "좋습니다."

다음은 식스 시그마로 공장 전체의 품질을 개선하는 방안이 소개되었다. 특히 해군 부품의 일부에서 발견된 골치 아픈 실금 문제의 해결 방안에 초점이 맞추어졌다. 여태껏 모든 해결 노력이 실패했기 때문에 이것은 어렵고 느린 프로젝트로 분류되었다.

"아주 좋습니다. 이 프로젝트도 진행하도록 하죠." 키올라가 말했다.

이어서, 다소 평범하지만 나름의 훈련을 필요로 하는 린 식스 시그마 프로젝트들이 소개되었다. '평범한' LSS 프로젝트 중에서 가장 큰 것은 원료들이 모여 실제 복합재료 제품을 만드는 M57 라인을 재배치하는 일이었다.

그 다음은 실수 방지포카 요케를 수지 염료 저장 선반에 적용하는 것이었다. 그리고 공장의 특정 지역들에 간판 방식주문에 따라 재고를 후보충하는 방식을 도입할 예정이었다. 춘하 장소에 5S를 적용해 더 깔끔히게 만들고 쿨러를 재편성하는 방안 등도 소개되었다.

하지만 가압처리기 지역을 리엔지니어링할 계획은 없었다. 리즈와 코나니의 예상과 달리 고질라에는 기껏해야 과잉 인력 외에 없애야 할 낭비가 거의 없었다. 단지 공정이 시간을 많이 잡아먹고 가끔 복잡할 뿐이었다. 결국 리즈는 고질라를 현재 상태로 놔둔다는 결론을 내렸다.

"그런데 고질라가 뭐죠?"

키올라가 묻자 리즈가 대답했다.

"아주 큰 가압처리기 장비입니다. 정식 명칭이 뭐죠, 머피 공장장?"

"AC-1240-N입니다."

"이 기계를 돌리려면 비용이 꽤 많이 듭니다. 그래서 처음에는 좋은 표적이라고 생각했죠. 하지만 이 괴물을 개조하거나 교체하려면 힘들 뿐더러 비용도 엄청나더군요. 여기에 린을 적용하는 방법은 인력 감소뿐입니다. 내용물을 빼내고 새로 넣을 때마다 대부분의 인력이 멍하니 서 있거든요. 인력을 확 줄일 수 있을 겁니다. 인력 외에는 일단 그냥 놔두려 합니다. 고질라를, 한 개 흘리기 흐름생산을 가능하게 해줄 장비로 교체하려면 그만한 예산이 책정될 때까지 기다려야 합니다."

"고질라? 하이티에서 오래 일했지만 한 번도 못 들어본 이름인데."

키올라가 중얼거렸다.

수정 구슬 모임을 위해 뉴욕 시티로 날아가는 비행기 안에서 톰 도슨의 태도는 냉랭하기 짝이 없었다. 키올라는 왠지 화가 나면서도 안심했다. 도슨의 호의를 거절한 이후로도 몇 번 함께 비행했지만 매번 다른 사람이 옆의 부조정석에 있었다. 도슨과 단 둘이 비행하는 건 이번이 처음이었다. 도슨의 행동을 보니 더는 개인적인 관계를 시도하지 않기로 결심한 것 같았다. 정중하지만 서먹서먹한 태도. 키올라는 이런 분위기를 원하지 않았다.

하이보로 위의 하늘은 구름이 가득했지만 비행기가 순항 고도 위로 날아오르자 먹구름이 사라지고 티 없이 청명한 하늘이 나타났다. 키올라는 도슨 뒤쪽 객석에 앉았다. 도슨의 비행 습관을 잘 알기 때문에 그가 기체를 수평으로 유지하고 자동 조정으로 전환할 때까지 기다렸다. 그러고 나서 냉랭한 분위기를 깨볼까 하는 마음으로 물었다. "요즘 사업은 어떠세요?"

"사업이요? 잘돼요."

"잘됐네요. 하이티 말고 고객이 얼마나 되나요?"

"당신 같은 단골 출장 고객은 세 명이에요. 스쳐가는 고객은 대중이 없죠. 어느 달은 한꺼번에 몰렸다가 어느 달에는 한 명도 없어요."

도슨이 장비의 스위치를 돌렸다. 어색한 침묵이 흐르고 대화 같지 않은 대화도 끝났다. 키올라는 프레젠테이션 내용을 다시 검토하려고 노트북을 폈다.

그때 도슨이 고개를 돌려 말을 걸었다. "비행기 한 대를 더 임대하려 해요. 더 크고 편안한 걸로요."

"그러면 좋겠네요."

"좌석이 모자라서 비즈니스 고객을 놓치는 경우가 종종 있어요. 하지만 비행기가 크면 비용이 더 많이 들죠. 비행기 두 대를 굴리려면 최소한 파트타임이라도 조종사 한 명을 따로 고용해야 해요."

그렇게 되면 비행할 때마다 도슨을 만날 수는 없겠다고 키올라는 생각했다. 그 사이 다시 침묵이 흘렀다.

"당신은 어때요? 하이티의 사업은요?" 도슨이 침묵을 깨며 물었다.

"대대적이고 지속적인 개선 프로그램을 시작해서 기대가 커요. 성과도 실제로 향상되었죠. 오늘 뉴욕으로 가는 이유도 내년에 달성할 성장 목표를 보고하기 위해서예요. 이 모든 성장은 이 프로그램을 통한 개선에서 비롯할 거예요."

"린 식스 시그마 말씀이죠? 그 프로그램 말이에요."

"맞아요."

"그 남자와 이야기했었죠. 이름이 뭐더라?"

"웨인이요. 웨인 리즈."

"맞아요. 멋진 사람이더라고요. 아주 똑똑하고 열심이었죠. 그분과 단 둘이 메릴랜드 주로 가던 중에 린에 관한 놀라운 이야기들을 들었죠. 사실 이미 다 아는 내용이지만 그렇다고 말할 수는 없었어요."

"정말이에요?"

"군에 근무할 때 사용해봤거든요. 물류를 개선하기 위해서요. 미군의 물류 시스템은 세계 최대급이죠."

"LSS 프로그램의 결과는 어땠나요?"

"도구들은 아주 좋아요. 제대로 적용하면 아주 강력하죠."

"그래서 어떤 결과가 나왔냐고요?"

키올라가 재촉하자 도슨이 어깨를 으쓱했다. "몇 년 전 일이에요. 난 은퇴했고요."

그가 다시 침묵하자 키올라도 같이 입을 다물었다.

"행운을 빌어요." 도슨이 그렇게 말하고 몸을 돌렸다.

이 말은 행운이 반드시 필요하다는 주의처럼 들렸다. 하지만 키올라는 한 귀로 흘려버렸다.

수정 구슬 모임은 맨해튼에 있는 위너 그룹 본사 회의실에서 열렸다. 니젤 퍼스트는 탁자의 긴 면 중앙에 앉아 있었다. 그의 앞 탁자 밑에는 천장 마이크와 비디오카메라를 조종하고 간식 등도 시킬 수 있는 버튼과 스위치가 달려 있었다. 그가 버튼 중 하나를 누르자 패널이 열리면서 거대한 평면 모니터가 켜졌다.

회의실에는 퍼스트 외에 키올라를 비롯한 네 명의 사장이 있었다.

키올라 외에는 모두 모두 남자였다. 수정 구슬 모임에 사장급 여성이 참여한 것은 처음이었다. 그래서인지 남자 사장들은 키올라를 깨지기 쉬운 유리처럼 약한 존재로 취급했다.

이윽고 퍼스트의 말문을 열었다. "레이디 퍼스트로 할까요?"

그 제안을 호의로 받아들인 키올라는 일어나 자신을 소개하고 프레젠테이션을 시작했다. 그리고 30분 후 뿌듯한 마음으로 자리에 앉았다. 그러나 퍼스트가 스위치를 눌러 불을 켜는 순간, 키올라는 다른 사람들의 싸늘한 시선을 감지했다. 적어도 한 명은 명백한 냉소를 짓고 있었다.

"키올라 사장, 정말 그 정도 목표에 만족하오?" 퍼스트가 물었다.

"네. 물론입니다."

"키올라 사장은 린 식스 시그마에 많이 의존하고 있더군. 안 그렇소?"

"맞습니다. 리즈 부사장 말로는 효과가 확실하답니다."

"좋아요. 다음은 누가 발표하겠소?"

남자들의 프레젠테이션이 진행될수록 키올라의 얼굴은 더욱 화끈거렸다. 그들의 목표는 키올라의 목표보다 훨씬 공격적이었기 때문이다. 키올라는 연간 7%의 순이익 성장을 이야기했고, 이것은 확실하게 달성할 수 있도록 약간 적게 잡은 수치였다. 그러나 다른 사장들은 적게는 11%에서 많게는 22%까지 두 자릿수의 성장을 장담했다. 갈수록 성장 목표 수치는 높아졌다. 프레젠테이션이 다 끝난 후 키올라는 쥐구멍에라도 들어가고 싶었다.

"좋아요. 시상을 하겠소."

퍼스트가 탁자 아래의 스위치를 누르자 비서가 작은 상자를 들고 들어왔다. 비서는 상자를 퍼스트 앞에 놓은 뒤에 다시 나갔다. 곧이어 퍼스트가 자리에서 일어나 키올라를 바라보았다.

"키올라 사장, 이리 오시오. 줄 게 있소."

무표정하거나 능글맞은 웃음을 띠고 있는 다른 사장들은 상자의 내용물을 아는 눈치였다. 키올라가 초조한 얼굴로 다가가자 퍼스트가 작은 보물 상자에서 접시만한 상자를 꺼냈다. 금빛 자수가 놓인 진홍색 벨벳 천에 덮여 있고 뚜껑에는 검은 얼룩이 묻어 있는 상자였다. 퍼스트가 상자를 열자 회의실 반대쪽 끝에서도 알아볼 수 있을 만큼 커다란 녹색의 배지가 나타났다. 배지에는 새총을 겨냥하고 있는 만화 주인공 바트 심슨Bart Simpson이 그려져 있었다.

"배지에 뭐라고 쓰여 있는지 읽어주시오. '세계 최악의 낙제생!' 자, 이걸 키올라 사장에게 달아주겠소."

키올라는 크게 당황해 고개를 내저었다.

"사양하지 마시오. 당신이 얻은 상이니까." 퍼스트가 기분 나쁘게 웃으며 키올라의 깃에 날카로운 핀을 꽂고 배지를 고정시켰다. "가서 자리에 앉아요."

키올라가 새빨개진 얼굴로 자리로 돌아가는 도중, 퍼스트의 폭언이 시작되었다.

"7%? 고작? 그 정도로는 피터 원 회장님을 절대 만족시킬 수 없소! 투자자들도, 나도 마찬가지고! 우리 그룹의 목표는 매년 '두 자릿수'의 순이익 성장이오! 10%가 용인할 수 있는 최소 수치란 말이오! 몰랐소?"

"저는 현실적으로 목표를 잡았습니다."

"현실적? 쉽게 잡은 건 아니고?"

"허튼 약속을 하고 싶지 않았어요."

"물론 허튼 약속을 하란 말이 아니오. 단지 어느 정도는 해내란 말이오! 당신 전임자는 첫해에 11%를 달성했소! 무슨 생각으로 목표를 그보다 낮게 잡았단 말이오?"

"지금 많은 일들과 변화가 일어나고 있어요. 시간이 필요합니다."

"뭘 위한 시간? 변명은 필요 없소. 결과만 원할 뿐이오. 우리 그룹에서 두 자릿수인 10% 성장의 마지노선을 고집하지 않을 때는 불경기일 때뿐이오. 심지어 불경기 때도 매년 개선되어야 한다는 목표만큼은 타협하지 않소. 그런데 지금이 불경기요? 전혀 아니잖소. 키올라 부사장이 활동하는 모든 시장에서 현재 경기는 보통이거나 아주 좋은 상태요. 그러니 7%가 최선이라는 말은 그만두시오!"

키올라는 입을 다물고 있는 게 상책이라고 판단했다.

"선택권을 주겠소. 지금 당장 사임하고 우리 그룹의 목표를 달성할 수 있는 경영자를 찾든가, 캐롤라이나로 돌아가서 나머지 3%를 찾아오든가. 내가 당신이라면 아예 5에서 6%를 찾아오겠소. 높을수록 좋으니까. 그렇지 않으면 위너 그룹에 있는 내내 그 멋진 배지를 달고 살아야 할 거요."

퍼스트가 말을 멈추고 키올라의 대답을 기다렸다.

단단히 화가 난 그녀는 깊이 숨을 들이마시며 생각했다. '설마 해고하지는 않겠지.'

"말해봐요. 어쩔 거요?"

"간부들과 이야기해보겠습니다."

"좋소. 2주 시간을 주겠소. 계획을 다시 세워 제출하시오."

퍼스트는 키올라에게서 몸을 돌려 남자 사장들을 바라보았다. 순간, 으스스할 정도로 차갑던 그의 표정이 환하게 돌변했다.

"이제 불쾌한 일은 처리했으니 다른 사장들을 위한 상자에는 뭐가 들었는지 봅시다."

퍼스트가 작은 보물 상자에서 작은 보석 상자 세 개를 꺼내 하나씩 남자 사장들에게 건넸다.

"우와, 이것은?" 누군가 상자를 열며 탄성을 질렀다."

"그렇소! 다이아몬드를 박은 백금 커프스 단추요. 이것은 피터 윈 회장님의 작은 성의요. 물론 위너 그룹의 진정한 감사는 곧 보너스로 표현될 거라오."

남자 사장들의 얼굴에 감사의 표정이 피어나고 서로 치하가 오갔다. 퍼스트는 키올라를 보며 말했다.

"당신은 이제 그만 가도 좋소. 나머지는 내 클럽에 들러 라켓볼과 멋진 저녁식사를 즐기고 나서 브랜디와 맥주, 시가를 맛볼 테니까."

치욕감에 얼굴이 벌개진 키올라는 낙제생 배지를 떼어내고 노트북을 닫은 뒤 주위의 따가운 시선을 참아내며 물건을 정리했다. 도저히 그들 중 누구와도 눈을 마주칠 용기가 없었다.

"참, 하나 더. 비행기 말이오. 보고서를 보니까 키올라 사장 일행은 매번 전세 항공기를 이용하더군요. 이제부터는 자격을 얻을 때까지 일반 항공기를 이용하시오." 퍼스트가 말했다.

"하지만 그 조종사와 계약이 되어 있는데요."

"계약 해지하시오."

키올라는 최대한 빨리 뉴욕에서 도망치고 싶었지만 톰 도슨과 연락이 되지 않았다. 원래는 맨해튼의 호텔에서 머물면서 퍼스트 일행과 친목을 다진 뒤 이튿날 아침 공항에서 도슨을 만날 예정이었다. 그 사이에 도슨이 어디서 무얼 하는지는 모른다. 그저 그녀의 유일한 소원은 최대한 빨리 집에 가 쥐구멍을 찾아 숨는 것이었다.

스마트폰으로 항공편을 대충 찾아보니 남쪽으로 가는 모든 항공편의 예약이 이미 끝났고 대기 신청만 가능했다. 운 좋게 좌석을 얻는다 해도 공항이 너무 멀었다. 위너에서 예약해준 호텔에 묵을까 생각해봤지만 거기서 다른 사장들을 만날까봐 걱정이었다. 결국 키올라는 위너 본사 건물 밖에서 오도 가도 못한 채 이를 악물고 서 있었다. 그때 휴대전화에 도슨의 번호가 떴다.

"어디에요?"

"뉴저지에 있죠. 공항 근처 모텔이에요. 전화 못 받아서 미안해요. 샤워 중이었어요."

"오늘밤 절 노스캐롤라이나로 데려다줄 수 없나요?"

"여기 텔레비전이 환상적인데… 하지만 당신 부탁이니, 알았어요. 언제까지 여기로 올 수 있나요?"

교통 상황 때문에 키올라가 허드슨 강을 지나 뉴저지로 오기까지는 1시간이 족히 걸렸다. 도슨은 그 동안 모든 준비를 마치고 키올라를 기다리고 있었다. 그녀의 우울한 얼굴을 보는 순간, 도슨의 얼굴도 순식간에 어두워졌다.

"괜찮아요?" 도슨이 문을 열어주며 물었다.

"아무 말 말고 당장 여길 떠나요."

이륙 허가를 받기 위해 기다리는 시간이 영원처럼 느껴졌다. 기다리는 동안 키올라의 귓가에는 자신을 깔보는 퍼스트의 목소리가 끊임없이 울려 퍼졌다. 석양이 질 무렵에야 두 사람을 태운 비행기가 하늘로 날아오를 수 있었다.

비행기를 자동 조종으로 돌린 도슨은 담소를 나누려고 키올라 쪽을 바라봤지만 심상치 않은 분위기를 알고 다시 앞을 바라보았다.

그러자 키올라가 뒤에서 말을 걸었다. "미안해요. 정말 힘든 하루였어요. 인생 최악의 날이에요."

"내가 뭐라도 도울 수 있을까요?"

"아뇨. 하지만 고마워요."

키올라가 잠시 얼굴을 손에 파묻었다가 손가락으로 머리를 쓸어 넘겼다.

"도슨 씨."

"네?"

키올라는 지금 말하는 편이 낫겠다고 판단했다. 미뤄봐야 나아질 게 없었다.

"제 상관인 그룹 회장이 더 이상 도슨 씨의 비행기를 이용하지 말라고 하네요. 정말 죄송해요."

도슨이 고개를 돌려 멍한 눈빛으로 키올라를 바라보았다.

"모든 회사 사람이 이제부터 일반 항공편을 이용해야 한대요."

"그룹 회장이라는 사람은 하이보로에서 나가는 일반 항공편이 없다는 걸 모르나요?"

"그런 건 따지지 않는 사람이에요."

"휴우, 이걸로 두 번째 비행기를 임대할지에 대한 결정이 났군요."

비행기는 계속 날아갔고 황혼이 오면서 하늘이 새까맣게 변했다. 10~15분 후 도슨이 다시 키올라 쪽으로 몸을 돌렸다.

"배고파요?"

"조금요. 하지만 입맛은 별로 없어요. 왜요?"

"저녁식사를 대접하고 싶어서요."

"도슨 씨, 분명히 말씀드렸잖아요."

"이제 저희 항공사를 이용하지 않는다니 더 이상 비즈니스 관계가 아니잖아요. 비즈니스 관계가 아니라면 저와 저녁을 먹어도 상관없잖아요."

키올라가 머뭇거렸다.

"못 말리는 해병 전역 조종사를 말릴 방법이 없다면 제 맘대로 밀어붙이겠습니다."

30분 후 두 사람은 메릴랜드 주 쪽의 체사피크만 근처에 착륙했다. 활주로 옆 거리에 도슨이 동부 연안 최고의 게살 요리를 판다고 말한 작은 식당이 있었다.

"정말 재수 없어."

물론 퍼스트를 두고 하는 말이었다. 그렇게 말하는 키올라의 손에는 샤르도네Chardonnay 백포도주 잔이 들려 있었다. 두 번째 잔이었다. 그녀는 술기운을 빌어 그날 있었던 일을 털어놓았다. 안 할 말까지 한 듯했지만 전혀 개의치 않았다.

도슨은 비행기를 운전해야 했기 때문에 아이스티를 마시면서 키올라의 포도주 잔을 쳐다보았다.

"예, 세상에는 재수 없는 사람이 많죠."

"저는 가장 정직하고 적절한 계획을 제시했어요. 최선이었다고요. 물론 목표 수치를 좀 작게 잡기는 했어요. 너무 작게 잡았는지도 모르죠. 하지만 뭐가 잘못인지는 정말 모르겠어요. 원래도 퍼스트 회장을 좋아하지 않았지만 이제는 남아 있던 존중심마저 사라졌어요. 내가 왜 그의 밑에서 일하고 있는지 모르겠어요."

"이유가 뭘까요? 주택 대출금을 갚으려고? 아이들을 잘 키우고 대학에 보내려고? 재정적인 안정 때문에? 키올라, 듣기 싫겠지만 그는 당신의 상사예요. 아무리 압박이 심해도 당신에게 주어진 일을 완수하기 위해 최선을 다하는 것이 법적으로도 도의적으로도 옳아요. 이건 당신의 일이잖아요."

"진짜 해병처럼 말하네요?"

"늘 그랬죠. 해병 정신은 늘 제 일부였죠."

키올라는 의자에 다시 등을 기대며 도슨을 응시했다. 탁월한 유머 감각과 잘 어울리는 자신감과 강인함이 느껴졌다. 맡은 일은 뭐든 해낼 것 같았다. 그의 그런 품성에 끌리는 자신을 발견했다. 하지만 아직은 부담스러웠다. 잠시 키올라는 평상시 도슨의 모습을 상상했다.

"난 해병이 아니에요. 그리고 지금 열심히 노력하며 내 일을 하고 있다고요. 오늘 받은 대접이 못마땅하기는 하지만, 그런 재수 없는 사람에게 지지 않을 거예요!"

도슨이 고개를 끄덕이며 미소를 지어보였다.

드디어 게살 케이크가 도착했다. 길고 두꺼운 게살로 만든 케이크는 흰 게살이 더욱 하얗게 보이도록 겉을 갈색으로 익혔다. 약간 바삭했지만 속은 촉촉했고, 게살이 떨어지지 않도록 빵부스러기가 충분히 입혀져 있었다. 동부 연안 최고까지는 아니더라도 어디에 뒤지지 않을 맛이었다.

다시 두 사람은 구름 한 점 없는 하늘을 날았다. 이제 키올라는 부조종석에 앉아 암흑 속을 응시했다. 발밑의 어두운 대지에는 도시의 불빛이 마치 별자리처럼 반짝이고 거리와 고속도로가 그물망처럼 뻗어 있었다. 시골집의 불빛들과 외로운 도로를 서행하는 차들의 헤드라이트들이 보였다. 도슨은 키올라의 팔을 건드리며 서쪽 하늘에서 파란 점처럼 보이는 금성을 가리켰다.

잠시 후 도슨은 키올라의 팔을 다시 건드리며 유리창을 통해 저 멀리 지평선 위에 보이는 작고 희미한 원반형 빛을 가리켰다.

"하이보로에요."

그 순간, 밤하늘의 아름다움에 한껏 취했던 키올라는 갑자기 정신이 번쩍 들었다. 저 아래에는 그녀가 처리해야 할 일들이 산더미처럼 쌓여 있었다.

"도슨 씨, 하나만 물어봐도 돼요?"

"얼마든지요."

"린 식스 시그마를 아신다고 그랬잖아요. 해병대 때 사용해봤다고요. 하지만 결과가 어땠는지는 말해주지 않았어요. 어땠나요?"

도슨이 눈동자를 굴리더니 어색한 웃음을 지었다. "오늘처럼 환상적인 밤에 꼭 그런 질문을 해야겠어요?"

"죄송해요. 하지만 제겐 정말 중요한 일이에요. 제가 우리 회사의 LSS 프로그램을 이끌고 있는데 그 결과에 많은 게 달려 있어요. 저뿐 아니라 많은 사람의 사활이 걸렸죠."

"정확히 뭘 알고 싶어요?"

"계획대로 이루어졌는지 알고 싶어요."

"우리는 LSS로 많은 성과를 거두었어요. 의심되나요?"

"아뇨. 저는 LSS를 믿어요. 제가 들은 말이 다 옳다면 말이에요. 하지만 아직 LSS를 적용해본 경험은 없어요. 그래서 당신의 경험이 궁금해요."

"제가 경험한 바로는 썩 괜찮았어요. 린과 식스 시그마는 정말 대단해. 문제는 이것이 프로그램이라는 거죠. 모든 프로그램은 자체적인 생명력을 얻는 경향이 있어요. 프로그램이 목적을 이루기 위한 수단이 아니라 목적 자체가 되어버리는 거죠. 사람들이 프로그램을 완벽히게 만드는 일에 사로잡혀 정작 그 프로그램을 통해 이루려는 목표를 망각할 수 있어요."

키올라가 잠시 생각하다가 말했다. "우리는 LSS를 강력하게 밀어붙였어요. 더 강하게 밀어붙이면 퍼스트 회장이 원하는 결과를 얻을 수 있을까요?"

"장담할 수 없죠. 새 조종사가 배워야 할 것 중 하나는 계기들이 보여주는 정보를 읽고 믿는 법이에요. 자신의 직감으로는 비행기가 똑바로 순항하는 것 같아도 실제로는 엉뚱한 방향으로 가거나 고도와 속도가 떨어지고 있을 수도 있어요. 제가 해줄 수 있는 유일한 조언은 LSS를 믿는 것보다 현실을 정확히 아는 게 훨씬 더 중요하다는 거예요."

원하는 대답을 듣지 못한 키올라는 점점 커지는 하이보로의 희미한 불빛을 응시했다. 키올라의 머릿속에서 포도주와 비싼 저녁식사의 이미지, 그날의 스트레스, 졸음을 유발하는 엔진 소리가 복잡하게 뒤엉켜들었다.

"자, 봐요." 몇 분 뒤 도슨이 키올라 쪽 창문 밖을 가리키며 말했다. "달이 떠오르고 있어요."

보름달이 동쪽 하늘을 환히 비추고 있었지만 키올라는 여전히 상념에서 깨어날 줄 몰랐다.

10시간 남짓 흐른 후, 사무실에서 키올라는 문을 닫고 리즈와 단 둘이 회의를 했다. 키올라는 전날 뉴욕에서 일어난 일을 털어놓았다. 물론 창피한 부분까지 시시콜콜하게 밝히지는 않았다. 키올라는 처음에 계획했던 7%의 순이익 성장 외에 숨은 3~6%를 찾아내라는 퍼스트의 요구를 '난제'라고 표현했다.

"성장 수치를 더 끌어올릴 방안을 모색하기 전에 먼저 한 가지부터 분명히 하고 싶어요. 린 식스 시그마가 정말로 이익 성장을 가져올까요? 무조건 믿어도 되는 건가요?"

"물론이죠. 확실합니다. 백퍼센트 믿으셔도 좋습니다."

"당신이 린 식스 시그마를 절대적으로 믿는다는 사실은 나도 잘 알아요. 하지만 일이 정말 잘 풀리고 있나요?"

"예? 프로그램이 잘 실행되고 있냐고요?"

"아뇨! 프로그램 말고요. 린 식스 시그마 프로그램을 열심히 실행하고 있다는 건 알아요. 내 말은, 린 식스 시그마가 실제로 수백만 달러를 절감하여 이 회사의 수익성을 끌어올릴 수 있느냐는 거예요."

"왜 그런 질문을 하시는지 모르겠네요. 물론이죠, 시간이 좀 걸리겠지만."

"리즈 부사장, 금년이어야 해요. 십 년 뒤가 아니라. 금년에 린 식스 시그마가 회사에 어떤 도움이 될까요?"

"사장님, 죄송합니다만 그건 말씀드리기 곤란합니다. 실제 프로젝트들을 이제 겨우 시작했는걸요."

키올라는 리즈를 노려보았다. "리즈 부사장, 당신을 믿어야 하나요, 말아야 하나요?"

리즈가 잠시 뜸을 들이다가 마침내 입을 열었다. "알았습니다. 제가 장담하죠. LSS이 금년에 5%에서 7%의 이익 성장을 추가로 이끌어낼 겁니다."

"좋아요. 이제 구체적으로 어떻게 해야 할까요?"

이후 열흘 동안 키올라는 기존에 예측했던 7% 이익 성장 외에도 추가로 5%를 찾아내라며 모든 직원을 몰아붙였다. 그리하여 5% 성장의 대부분을 판매 인력의 매출 목표치를 높임으로써 이끌어내기로 했다. 하지만 그것이 실제로 가능하려면 린 식스 시그마를 통한 생산 라인 개선이 바탕이 되어야 했다. 판매가 늘어 주문량이 늘어나도 그 주문을 소화할 능력이 없으면 말짱 도루묵이기 때문이다.

"훨씬 더 좋구먼." 퍼스트는 키올라가 다시 제출한 계획서를 승인하며 한 말이었다.

며칠 후 뉴욕에서 작은 소포 하나가 키올라에게 날아왔다. 퍼스트가 보낸 소포였다. 안에는 편지 봉투 한 통이 덧붙여진 보석 상자가 들어 있었다. 상자를 열어보니 남자 사장들이 받았던 것과 똑같은 다이아몬드를 박은 백금 커프스 한 쌍이 들어 있었다. 편지봉투를 열자 자필로 쓴 메모가 있었다.

친애하는 키올라,

전에는 심하게 굴어서 미안하오. 하지만 그것이 최선을 이끌어내기 위한 유일한 방법일 때가 많소. 최고의 한 해를 만들어보시오!

- 니젤 퍼스트

백금에 박힌 다이아몬드는 홈집 하나 없이 아름답게 반짝거렸다. 키올라는 보석 상자 뚜껑을 거칠게 닫은 뒤 책상의 중간 서랍을 열어 고약한 심슨 낙제생 배지 옆으로 집어던졌다. 서랍을 닫기 전 키올라는 올해 자신의 성과가 둘 중 어떤 것과 어울릴지 잠시 생각했다.

09
VELOCITY

엄청난 재고의 물결

어느 토요일 오후 키올라와 도슨은 첫 데이트로 골프를 치고 나서 이른 저녁식사를 했다. 두 번째 데이트 때는 찰스턴으로 날아가 택시를 타고 부둣가의 식당에 갔다. 키올라가 저녁을 샀고 도슨은 교통비를 책임졌다. 세 번째 데이트 때는 도슨이 저녁식사를 대접하겠다며 자기 집으로 키올라를 초대했다.

차를 주차하며 도슨의 집을 훑어보니 평소 상상하던 그대로였다. 마치 해병대 캠프를 그대로 옮겨놓은 것 같았다. 목조부를 하얗게 새로 칠한 조그마한 벽돌집이었다. 잘 깎인 잔디 주위를 빽빽한 울타리가 둘러싸고 있었다. 두 개의 깃대 중 하나에는 미국 국기가, 다른 하나에는 빨간색과 금색, 회색이 섞인 해병대 깃발이 저녁 미풍에 가볍게 펄럭이고 있었다. 현관으로 이어지는 포장길의 테두리는 하얗게 칠해진 둥근 바위들로 장식되어 있었다. 갑자기 키올라는 그냥 돌아가고 싶은 충동에 휩싸였다.

'과연 이런 사람과 잘될 수 있을까?' 키올라는 값비싼 와인을 들고 자신의 BMW 안에 앉아 생각했다. 와인 병의 목에는 키올라가 정성스레 묶은 예쁜 색깔의 리본이 달려 있었다.

키올라가 멍하니 앉아 있는데 갑자기 도슨이 반바지를 입고 손을 흔들며 나타났다. 반바지 차림의 도슨은 처음이었다. 비가 오나 눈이 오나 빠짐없이 아침마다 조깅을 한다더니, 다리 근육이 진실이라고 말해주는 듯했다.

"바위들이 멋있네요." 키올라가 선물을 건네며 말했다.

"맘에 들어요? 내가 하나하나 직접 칠했어요."

다행히 집안은 해병대 느낌이 덜했다. 물론 거실 벽은 해병대 시절의 사진들로 도배되어 있었다. 그 중에서도 압권은 도슨이 F/A-18 호넷의 조종석에 앉아 카메라를 향해 엄지를 들어 보이는 사진이었다. 방 구석구석을 자세히 보니 아기자기한 소품과 키올라가 무척 좋아하는 수채화도 많았다. 무엇보다도 도슨이 책을 좋아한다는 사실이 뜻밖이었다. 복도에는 주로 역사책이 꽂혀 있는 커다란 책장이 있었고, 미스터리와 탐정 소설도 많았다. 특히 콘로이의 《위대한 산티니The Great Santini》가 키올라의 시선을 사로잡았다.

저녁식사는 도슨이 요리를 했다. 데리야끼 소스를 뿌린 구운 새우와 함께 구운 아스파라거스, 하얀 쌀밥, 양상추 샐러드가 나왔다. 모든 음식이 맛있고 훌륭했지만 그것으로 그의 요리 밑천은 바닥난 듯했다. 디저트가 다이어리 퀸Dairy Queen에서 사온 아이스크림이었기 때문이다.

두 사람은 뒷문 앞에 앉았고 키올라는 와인을 홀짝였다. 이런저런 이야기를 나누다보니 해가 떨어졌다. 도슨이 해병대 시절 이야기 서너 개를 해주자 키올라가 배를 잡고 웃었다.

그리고 거실에서 영화를 봤지만 끝까지 보진 않았다. 사실 처음부터 영화 자체에는 관심도 없었다.

키올라는 자정을 훌쩍 넘겨 함박웃음을 머금은 채 차를 몰고 귀가하면서 생각했다. '어쩌면 이 사람과 잘될지도 모르겠어."

"사장님!"

문 쪽에 등을 돌린 채 앉아 있던 키올라가 다급하게 자기를 부르는 소리에 깜짝 놀랐다. 몸을 돌려보니 하이티의 재무 부사장 일레인 아이젠웨이였다. 얼마나 급했는지 그녀는 평소와 달리 노크도 없이 문을 박차고 들어왔다.

"뭔가요?" 키올라가 침착한 목소리로 물었다.

"재고가 또 말썽이에요! 여기, 직접 보세요!" 일레인이 최근 재무 보고서를 책상 위에 놓았다. "최종 제품과 재공품 모두 끝없이 쌓여가고 있어요!"

키올라는 오랜 경험으로 일레인의 호들갑을 잘 알고 있었다. 일레인은 재무 책임자로서 능력이 출중하고 비즈니스를 잘 알았다. 윤리적으로 고지식하면서도 문제 해결에서는 대단한 창의력을 발휘했으며 지극히 이성적이었다. 하지만 별 것 아닌 상황을 과장하는 버릇도 있었다. 일레인은 경기가 조금만 나빠져도 곧 하늘이 무너질 것처럼 호들갑을 떨기 일쑤였다.

키올라는 일레인이 가져온 보고서를 집어 천천히 페이지를 넘겼다. 페이지마다 느낌표와 거대한 물음표로 장식된 설명이 깨알같이 적혀있었다.

"그렇군요. 재고가 좀 많은 것 같네요"

"'좀' 이 아니라고요! 작년과 비교한 내용을 보세요!"

"알았어요. 알았다고요. 재고가 많긴 하군요."

"리즈 부사장이 재고를 잘 관리할 줄 알았는데. 지난달에 이 얘기를 했잖아요."

"이건 오크톤 공장에서 늘 있었던 문제예요. 솔직히 원인은 정확히 모르겠지만 리즈 부사장이 해결하는 중이라고 했어요."

"사장님, 단순한 재고 문제가 아니에요. 급여 항목을 보세요. 초과 근무 수당, 특히 늘어난 임시직을 보세요."

"초과 근무 수당과 임시직에 관해서는 이미 알고 있어요. 내가 승인했어요. 리즈 부사장이 '당분간'이라고 장담했거든요."

"문제는 그로 인해 현금 흐름에 문제가 생겼다고요! 현금 보유액이 줄어들고 고객에게 받을 돈도 점점 줄고 있어요. 반면 외부에 지급할 돈은 천정부지로 치솟고 있어요."

"천정부지로?"

"예! 상황이 매우 나빠요. 게다가 훈련비와 출장비 등, 리즈 부사장의 프로그램은 비용 지출이 엄청나요."

"일레인 부사장, 그건 다 오랫동안 있어왔던 문제예요. 그리고 내가 설명했듯이 이제 회복되는 중이고요." 키올라가 일부러 목소리를 낮춰 달래듯 말했다.

"회복이요? 회복과는 거리가 멀어도 한참 멀어요. 회복이라면 성과의 반전이 있어야 하잖아요. 하지만 요 몇 달간 성과의 반전은 전혀 없었어요. 여전히 내리막길이에요. 게다가 내리막길의 경사는 더 가팔라지고 있어요."

"내 말은 오크톤 공장뿐 아니라 로크빌에서도 거대한 변화가 이루어지고 있다는 거예요. 더 좋은 쪽으로 바뀌고 있지요. 몇 달 전에 리즈 부사장이 린 식스 시그마를 실행하면 단기적으로는 비용이 약간 증가하지만 장기적으로 큰 개선을 이룰 수 있다고 말했잖아요."

"'약간'이 아니라니까요! 아직 감이 안 오시나 본데, 이대로 가면 급여와 원자재 대금을 빚을 내서 지불해야 해요! 상황이 심각합니다."

키올라가 눈을 깜박였다.

"정말 그렇군요. 이 정도인 줄은 몰랐어요."

"걱정이 돼서 간밤에 한숨도 못 잤어요."

"저런."

"로크빌은 겉보기에는 좀 좋아졌지만 실질적으로 개선되었다고 하기는 어렵습니다."

키올라가 잠시 얼굴을 찡그렸다가 입을 열었다. "일레인 부사장, 이 문제를 최우선으로 다루겠어요. 조기에 경고해줘서 고마워요."

키올라가 자리에서 일어나 일레인을 문까지 안내한 다음 책상 앞에 다시 앉아 보고서를 다시 한 번 검토했다. 그런 다음 윙 보고서들을 컴퓨터 화면에 띄웠다.

정말 이상하게도, 윙은 분명히 개선되었다고 보고한다는 것이다. 오크톤 공장의 자원 가동률은 역대 최고로 나타났다. 윙에 따르면 오크톤 공장의 거의 모든 작업 구역에서 생산성이 향상되었다. 대부분이 생산 능력을 90% 이상 사용하고 있었으며 100%에 육박한 작업 구역도 많았다. 하지만 이 생산성은 '수익성'으로 전환되지 못했다. 어떻게 이럴 수가?

"린다!"

"예?"

"웨인 리즈 부사장의 일정 좀 점검해봐. 오늘 그를 만나야겠어."

"부사장님이 모임을 모두 취소했어요. 오늘도 사무실에 안 계세요."

"그럼 어디 있지?"

"요즘에 늘 오크톤 공장에 계세요."

키올라는 잠시 생각하다가 자기 일정을 확인했다.

"린다, 11시 약속을 취소하고 리즈 부사장에게 내가 11시 30분쯤 오크톤 공장에 들를 거라고 연락해. 거기서 무슨 일이 벌어지는지 직접 확인해야겠어."

리즈는 코나니가 말한 또 다른 '이슈'에 관해 논의하기 위해 그를 찾아 오크톤 공장의 주 복도를 걷다가 키올라의 방문을 알리는 문자를 받았다.

"오케이. 꼭 필요할 때 오시는군."

리즈는 재빨리 답문을 보낸 뒤 계속 코나니를 찾아다녔다. 마침내 라미네이팅 구역에서 코나니를 보았다. 그는 세 장의 자재를 짜증날 정도로 느리게 포개 접합하는 기계 옆에서 서성이고 있었다.

"뭐가 문제지?" 리즈가 물었다.

"자재가 모자랍니다."

"모자란다고?"

"77장이 모자라요."

바로 그때 접합 장비 뒤쪽에서 완성판이 나와 작업자의 장갑 낀 손 위에 놓였다. 작업자는 그 판을 경화 선반 위에 조심스레 내려놓았다.

"이제 76장이 모자라네요." 코나니가 말했다.

"원인이 뭔가? 그리고 자네는 여기서 뭘 하고 있나? 이런 일은 공장 작업자들에게 맡길 수 없나?"

"직접 확인하러 왔습니다. 불평이 너무 많았거든요. 이런 말씀은 드리기 싫지만 라인을 다시 평준화해야 할 것 같습니다."

리즈가 엄한 목소리로 말했다. "이유가 뭔가?"

"계속 이러니까요. 이런 골칫거리는 한 장소에서만 나타나지 않아요. 지난주에는 M57 라인에서 발생했고, 그 지난주에는 코팅 구역에서 발생했죠. 이번 주에는 라미네이팅 구역에서 발생했고요. 마치 옛날에 했던 두더지 잡기 게임 같아요. 두더지가 구멍에서 나타나 망치로 치려고 하면 순식간에 들어가 버리죠. 그리고 다시 순식간에서 다른 구멍에서 나와요. 그래서 계속 망치를 휘두르지만 두더지는 계속 튀어나오죠."

"두더지 잡기 게임? 코나니, 그런 게임은 린 사전에 없는 걸로 아는데!" 리즈가 눈알을 굴리며 말했다.

"그냥 비유입니다."

"논리에 충실하자고. 데이터에 충실해야 해."

"데이터에 따르면 공장 전체의 흐름이 원활하지 않아요."

"왜 그럴까? 내가 대답하지. 바로 변동 때문이야. 그것이 핵심 이슈야. 요동. 허용 오차를 벗어난 상황. 과도한 변화. 뭐라고 부르든 변동이 문제의 뿌리야. 두더지 잡기 게임이 아니라고."

"알겠어요. 제가 용어를 잘못 선택했어요. 아무튼 상황이 그렇다는 말입니다."

"식스 시그마를 사용해 변동을 없애는 것이 해결책이야."

"하지만 그러려면 여러 해가 걸려요. 그 동안 이 두더지들은 끊임없이 나타날 겁니다."

바로 그때 머피 맥과이어가 코너를 돌아 곧장 리즈와 코나니 쪽으로 걸어왔다. 두 눈을 이글거리며.

"죄송합니다만 고질라가 무려 45분간이나 빈둥대고 있다는 사실을 아십니까?"

코나니가 작업자에게 물었다. "얼마나 더 남았나요?"

"62장이요."

"들으셨죠? 이 마지막 재료들이 처리될 때까지 기다려야 합니다."

"우리가 왜 기다려야 하나?" 리즈가 물었다.

"이번 고객의 주문을 처리하기 위한 재료가 부족하기 때문이에요. 그리고 이 주문에는 가업처리기에 특수 온도의 저압 담금이 필요해요. 전체 배치 물량이 동시에 들어가야 하고요. 고질라의 문을 일단 닫고 잠근 뒤에는 재료 몇 개를 더 넣기 위해 문을 다시 열 수는 없어요."

리즈의 얼굴에 좌절감이 묻어나왔다. "이제 우리는 린 원칙을 따라야 하오! 한 개 흘리기 흐름생산 방식으로 해야 한다고! 그런데 무슨 배치 타령이요?"

"가압처리 공정은 본래 배치를 필요로 하기 때문입니다. 코나니 부장이 말했듯 고질라의 문이 일단 닫히면 공정이 끝날 때까지 열 수 없어요. 공정에 걸리는 시간은 사양에 따라 52분에서 23.5시간까지 이릅니다. 현재 기술로는 이것이 현실이에요." 머피가 말했다.

"더 좋은 방법을 찾아야 해요."

"부사장님, 우리가 여기 서서 더 좋은 방법을 고민하는 동안 고질라는 재료가 들어오기를 기다리고 있습니다. 게다가 부사장님이 가압처리기 작업 인력을 줄이는 바람에 재료를 넣고 빼는 과정이 더 오래 걸린다고요."

"공장장, 우리는 택트 타임에 맞춰 공장 전체 인력을 평준화했소. 전에는 아무것도 하지 않고 서 있는 사람들이 많았잖소. 그 사람들, 곧 낭비를 우리가 제거했다고요."

"무엇을 위해서죠?"

"어찌 그리 이해를 못하오? 뭔가를 생산하기 위해 사람들이 기다리는 것은 낭비에요. 그리고 낭비는 바로 적이지요!"

이때 코나니가 끼어들었다. "공장장님도 인력 조정에 동의하셨잖아요. 안 그래요?"

"그렇죠. 하지만 정 원하신다면 한번 시도해보라고 한 말이오. 인력 조정이 옳다는 게 아니었어요. 고질라를 기다리게 하느니 작업자 몇 명이 기다리는 편이 훨씬 나아요."

리즈의 얼굴이 붉으락푸르락해졌다.

"제발 그 고질라라는 놈에 대한 집착을 좀 버리면 안 되겠소? 그래 봐야 장비 하나에 지나지 않잖소. 많은 공정 중 하나의 공정에 불과해요. 전체 시스템의 성과를 생각하라고요."

"전체 시스템의 성과를 생각해서 드리는 말씀이에요." 머피가 지지 않고 맞받아쳤다.

"이 공장은 택트 타임을 중심으로 돌아갈 거요. 소비자의 주문에 맞춰 모든 자원을 평준화할 거요. 이것이 우리의 목표요. 꼭 달성할 거요!" 리즈가 말했다.

리즈를 더 자극하기 싫은 머피는 항복의 뜻으로 두 손을 든 후 사라졌다.

머피와의 거리가 말소리를 듣지 못할 만큼 벌어지자마자 리즈가 코나니에게로 몸을 돌려 나지막이 속삭였다. "바로 저 자가 문제야."

"왜요? 공장장이 우리 프로그램을 방해합니까?"

"그건 아니야. 단지 자기 방식에 갇혀 있어. 린 식스 시그마는 새로운 방식이야. 공장장은 옛것을 버리고 새것을 받아들이지 않고 있어."

"잘 모르겠군요. 공장장은 오랫동안 이 공장을 운영해왔어요. 너무 무시하면 안 돼요."

"내 말이 그 말이야. 공장장은 여기 오래 있었어. 너무 오래 있었지."

바로 그때 접합 장비가 꺼지면서 기계 소리가 조용해졌다.

"뭐가 잘못됐나? 망가졌어?" 리즈가 걱정스러운 얼굴로 물었다.

"아니에요. 작업을 마친 거예요. 이제 고질라 작업에 필요한 완전한 배치가 준비됐어요." 접합 장비를 관리하는 여자 작업자가 그렇게 말하고 나서 경화 선반을 그대로 놔둔 채 다른 곳으로 이동했다.

"잠깐만! 이걸 옮기지 않고 어딜 가나?" 리즈가 물었다.

"그 작업은 제 소관이 아니에요."

"맞아요. 이걸 옮기는 작업은 2급 자재 관리 기사가 해야 해요." 코나니가 리즈에게 설명했다.

"그렇다면 자재 관리 기사는 어디에 있나?" 리즈가 짜증나는 투로 물었다. "이봐. 그 2급 자재 관리 기사를 빨리 찾아봐."

여자 작업자가 발끝을 들고 두리번거리더니 손나팔을 만들어 소리를 질렀다.

"이봐요, 지터 씨! 이리 와서 이 선반 좀 옮겨줘요!"

"여기도 바빠요!" 지터가 큰 목소리로 대답했다.

"이리 좀 오라니까요! 고질라가 기다리고 있어요!" 여자 작업자가 다시 고함쳤다.

그러자 지터가 마법에 걸린 듯 즉시 하던 일을 멈추고 선반을 옮기러 왔다.

오전 11시 30분 즈음 오크톤 공장에 도착한 키올라는 세련된 하이힐 대신 검은색 안전화로 갈아 신고 안전 고글을 낀 뒤 공장 안으로 향했다. 정문 경비가 키올라를 보고 리즈에게 전화를 걸었다. 하지만 키올라는 리즈를 기다리는 대신 경비에게 인사한 후 리즈를 만나러 공장으로 들어갔다. 키올라를 아는 경비는 저지하지 않았다.

여러 번 고객들을 이끌고 왔던 곳이라 대략적인 공장 배치를 알고 있었기에 익숙하게 주 복도로 들어섰다. 그런데 많은 것이 예전과 달라져 있었다. 예전에는 구역들 사이의 작업이 분리된 듯했는데 그런 느낌이 상당히 줄어들었다. 찬찬히 보니 구역마다 다른 기능을 담당하고 있었지만 구역들이 따로 떨어져 움직이는 느낌은 없었다.

공장 바닥에는 기계들이 다른 곳으로 옮겨지면서 생긴 시꺼먼 테두리가 곳곳에 있었다. 기계를 콘크리트 바닥에 고정하기 위해 볼트를 박았던 구멍도 여기저기에 남아 있었다. 이제 많은 기계가 그룹, 즉 워크셀work cell로 배열되어 있었다. 이전에 리즈가 '워크셀'이라고 말한 기억이 났다. 워크셀이란 재료를 한 구역에서 다른 구역으로 옮겨 다니지 않고 한 명 이상의 작업자가 한 곳에서 일련의 작업을 수행할 수 있도록 만든 작업장이다. 린의 이상인 한 개 흘리기 흐름생산 방식을 이루기 위한 조치 중 하나였다. 이 방식이 완벽하게 구현되면 자재 대기 시간이 거의 없이 끊임없이 이동하고 가공될 수 있었다. 그리고 원재료가 최종 구매자의 손에 들어가기까지 가공과 이동 속도가 택트 타임에 정확히 맞춰질 수 있었다.

하지만 시간이 지날수록 키올라의 눈에는 일레인이 말한 문제점들이 들어왔다. 저장 선반과 여러 층으로 된 손수레, 바퀴 달린 통들에는 미완성 재료들, 즉 재공품 재고가 가득 차 있었다. 재공품을 담은 용기들이 벽뿐 아니라 워크셀들 사이에 늘어서 있었다. 용기들은 가지런히 정리되어 있기는 했지만 숫자가 너무 많았다.

키올라는 무슨 일인지 몹시 궁금했다. 많은 양의 재공품 재고는 바로 린이 제거해야 할 표적 중 하나였다. 하지만 지금 키올라의 눈앞에는 린의 효과를 의심케 하는 장면이 펼쳐져 있었다.

하이보로 변두리에는 하이티의 최종 제품경품 부품과 예비 부품을 지칭하는 창고 겸 유통 센터가 있었다. 일레인이 말한 수치를 생각하면 그곳 상황은 안 봐도 훤했다. 키올라는 창고의 문을 열자마자 하이티 부품의 홍수가 밀어닥치는 장면을 상상했다.

그때 복도 저편에서 리즈가 힘찬 걸음으로 성큼성큼 걸어왔다.

"좋은 아침입니다! 바쁜 날 오셨네요."

"척 봐도 그렇네요." 키올라가 몸을 한 바퀴를 돌려 주변의 부산한 움직임들을 확인했다. "모두 열심히 일하는 것 같군요."

"이것이 택트 타임의 마술이죠. 모든 사람이 편안하게 일하고 있습니다. 각자의 일이 너무 적지도 많지도 않게 딱 적당해요. 다들 정말 좋아한답니다. 바쁘니까 시간이 훨씬 빨리 지나간대요. 그런데 오늘 무슨 일로 오셨나요?"

"여러 가지 이유로요. 이곳에 들른 지 오래되기도 했고, 상황이 어떤지 직접 보고 싶기도 해서요. 하지만 무심코 들른 건 아니에요. 오늘 아침에 일레인 부사장과 모임이 있었어요. 지난 6개월 동안 재고가 많이 늘어났다고 걱정하더군요. 이제 와서 보니까 정말로 그러네요. 리즈 부사장, 이 재고는 다 뭡니까?"

리즈의 얼굴이 살짝 빨개졌다.

"그건… 열심히 해결하는 중입니다. 이럴 줄은 몰랐어요. 하지만 잠시뿐이에요. 길어야 두 달이면 다 해결될 겁니다."

"원인이 뭔가요? 린이 재공품 재고를 줄여줄 줄 알았는데."

"그래야 하는데 아직 처리하지 못한 부분들이 있어서……."

"구체적으로 어떤 거죠?"

"좀 미묘한데요. 그룹 본사에서 사용하라고 한 윙이 원인 중 하나인 것 같아요. 코나니가 생산 직원들과 얘기해봤더니, 기계가 하나라도 멈춰 있으면 윙이 생산 명령을 내린다는 거예요. 그렇게 생산된 제품은 대개 재고가 되어 창고로 보내지는 거죠."

"윙이 자동으로 그러는 건가요?"

"예."

"일단 켜면 끌 수는 없나요?"

"거의 그렇다고 할 수 있죠."

"수동 장치는? 끄는 버튼이 없어요?"

"회피 방법이 있기는 있습니다. 하지만 이 윙이라는 소프트웨어는 마치 의지를 지닌 것 같아요. 모든 자원을 백 퍼센트 가동하기로 굳게 결심했다고나 할까요."

"잠깐, 그게 바로 린 식스 시그마의 지향점 아닌가요? 방금 그랬잖아요. 모든 사람이 택트 타임이 맞춰 종일 바빠 일하고 있다고요."

"윙이 고객 주문과 상관없이 생산 명령을 내리는 것이 문젭니다. 이 소프트웨어는 낡은 '푸시push' 모델을 바탕으로 하고 있습니다."

"푸시 모델이라면 잘 알죠. 일단 만들면 팔릴 거라는 논리에 기반을 두고 있죠."

"아실지 모르겠지만 린의 가정은 정반댑니다. '풀pull' 모델을 바탕으로 하고 있죠. 고객이 원하기 전까지는 아무것도 만들지 않아요. 유통 채널에 무리 없이 공급할 만큼만 생산하는 겁니다. 그런 의미에서 윙 3.2는 린 원칙과 상충해요. 이건 끝없는 싸움입니다."

"그냥 플러그를 뽑을 수는 없나요?"

"그럴 수는 없습니다. 대신 린 원칙을 도입한 윙 4-L이라는 새로운 버전을 깔 예정이고, 그 전까지는 자주 수동으로 명령어를 쳐 넣을 거예요. 그러면 실수도 많이 나오겠죠. 하지만 이게 정치적으로 다소 민감한 사인이거든요. 피터 윈 회장님이 윙을 열렬히 지지하시죠. 그분은 데이터 세부 검색과 상황 파악 능력에만 주목하세요."

"위너의 모든 직원이 쉴 틈 없이 일하는 걸 보고 싶으신 거겠죠. 그래서 해결책이 뭐죠?"

"윙 3.2의 푸시 효과를 대부분 중화할 수 있는 몇 가지 린 소프트웨어 플러그인을 이미 설치했어요. 하지만 몇 가지 이유로 윙이 이 플러그인들의 효과를 다시 중화시키고 있어요. 프로그래머들 말로는 코드 깊은 곳에 아주 강력한 서브루틴들이 숨어 있다더군요. 하이티에서 사용하는 건 윙 3.2의 정식 버전이 아닌 셈이죠. 변경된 거예요."

문득 키올라의 얼굴에 뭔가 생각난 표정이 떠올랐다.

"무작위적인 폭풍이 다시 불어 닥치는군."

"네?"

"내 전임자 랜달 토란도스 말이에요. 늘 윙 코드를 갖고 놀았거든요. 맞아. 그런 거였어. 그의 목표는 생산성을 극대화하는 거였거든요. 그렇게 1년 만에 17%의 성장을 이룬 거군. 결국 이듬해에 우리 판매원들이 엄청난 양의 재고를 떨이로 팔아야 했잖아요."

"그분과 통화할 수 있나요? 생산 명령 트리거를 코드 어디에 숨겨놨는지 물어보면 좋겠는데요."

"통화는 힘들어요. 하지만 그의 IT 팀인 마이크로버스트의 팀원들에게 물어볼 수는 있을 거예요. 다행히 마이크로버스트의 몇몇 팀원과 아직 연락이 되니까요."

"그러면 아주 큰 도움이 될 겁니다."

"뭐든 알아내면 알려줄게요." 키올라는 그렇게 말하고 나서 슬슬 대화를 마무리했다. "이 많은 재고가 어디서 나오는지 파악되어 그나마 다행이네요. 나는 본사 사무실로 다시 가야 해요. 새로운 판매 및 마케팅 책임자와 2시에 만나기로 했어요."

"몸소 와주셔서 감사합니다. 하지만 가시기 전에 우리가 LSS 프로그램으로 개선한 사항들을 간단히 보고 가시는 게 어떨까요?"

"좋아요. 부사장이 바쁘지 않다면 나는 괜찮아요. 사실 오늘 아침 일레인 부사장이 보여준 수치들에 관해 자세히 묻고 싶어요. 아는 대로

만 말해줘요. 근처에 어디 조용히 이야기할 만한 곳 없나요?"

"물론 있죠. 공장을 재빨리 돌아본 뒤에 제가 발견한 작은 공구실로 가시죠. 아무도 사용하지 않는 곳이에요. 따지고 보면 그곳도 이 공장의 많은 낭비들 중 하나지만요."

두 사람은 계속 공장을 둘러보았다. 리즈는 린 식스 시그마를 통해 이룬 변화나 변화의 조짐을 키올라에게 눈으로 확인시켜주었다. 문득 키올라가 발걸음을 멈추고 흉물스럽게 생긴 거대한 장비를 가리키며 물었다.

"잠깐, 저게 고질라인가요?"

"예. 고질라 맞아요." 리즈가 인상을 찌푸리며 대답했다.

"기억나요. 전에 많이 봤어요. 그런 별명이 있는 줄은 몰랐지만."

"머피 공장장이 병적으로 집착하는 놈이죠." 리즈가 투덜거렸다.

"무슨 뜻이죠?"

"죄송해요. 별 거 아니에요. 이 가압처리 공정은 정말 골칫거리랍니다. 마음 같아선 이 고질라를 치워버리고 싶지만, 모든 것이 이놈에게 얽매여 있어요."

키올라는 리즈의 인도를 따라 복도 끝의 작은 공구실에 도착했다.

공구실이 가까워올수록 키올라의 코에 공장 전체에 퍼져 있는 화학약품 냄새와 매우 다른 냄새가 감지되었다. 뭔가 구수하고 알싸한 냄새였다. 그때 공구실 안에서 성난 목소리가 흘러나왔다.

"꼬박 한 시간이야! 자이로, 한 시간이라고! 한 시간 내내 고질라를 빈둥거리게 놔뒀어. 자이로, 덕분에 쓰루풋이 뚝 떨어졌어. 왠지 알아? 말해줄까? 전체 생산 과정을 너무 틈이 없게 바짝 죄어놓아서 그래! 5%의 여유능력이면 충분한 줄 알아. 5%? 웃기는 소리! 그 정도로는 어림도 없어! 라인을 균형화한다고? 내 엉덩이의 균형이나 잡으라고 해!"

키올라와 리즈가 문 밖에서 들어갈까 말까 머뭇거리고 있는데 이번에는 낮고 부드럽지만 투박한 목소리가 뭐라고 중얼거렸다.

그 중얼거림이 끝나자마자 성난 목소리가 다시 이어졌다. "말해봤어! 하지만 도통 들으려고 하지 않아!"

키올라가 말리기도 전에 리즈가 주먹으로 문을 쾅 치고 말았다.

"뭐야?" 안에서 성난 목소리가 외쳤다.

리즈가 문고리를 돌리자 문이 열리면서 시뻘건 머피의 얼굴이 나타났다. 같이 있는 사람은 당연히 자이로였다. 키올라와 리즈의 갑작스러운 침입에 자이로는 입을 떡 벌렸다. 머피와 자이로 사이에는 작은 잔칫상이 펼쳐져 있었다. 머피가 어찌나 열변을 토했는지 검은 솥에 담긴 돼지 바비큐와 푹신푹신한 하얀 빵, 닭튀김 접시, 양배추샐러드, 신선한 딸기 파이, 시원한 차가 담긴 보온병이 거의 그대로 남아 있었다.

"여기서 뭐하고 있는 거요?" 리즈가 싸늘하게 물었다.

"점심식사지 뭡니까? 보면 몰라요?" 머피가 목청을 높였다.

잠시 일촉즉발의 긴장감이 흘렀다. 결국 헤드라이트를 본 사슴처럼 놀란 표정을 짓고 있던 자이로가 침묵을 깼다.

"사장님, 바비큐 샌드위치 좀 드실래요?"

"괜찮아요. 하지만 냄새도 좋고 먹음직스러워 보이네요."

"나한테 할 말이 있는 것 같던데!" 리즈가 머피에게 쏘아붙였다.

키올라는 둘 사이에 끼어들어 한 손을 리즈의 가슴에 대고 살짝 문 쪽으로 밀었다.

"식사를 방해해서 미안해요. 그럴 생각은 아니었어요. 얘기는 나중에 해요."

키올라가 리즈를 이끌고 공구실을 나온 뒤 문을 닫았다.

"아시겠죠? 제가 왜 그를 반대하는지." 리즈가 과장된 몸짓을 하며 말했다.

"부사장, 둘 사이에 무슨 일이 있어요?"

"간단히 말해 이건 영역 다툼이에요. 물론 싸움은 거는 쪽은 제가 아니라 머피고요."

키올라가 잠시 생각하더니 입을 열었다. "부사장, 머피 공장장은 정말로 화가 난 거예요. 단순히 자존심 때문은 아닌 것 같아요."

"솔직히 왜 저러는지 모르겠어요. 하지만 이렇게 노골적으로 부딪힌 게 오히려 다행이에요. 머피 공장장에 관해서 꽤 오래 고민했어요."

"무슨 고민요?"

"말씀드리기 좀 그렇지만 제 생각에는 머피 공장장 자체가 문제 원인 중 하나예요. 겉으로는 LSS를 잘 따르는 척하지요. 훈련도 받았고요. 그 점은 고맙게 생각해요. 하지만 마음으로는 받아들이지 않아요. 그는 너무 구닥다리예요. 과거에 사로잡혀 있지요. 솔직히 그가 새로운 문화에 제대로 적응할지 의문이에요."

키올라가 천천히 고개를 끄덕였다. 하지만 리즈의 말이 너무 비판적으로 흐르자 슬쩍 말을 돌렸다.

"그런데 머피 공장장의 말이 무슨 뜻이죠? 오늘 고질라가 꼬박 한 시간 동안 빈둥거렸다는 게 무슨 말인가요?"

"아까 있었던 일이에요. 몇 가지 이유로 특정 **부품** 자재가 부족했거든요. 그래서 공정을 계속 진행하기 전에 부족분을 채워야 했어요. 이 거대한 가업처리기, 고질라가 자재가 다 준비될 때까지 기다리는 일이 있었어요. 좋은 상황은 아니죠. 코나니와 제가 이미 조정하기 시작했어요. 하지만 머피 공장장은 이 기계 하나에 목을 매고 있어요. 마치 고질라가 공장 전체, 아니 이 회사 전체를 통제라도 하는 것처럼 말이에요."

두 사람은 어느 새 공장 입구에 이르렀다. 경비 방문록에 서명하던 키올라는 퍼뜩 중요한 생각을 떠올렸다.

"재고 수준이 매우 높잖아요. 그런데 왜 자재가 부족한 거죠?"

"잘 모르겠습니다. 저도 그게 이상합니다. 하지만 한 가지 주문건의 한 가지 부품이 특정한 때에 부족했던 것뿐이에요."

리즈가 철제문을 열고 두 사람은 따가운 정오의 햇볕 아래로 나왔다.

"가기 전에 하나 물어볼게요. 머피 공장장을 어떻게 할 생각이죠?"

사안이 사안인지라 리즈는 잠시 머뭇거리다가 이내 속내를 털어놓았다.

"내보내야 할 것 같습니다. 그를 위해서나 회사를 위해서나 그게 좋겠어요. 그는 점점 더 큰 장애물이 되어가고 있어요."

"그가 말을 잘 안 듣나요?"

"그건 아니지만. 방금 전 행동은 확실한 반항 아닌가요?"

"내가 얘기를 해봐야겠어요. 하지만 오늘은 아니에요. 공장장을 좀 진정시켜요. 내일 아침에 내가 그에게 전화할게요."

하이보로로 돌아오는 길에 키올라는 오크톤 공장에 관해 오랫동안 생각했다. 도로 공사 현장이 더 넓어져 돌아가는 시간이 더 오래 걸렸기 때문이다. 하지만 공사 현장의 흙먼지 속을 거북이 운전으로 지나면서 내린 유일한 결론은 아무 결론도 내릴 수 없다는 것뿐이었다.

10 VELOCITY
톡톡 TOC TOC 주사위 놀이

가스 퀸시는 세 번째 아내와의 결혼생활만큼은 제대로 해내리라고 다짐했다. 거의 20년을 세일즈맨으로 살면서 집이 아닌 북미와 남미, 아시아, 유럽 전역의 호텔과 모텔에서 잔 날이 얼마인지 셀 수도 없을 지경이었다. 잦은 출장은 퀸시가 두 번의 파경을 맞은 결정적인 원인이었다. 그래서 세 번째 부인 패니와 결혼하면서는 삶의 패턴을 바꾸기로 결심했다. 하이티의 미국 서부 판매 책임자로 온 것도 그런 노력의 일환이었다. 세일즈맨일 때보다 급여는 줄었지만 특별한 일이 없는 한 집에서 잘 수 있어 좋았다. 아름다운 아내는 남편의 노력에 보답이라도 하듯 4년간 눈에 넣어도 아프지 않을 세 아이를 낳아주고 늘 행복한 미소를 지어주었다.

그러던 어느 날, 원래 키올라가 맡았던 마케팅 및 판매 부사장 자리가 비어 회사에서 후임을 찾자 퀸시는 고민에 빠졌다. 급여와 상여금이 더 높은 부사장 자리는 구미가 당겼다. 하지만 다른 한편으론 위너에 인수된 후로 하이티의 제품과 서비스를 파는 일이 쉽지 않다는 사실을 모르는 사람은 아무도 없었다. 무언가 단단히 꼬여 있었다. 고객들은 하이티 판매원들에게 수시로 불만을 표시했고, 퀸시는 직간접적으로 그런 소리를 들어왔다. 부사장 자리를 수락하여 하이티라는 배를 안정된 항로로 되돌릴 것인가, 아니면 배가 뒤집어지거나 가라앉기 전에 헤엄쳐 도망갈 것인가? 이것이 고민이었다. 퀸시는 이 문제를 끊임없이 고민했다. 하지만 승진 심사 면접에서는 이런 속마음은 결코 드러내지 않고 회사에 대한 절대적인 충성심을 내보였다.

결국 마케팅 및 판매 부사장 자리를 제의받았지만 잘할 수 있다는 확신은 여전히 없었다. 물론 퀸시는 키올라를 좋아했고 오랫동안 함께 일했다. 하지만 아무리 봐도 키올라는 경험이 부족했다. 과연 키올라가 하이티의 사장감인지는 확신할 수 없었다. 그러나 더 큰 문제는 시장에서 하이티의 평판이 시들해지고 있다는 사실이었다.

퀸시로 하여금 마케팅 및 판매 부사장 직책을 받아들이게 만든 사람은 아내 패니였다. 패니의 가족 대부분은 하이보로에서 가까운 버지니아 주 로어노크에 살았다. 퀸시가 로어노크에서 로스앤젤레스까지 대륙을 횡단하며 오가던 것에 비하면 하이보로는 그야말로 돌 던지면 닿을 거리였다. 예전에는 아직 기저귀를 차는 둘을 포함한 세 아이를 데리고 로어노크와 로스앤젤레스를 오가느라 여간 힘들지 않았다. 어느 날 저녁 퀸시가 마케팅 및 판매 부사장 직책 얘기를 꺼내자 패니가 무조건 수락하라고 말했다. 네 번째 아내를 맞기 싫었던 퀸시는 이튿날 아침 키올라에게 전화를 걸어 그 자리를 수락했다.

퀸시는 로어노크에서 태어났지만 삶의 대부분을 서부 해안에서 보내면서 캘리포니아 사람이 다 되었다. 황금빛으로 그을린 피부만 봐도 그랬다. 머리카락은 강한 햇볕 때문에 연한 갈색으로 변했다. 나이와 편한 생활로 약간 살이 찌기는 했어도 몸은 여전히 탄탄했다. 얼굴은 우락부락하면서도 상당히 잘생겨서 하이보로 사무실에 퀸시가 출근하면 젊은 여성들은 여지없이 떠들기 시작했다. 키올라도 퀸시가 매력적이라는 사실을 부인하지는 않았지만 외모보다는 그의 능력에 더 주목했다. 실제로 그가 판매 책임자로 있는 동안 서부 지역의 매출은 엄청나게 증가했다.

퀸시의 판매 비결은 단순한 접근법에 있었다. 퀸시는 몇 가지 핵심적인 원칙에 철저히 집중했고 틈만 나면 사람들에게 그 원칙들에 관해 이야기했다.

퀸시는 그날 오후 2시에 키올라의 사무실에서 그녀에게 이렇게 말했다. "고객들이 원하는 건 언제나 기본적인 몇 가지뿐입니다. 먼저, 낮은 가격을 원하죠. 그리고 제품뿐 아니라 납기와 포장 등 모든 세부 사항에서 완벽을 원해요. 고객들은 판매원이 이 모든 세부 사항을 관리해주길 원해요. 한마디로 믿을 만한 판매원을 원하죠. 고객들은 효과적인 동시에 재미있는 구매 경험을 원해요. 이렇게 간단하답니다. 판매원은 이런 몇 가지 기본 사항만 잘 챙겨주면 돼요."

퀸시의 말이 이어지는 동안 키올라는 중간 중간 고개를 끄덕였다. 실제로 퀸시의 말은 크게 틀리지 않았다.

"안타깝지만 이 회사는 판매원들의 일을 더 힘들게 만들고 있어요."

"왜 그렇죠?" 키올라가 얼굴을 찡그렸다.

"솔직히 말씀드려도 될까요?"

"물론이죠. 어서 이야기해보세요."

"위너가 우리를 인수한 뒤로 좋아지기는커녕 더 나빠진 점이 훨씬 많습니다."

"이를테면?"

퀸시가 논점을 강조하려는 듯 손가락으로 세는 동작을 했다.

"첫째는 가격이에요. 오랫동안 높았던 가격이 전혀 변하지 않았어요. 둘째, 리드 타임lead time : 제품 생산 시작부터 완성까지 걸리는 시간은 원래부터 그리 좋지 않았는데 그 시간이 짧아지기는커녕 더 길어지고 있어요. 셋째, 오크톤에서 일어난 일 때문에 거래처들을 잃고 있어요. 내가 아는 거래처 중에서도 두 곳이 오크톤 공장에서 일을 그르치는 바람에 우리에게 완전히 등을 돌렸지요. 서부 해안에서 최소한 거래처의 절반이 다른 공급업체를 모색하고 있어요."

"방금 오크톤 공장에서 돌아왔어요. 그곳에서는 린 식스 시그마를 한창 실행하는 중이죠. 나는 LSS가 모든 실행 문제를 해결해줄 거라 믿어 의심치 않아요."

"문제는 시간입니다."

"몇 달이면 눈에 띠게 개선이 이루어질 거예요. 물론 지속적으로요. 품질을 비롯한 모든 면이 꾸준히 좋아질 거예요. 그러니 판매원들도 고객들에게 LSS에 관해 이야기해줘야 해요. 판매원들을 모아놓고 린 식스 시그마에 관한 프레젠테이션을 진행하면 어떨까요?"

그러자 퀸시가 고개를 내저었다.

"무슨 문제가 있나요?"

"고객들은 그런 것에 신경 쓰지 않으니까요. 린이나 식스 시그마 같은 프로그램에는 관심도 없어요. 그들은 오로지 제가 아까 말씀드린 것들만 주목해요. 가격. 제품과 서비스의 완벽도. 짧은 리드 타임과 많은 유연성. 이런 것들요. 고객들은 이런 것들의 이면에서 이루어지는 상황에는 전혀 관심이 없어요. 제 생각에 LSS에 관한 얘기는 기껏해야 팸플릿 마지막 장의 맨 밑에 소개해도 충분해요."

그 말에 키올라는 살짝 기분이 나빠졌다.

"미 해군의 어느 제독은 그 말에 동의하지 않을 걸요."

"제목은 그렇겠죠. 하지만 일반 고객들은 신경 쓰지 않을 걸요. 그들이 주목하는 건 오로지 실행과 결과에요. 나아가 믿을 만한 판매원을 만나면 그들의 얼굴에 미소가 번지겠죠. 이것들이 고객이 관심을 갖는 것들이에요. 죄송하지만 솔직히 말씀드릴 수밖에 없어요."

"괜찮아요. 잘했어요. 늘 솔직히 말해주길 바래요."

키올라는 잠시 조용히 퀸시의 말을 곱씹다가 입을 열었다. "정말 오크톤 공장의 상황이 우리에게 안 좋게 돌아가고 있다고 생각해요?"

"아시다시피 하이티는 정밀 고성능 복합재료에 관한 한 세계 최고의 기업이에요. 굳이 따지자면 기껏해야 우리가 플라스틱 조각이나 다루지만 그 기술력에서 우리를 따라올 기업은 없죠. 누구도 못하는 일을 우리가 할 수 있기 때문에 일부 고객은 무조건 우리와 거래해야 해요. 하지만 그런 고객은 그리 많지 않아요. 대부분의 고객은 언제라도 다른 공급업체 쪽으로 돌아설 수 있어요. 우리 경쟁사 중에는 아시아와 유럽뿐 아니라 미국에 뛰어난 시설을 갖춘 공급업체들이 꽤 있죠. 오크톤 공장이 계속 일을 제대로 해내지 못해 우리가 오랫동안 공을 들여온 고객들이 계속해서 떠나간다면? 휴, 생각만 해도 아찔해요."

그날 오후 키올라는 걱정스러운 마음으로 머피에게 전화를 걸었다.

"공장장, 좀 만났으면 합니다. 내일 아침 8시쯤 어때요?"

잠시 침묵이 흐르다가 머피가 말했다. "무슨 말씀하실지 알겠어요. 오늘 제가 욱해서 죄송합니다. 다시는 그런 일 없을 거예요."

"사과는 받아들일게요. 하지만 그 외에도 할 말이 있어요. 내일 8시 내 사무실에서 보죠."

"예, 그때 뵙겠습니다." 머피가 힘없이 대답했다.

머피가 심히 걱정됐던 자이로도 그날 저녁 전화로 안부를 물었다.

"아니, 괜찮지 않아. 자이로, 이대로는 안 되겠어. 최근 몇 달간 내가 한 가장 어리석은 짓은 그들을 따를 수 있다고 나 자신을 속인 거야. 여긴 내가 평생을 바친 곳이야. 누군가 그런 곳을 망치고 있는데 내가 지켜만 보고 있을 수는 없어."

"우리 공장이 망가지고 있는 줄 어떻게 아세요?"

"내가 25년간이나 일한 공장인데 왜 몰라? 게다가 내 직감도 조심해야 한다고 말하고 있어."

"그래도 이 사람들은 전문가들처럼 보이는데요. 스프레드시트와 데이터와 공식들로 철저히 무장한 사람들이라고요. 리즈 부사장과 코나니를 비롯한 모든 LSS 팀원들은 뭘 해야 할지 잘 알고 있는 것 같아요. 그리고 공장 사람들도 다들 잘될 거라고 하잖아요. 제 생각도 그렇고요. 저는 이것이 정말 성공했으면 좋겠어요."

"그래서 더 마음이 좋지 않은 거라고. 자네를 포함해서 다들 세상을 너무 몰라."

"기분 나빠하지 말고 들어보세요. 린 식스 시그마야말로 새로운 대세에요."

"그러면 자네는 그 대세를 따르게. 난 싫으니까."

이튿날 아침 7시 30분, 키올라가 회사 사무실에 도착하니 머피가 벌써 와서 기다리고 있었다. 놀란 키올라가 발걸음을 멈췄다.

"일찍 오셨네요?"

"예, 간밤에 한숨도 못 잤거든요. 어서 하실 말씀을 해주시면 좋겠습니다."

"공장장을 해고할 생각은 없어요. 혹시 그걸 걱정한다면 그만해도 돼요."

키올라가 지갑에서 열쇠고리를 꺼내 사무실 문을 열었다.

"들어갑시다."

머피는 키올라의 책상 바로 앞에 앉았다. 머피의 푸른 눈은 벌겋게 충혈되어 있었다. 정말 밤새 잠을 설친 모양이었다. 키올라가 물었다.

"내가 가장 알고 싶은 건 공장장과 리즈 부사장 사이에 무슨 일이 있느냐는 거예요. 둘은 왜 그렇게 으르렁거리는 거죠?"

"전문가적 의견 차이가 있어서 그렇습니다. 부사장님은 린 식스 시그마에 완전히 빠져 있어요. 반면 저는 제약 이론Theory of Constraints, TOC이라는 걸 믿죠."

"제약 이론이요?"

"예, 사장님."

"그게 뭔가요?"

"아주 간단히만 설명할게요. 제약 이론에 따르면 모든 시스템은 서로 다른 능력을 지닌 자원들로 구성되어 있죠. 우리 같은 경우는 비즈니스 시스템이나 오크톤 공장의 제조 시스템이 그렇죠. 전체 시스템의 성과는 능력이 제일 딸리는 자원에 좌우됩니다. 이러한 자원을 흔히 시스템의 병목 지점이라 부릅니다. 따라서 전체 시스템을 가장 효율적으로 관리할 수 있는 방법은 병목 지점에서의 처리를 극대화하고 다른 모든 자원을 병목 지점의 필요에 맞춰 진행함으로써 흐름을 최적화하는 겁니다. 이해되시나요?"

"전혀요. 무슨 말인지 전혀 모르겠어요."

머피가 한숨을 쉬었다. "음, 그러니까……"

"이것만 설명해주세요. 이 제약 이론을 지지하는 공장장과 린 식스 시그마를 추구하는 리즈 부사장이 왜 자꾸 서로 부딪치나요?"

"사실 우리에게는 의견이 일치하는 부분도 많습니다. 이송 배치의 크기가 작아야 하고, 유연성을 높이기 위해 장비 셋업을 빨리 전환할 수 있어야 한다는 점에는 의견이 같죠. 물론 품질과 지속적인 개선도 마찬가지입니다. 최근 몇 년간 오크톤 공장이 지속적인 개선에 무관심했던 건 사실이에요."

"그러면 의견을 달리하는 문제는 뭐예요?"

"몇 가지만 매우 중요한 문제가 있습니다. 리즈 부사장님은 평준화된 생산 라인을 신봉하죠. 하지만 저는 평준화되지 않은 라인이 오히려 효과적이라고 생각해요. 부사장님의 목표는 정확히 고객의 수요를 처리할 수 있을 만큼의 생산 능력을 유지하고 나머지 생산 능력은 정리하는 거예요. 그래서 남은 생산 능력을 100% 활용하자는 거죠. 하지만 저는 과잉 생산 능력이 처리량을 극대화하기 위해서 반드시 필요하다고 생각합니다. 그리고 여러 자원을 100%로 활용하는 것은 극도로 비능률적이에요. 리즈 부사장님은 계속 완벽을 이루려 하지만 현실 속에서 완벽이란 불가능해요. 리즈 부사장님은 지속적인 노력과 투자를 통해 중요한 변동을 모두 없앨 수 있다고 하지만 그건 정말 어리석은 생각이에요. 몇 가지 변동은 언제나 있기 마련입니다. 그리고 설사 모든 변동을 줄일 수 있다 해도 그러려면 수십 년은 걸릴 테고, 그러면 해당 기술의 수명은 이미 끝난 뒤일 거예요. 하지만 제가 볼 때 가장 중요한 것은 전체 시스템을 통제하는 주된 제약이 반드시 있다는 겁니다. 이건 정말 확실해요. 우리 공장에서는 고질라, 그러니까 가압처리기가 바로 그런 제약이에요. 하지만 리즈 부사장님은 고질라의 효율을 최대로 끌어올리는 게 얼마나 중요한지 도무지 몰라줍니다."

"좋아요. 잠깐만요. 이제 그만해요." 키올라가 책상 위에 팔꿈치를 기댄 채 관자놀이를 문지르며 말했다. "정말 민주당원과 공화당원의 싸움 같네요."

"사장님, 그 정도는 아니에요."

"하지만 두 사람은 비즈니스 전반만이 아니라 오크톤 공장 운영에 관해서도 철학이 너무 틀려요."

"우리의 목적은 서로 일치하는 면이 많습니다. 단지 서로 융화될 수 없는 몇 가지 차이점이 있을 뿐이에요."

"정말이에요? 정말 융화될 수 없다고 생각해요?"

"제가 오래 전에 깨달은 오크톤 공장의 현실을 리즈 부사장님이 받아들이기 전까지는 그래요. 리즈 부사장님은 훌륭한 점도 많지만 고집이 너무 셉니다."

키올라는 '사돈 남 말하네' 라는 말이 나오려는 것을 꾹 참았다.

"용건만 말씀드리겠습니다, 사장님. 이 문제를 정말 오랫동안 고민했어요. 저는 원래 팀을 생각하는 사람이에요. 하지만 많은 고민 끝에 오크톤 공장을 떠나야겠다는 결론을 내렸어요. 아무도 저를 따르지 않고 저도 리즈 부사장님을 따를 생각이 없으니 떠날 수밖에요."

키올라가 머피의 말이 진심인 걸 알고 눈을 동그랗게 떴다.

"공장장, 진심이에요? 정말 그걸 원해요?"

"아뇨. 그렇진 않습니다. 저는 정년이 몇 년밖에 남지 않았어요. 늘 하이티에서 은퇴하고 싶었죠."

"회사를 떠날 생각인가요?"

"그러고 싶지는 않습니다. 다른 자리가 있다면, 저를 필요로 하는 자리가 있다면……."

키올라가 입술을 악다무는 채 잠시 생각에 잠겼다.

"시간을 좀 두고 생각해보는 게 어때요? 며칠만 기다려 봐요. 인사부서와 이 문제를 논의해볼게요. 지금 당장은 뭐라고 해줄 말이 없네요. 다른 자리가 있거나 우리가 다른 자리를 만든다면 어쩌면 지위와 급료 수준이 내려갈지도 몰라요. 그래도 괜찮아요?"

"깊이 고민해보겠습니다." 다른 자리가 생길지도 모른다는 생각에 머피의 표정이 조금 밝아졌다. "아무튼 고맙습니다."

"공장장도 솔직히 말해줘서 고마워요. 그런데 혹시 후임으로 추천할 사람이 있나요?"

"자이로요." 말이 끝나기 무섭게 머피가 대답했다. "그는 LSS의 신봉자예요. 공장 운영에 관해서도 거의 저만큼 잘 알고 있지요. 자이로가 사장님께 바비큐를 대접한다고 하면 절대 거절하지 마세요. 맛이 정말 끝내줍니다."

머피가 오크톤 공장을 떠난다고 하자 여러 가지 반응이 나왔다. 키올라가 예상하지 못했던 반응도 적지 않았다. 그날 오전 키올라가 리즈에게 이 사실을 알리자 리즈는 놀란 표정을 지었다.

"그만둘 줄은 몰랐네요."

"공장장이 회사를 떠나지 않도록 좋은 방안을 찾고 있어요. 하지만 서로 만족할 만한 해법이 있을지 모르겠어요."

"안 됐지만, 어쩌면 잘된 건지도 몰라요. 사장님도 아시다시피 우리는 엄청난 변화를 추진하고 있어요. 공장장이 전심으로 돕지 않을 거면 아예 물러나는 게 모두를 위해서 좋아요. 알아서 물러나주니 오히려 고맙군요. 고집 센 사람이긴 하지만 이번에는 현명한 결정을 내렸네요."

"공장장과 이야기를 나눠볼 생각은 없나요? 그를 설득해보는 건 어때요?"

리즈가 잠시 망설이다가 대답했다. "아뇨. 공장장의 결정이 옳다고 생각해요."

하지만 퀸시는 리즈와 전혀 다른 반응을 보였다.

"머피 공장장이 그만둔다고요? 저런. 난리 났네요!"

"무슨 말인가요? 둘이 아는 사이였나요?"

"아뇨. 얼굴을 본 적도 거의 없어요. 하지만 제가 봤을 때 머피 공장장은 이 회사 최고의 인재 중 한 명이에요."

"잠깐만! 어제는 오크톤 공장이 일처리를 잘못해서 회사 전체가 흔들리고 있다고 말했잖아요. 그런데 이제 머피 공장장이 그만둔다니까 왜 그렇게 펄쩍 뛰는 거예요? 뭣 때문에 마음이 바뀌었죠?"

"공장장이 문제라고는 하지 않았습니다! 위너 그룹이 우리를 인수한 후 오크톤 공장이 예전 같지 않다고 했지, 공장장의 잘못이라는 말은 아니에요. 머피 공장장은 오랫동안 공장을 잘 이끌어왔어요. 단지 지난 몇 년간 상황이 좋지 않았죠. 특히 작년이 심각했어요. 공장장 잘못이라면 물러나야 마땅하겠죠. 하지만 그게 아니라면… 아무튼 좋은 공장장 뽑으세요."

"엄마, 야구 유니폼이 없어요."

"벤, 두 벌이나 있잖아. 어디에 뒀어?"

"세탁실에요."

"두 벌 다?"

"예. 그리고 이번 주는 미셸이 일할 차례예요."

키올라가 한숨을 내쉬었다. 그날은 토요일이었고, 키올라는 주방 테이블에 노트북을 올려놓고 납품에 관한 최근 수치들을 읽고 있었다. 도통 개선의 조짐이 없어 답답한데 벤까지 귀찮게 하자 머리가 지끈거렸다.

"동생한테 한 벌이라도 당장 빨아달라고 잘 말했니?"

"예. 하지만 미셸이 지금은 민감한 옷감을 빨아야 한대요."

키올라가 자리에서 일어나 지하실 계단으로 향하면서 말했다. "엄마가 이런 일이 없도록 유니폼을 한 벌 더 사줬잖아."

"하지만 요즘 슬라이딩을 배우고 있다고요! 옷이 얼마나 빨리 더러워지는데요!"

키올라가 지하실 계단을 내려가며 보니 미셸이 양말을 정리하고 있었다.

"오빠가 곧 두 시간 동안 경기해야 한대. 그래서 지금 당장 깨끗한 유니폼이 필요해."

"하지만 한 번에 하나밖에 빨 수 없어요."

"오빠 유니폼은 어느 바구니에 있니?"

"노란색 바구니를 보세요."

키올라는 바구니를 뒤져 지저분한 바지 두 벌과 흙탕물을 뒤집어쓴 셔츠 한 벌을 찾아냈다.

"지금 세탁기에는 뭐가 들어가 있니?"

"민감한 옷감들이요."

"민감한 옷감들은 당장 급하지 않아. 야구 유니폼부터 빨아야겠다."

키올라가 버튼을 누르자 세탁기가 중간에 멈췄다.

"엄마! 뭐하시는 거예요?"

"일을 빨리 처리하려는 거야."

"하지만 그러면 내 시스템이 망가진다고요!"

"오빠가 팬티만 입고 경기하기를 바라니?"

"잘됐네요. 카메라를 갖고 가서 찍어야지."

"카메라는 무슨. 빈 세탁물 바구니나 가져와. 여기 젖은 옷들을 담아야 하니까. 어서. 시간이 없어."

"엄마가 내 택트 타임을 망치고 있어요." 미셸이 바구니를 들고 오면서 투덜거렸다.

"택트 타임이 문제가 아니야. 서둘러야 해."

키올라가 유니폼을 세탁기에 넣고 세제를 뿌린 다음 물을 틀고 시작 버튼을 눌렀다.

"좋아. 이제 이건 됐고, 건조기 안에는 뭐가 들었니?"

"수건이요."

"그래? 수건은 말리는 데 한참 걸리니까 세탁 끝나자마자 수건을 꺼내 공기 중에 말려."

"엄마! 정말 다 망치려고 그래요? 지금까지도 지겨울 만큼 여기에 오래 있었어요. 그런데 엄마 때문에 시간이 더 걸릴 거예요. 이놈의 유니폼이 세탁될 때까지 기다렸다가 하다 만 세탁을 다시 해야 하고, 수건을 널어야 하고, 이 유니폼을 건조기에 넣어야 하고, 그러는 동안 다림질과 개키기는 늦어지고!"

"미셸, 네 오빠가 유니폼이 필요하다잖아. 어떡하라는 거야?"

"왜 오빠는 직접 못한대요?"

"이번 주는 네가 빨래할 차례니까. 약속은 약속이잖아."

"하지만 왜 내 차례만 빨랫감이 이렇게 많아요? 야구 유니폼에다 수건까지, 정말 불공평하잖아요!"

"알았어. 가서 빨래나 개. 이건 내가 할게."

"참도 효율적이네요. 혼자서 모든 걸 하다가 일이 꼬이면 정말 힘들어져요."

"농담할 시간 없어."

벤이 한 번은 스트라이크 아웃, 다음 타석에서는 뜬공으로 아웃을 당했다. 그때까지만 해도 벤의 유니폼은 깨끗했다. 하지만 5이닝 원아

웃에 주자가 2, 3루에 나간 상황에서 벤이 땅볼을 쳤다. 볼은 유격수가 뻗은 글러브를 아슬아슬하게 빗겨가 필드 중앙으로 굴러갔다. 2루와 3루의 주자는 홈으로 들어와 점수를 냈고 벤은 1루를 돌아 2루에서 강한 흙먼지를 일으키며 슬라이딩을 했다. 다음 타석에서 벤은 3루를 훔치면서 또 다시 흙먼지를 일으켰다. 하지만 스트라이크 아웃으로 그 이닝은 추가 점수 없이 끝났다. 상대 팀이 리틀리그의 마지막 이닝인 6이닝까지 1점도 내지 못하면서 결국 벤의 팀이 이겼다. 팀은 이겼지만 벤의 유니폼은 어느새 시커멓게 더러워져 있었다. 키올라는 벤의 온몸에서 먼지를 털어낸 다음 차에 태웠다.

그날 오후 가족 전체가 키올라의 집에 모였다. 키올라는 저녁에 도슨과 데이트할 예정이었기 때문에 친정 부모도 아이들을 돌보러 와 있었다. 아버지는 이리저리 돌아다니고 아이들은 서로 장난을 치는 등, 집안은 여느 때처럼 정신이 없었다. 하지만 키올라는 주위의 난장판이 전혀 눈에 들어오지 않았다.

키올라는 다시 주방 테이블에 앉아 컴퓨터 화면을 뚫어져라 쳐다보고 있었다. 야구 경기장에서도 지루하기 짝이 없던 2이닝과 5이닝 사이에 키올라의 마음속은 일 생각으로 가득 찼었다. 눈은 경기를 보고 있었지만 마음은 오크톤 공장으로 날아가 있었다. 이제 주방에 앉은 키올라는 위너 그룹에 인수되기 전의 스프레드시트와 보고서들을 보며 최근의 성과와 비교했다.

키올라가 한창 이 문제에 정신이 팔려 있는데 갑자기 큼지막한 두 손이 그녀의 어깨 위에 놓였다. 깜짝 놀란 키올라는 자신도 모르게 낮은 비명을 질렀다.

"깜짝이야!"

손의 주인공은 도슨이었다. 아이들이 문을 열어주자 도슨이 살금살금 키올라에게 다가왔던 것이다.

"테러리스트가 아니라서 다행이죠?"

"예, 그렇네요."

키올라는 건성으로 대답하고 나서 화면 속의 숫자들에 다시 정신을 집중했다.

"오늘이 토요일 밤이란 걸 잊었나요? 이제 일은 그만해요."

"5분, 아니 10분만요. 맥주라도 마시면서 조금만 기다려요. 저기 냉장고 안에 있어요."

도슨은 냉장고 문을 열어 맥주를 꺼냈다.

10분 후에도 키올라는 자리에서 일어날 줄 몰랐다.. 도슨이 다시 와서 주방 테이블에 앉아 키올라를 빤히 쳐다보기 시작했다.

키올라가 눈을 들어 쳐다보자 도슨이 말했다. "안녕, 키올라."

"딱 몇 분만. 미안해요."

"그 새장을 열고 나와서 좀 노는 게 어때요?"

"짜증나는 문제가 있어서 그래요."

"뭔데요?"

"생산 책임자인 리즈 부사장이 많은 일을 해냈긴 하지만 1년이 다 되도록 정작 기대했던 재무적 성과는 아직 나타나지 않아요."

"린 식스 시그마의 열렬한 신봉자 말이죠?"

"맞아요. 그와 그의 유단자들이 장비와 작업자들을 재배치하고 생산 라인을 평준화했죠."

"평준화라, 나도 아는 말이군요." 도슨이 살짝 미소 지었다.

"그런 와중에 오랫동안 오크톤 공장을 이끌어온 공장장이 그만두겠대요."

"이유가 뭐래요?"

"그걸 잘 모르겠어요. 지난주에 내 사무실에 와서 리즈 부사장이 시키는 대로 따라가지 못하겠다고 하더라고요. 내가 볼 때는 자존심이나 영역 다툼의 문제가 아니에요. 뭔가 철학적인 문제예요. 머피, 그게 그의 이름이에요. 머피 맥과이어요. 당신이 본 적은 없을 거예요. 그가 뭐라더라, 무슨 이론에 관해 말했어요."

"제약 이론이죠?"

"예, 그거예요."

"해병대에서 항공기 정비 시스템의 일부를 관리할 때 린과 식스 시그마, 제약 이론을 모두 사용해봤죠."

"머피는 그것들이 서로 융화될 수 없다는 식으로 말했어요."

"그렇지는 않아요. 린과 제약 이론은 많은 가치를 공유하고 있어요."

"음, 리즈 부사장도 그것들이 양립할 수 없다고 생각하는 것 같아요. 그는 인사도 하지 않을 정도로 머피와 사이가 안 좋아요."

"린과 제약 이론은 차이점도 많아요. 리즈 부사장이 라인을 평준화 했다면 공장장이 답답해할 만도 해요."

"왜죠?"

"라인 평준화는 사실상 통하지 않으니까요."

"정말요? 통하지 않는다니 무슨 말이에요?"

"말 그대로 통하지 않아요. 시스템의 변동을 모두 없애려면 그야말로 수십 년이 걸리거든요."

"수십 년이요? 그러면 수십 년 후에는 된다는 말이에요?"

"대규모 시스템에서는 오랜 시간이 걸려야 모든 변동을 없앨 수 있어요. 하지만 그때가 되면 생산품뿐 아니라 그것을 만들기 위한 기술도 고물이 되어버리죠. 완벽을 추구하다가 제품의 실질적인 수명을 넘어서게 된다고요."

"리즈 부사장은 LSS 검은 띠 유단자 중에서도 최고에요. 그가 왜 소용없는 걸 붙잡고 있겠어요?"

도슨이 어깨를 으쓱했다. "배운 게 그것뿐이라서 그런가 보죠."

키올라가 두 손을 이마에 얹으며 깊은 한숨을 내쉬었다. "정말 그런 걸까요?"

"집에 주사위 있어요?"

"네. 그런데 왜요?"

"주사위만 있으면 평준화된 라인이 실제로 어떻게 진행되며 왜 통하지 않는지 보여줄 수 있어요. 간단한 게임이에요. 사실은 게임보다는 시뮬레이션에 가깝죠. 해병대에서 배운 거예요. 한번 해보자고요."

"좋아요. 해봐요."

"우리 둘 말고 사람이 더 있으면 좋아요. 부모님과 아이들이 함께하면 더 빨리 할 수 있어요. 재미있으니까 다들 좋아할 거예요."

"혹시 모르니까 뇌물을 좀 주죠." 키올라가 도슨에게 윙크한 후 거실을 향해 소리를 질렀다.

"애들아! 엄마, 아빠! 오늘 저녁에 피자 어때요?"

키올라의 말이 떨어지자마자 환호성이 터졌다.

"좋아요. 피자를 시킬 테니 올 때까지 간단하게 게임이나 해요."

"무슨 게임인데요?" 미셸이 물었다.

"해병대에서 배운 게임이란다. 주사위 게임이야." 도슨이 대답했다.

"해병대, 주사위, 알 것도 같은데." 키올라가 머리를 긁적였다.

"자기가 생각하는 시시한 게임은 아닐 거예요. 몇 가지 도구가 필요해요."

키올라가 도슨이 말한 주사위 12개와 동전 통, 점수를 기록할 종이와 펜을 가져왔다.

이윽고 여섯 사람이 거실 테이블에 둘러앉았다. 도슨이 탁자 한쪽 끝에 앉고 그의 오른쪽에 벤과 미셸이 앉았다. 키올라가 다른 쪽 끝에 앉고 키올라의 오른쪽에는 해리와 젤다가 앉았다. 배치가 끝나자 도슨이 설명을 시작했다.

"기본 규칙은 나부터 시작해서 테이블을 돌며 한 사람이 다음 사람에게 동전을 옮기는 거예요. 두 가지 방식으로 게임을 진행할 거예요. 먼저, 각 사람이 주사위를 하나씩 받아 모두 함께 던져요. 1부터 6까지 어떤 숫자가 나오든 그 숫자만큼의 동전을 오른쪽 사람에게 옮기면 돼요. 질문 있나요?"

이때 해리가 손을 들었다. "질문 있어. 여긴 어디지? 전에 와봤던 곳인가?"

젤다와 키올라가 해리에게 설명하고 나서 도슨의 설명이 이어졌다.

"모두 동전 네 개씩 갖고 시작할 거예요. 다만 나는 동전 통을 갖고 은행 역할을 할 거고요. 나는 주사위 숫자가 나온 만큼 벤에게 동전을 줄 거예요. 그러면 벤은 주사위 숫자가 나온 만큼 미셸에게 동전을 주겠죠. 이런 식으로 결국 젤다 할머니를 지나서 가는 겁니다."

"제조로 치자면 당신이 원재료 재고 보관장소로군요. 원재료를 시스템에 투입하는 곳 말이에요." 키올라가 말했다.

"맞아요. 이걸 게임으로 생각하면 우리 모두는 한 팀이 되는 거예요. 이기면 다 이기고, 지면 다 지는 거죠. 혼자만 잘해서는 소용없어요. 이기려면 원하는 개수의 동전이 시스템을 다 돌아 젤다 할머니 앞을 지나가야 해요."

"완제품을 말하는 거군요."

"이제 시스템, 즉 우리 여섯 사람이 한 번에 몇 개의 동전을 처리할 수 있을까요?"

"평균값이겠죠."

벤의 대답에 도슨이 미소를 지었다. "맞아. 평균값. 그런데 그 평균값이 몇 개일까?"

"세 개." 이번에는 젤다가 대답했다.

"글쎄요. 1과 2, 3, 4, 5, 6을 다 더하면 21이잖아요. 그걸 6으로 나누면 평균이 나올 거예요."

"3.5요. 그게 평균이에요." 벤이 재빨리 대답했다.

"맞아! 하지만 동전을 반으로 나눌 수는 없잖아."

"물론 그렇죠. 하지만 여러 번 하면 한 번에 서너 개를 처리할 수 있을 거예요." 키올라가 말했다.

"과연 그럴까요? 내기할까요? 이 집을 걸래요?"

"아예 나를 벗겨먹으려고요? 쉽지 않을 걸요. 좋아요."

"한 라운드는 20판을 도는 걸로 하죠. 주5일 근무로 해서 한 달인 거죠. 그러면 한 달에 총 몇 개의 동전을 처리할 수 있을까요?"

"70개요." 키올라가 대답했다.

"그렇죠. 3.5 곱하기 20은 정확히 70이죠. 하지만 너무 빡빡하니까 좀 줄이죠. 일단 65개를 목표로 잡자고요."

"다 열심히 하면 70개를 충분히 할 수 있어요. 가끔 주사위에 행운의 바람만 불어넣으면 충분해요." 키올라가 농담을 던졌다.

"좋아요! 키올라가 대장이니까 70개를 목표를 삼죠. 자, 잊지 말아요. 이번 시뮬레이션은 평준화된 공정 라인이에요. 각자 주사위 하나씩 받아요. 나도 갖고. 이제 우리 모두의 생산 능력은 동일해요. 기올라가 말하는 린처럼 평준화된 게임을 시작해보죠."

"좋아요. 이제 해요."

"참, 하나만 더, 나만 빼고 모든 사람은 동전 네 개로 시작해야 해요.

나는 동전 공급자니까 동전이 많아야 하죠. 모두 동시에 주사위를 던지고 나서 주사위에서 나온 숫자대로 동전을 옮길 수 있되, 자신이 가진 동전의 한도 내에서만 그럴 수 있어요. 예컨대 벤의 주사위 숫자가 3이 나오고 벤의 앞에 동전이 세 개 이상 있다면 미셸에게 동전 세 개를 옮길 수 있어요. 그런데 동전이 두 개밖에 없는데 주사위 숫자가 4가 나오면 두 개밖에 옮길 수 없어요. 다들 마찬가지에요. 무슨 말인지 알겠죠? 준비됐나요? 자, 이제 모두 주사위를 던집니다!"

그 순간 여섯 개의 주사위가 탁자 위를 구르는 소리가 들렸다.

도슨은 4, 벤은 2, 미셸은 3, 키올라는 2, 해리는 4, 젤다는 2가 나왔다. 그에 따라 도슨이 통에서 동전 네 개를 꺼내 벤에게 주었다. 벤이 동전 두 개를 옮기고 나니 그 앞에 여섯 개의 동전이 남았다도슨에게서 받은 네 개와 원래 있는 동전에서 남은 두 개. 그렇게 동전들이 테이블을 돌아갔다.

첫 번째 판에는 두 개의 동전이 마지막 지점에 도착했다. 젤다가 2가 나와 네 개의 재고에서 두 개만 옮길 수 있었기 때문이다. 하지만 두 번째 판에서는 젤다가 6이 나왔다. 그 전에 해리가 키올라의 도움으로 네 개를 주었기 때문에 젤다는 여섯 개를 다 옮길 수 있었다.

"제발! 6이 나와라!" 키올라가 마치 주문을 외듯 말하며 주사위를 던졌다.

농담이 오가며 게임이 흥미진진하게 진행되었다. 1이 나오면 "꽥!" 소리가 터져 나오고, 6이 나오면 환호성이 울려 퍼졌다. 앞에 주사위 숫자만큼 동전이 없어 높은 숫자가 소용이 없을 때는 신음이 새어나왔다.

"앗싸! 6이다!" 키올라가 셋째 주 첫날에 환호를 질렀다.

"또 6이 나왔네!" 해리가 좋아했다.

"에이, 두 개밖에 없잖아." 좋다 만 키올라는 투덜거리며 동전 두 개를 옮겼다.

도슨은 계속 종이 위에 합계를 기록했다. 첫 주에 '완성한' 동전은 15개였다. 두 번째 주는 16개였다. 그러나 세 번째 주에는 겨우 12개만 처리했다. 네 번째 주에도 겨우 12개였다. 그래서 그 달의 총계는 55개였다.

"당신이 예상했던 70개가 아니네요. 65개에도 못 미쳤어요."

도슨의 말에 키올라가 물었다. "다시 하면 평균값이 높아질까요?"

"해병대에서 여러 번 해봤는데, 솔직히 평준화된 시스템 모델에서 55개면 썩 괜찮은 편이에요. 대부분 40개에서 끝났어요. 딱 한 번 60개를 한 적이 있지만 처음이자 마지막이었죠. 혹시 이번 게임에서 재고 상황이 어땠는지 아나요?"

"재공품이요? 공정 중에 있는 동전이요? 개수가 늘어났죠."

실제로 세 번째 주의 한 시점에서 벤의 앞에는 동전이 무려 18개나 쌓였다. 한 달이 끝나갈 무렵에는 한두 사람 앞에 12개 이상의 동전이 쌓이는 경우가 여러 번 나타났다.

"테이블에 동전 20개를 놓고 시작했는데 이번 달이 끝나자 46개로 늘어났어요. 두 배 넘게 많아진 거예요." 도슨이 말했다.

"맞아요. 하지만 이건 끌어당기기 생산을 하는 린 방식이 아니에요." 키올라가 말했다.

"물론 그래요. 하지만 평준화된 시스템인 것은 분명하죠. 의존성과 함께 변동이 있을 때 평준화된 라인에서 어떤 일이 벌어지는지 잘 알겠죠?"

"의존성이요? 무슨 말이지?" 젤다가 물었다.

"하나의 사건이 다른 사건에 의존한다는 뜻이에요. 한 사건이 일어나려면 먼저 다른 사건이 일어나야 한다는 말이죠. 이를테면 애들이

TV를 보려면 먼저 숙제를 해야 한다는 식으로 말이에요." 키올라가 대신 설명해주었다.

이때 갑자기 해리가 끼어들었다. "상호의존성이네. 두 개 이상의 조건이 서로 의존하는 거 말이야."

"맞아요, 아빠."

"그런데 여긴 어디지?"

키올라가 해리의 등을 토닥이며 부드럽게 말했다. "아빠, 아빠한테는 아직도 날카로운 지성의 일부가 남았어요."

"하지만 다른 일부는 별로 좋지 않아." 해리가 중얼거렸다.

"원래 병이 생기면 그래요." 젤다가 말했다.

"한 번 더 해봐요. 단, 이번에는 평준화되지 않은 시스템으로 할 거예요. 제약을 더해서 평준화를 깨뜨릴 거예요."

도슨의 말에 미셸이 눈을 동그랗게 치켜떴다. "이상한 말이에요. 왜 그렇게 해요?"

"왜냐하면 오늘은 토요일 밤이니까. 토요일 밤에는 좀 색다르게 놀아도 되거든. 자, 평준화를 깨뜨리는 방법은 모두 주사위를 두 개씩 갖되 네 엄마만 한 개를 갖는 거야. 그래서 네 엄마가 제약이 되는 거지. 네 엄마의 처리 능력이 나머지 사람들의 절반이 되는 거란다."

키올라가 입을 삐쭉였다.

"그래서 네 엄마가 처리할 수 있는 최소량은 동전 한 개고 최대량은 여섯 개야. 하지만 동전 공급자인 나를 비롯해서 우리 모두는 한 개에서 열두 개까지를 처리할 수 있지. 어떤 일이 벌어질 것 같니? 최종 지점에 도착하는 동전이 전보다 많아질까, 적어질까? 65개보다 많아질까? 70개가 될까?"

"키올라가 방해가 되니까 더 적어지지 않겠수?" 젤다가 말했다.

"첫 번째 라운드와 똑같을 것 같은데요." 벤이 말했다.

"좋아. 한 번 보자. 이제 전과 똑같이 동전 네 개씩 갖고 시작하는 거야? 준비됐니?" 도슨이 동전과 주사위를 다 나눠준 뒤 그렇게 말했다.

거실 탁자에 다시 주사위 구르는 소리가 났다. 이윽고 동전이 한 사람에게서 다음 사람으로 이동하기 시작했다. 첫 번째 주에는 총 20개의 동전이 최종 지점에 도착했다. 두 번째 주에는 키올라가 평균보다 낮은 숫자를 던지면서 제약 역할을 하는 바람에 13개밖에 처리하지 못했다. 다섯 번을 돌도록 키올라는 3 이상의 숫자를 만들어내지 못했다. 하지만 세 번째 주에는 평준화되지 않은 라인이 19개의 동전을 처리해냈다. 네 번째 주에는 놀랍게도 21개가 처리되었다. 이로써 총계는 73개가 되었다. 평준화되지 않은 방식이 평준화된 린 방식을 무참히 깨뜨린 것이다.

예상대로 공정 중인 동전은 빠른 속도로 키올라 앞에 쌓였다. 네 번째 주가 끝나자 키올라 앞에 42개의 동전이 쌓였다. 하지만 일단 제약을 통과한 동전은 원활하게 흘러 마지막 선을 쉽게 통과했다.

"세상에, 예상을 완전히 빗나갔네요! 두 번째 라운드에서 우리가 최대로 처리할 수 있는 동전 개수는 첫 번째 라운드 즉 평준화된 라인에서와 같을 거라고 생각했어요. 내가 나올 수 있는 숫자가 전과 똑같았잖아요."

키올라가 어리둥절해하자 도슨이 설명해주었다. "그건 맞아요. 하지만 당신 앞에는 처리할 게 늘 많았죠. 재고가 빠른 속도로 당신 앞으로 왔다가 빠른 속도로 마지막 지점까지 이동했어요."

"하지만 그러기 위해 두 배의 능력이 들었죠. 현실에서는 주사위 값보다 훨씬 많은 비용이 들 거예요. 그리고 재공품을 봐요!"

"맞아요. 한 달이 끝났을 때 재공품은 동전 63개였어요." 도슨이 기록을 확인했다. "평준화된 라인에서는 재공품이 46개로, 처음보다 두 배 이상 증가했어요. 제약을 둔 라인에서는 한 달이 끝났을 때 재공품이 세 배로 늘었고요. 하지만 쓰루풋 목표는 초과 달성했잖아요."

"동전을 모두 시장에 내놓아 팔았다고 가정하면 우리가 많은 이익을 남긴 셈이군요."

"우리가 동전을 정말 많이 벌었어!" 젤다가 천진난만하게 웃으며 말했다.

그러자 아이들이 투덜거렸다.

"세 번째 라운드를 돌면서 시스템 제약을 두고, 쓰루풋을 높이는 동시에 재공품 재고를 낮추는 방법을 말해줄게요. 이번에 필요한 건 신호인데……."

그때 현관 벨이 울렸다.

"피자다!" 벤이 소리를 지르며 벌떡 일어나 달려갔다.

"내가 받을 거야!" 미셸도 소리를 지르며 오빠를 쫓아갔다.

"내가 살게." 키올라가 지갑을 드는 걸 보고 젤다가 말했다.

도슨은 테이블 반대쪽 끝의 키올라를 보며 아쉬운 표정으로 말했다. "게임은 끝난 것 같군요. 사람을 절반이나 잃었으니."

"하지만 고마워요. 많은 도움이 됐어요."

"이제 일은 그만할 거죠? 오늘은 신나게 즐기자고요."

"그래야죠."

키올라가 주문한 피자 두 판이 순식간에 사라졌다. 해리는 이렇게 맛있는 피자는 생전 처음이라며 혼자서 네 조각이나 먹어치웠다. 젤다가 피자 상자를 멀리 치우지 않았다면 아마 다 먹었을 것이다. 20분 후 해리는 아프다며 침대에 누웠다.

"네 아빠를 집에 모시고 가야겠구나. 미안." 젤다가 말했다.

엄마 아빠가 돌아가자 아이들을 돌볼 사람이 없어, 둘의 데이트 계획은 펑크가 나고 말았다.

"이제 자기들끼리 집에서 놀 만한 나이 아닌가요?"

"내가 마음이 안 놓여요. 거실에서 영화나 보는 게 어때요?"

"그렇게 하죠." 도슨이 마지못해 대답했다.

키올라는 도슨을 조금이라도 달래줄 생각으로 영화 선택권을 양보했다. 영화가 중간쯤 지나 숨 막히는 자동차 추격신이 한창 벌어질 때 도슨이 살짝 옆을 보니 키올라의 동공이 반쯤 풀려 있었다. 자는 건 아니고 다른 뭔가에 정신이 팔려 있던 것이다. 도슨은 리모컨의 멈춤 버튼을 눌렀다.

그러자 키올라가 발작하듯 머리를 털며 말했다. "왜요?"

"아직도 일하는 중인가요?" 도슨이 인상을 찌푸리며 물었다.

"그냥 주사위 게임을 생각했어요. 월요일에 리즈 부사장에게 제약에 관해 물어보려고요. 어떻게 묻는 게 좋을지 고민했어요."

갑자기 도슨이 자리에서 일어섰다.

"어디 가요?"

"집에." 도슨이 담담하게 대답했다. "생각해보니까 나와 놀아줄 친구들이나 만나러 가야겠어요. 내가 얘기할 때 들어줄 친구들 말이에요. 잘 자요."

키올라가 어리둥절한 표정으로 앉아 있자 도슨이 문밖으로 나가버렸다

"도슨!"

키올라가 현관 앞에 섰을 때 도슨은 이미 차 안이었다. 차는 굉음을 내며 순식간에 사라지고 말았다.

두 사람이 진짜로 싸운 것은 처음이었다. 하지만 이후로 많은 싸움이 그들을 기다리고 있었다.

월요일 아침 키올라는 최선을 다했다. 토요일 밤에 한 번은 평준화된 라인으로, 또 한 번은 제약을 둔 뒤에 했던 두 차례 주사위 게임의 결과를 리즈에게 보여주고 그 의미를 설명했다. 하지만 리즈는 들은 체도 하지 않았다.

"주사위 놀이요? 1에서 6까지의 변동? 그건 너무 심한 변동이에요, 사장님. 우리가 목표로 삼는 것은 변동 제로라고요. 혹시 변동이 있더라도 아주 낮은 수준을 유지해야 하고요. 그냥 주사위 던지기와는 비교할 수 없다고요. 우리는 항상 똑같은 숫자를 내놓는 주사위를 원해요."

"알아요. 하지만 그게 가능한가요?"

"지금 그걸 목표로 노력하고 있어요."

"금년에 가능해요?"

리즈는 황당하다는 표정으로 키올라를 쳐다보았다.

"금년에요? 당연히 불가능하죠. 하지만 우리가 이룬 성과를 보세요. M57 라인을 보세요! M57 라인을 재비치하기만 했는데도 비용이 12%나 줄고 쓰루풋이 20%나 늘었어요. 사장님은 그만큼의 이익을 은행에 넣기만 하면 돼요."

"정말 그럴 수 있어요?"

"말이 그렇다는 거죠."

"쓰루풋이 20%나 늘었다는 거죠? 그렇다면 20%의 이익 증가는 왜 나타나지 않죠?"

"아직 해야 할 일이 남았기 때문이에요. 우리의 다음 타깃은 최종 준비 공정Final Prep에요. 그 다음은 코팅과 포장, 출하 순서로 진행될 거예요. 한 번에 다 할 수는 없어요!"

"좋아요. 하지만 금년 후반부에는 큰 성과가 나타나겠죠? 분명한 이익 말이에요."

"물론이죠. 분명히 그렇게 될 거예요. 하지만 저나 오크톤 공장의 노력만으로는 힘들어요. 판매부서의 지원이 꼭 필요해요. 그러면 4사분기의 성과는 엄청날 거예요."

"정말이죠? 혹시 모르니까 퍼스트 회장님에게 말해 시간을 더 벌어야 할까요?"

그러자 리즈가 고개를 내저었다.

"물론 그건 사장님 맘이죠. 하지만 제가 퍼스트 회장님을 잘 아는데, 약한 모습을 보이면 싫어하실 거예요. 급해진 퍼스트 회장님이 엄격한 원가 관리를 요구하면 우리가 애써 평준화시킨 라인이 다시 흐트러질 수 있어요."

키올라가 가슴을 짓눌러오는 무거운 짐을 느끼며 한숨을 쉬고 입술을 깨물었다.

"생각해볼게요. 한 가지만 더 물어보죠. 지금은 항상 똑같은 숫자를 내놓는 주사위가 없고 변동과 상호의존성이 존재하잖아요. 그렇다면 시스템 제약이 필요하지 않나요?"

"시스템 제약이요?"

"예. 내 친구 도슨이 그런 게 있어야 한다고 했거든요."

리즈는 터져 나오는 웃음을 참느라 잠시 말을 잇지 못했다. '친구라고? 도슨, 그 비행사? 그가 최첨단 복합재료 제조에 관해 뭘 안다고?'

리즈가 의자에 기대앉으며 입을 열었다. "사장님, 너무 걱정하지 마세요. 그것에 관해서는 이미 생각해봤어요. 이미 결론도 내렸고요."

"그래요?"

"예, M57 라인에 페이스메이커pacemaker를 설치할 겁니다."

"페이스메이커? 그게 뭐죠?"

"시스템 제약이랑 같아요. 그러니까 효과가 똑같다는 거죠. 페이스메이커 공정은 전체 가치 흐름의 페이스를 정하죠. 전체 시스템에서 생산 일정을 작성하는 유일한 지점이죠. 페이스메이커 이전의 공정은 페이스메이커가 재공을 가져가면 그제야 가져간 양만큼 만듭니다. 페이스메이커 이후에서는 모든 것이 부드럽고 일정하게 흐르죠."

키올라는 리즈가 설명하는 상황을 상상하며 고개를 끄덕였다. 갑자기 한 가지 질문이 떠올랐다.

"왜 굳이 M57 라인이죠? 왜 M57 라인에 따라 일정이 결정되어야 하죠? M57 라인은 이미 정리가 다 끝난 줄 알았는데?"

"이 문제로 코나니와 많은 토론을 거쳤어요. 페이스메이커를 어디에 설치할지 고민이 많았죠. 비축 생산을 하는 조립품의 경우라면 가치 흐름의 좀 더 하류에 두는 게 좋아요. 이를테면 모든 게 하나로 합쳐지는 마무리 공정이 적합하죠. 하지만 우리 생산품 중 일부는 조립품이 아니라 일체 성형 제품이죠. 이런 제품은 가압 처리기에서 나와 코팅 단계로 가든지 아예 포장으로 곧바로 넘어갑니다."

"알고 있어요."

"그래서 마무리 공정은 적합하지 않습니다. 그리고 우리 회사의 이익은 대부분, 그리고 생산량의 상당 부분이 주문형 생산의 맞춤 제작 제품에서 나오지 않습니까? 이 경우, 최종 사양이 지정되는 상류 공정에 페이스메이커를 두는 게 바람직해요. 그래서 M57 라인이 최적입니다. 그러면 M57 라인의 능률이 올라도 시스템에 무리가 가지 않아요. 평준화가 깨질 일이 없죠."

"전에 가압 처리기 이야기를 했잖아요. 내 기억을 확실하다면 머피 공장장은 고질라가 시스템 제약이라고 했어요. 그게 진짜 병목 같은 건가요?"

이 말에 리즈는 속에서 뜨거운 것이 치밀어 올랐다.

"사장님, 우리는 오크톤 공장을 과거가 아닌 미래로 이끌어가고 있습니다. 가압 처리기, 아니 정식 이름으로 불러야겠죠. AC-1240은 린 생산의 관점에서 심각한 골칫거리라서 때가 되면 없앨 겁니다. 제가 왜 곧 사라질 배치 방식의 쓰레기를 중심으로 택트 타임을 정해야 하나요? 과거의 기술과 사고방식에 따라 전체 생산 흐름을 정할 수는 없습니다!"

자신만만해 보이는 리즈의 말에 키올라의 마음이 진정되었다. 키올라는 리즈에게 계속 전권을 맡기기로 결심했다.

"좋아요. 부사장이 알아서 해요."

"사장님, 우리는 오크톤 공장에서 비교적 짧은 시간에 정말 많은 일을 이루었어요." 리즈가 결론적으로 말했다.

"맞아요. 고생 많았어요. 부사장의 진심을 의심한 건 아니에요. 그냥 너무 많은 게 걸려 있어서요. 내 이력뿐 아니라 회사 전체가 걸려 있어요. 그러니 꼭 목표를 이뤄내도록 해요."

"충분히 이해합니다. 이미 말씀드렸듯이 4사분기가 되면 퀸시 부사장의 판매 팀이 아무리 많은 주문을 따와도 오크톤 공장이 거뜬히 처리할 수 있을 거예요. 우리는 그저 계속해서 린 기법을 적용하고 식스시그마로 변동을 줄여나가기만 하면 돼요. 그러면 원하던 결과가 나타날 겁니다."

같은 날 키올라는 퀸시의 사무실에 잠시 들렀다.

"조금 전에 리즈 부사장 말이 연말까지 오크톤 공장의 문제가 거의 다 해결될 거래요. 어마어마한 4사분기가 될 거라고 자신하더군요."

"정말인가요?" 퀸시가 믿지 못하겠다는 표정을 지었다.

"부사장 말로는 그래요. 내가 퀸시 부사장에게 묻고 싶은 건, 판매량이 따라올 수 있겠냐는 거예요."

퀸시가 손깍지를 끼어 금발의 머리 뒤에 붙인 채 잠시 생각에 잠겼다가 입을 열었다.

"음, 4사분기에는 여러 가지 이유로 늘 가장 좋은 실적이 나타났죠. 그러니… 네, 가능해요. 리즈 부사장과 오크톤 공장이 확실히 처리할 수만 있다면 제가 인센티브를 좀 걸고 판매원들을 닦달하도록 하죠. 로크빌 F&D는 어때요? 거기도 협력하기로 했어요? 아시다시피 모든 주문형 제품의 설계를 그곳에서 검토하잖습니까."

"내일 아침 키잔스키 소장과 그 일로 통화하기로 했어요. 그때 잘 얘기할게요."

"좋습니다. 우리 팀은 제대로 준비하겠습니다. 하지만 리즈 부사장이 잘해내야 할 텐데."

키올라가 자기 사무실로 돌아오자마자 린다가 리본으로 장식된 길고 하얀 상자 하나를 들고 들어왔다.

"방금 왔어요! 누군가 사장님을 좋아하나 봐요."

키올라가 리본을 풀고 상자를 열자 예쁜 장미 12송이가 들어 있었다. 사실 키올라는 장미를 그리 좋아하지 않았다. 글라디올러스의 간결함이 좋았다. 하지만 그는 아직 그런 걸 모른다. 장미가 싱싱하고 아름다운 게 꽤 비싸 보였다.

린다가 꽃병을 가지러 간 사이 키올라는 작은 편지봉투를 열어 카드를 꺼냈다. 메시지는 퉁명스럽기 짝이 없었다.

미안해요, 톰 도슨.

키올라는 곧바로 도슨에게 전화를 걸었다.
"도슨입니다."
"나도 미안해요."
오랜 침묵이 흘렀다.
"자, 둘 다 미안한 거네요. 그럼 다시 시작할 마음이 있어요?"
"당신은요?"
"그럴 마음이 없었으면 장미꽃을 보냈겠어요?"
키올라는 웃으며 속으로 생각했다. '진짜 사나이처럼 말하는군.'
"이제부터 함께 있을 때 사업 이야기는 하지 않을게요."
"가끔은 괜찮아요. 재미있기도 하고요. 단지 모든 일은 때와 장소를 가려야 하죠."
"맞아요. 알았어요. 때로는 적당히 하는 게 정말 어려워요."

화요일 아침에 로크빌의 키잔스키로부터 전화가 왔다.
"사장님, 키잔스키 소장입니다. 거두절미하고 일단 제 공장부터 돌려주시죠."
"소장의 공장이라뇨?"
"그 잘난 랜덤 토네이도가 없애버린 작은 공장 말입니다. 무슨 말인지 아시죠? 버지니아 주 덜레스 근처에 우리가 소유했던 그 공장 말이에요. 그곳에서 온갖 기밀 프로젝트를 추진했어요. 더 중요한 사실은 우리가 그곳에서 프로토타입을 만들고 제작 가능성을 타진했다는 거예요. 정말 유용한 곳이었죠. 문제 발생 시 즉각 거기로 뛰어가 살펴볼 수 있었어요. 그러니까 제 개인 공장과도 같은 곳이었죠. 저만의 스컹

크웍스Skunkworks라고나 할까요."

키올라가 고개를 갸웃거리며 물었다. "스컹크웍스요?"

"일종의 공장 안의 공장이에요. 록히드Lockheed 사에서 첨단 비행기를 만들려고 마련했던 곳이죠."

"그렇군요. 계속 말해보세요."

"토네이도가 떠난 지금은 하이보로나 오크톤 공장으로부터 어떤 협력도 얻지 못하고 있어요. 그래서 외부 공급처에 프로토타입 제작과 테스트를 맡기고 있지요. 그 비용이 정말 만만치 않은데다가 특허와 보안 문제도 자주 발생합니다. 무엇보다도 수백 킬로미터, 때로는 수천 킬로미터까지 떨어진 공급처와 일하려니 일의 지체와 비효율성이 문제에요. 바쁜 분석가와 연구원들을 비행기에 태워서 공급처를 다니려면 시간과 비용 모두 큰 손해에요. 공장이 근처에 있으면 모든 문제를 몇 시간 안에 해결할 수 있을 텐데요. 그러니 제 공장을 돌려달라는 거예요."

"소장의 고충을 이해해요. 하지만 그 비용을 누가 대죠? 올해 예산에는 공장을 새로 지을 여유가 없어요. 아무리 작은 공장이라도 당장은 힘들어요."

"위너 본사에 자금 요청을 하면 안 될까요?"

"할 수는 있지만 들어주지 않을 거예요."

"왜죠?"

"덜레스 공장을 폐쇄한 경영자가 바로 그룹 본사에서 보낸 토네이도잖아요! 불과 2년 전에 폐쇄한 미니 공장을 다시 세우는 걸 퍼스트 회장님이 허락할리 없어요. 힘들어요."

"어떻게든 대책을 세워야 합니다. 비용과 지체 문제 등으로 인해 고객들의 불만이 커지고 있어요."

"무슨 말인지 알겠어요. 그러나 소장이 원하는 공장을 다시 세우기는 힘들어요. 다른 해법을 찾아봅시다."

"낭비를 없앤다고 린 식스 시그마란 프로그램을 시행하면서 온갖 낭비의 원인인 문제 하나를 해결할 수 없다니 정말 아이러니 아닌가요? 왜 이 문제 하나를 해결할 수 없습니까?"

그때 키올라의 머릿속에서 아이디어가 번쩍했다.

"아, 해결할 수도 있겠어요. 방금 생각이 났는데, 확인해보고 나중에 다시 전화를 줄게요."

2주 후 모든 상황이 정리되었다. 인사부서의 승인에 따라 머피는 공장관계 책임자라는 새 직책을 얻었다. 머피는 로크빌의 F&D에 귀속되어 그곳의 봉급20% 감봉된을 받되 그곳과 오크톤 공장 사이를 오가며 일하게 되었다. 그의 임무는 제조와 관련해서 F&D와 그 고객들의 요구를 대변하는 동시에 제조 문제에 관한 내부 컨설턴트 역할을 담당하는 것이었다. 특히 프로토타입 제작의 시간과 비용을 줄이는 것이 그의 중요한 임무 중 하나였다. 아울러 덜레스 공장과 같은 미니 공장을 새로 짓는 것이 비용 효율적인 방안인지 확인하고, 그렇지 않을 경우 다른 대안을 찾아내는 것이 그의 장기적인 임무였다.

키잔스키는 처음에는 절대 안 된다는 입장이었다. 그는 무조건 '자기' 공장을 원했다. 키올라가 그것은 불가능하다고 못 박은 후에야 태도를 약간 누그러뜨렸다.

머피를 대신하여 공장장으로 임명된 인물은 코나니였다. 자이로가 공장장으로 진지하게 고려되었으나 리즈는 당분간은 린 식스 시그미의 전문가가 지휘봉을 잡아야 한다고 주장했다. 자이로는 아직 녹색띠에 지나지 않았다. 키올라는 린 문화가 자리를 잡고 코나니가 떠난 뒤에는 자이로가 공장장의 첫 번째 물망에 올라야 한다는 조건 하에 리즈의 뜻을 따랐다.

　자이로의 입장에서도 아쉬울 건 없었다. 그는 평소에도 오크톤 공장을 운영할 생각이 없다고 말했다. 최소한 지금은 공장을 맡을 마음이 없었다.

　모든 인력 배치를 마친 키올라는 만족한 웃음을 지었다. 머피를 로크빌 F&D로 보낸 건 모두에게 유익한 조치인 듯했다. 머피의 오랜 경험은 분명 F&D에 큰 도움이 될 것이다. 머피도 큰 손해 없이 은퇴할 때까지 하이티에 머물 수 있었다. 게다가 새 자리로 옮기면서 리즈의 간섭에서도 벗어날 수 있었다. 물론 리즈가 언제 전화를 걸어와 그 지긋지긋한 목소리를 들려줄지 모르지만 그럴 일은 별로 없을 것이다.

　키올라는 떠나는 머피와 면담하기로 했다. 마치 퇴직자 면접 같았다. 하지만 머피는 퇴직이 아니라 전근이었다. 약속한 날 머피의 땅딸막한 몸이 사무실 문을 가득 채우며 들어오자 키올라는 그의 넓적한 얼굴과 듬성듬성 빠진 흰머리를 쳐다보았다. 얼굴색과 푸른 눈이 예전보다 생동감이 넘쳤다. 키올라가 조심스레 연유를 묻자 머피는 간밤에 잠을 잘 잤다고 대답했다.

　이런저런 이야기가 오가다가 키올라가 머피에게 말했다. "한 가지만 더 물을게요. 묵은 상처를 건드릴 생각은 없지만, 오크톤의 시스템 제약에 관한 거예요. 가압 처리기, 그러니까 고질라라고 했죠?"

　"예, 맞습니다."

　"리즈 부사장은 M57 라인을 시스템 제약으로 삼을 거라네요."

　"안 돼요. 말도 안 돼요."

　"하지만 리즈 부사장은 M57 라인을 '페이스메이커 공정'이라는 걸로 만들겠다고 했어요."

　"제가 린 방식을 리즈 부사장님만큼 완벽히 알지는 못하지만 시스템 제약과 페이스메이커 공정은 같지 않습니다."

"같지 않다고요?"

"예. 둘을 혼동하는 경우가 많지만요. 시스템 제약은 잘만 관리하면 가치 흐름의 상류와 하류에 충분한 예비 능력이 있기 때문에 잘 돌아가죠. 페이스메이커도 비슷한 효과를 겨냥하지만 그 방식은 어디까지나 평준화된 라인을 사용하는 거죠. 현실 세계에서는 변동이 있을 수밖에 없으니 반드시 문제가 생길 거예요."

"이를테면 어떤 문제요?"

"페이스메이커 공정은 모든 것이 시계처럼 정확히 돌아간다고 전제하고 있습니다. 그런데 혹시 작은 시계 하나라도 중앙의 큰 시계 곧 페이스메이커와 어긋나면 끝장이에요. 작은 시계가 뒤진 시간을 벌충할 여력이 없다고요."

"왜죠?"

"부사장님이 군살을 모두 제거했으니까요. 부사장님이 모든 시계의 큰 태엽을 조절했어요. 그래서 모든 시계가 정해진 속도로만 돌아갈 수 있어요. 라인을 평준화한 거죠. 하지만 그로 인해 모든 것이 거의 100%로 완벽하게 돌아가야 해요. 리즈 부사장님은 모든 자원의 능력을 필요한 최소 수준으로 바짝 죄어놓았어요. 낭비를 없앤다는 명목으로 그렇게 한 거죠. 이럴 경우 어떤 일이 생길지 아시겠죠?"

"잘 모르겠어요. 말해보아요."

"모든 자원이 병목으로 변할 수 있어요."

"어떻게요? 잘 이해되지 않네요."

"시스템 제약의 경우에는 병목이 하나밖에 없어요. 주된 제약만 병목이 되죠. 현재 이 제약이 어디에 있는지는 아시죠? 그런데 아무리 페이스메이커를 사용하더라도 라인을 평준화하면 능력은 최소 수준이고 예비 능력은 거의 없기 때문에 자칫 많은 병목이 발생할 수 있어요. 병목이 여기저기서 산발적으로 나타날 거예요."

키올라가 믿어야 할지 말아야 할지 모르겠다는 표정으로 머피를 바라보았다.

"조언 고마워요. 하지만 리즈 부사장에게 기회를 줘야 할 것 같군요. 일단 맡겨봅시다."

"예, 그건 충분히 이해합니다. 게다가 이제 오크톤 공장은 그의 공장이니까요. 그리고 문제가 발생해도 그의 문제일 테고요."

"행운을 빌어요."

"사장님도요."

: **11**
VELOCITY

병목과 제약

슈웍 수석 연구원의 이메일이 도착했다.

F&D 수석 연구원이라는 주된 임무 때문에 린 식스 시그마 프로젝트 팀에서 즉시 빠져야겠습니다. 키잔스키 소장은 이미 허락했습니다.
　감사합니다.

　　　　　　　　　　　　　－ 로크빌 F&D에서 수석 연구원 사라 슈웍 드림

이메일의 수신자는 리즈이고 키올라를 포함해 10여명의 사람들이 참조로 되어 있었다. 키올라는 메일을 받자마자 간결한 답장을 써서 보냈다.

사라 슈웍 수석 연구원에게.
이 문제에 관해 이야기하고 싶으니 전화 줘요.

　　　　　　　　　　　　　　　　　　　　－ 키올라 사장.

약 10분 후 전화가 왔다. 슈윅이었다.

"안녕하세요, 슈윅 연구원. LSS 팀을 그만둔다니 정말 놀랐어요. 무슨 일이죠?"

"별 일 아닙니다. 다른 할 일이 너무 많아서요."

"업무량이 늘었나요?"

"전혀 아니에요. 제가 매일 처리해야 할 일은 원래부터 산더미처럼 많았어요. 단지, 제가 가장 잘할 수 있는 일에 전념하고 싶어서요. 그러려면 다른 일을 그만둬야 해요."

"하지만 왜 하필 린 식스 시그마에요? 몇 달 전이긴 하지만 이 일을 막 시작했을 때는 열정이 넘쳤잖아요. 굳이 시간까지 내가면서 시작한 일을 왜 이제 와서 그만두려는 건가요? 뭐가 문제죠?"

슈윅이 망설이자 키올라가 다시 물었다.

"소장이랑 관계가 있나요?"

그러자 슈윅이 재빨리 대답했다. "아닙니다. 소장은 아무 상관이 없어요. 소장이 그만두라고 한 건 아니에요. 솔직히 말씀드리면 린 식스 시그마가 여기서 통할 거라는 확신을 잃었어요. 오크톤 공장에서는 통할지도 모르지요. 하지만 이곳 로크빌에서는 린 식스 시그마가 비즈니스 전반에 별 도움이 안 되는 것 같아요."

이 말을 들은 키올라는 가슴이 철렁 내려앉았다.

"이유가 뭔가요?"

"승인된 프로젝트들을 보십시오. 예를 들어, 고객용 재료 샘플이 완성되기까지 이동하는 물리적 거리를 줄이는 프로젝트 말이에요. 원래, 샘플을 만드는 기술자들은 건물 전역을 종일 걸어 다녀야 했죠. 그 거리를 모두 합치면 1,200미터는 족히 넘었을 거예요. 이제 그 거리를 백 미터 이하로 줄였어요. 최종적으로는 65미터 이하로 줄일 계획이죠."

"낭비를 많이 줄였군요. 그런데 뭐가 문제죠?"

"문제는 없습니다. 하지만 달리 보면 그게 뭐 그리 중요하죠? 샘플 제작자들이 이동 거리를 몇 걸음 줄인다고 크게 달라지는 건 없어요. 오히려 운동을 안 해서 살만 찔 것 같은데요."

"그래서 결과가 안 좋았단 말인가요?"

"그렇지는 않아요! 이 프로세스로 효율이 좋아졌어요. 그건 좋은 일이죠. 하지만 그로 인해 우리의 비즈니스 자체가 좋아졌나요? 제 골칫거리가 조금이라도 해결되었나요? 기술자들이 8백 미터를 걷는지 하루 종일 의자에 엉덩이를 붙이고 있는지가 뭐 그리 대수인가요? 제가 밤새 고민하는 건 그런 문제가 아니에요."

"그러면 무슨 문제로 고민하죠?"

"분석에 관한 고민이죠. 어떻게 하면 테스트를 잘 마쳐 분석가들에게 보낼 결과물을 얻고 분석을 통과할까? 재료가 테스트 루프의 어느 지점에 있는가? 재료가 제때 준비될까? 이런 게 걱정이에요. 그리고 우리가 얼마나……"

슈윅이 못할 말을 꺼낸 것처럼 갑자기 입을 다물었다. 눈치 챈 키올라가 대답을 종용했다.

"얼마나 뭐요?"

"고객에게 대금을 얼마나 청구할지도 고민이에요." 슈윅이 조용히 대답했다.

"그게 왜 고민이죠?"

"고객 불만이 이만저만이 아니거든요. 프로젝트 관리자들에게서 주요 고객들이 우리가 보낸 청구서 때문에 화가 단단히 났다는 말을 자주 들었어요. 하지만 키잔스키 소장은 이 문제를 제대로 다루려고 하질 않아요. 소장은 단지……"

슈웍이 다시 입을 다물었다. 키올라가 전화가 끊어졌다고 생각하자마자, 다시 소리가 들렸다.

"사장님, 이건 말하면 안 되는데……."

"아니요. 말해야 해요. 진정하고 말해보세요."

"소장은 매번 사후 수습만 하고 있어요. 저를 비롯한 많은 사람이 문제라고 말해도 소장은 신경도 쓰지 않아요. 그는 루프의 효율성에 아무 관심이 없어요."

"미안하지만 다시 말해줘요."

"소장은 테스트 루프의 효율성이나 생산성이 높아지는 것을 원하지 않아요. 단지 루프를 통해 정확한 데이터만 얻기를 원하죠. 믿을 만한 결과를 원하고, 루프를 온전히 활용하고 싶어 해요. 하지만 루프의 효율이 필요 이상으로 높아지길 바라지는 않아요."

"왜죠?"

"루프의 효율이 오르면 돈을 적게 벌 거라고 생각하기 때문이에요."

"그렇게 되나요?"

"절대로 제가 말했다고 하시면 안 돼요."

"알았어요. 계속 말해보세요."

"우리 제품의 대부분은 시간 단위로 대금이 청구됩니다."

"맞아요. 변호사처럼 말이죠."

"프로젝트의 모든 작업 시간이 기록되고 그에 따라 고객에게 대금이 청구되지요. 소장은 루프의 효율이 오르면 작업 시간이 줄어들고 그만큼 청구 대금이 줄어들 거라고 생각해요. 월별 청구 대금이 줄어들면 수익이 줄어들고요. 그래서 루프를 개선하자는 말이 나올 때마다 소장은 품질과 신뢰성의 논리로 맞서지요. 품질을 위해서는 실험이 정말 중요하다는 거예요. 루프 내에서 끝없이 실험하고 또 실험해야 믿을 만한 결과를 얻을 수 있고 분석가와 연구원들도 경험을 쌓을 수 있다는 거죠."

문득 키잔스키의 말이 맞을지도 모른다는 불길한 생각이 키올라의 머릿속을 스쳤다. 청구 대금이 적어진다는 말이 사실이라면 과연 니젤 퍼스트 회장에게 약속한 이익 성장 목표를 달성할 수 있을까.

"소장이 린 식스 시그마로 샘플 준비의 단계를 줄이도록 허락한 유일한 이유는 샘플 제작 기술자들의 작업 시간에 대해서는 고객에게 대금을 청구하지 않기 때문이에요. 그것들은 경비로 처리되죠. 지원부서도 마찬가지에요. 이것이 소장이 보고서 형식의 표준화를 승인한 이유입니다."

"잠깐만요. 그러면 비용이 꽤 절감되잖아요. 그 절감액이 결국 이익으로 되지 않나요?"

"절감이라뇨? 작업 인원수는 똑같아요. 직원 숫자는 변함이 없다고요. 비용은 전혀 줄지 않았어요. 그렇다고 고객 숫자나 주문량이 늘어난 것도 아니고요. 그리고 소장이 원하던 그 미니 공장 있잖아요? 전문 인력을 다른 장소로 보내면 여행 시간을 고객에게 청구한다고 해도 보통 작업 시간의 절반 수준으로밖에 청구할 수 없어요. 그래서 소장은 분석가와 연구원들을 최대한 로크빌에 붙잡아두려고 해요. 그래야 대금을 제대로 청구할 수 있으니까요."

이야기를 들을수록 키잔스키를 이해할 수 있었다. 밤잠을 설치게 만드는 문제들을 해결하려는 슈윅. 비록 낭비가 많고 매우 비효율적이지만 나름 잘 돌아가고 수익 면에서 매우 훌륭한 시스템을 옹호하는 키잔스키. 두 사람의 입장이 모두 일리 있었다.

"그러니 소장이 린을 지지하리라곤 기대하지 마세요. 대금 부분에 영향을 미치지 않는 한, 식스 시그마와 품질 개선에 대해서는 협조할지 모르겠어요. 하지만 린에 대해서는 어림도 없을 겁니다. 린 녹색 운동가들이 이곳을 장악하는 걸 눈감아준 것만 봐도 알 수 있어요. 아뇨, 소장은 은근히 그들을 지원해왔어요."

키올라가 상념에서 퍼뜩 깨어나며 물었다. "누구요?"

"린 녹색 운동가들이요. 그들이 스스로를 부르는 표현이에요. 소장의 암묵적인 승인 하에 그들은 이곳 린 식스 시그마 프로그램의 통제권을 장악했어요. 그들은 오직 환경에 큰 도움이 되는 개선 프로그램만 지지하죠. 종이 소비를 줄이고 토너 카트리지를 재활용하는 일 등이죠. 그들에게 실험실 공정의 개선안을 제시하면 대번에 돌아오는 질문은 환경 보전에 무슨 도움이 되느냐는 거예요. 그들은 에너지 절약을 위해 내년에 F&D 건물의 모든 창문을 교체하자고 해요. 소장은 홍보 측면에서 아주 좋은 생각이라고 말하고 있고요. 잡지에 칭찬의 글이 몇 줄 실리긴 하겠지만 지금 그런 홍보가 중요한가요? 제가 걱정하는 문제에서 진정한 개선이 나타났으면 좋겠습니다."

"그렇게 걱정되나요?"

"네. 프로젝트 관리자들이 고객 불만이 정말 심각하다고 했어요. 그런데도 소장은 지난달에 대금을 다시 올렸어요. 이익을 높인다면서 거의 몇 년에 한 번씩 그래요. 때마다 시간당 10달러 정도씩 올리죠. 그로 인해 고객이 불만을 쏟아내면 그제야 상황을 수습하고요. 그래서 제가 린 식스 시그마에서 손을 떼려는 거예요. 정말 중요한 문제에 전념해야 하니까요."

키올라는 솔직히 말해줘서 고맙다는 말을 끝으로 전화를 끊었다.

"휴." 잠시 멍하니 앉아 있던 키올라의 입에서 끝내 한숨이 터져 나왔다.

키올라는 로크빌의 상황에 대해 리즈의 의견을 들어보기로 했다. 시간 당 대금 청구 방식이 효율 개선과 상충하는 문제는 아직 고민 중이어서 리즈에게 말하지 않았다. 먼저 린 녹색 운동가들과 슈웍의 상황만 이야기하자 리즈가 이렇게 말했다.

"문제가 있다는 것은 알고 있습니다. 하지만 당분간은 그들을 놔두는 게 좋을 것 같습니다. 에너지 비용 절감이나 재활용 추구가 급선무는 아니지만 잘못은 아니니까요. 그렇게 해서라도 그들이 린 문화로 들어온다면 우리의 목적을 달성하는 셈입니다. 억지로는 그들을 끌어들이기 힘들어요. 먼저 그들의 마음을 움직여야 합니다."

"그럼 어떻게 해야 비즈니스를 개선할 수 있죠?"

"그들이 린 식스 시그마 도구들을 경험하게만 하면 됩니다. 그들을 린 문화로 끌어들이는 거죠. 그 목표만 달성할 수 있다면 그들이 원하는 대로 해주지 못할 이유가 없습니다. 로크빌에 공인 유단자들이 충분히 많아지면 그들을 중심으로 고객 만족 문제 등을 해결할 수 있을 겁니다. 게다가 로크빌의 프로그램이 소기의 목표를 달성하면 한 해에 25만 달러 정도의 비용을 절감하게 될 거예요. 이렇게 작은 곳에서 25만 달러면 무시할 만한 게 아닙니다."

키올라는 리즈의 심기를 건드릴까봐 로크빌 문제를 더는 이야기하지 않기로 했다. "좋아요. 일단 그렇게 하죠. 오크톤 공장이 더 중요하니까요. 그곳 사정은 어떤가요?"

"아주 좋습니다. 모든 게 잘 풀리고 있어요. 생산 라인을 다시 평준화하는 작업이 거의 끝나갑니다. 이번에는 실질적인 개선의 성과가 나타나기 시작할 거에요. 확실합니다."

로크빌 F&D에서의 첫 주 동안 머피는 조용히 자숙했다. 앞으로 할 일을 알아내는 일만도 충분히 벅찼다.

하지만 그 와중에도 그는 F&D 안에서 흐르는 긴장감을 감지할 수 있었다. 더없이 조용하다가 느닷없이 문을 쾅 닫는 소리가 나고 복도에서 살벌한 말들이 오가기도 했다. 머피의 자리 옆으로 찌푸린 얼굴들과 싸늘한 눈빛들이 오갔다. 사람들은 혼자만의 세상에서 나오기 싫은 듯 종일 이어폰을 귀에 끼고 살았다.

어느 날 오후, 정적 속에서 갑자기 고성이 터져 나왔다.

"도대체 어디 있는 거야? 지금 당장 필요하다고!"

"찾아줄 테니까 귀찮게 좀 하지 마!"

다시 침묵이 흘렀다. 머피는 누가 싸우는지 보려고 책상에서 일어나 칸막이 너머를 둘러보았다. 하지만 싸우는 사람들은 보이지 않고 옆자리 직원과 눈만 마주쳤다.

"늘 있는 일이에요. 이럴 때는 그냥 이어폰을 꽂아요." 직원이 말해 주었다.

처음에는 그저 북부 도시 문화가 원래 삭막한가보다 생각했지만, 겪어볼수록 그게 아니었다. 사람들의 대화를 계속 들으면서 머피는 점점 속사정을 알게 되었다.

"여기서는 꼭 돌이킬 수 없을 때까지 문제를 키운다니까." 몇몇 사람이 탄 엘리베이터 안에서 누군가 말했다.

"맞아. 나중에서야 수습하느라고 바쁘지." 다른 사람이 말했다.

머피의 책상 근처 어딘가에서 이런 말도 들려왔다.

"이번 주에는 절대 일하지 않겠어! 남들이 뭐라 해도 상관없어. 한 달 동안 주말에 한 번도 못 쉬었어. 하지만 나아질 기미가 전혀 보이질 않잖아. 다람쥐 쳇바퀴를 돌리는 기분이라고!"

이번에는 다른 곳에서 짜증 섞인 목소리가 들려왔다.

"그 일을 왜 해?"

"밥이 시켰으니까."

"밥의 말 따위는 잊어버려! 인장 강도 보고서나 계속 쓰라고! 조 타소니 분석가가 오늘 내로 제출하랬잖아!"

사내에서 하루에도 수백 통씩 오가는 이메일에도 이런 긴장감이 흐르고 있었다. 별로 중요하지도 않은 문제에서 자신의 주장을 펼치려고 장황한 글을 써서 보내는 일이 비일비재했다. 정말 시간 낭비가 아닐 수 없었다.

매일 밤 머피는 호텔 숙소에서 아내 코린에게 전화를 걸었다. 코린은 날이 갈수록 남편의 목소리에 짜증이 더해가는 것을 느꼈다.

"여보, 이곳은 정말 난장판이오. 누구보다도 똑똑한 사람들인데 가끔은 그들이 과연 차 두 대로 하는 카퍼레이드라도 제대로 계획할 수 있을지 의문스러워."

F&D 공장관계 책임자가 된 지 얼마 지나지 않은 어느 날, 머피는 슈윅에게서 코드명 '자갈'이라는 프로젝트에 관한 모임에 참여하라는 통보를 받았다. 모임에는 슈윅과 머피 외에도 두 사람이 더 있었다. 한 명은 프로젝트 관리자, 다른 한 명은 선임 화학 공학 엔지니어였다. 회색 회의실 테이블에 앉아 있자니, 산만하지만 생동감이 느껴지는 오크톤 공장이 그리워졌다. 몸집이 작고 얼굴은 창백한 슈윅은 평소에는 부드러운 파스텔 톤의 옷을 즐겨 입었지만 그날은 빛바랜 녹회색 옷을 입고 있었다. 그녀가 회의실로 들어와 자리에 앉자 테이블 아래로 몸이 거의 다 가려졌다.

"조 타소니 분석가님은 어디 있습니까?" 프로젝트 관리자가 물었다.

"오라고 했는데, 오늘 아침에도 다시 말했어요." 슈윅이 대답했다.

"다시 연락해봐요." 엔지니어가 말했다.

"당신이 문자 메시지를 좀 보내지 그래요?" 슈웍이 프로젝트 관리자를 흘겨보며 말했다.

"죄송합니다만 조 타소니라는 분이 누구죠?" 머피가 물었다.

"선임 분석가에요." 슈웍이 대답했다.

"신참이라서 잘 모르는데 분석가라뇨?"

"우리가 이곳 F&D에서 하는 모든 일의 중심에 있는 사람이죠. 많은 일을 해요. 어떤 절차와 테스트를 시행할지 결정하고 연구 스케줄을 승인하죠. 테스트 결과도 평가하고 그에 따라 추가로 어떤 행동을 취할지 추천해줘요. 분석가가 직접 최종 의견서를 쓰거나 남들이 쓰도록 승인하거든요."

이번에는 프로젝트 관리자가 머피를 향해 입을 열었다.

"F&D가 병원이라면 분석가는 의사라고 할 수 있어요. 나머지는 간호사, 마사지사, 약사, 실험실 기술자, 행정 책임자 같은 병원 직원들이죠."

"실제로 이곳 모든 분석가는 전공 분야의 박사 학위 소지자에요. 분석가는 정말 중요한 위치에 있기 때문에 가을마다 독감 예방 주사를 맞는 것이 계약 조건에 포함될 정도죠. 분석가가 한 명이라도 아프면 여기 모든 일이 멈추거든요." 슈웍이 말했다.

"그렇군요." 머피가 대답했다.

엔지니어도 말문을 열었다.

"정말 대단한 분이에요. 좀 이상하게 보일지는 모르지만 탄소 섬유에 관해서 그분만큼 잘 아는 사람은 없어요."

"미식가에다 뛰어난 요리사이기도 하죠. 타소니 분석가님은 일요일이면 종일 송아지 수프만 만들기도 해요. 그만큼 요리에 대한 열정이 대단하죠. 그분이 만든 이탈리아 요리 오소 부코osso buco는 정말 기가 막혀요. 한 번 맛보면 평생 잊지 못할 맛이죠." 프로젝트 관리자가 덧붙였다.

"먹어보지 못한 요리라 상상이 안되네요." 머피가 머리를 긁적이며 대답했다.

"좋습니다. 이제 진행하도록 하죠. 타소니에게 연락은 없었나요?" 슈웍이 말했다.

"방금 문자가 왔는데 일단 시작하라네요." 프로젝트 관리자가 대답했다.

"좋아요. 기다리는 동안 머피 공장 관계 책임자를 위해 자갈 프로젝트를 간단히 소개하죠. 이건 2년 넘게 진행된 프로젝트에요. 현재 우리는 캐터필러Caterpillar 사와 협력하고 있습니다. 캐터필러 사에서 새로운 초강력 탄소 섬유 재료 개발에 자금을 대고 있지요. 시중에서 구할 수 있는 강철보다 세 배나 강력하면서 무게는 4분의 1밖에 되지 않는 탄소 섬유를 개발할 겁니다."

"현재까지 개발된 최상의 방법은 휘발성의 신종 수지와 결합된 섬유 매트릭스에요. 하지만 경화되지 않은 상태에서 수지는 실내온도에 노출되면 몇 분 만에 불안정해져요. 그래서 경화 단계 이전에는 냉장 상태에서 작업이 이루어져야 하죠." 프로젝트 관리자가 설명했다.

"벌써부터 문제가 심각하네요." 머피가 말했다.

"그래서 당신이 필요해요." 슈웍이 대답했다.

"원래는 외부 컨설턴트에게 마땅한 제조 방식을 추천받죠. 하지만 이제 당신이 왔으니 그럴 필요가 없겠죠. 해결책을 찾아봐주세요." 프로젝트 관리자가 말했다.

"얼마든지요."

"좋습니다. 먼저 다음 주에 고객에게 제시할 보고서를 살펴봅시다."

슈윅이 말했다.

탁자에는 '자갈'이라고만 쓰인 두툼한 보고서가 각자 한 부씩 놓여 있었다.

"모두 2페이지를 펴서 실험실 테스트 개요를 보세요. 잠깐, 2페이지가 어디 갔지?" 슈윅이 황당하다는 표정을 지었다.

엔지니어가 말했다. "제 보고서는 5페이지부터 시작하는군요."

"죄송해요. 미처 말씀드리지 못했는데, 산자이가 그 부분의 내용을 아직 다 쓰지 못했대요." 프로젝트 관리자가 설명했다.

"이유가 뭐죠?" 슈윅이 물었다.

"분석가님에게서 필요한 자료를 아직 다 받지 못했답니다. 어제 저한테 그러더군요."

슈윅의 표정이 폭발하기 직전처럼 심하게 일그러졌다.

"알았어요. 일단 넘어가죠. 횡단면분석 자료는 있겠죠? 아, 다행히 있네요."

횡단면분석 자료를 살펴보았는데 이번에는 포함되어 있어야 할 기계 테스트에 관한 내용이 두 개나 빠져 있었다.

"휴, 왜 이러죠?"

슈윅의 물음에 프로젝트 관리자가 대답했다. "모르겠어요."

"다음 주까지 고객에게 제시해야 하는 보고서 아닌가요?"

"아직 시간은 있어요." 엔지니어가 대답했다.

"시간이 많지 않아요! 또 뭐가 빠졌는지 걱정이네요. 환경 관련 내용은 어디 있죠?" 슈윅이 페이지를 이리저리 넘겼다.

"있어요. 방금 봤어요." 프로젝트 관리자가 말했다.

"저도 봤어요. 하지만 이전 내용이었어요. 환경 관련 데이터가 새로 나왔는데 여기 실린 것은 6개월 전의 내용이에요… 분명 분석가님이 새 데이터를 승인해줬을 텐데." 엔지니어가 말했다.

"이 보고서를 누가 작성하나요?" 슈웍이 물었다.

"저도 몰라요. 일단 승인은 분석가님이 했을 텐데요."

"분석가는 어디 있죠?"

"방금 문자 메시지가 왔어요. 못 오신대요. 소장님과 회의 중이시랍니다. 시간이 좀 걸릴지 모르니까 우리끼리 진행하라시네요." 프로젝트 관리자가 휴대전화를 확인하며 말했다.

이 말에 슈웍은 의자에 푹 눌러앉으며 한숨을 내쉬었다. "우리끼리 어떻게 해요? 분석가가 없으면 안 된다고요."

그날 머피는 여러 대륙에 있는 사람들이 함께 참여하는 화상 회의 때문에 야근해야만 했다. 예정된 회의 시간은 오후 7시였는데 5분 전 갑자기 8시로 미뤄졌다. 결국 머피는 저녁식사 시간을 미뤄야 했지만 배가 고파 도저히 참을 수가 없었다. 그는 열역학 실험실 근처에 있는 3층 자판기로 갔다.

머피는 자판기 앞에 서서 별로 내키지 않는 음식들을 멍하니 쳐다보며 고민했다. 그때 한 남자가 다가와 옆 자판기에 동전을 넣고 물 한 통을 꺼냈다. 머피가 자판기 안에 있은 지 며칠은 되어 보이는 포장 샌드위치를 막 사려는데 남자가 말을 걸었다.

"그거 안 먹는 게 좋을 겁니다."

고개를 돌려 바라보니 통통한 40대 후반의 남자였다. 얼굴은 넓적했고 코는 휘었으며 검은 머리카락은 관자놀이부터 아래로 다소 희었다. 두툼하고 짙은 턱수염은 깔끔하게 정리되어 있었다.

"나도 별로 먹고 싶진 않아요. 하지만 뭐라도 먹어야 해서."

머피가 말하자 그 남자가 물었다. "피자 좋아하세요?"

"아주 좋아하죠."

남자가 고갯짓을 했다.

"이리 오세요."

남자는 '위험: 고온 주의' 같은 온갖 경고 문구를 지나 머피를 열역학 실험실 안으로 안내했다.

"여기서 어떻게 피자를 배달시켜요?"

남자는 모욕을 당했다는 듯 쳐다보며 말했다. "배달이라니, 무슨 소리! 내가 직접 만들 거예요. 처음부터 끝까지요."

남자는 실험실 장비중 하나인 매우 정밀한 최첨단 오븐 쪽으로 갔다. 그 옆 나무 도마는 밀가루로 얼룩져 있었다. 남자는 사무복 위에 실험 가운을 입고 있었는데 군데군데 빨간 손가락 얼룩이 묻어 있었다. 토마토소스 자국임이 분명했다.

"1분." 남자가 카운트다운이 시작된 오븐의 타이머를 가리키며 말했다. "1분만 더 있으면 돼요."

오븐 화면을 본 머피는 온도가 480도라는 데 놀랐다. "우와! 480도인가요?"

"최고의 피자가 나오려면 오븐이 엄청 뜨거워야 하거든요."

"테스트 오븐에서 피자를 구워도 뭐라고 안 해요?"

"아, 이건 신제품이에요. 내년에 출시할 거예요. 이름하여 하이티 피자!"

머피는 너무 웃다가 쓰러질 뻔했다.

"그럼 과연 안전할까요? 먹을 수 있냐고요?"

"나는 먹을 거예요! 당신은 맘대로 해요. 하지만 오븐 안에 남은 독소는 확실히 없어요. 다 중화되어서 깨끗하죠. 걱정하지 말아요. 다 먹을 만하니까 이렇게 하는 거예요. 혹시 내 직함이 궁금한가요? 나는 선임화학 분석가예요. 탄소 섬유 전문가죠. 이 피자 안에 있는 탄소 분자들은 다 알고 있어요."

그의 말을 들은 머피는 한 대 얻어맞은 듯했다. 머피는 상대방의 가슴에 달린 F&D 명찰을 가만히 쳐다보았다.

"그러니까 당신이……?"

"주세페요." 남자가 악수를 청하며 말했다. "주세페 타소니입니다. 다들 나를 조라 부르죠. 조 타소니요."

"이야기 많이 들었어요. 반갑습니다. 머피 맥과이어라고 합니다. 혹시 이탈리아인?"

"예, 이탈리아 시에나가 고향이죠. 이탈리아인이지만 벌써 15년째 미국 시민으로 살고 있지요. 당신은 남부 출신인가요?"

"예, 맞아요. 노스캐롤라이나 출신이에요."

"그렇군요. 당신 이름도 이미 들어서 알아요. 새로 오신 제조 부문의 대가라면서요?"

"그 정도는 아닙니다. 단지 제조 경험이 좀 많을 뿐이죠. 내 직함은 '관계 책임자'인데 나같이 한물 간 사람에게는 과분합니다."

타소니가 소리 내어 웃으며 두꺼운 장갑을 꼈다. 카운트다운이 끝나고 그가 오븐 문을 열자 안에서 열기와 함께 갓 구운 빵과 녹은 치즈, 양파, 마늘 등이 어우러진 기막힌 냄새가 흘러나왔다.

"자, 내 사무실에서 저녁식사를 합시다. 거기로 가는 동안 피자와 치즈가 아주 먹기 좋게 식을 거예요."

타소니의 사무실은 정말 독특했다. 벽은 플로렌스 지방, 이탈리아 시골과 지중해 소도시들을 담은 사진들로 도배되어 있었다. 모두 직접 찍었다고 했다. 창문가에는 로즈마리며 바질, 파슬리, 타임을 비롯한 이름 모를 꽃과 허브 화분이 놓여 있어 천상의 향기를 뿜어냈다. 천장에는 마늘이 길게 매달려 있었다.

하지만 가장 독특한 점은 사무실 바닥에 빈 공간이 아예 없다는 점이었다. 바인더와 보고서, 서류 봉투, 잡지 등 온갖 것이 층을 이뤄 쌓여 있었다. 거대한 분자 그림들. 여기저기 펼쳐져 있는 대형 도면들. 손수 제목을 써넣은 디스크 더미들. 이 모든 혼란의 한복판에는 책상과 컴퓨터, 위에서 아래까지 화학 공식을 휘갈겨놓은 화이트보드가 있었다. 물론 여느 사무실에 있을 법한 것들도 모두 갖춰져 있었다.

한쪽 구석에 둥근 탁자가 있었고, 그 위에는 접시 하나와 우아한 커피 잔 하나, 진짜 은그릇, 냅킨 한 장, 피자가 놓인 도마를 놓을 만큼의 공간만 빼고 온갖 잡다한 물건이 쌓여 있었다. 타소니는 피자를 내려놓고 테이블 위의 물건 몇 개를 들어 바닥에 놓은 뒤 책상 옆 커다란 찬장으로 가서 머피를 위한 식기와 컵을 꺼냈다. 그러고 나서 드디어 피자를 잘랐다.

"이탈리아에서는 피자가 별 거 아니에요. 다른 맛있는 요리들이 정말 많으니까요. 그런데 대학원 때문에 미국에 왔더니 모두 피자만 먹더군요. 그래서 따라 먹다보니 정말 좋아하게 되었어요. 하지만 미국 피자에는 소금이 너무 많이 들어가요. 그래서 내가 직접 만들면서 온갖 천연의 맛을 가미했죠. '부온 아뻬띠또buon appetito, 맛있게 드세요'."

타소니가 건넨 피자는 머피가 먹어본 피자 중에서 최고는 아니었지만 세 손가락 안에 꼽을 만했다. 머피는 그에 걸맞게 최고의 칭찬으로 화답했다.

"고마워요. 이탈리아어로 그라찌에Grazie죠? 그라찌에!"

"함께 먹으니까 좋네요. 나는 거의 이 사무실에서 살기 때문에 집처럼 생활하죠."

"오늘은 왜 늦게까지 야근하시나요?"

"어제 키잔스키 소장이 와서, 1,600시간으로 청구한 프로젝트의 대금을 받으려면 내가 분석을 마무리해서 최종 의견서를 써야 한다고 해서요. 소장이 울고 불며 사정해서 내가 지금까지 남아 있는 거예요."

"혹시 자갈 프로젝트는 아니겠죠?"

"자갈? 전혀 아니에요. 자갈은 다른 프로젝트에요. 그건 다음 주에나 작업 가능해요."

"밀린 프로젝트가 얼마나 되나요?"

"좀 되죠. 나는 최선을 다하고 있어요. 이곳의 모든 분석가가 그래요. 아니, 대부분의 분석가라고 해야 맞겠네요. 한두 명은 그저 그래요. 직업윤리가 좀 부족하죠. 아무튼 이 프로젝트를 6주간이나 붙잡고 늘어졌는데 결국 해결하지 못하고 오늘밤까지 고생이네요."

"뭐가 문제입니까?"

"한두 가지가 아니에요. 테스트 데이터를 받았는데 일부 데이터가 분명하지 않으면 다른 테스트가 필요해지죠. 그래서 다시 정확한 데이터가 들어와도 다른 형식이 필요해질 수 있어요. 그러면 형식을 바꾸는 시간이 이틀 정도 더 걸리죠. 이런 저런 데이터는 받았는데 한 가지 데이터를 받지 못할 때도 있어요. 그러면 빠진 데이터가 들어올 때까지 기약 없이 기다려야 하죠. 게다가 빠진 데이터가 들어와도 그때가 되면 다른 데이터들이 기억나지 않아서 처음부터 다시 다 읽어야 하죠. 하지만 뭐니 해도 한 프로젝트에 두세 명 혹은 서너 명의 분석가가 필요할 때면 정말 골치 아파요. 앞사람이 작업을 마칠 때까지 내가 기다려야 하고, 내가 작업하는 동안은 뒷사람이 기다려야 하죠. 이런 식으로 하면 정말 끝이 없어요. 그런데……."

타소니는 탁자 아래에서 스테인리스 병을 꺼내 뚜껑이 돌려 연 다음 자기 커피 잔에 따랐다.

"드실래요?"

"커피인가요?"

"커피요? 이건 와인이에요. 키안티 클라시코Chianti Classico랍니다. 삼촌 포도원에서 가져온 거예요."

"저는 괜찮습니다."

"멋진 저녁에 와인이 빠질 수 없지요. 그리고 지금은 근무시간이 지났잖아요." 타소니가 강권했다.

"저는 안 하는 게 좋겠습니다."

"키잔스키 소장이 계속 나를 늦게까지 붙잡아두면 가만있지 않을 거예요. 인간처럼 살아야지, 원."

"그럼, 아주 조금만 주세요."

타소니가 병을 들어 와인을 따르는 순간, 머피는 자기 앞에 높이 쌓여 있는 서류와 보고서들을 보았다. 그 밑의 서류받이를 보니 '오크톤'이라고 적혀 있었다.

"실례지만 여기 쌓여 있는 것들… 오크톤이라고 적혀 있네요?"

"내가 승인해야 할 일반 제작 주문들의 배경 자료들이에요."

"당신이 승인해야 한다고요?"

"네. 기억할지 모르겠지만 오래 전에 우리가 만든 유아용 카시트 재료 때문에 하이티가 수억 달러의 소송을 당해 패소한 적이 있어요. 일부 유아들이 이 재료를 씹어 먹고 많이 아팠고 죽은 아이들까지 있어요. 그때부터 안전과 품질 등의 차원에서 오크톤 공장으로 들어가는 모든 제작 주문을 분석가가 검토하게 되었어요. 이 박스에 있는 건 내 몫이에요. 시간이 남으면 살펴볼 거예요. 나중에 천천히 해도 되는 일이죠."

"천천히 해도 된다고요? 누가 그렇게 말했나요?"

"내 상사인 키잔스키 소장이 그랬어요. 소장이 우선순위를 정하거든요. 고객들에게 대금을 청구할 수 있는 일이 최우선이죠. 오크톤 주문 건의 검토는 거의 형식적이에요. 그래서 덜 중요한 거죠." 타소니가 잔을 들며 말했다.

"살루떼Salute, 건배."

"건배." 머피가 별로 내키지 않는 투로 잔을 들었다.

이튿날 아침, 머피는 오크톤의 자이로에게 전화를 걸었다.

"어떤가? 공장은 잘 돌아가나?"

"뭐, 괜찮아요. 간판도 거의 다 설치했고, 마무리 공정이 그들 말로 '한 개 흘리기' 생산으로 전환됐어요. 하지만 제가 보기에 겉만 번드르르한 것 같아요. 이게 빛을 보려면 이전처럼 고질라에서 생산이 제대로 되어야 하는데 말이죠."

"예전부터 원래 그랬어. 어쨌든 흥미로운 소식이 있다네. 자네도 알다시피 로크빌 F&D의 제조 승인이 마구잡이로 떨어지잖아. 하루에 다섯 개나 열 개의 승인이 떨어진 후에 사나흘, 심지어는 일주일씩 아무 소식도 없었잖아."

"그렇죠."

"그래서 판매원들은 고객에게 주문받은 제품 생산이 너무 늦게 시작된다고 자주 불평하지."

"자주가 아니라 항상이라고요."

"그 이유를 알았어."

"정말요?"

"그렇다니까. 고객이 주문한 제품, 특히 탄소 섬유 제품 생산이 늦어져 판매원들이 난리를 치면, 난 이제 어떤 더미를 뒤져야 할지 정확히 알게 되었네."

"더미라고요?"

"그래, 더미. 다음에 거기 가면 설명해주겠네."

머피는 남에게 영향을 미치려면 먼저 관계를 맺어야 하고, 관계를 맺으려면 호의를 베풀어야 한다는 사실을 잘 알고 있었다.

그래서 자신의 시보레를 몰고 광활한 워싱턴 D. C. 도심으로 달려가 우정의 만찬을 만들 WSM 바비큐 스모커를 샀다. 회사 숙소의 좁은 앞뜰에 딱 어울리는 작고 귀여운 제품이었다. 월요일 출근길, 머피의 손에는 갈비 요리가 들려 있었다.

오후 3시, 머피는 알루미늄 호일에 싼 접시를 들고서 슈윅과 타소니 등이 모인 미팅 장소로 들어갔다. 머피가 들어서자 장내가 술렁였다. 그리고 호일을 벗겨 갈비 요리를 선보이자 사람들의 입이 떡 벌어졌다. 머피가 호일에 싼 채로 모임 몇 시간 전까지 쿨러에 넣어뒀다가 주차장으로 가져가 자신의 시보레 승용차 계기판 위에 놓고 남쪽에서 앞창을 통해 들어오는 햇빛으로 적당히 데운 갈비였다.

타소니는 이탈리아어로 최고의 찬사를 쏟아냈다. 다른 사람들도 겉은 바삭하지만 속은 육즙으로 가득한 고기를 한 입 씹더니 탄성을 쏟아냈다. 하지만 슈윅은 전혀 먹으려 하지 않았다.

"좀 들어보세요." 머피가 접시를 슈윅에게 내밀며 말했다.

"괜찮아요."

"안 드실래요? 타소니 분석가님이 정말 맛있다고 하잖아요. 분석가님은 대단한 미식가던데요."

"전 유태인이라서 돼지고기를 먹지 않아요."

"아, 그렇군요."

"게다가 채식주의자예요."

머피는 슈웍을 다른 별에서 온 사람처럼 쳐다봤지만 정중히 접시를 물렸다.

"하지만 치즈는 먹어요." 슈웍이 미안한 듯 말했다.

"저도 치즈 정말 좋아해요."

"저는 매운 게 좋아요. 특히 매콤한 태국 음식이 좋아요."

"그런 취향이신 줄은 몰랐네요."

다음 주 머피는 접시 두 개를 들고 나타났다. 작고 둥근 음식들이 맛깔스러워 보였다.

"이게 뭐예요?" 슈웍이 물었다.

"ABT입니다. 바비큐 세계의 애피타이저라고 할 수 있지요. 두 종류예요. 하나는 보통 ABT, 다른 하나는 채식주의자를 위한 ABT랍니다."

즉시 타소니가 멕시코 고추 속에 크림치즈와 약간의 소시지를 넣어 베이컨으로 싼 뒤 이쑤시개로 꽂은 '보통' 한 조각을 집었다.

"스쁠렌디도splendido, 최고!" 타소니가 감탄사를 터뜨리며 또 한 조각을 집었다.

슈웍은 소시지 대신 밀을 삶아서 말렸다가 빻아 양념한 것을 넣고 베이컨 대신 소금에 절여 구운 피망을 넣은 채식주의자용 ABT 한 조각을 마지못해 집었다. 잠시 후 커다란 안경 렌즈 뒤의 작은 갈색 눈이 휘둥그레졌다.

"환상적이에요!"

그때부터 서로의 벽이 하나둘 허물어져 회의는 아주 화기애애하고 효율적으로 진행되었다.

몇 주 후 어느 날 저녁, 슈웍은 머피를 인도 식당으로 안내했다. 자신이 좋아하는 엄청나게 매운 카레를 머피도 좋아할 거라고 생각했다. 슈윅은 차가 없어서 머피가 운전했다. 이름도 알 수 없는 요리들을 보며 머피가 어리둥절해 있자, 슈윅이 알아서 요리를 시켰다. 자신은 고기가 빠진 라즈마 마살라rajma masala, 머피를 위해서는 로간 조쉬rogan josh를 시켰다. 함께 먹을 요리로 카레도 몇 가지 더 주문했다.

"대도시 생활이 어떠세요?" 슈윅이 물었다.

머피가 쓴웃음으로 대답을 대신했다.

"저도 가끔 그래요. 하지만 일은 맘에 들어요. 물론 일 때문에 미칠 것 같은 때도 있지만요."

"정말 그래요. 약간은… 뭐라고 해야 하나……"

"혼란? 기능장애? 미친? 이 모든 표현이 어울리는 날도 있죠. 그런데 타소니 분석가, 어때요?"

머피가 미소 지으며 말했다. "좀 독특하긴 해도 꽤 호감 가는 분이에요. 아주 재미있어요. 눈치 채셨는지 모르겠지만 타소니 분석가는 F&D의 병목이에요."

"병목? 무슨 뜻이에요?"

"타소니 분석가나 당신, 아니 F&D의 그 누구에 대해서도 나쁘게 말할 생각이 없어요. 단지 상황이 그렇다는 겁니다. 이곳을 살펴보니까 타소니 분석가가 병목이고 전반적으로 분석가들은 F&D의 시스템 제약이더군요."

"무슨 말인지 통 모르겠어요. 제약? 병목? 무엇보다도 둘의 차이가 뭐죠?"

"제약은 흐름을 제한하는 요소에요. 2차선 도로의 1차선 다리 같은 거죠. 1차선 다리가 소화하기에 벅찰 만큼 교통량이 늘어나면 그 다리는 병목이 돼요. 제조에서 병목은 유입되는 물량을 다 소화해낼 수 없도록 능력이 딸리는 자원을 말해요. 일례로 도관이 분당 백 갤런을 옮겨야 하는데 끈적끈적한 밸브 때문에 흐름이 분당 75갤런으로 떨어질 수 있죠."

"병목은 나쁜 거군요."

"세상의 관점으로 보면 그렇지만 제 생각은 달라요. 저는 '병목'과 '제약'을 같은 의미로 사용하기도 해요. 제가 볼 때 병목은 병의 기능에 매우 중요한 특징이에요. 병목은 일부러 설계해 넣은 특징이죠. 흐름을 조절할 목적으로요."

머피가 테이블 위의 맥주병을 들어 컵에 따르면서 설명을 이어갔다.

"병에 목이 없으면 어떻게 될까요? 액체가 아무 데나 마구 흐르고 난장판이 되겠죠."

"정말 조심하지 않으면, 따르는 각도를 정확히 조절하지 않으면 그렇게 되겠네요."

"그러느니 병에 목을 다는 편이 낫죠. 공장이나 사무실, 실험실, 아니 일련의 단계를 통해 뭔가를 규칙적으로 생산하는 모든 조직도 마찬가지에요. 제약은 바람직해요. 흐름을 조절하기 위해 꼭 필요하죠."

"그런데 왜 타소니 분석가가 병목이죠?"

"아, 오해하진 마세요. 그에게 나쁜 감정은 전혀 없어요. 아주 똑똑한 사람이지만 일처리 방식은 제 아내보다 마구잡이에요. 한동안 그를 지켜봤는데 아무 계획 없이 그 순간 자신이 하고 싶은 일을 하더군요. 이로 인한 비효율을 상쇄하기 위해 남달리 오래 일하지만 일처리가 늦기는 마찬가지에요. 게다가 F&D의 업무 규칙이 그의 생산성을 너 떨어뜨리고 있더군요."

"다른 분석가들은요?"

"다른 사람들은 일처리 속도에서는 더 나아요. 하지만 워낙 처리해야 할 일감이 많아 다 소화해내기가 벅찰 정도에요. 그러니 조금이라도 일에 방해를 받으면 곧바로 일처리가 늦어지죠. 프로젝트가 마감일을 넘기는 경우도 종종 발생하고요. 급히 하다 보니 실수가 생겨 그걸 바로잡느라 더 늦어지기도 해요."

"고객이 화를 내면 정말 미칠 것만 같아요. 그래서 해법이 뭐죠? 분석가를 더 고용할까요? 하지만 소장은 그럴 수 없다고 할 거예요."

"분석가를 더 고용해서 혼란스러운 시스템에 투입하면 어떤 결과가 나올까요?"

"아마도 혼란이 가중되겠죠. 돈은 돈대로 더 나가고요."

"맞아요."

"당신이라면 어떻게 하겠어요?"

머피는 곧바로 대답하지 않고 지독히 매운 마드라스 카레를 한 입 먹은 뒤 맥주를 마시고 냅킨으로 이마를 훔쳤다.

"우와, 정말 맵네! 자이로가 좋아하겠어."

머피는 웨이터에게 맥주와 물을 시킨 뒤에야 다시 입을 열었다.

"저라면 첫째, 분석가가 F&D의 시스템 제약이라는 사실부터 인정하겠어요. 둘째로는 분석가들의 시간을 어떻게 사용하는 것이 최상인지 판단해서 낭비되는 시간을 모두 제거해야 해요. 셋째, F&D의 다른 모든 일을 동기화해야 합니다. 즉 다른 모든 일을 분석 프로세스에 종속시켜야 합니다. 그러면 혼란이 질서로 바뀔 거예요. 혼란이 진정되면 넷째 단계로 예를 들어 분석가를 한 명 더 고용해 분석가들을 통하는 흐름을 증가시켜 시스템을 개선해야 해요. 시장 상황이 허락되면 분석가를 한 명 더 고용할 수도 있겠지요. 다섯째 단계는 시장 상황에서 가능한 수준까지 개선을 지속해나가는 거예요. 그 과정에서 실험실 테크니션들이 부족해서 이들이 새로운 제약이 되게끔 해서는 안 돼요."

슈윅은 따뜻한 카레를 음미하며 이 문제를 골똘히 생각했다.

"지금 이 말을 소장에게도 해주면 정말 고맙겠어요."

"그럴게요."

"좋아요. 모임 시간을 정해서 알려드릴게요. 그가 어떤 반응을 보일지는 모르겠지만 최소한 당신의 말을 들어줄 거예요."

그러나 모임은 최악이었다. 함께 참석하기로 했던 슈윅은 급한 고객 문제로 불려갔다. 키잔스키는 머피가 말하는 동안 듣는 둥 마는 둥 책상만 치웠다. 게다가 모임 시간마저 최악이었다. 소장은 고객의 문제를 해결하기 위해 1시간 안에 공항에서 캘리포니아 행 비행기를 타야 했다. 그의 마음에는 새로운 아이디어가 들어올 틈이 전혀 없었다.

머피는 소장이 자신을 무시한다는 사실을 금세 알았다. 그가 마치 머피의 말에 관심 있는 것처럼 어려운 질문을 던지자 머피는 평소답지 않게 말문이 막혔다. 그러다 겨우 입을 열어 설명을 시작하려면 키잔스키가 곧바로 다른 질문을 던졌다. 마침내 키잔스키가 중요한 전화를 받으면서 머피의 악몽은 끝났다.

"나중에 시간 나면 다시 이야기하죠." 키잔스키의 말에 머피는 몸을 돌려 나갔다.

"누가 다시 이야기한대?" 머피가 복도를 걸어가며 투덜거렸다.

그날부터 머피는 회사에서 시키는 일만 하고 더는 나서지 않기로 결심했다. 슈윅 외에는 누구도 머피의 말에 관심을 보이지 않았다. 머피는 그날 저녁 바로 아이팟을 구매했다. 자기만의 세상으로 들어간 것이다.

12 VELOCITY

최악의 상황

한 해가 저물어갈 무렵, 리즈와 코나니는 린 식스 시그마의 승리를 선포했다. 리즈가 린 식스 시그마라는 칼을 뽑은 지 벌써 15개월이 지났다. 그 동안 많은 성과가 있었다.

식스 시그마를 적용한 덕분에 미국 해군의 첨단 복합재료 생산을 방해하던 실금 문제의 원인이 파악되었다. 원인은 라미네이팅 공정이었다. 얼핏 봐서는 알 수 없는 라미네이팅 공정의 문제점을 식스 시그마로 찾아냈다. 해법은 간단했다. 관리도 control chart를 늘 주시하자 실금 문제는 재발하지 않았다.

또 다른 성과는 M57 라인 재배치였다. 리즈와 코나니가 가장 자랑스러워하는 성과였다. 그의 지휘 아래 라인 작업자들과 유지 보수 직원들이 한 주 만에 장비의 위치를 완전히 바꾸었다. 월요일 아침에 라인이 다시 돌아가자 모두가 하이파이브를 했다. 배치를 바꾸고 나니 공정 속도가 12%나 증가했을 뿐 아니라 셋업이 빨라지고 품질 문제는 줄어들었다. 네 명의 라인 작업자들이 공장의 다른 구역으로 옮겨가면서 작업자의 수가 줄었지만 남은 작업자들의 작업 속도가 택트 타임에 따라 잘 이루어졌기 때문에 업무 부담이 과중하게 늘어나지는 않았다.

그 외에도 많은 개선이 이루어졌다. 5S 원칙을 오크톤 공장뿐 아니라 로크빌 F&D의 여러 영역에 적용했다. 그에 따라 공구들이 사용하기 편리한 곳에 보관되고 모든 것이 더 효율적으로 배치되었으며 전체 공간을 청소하고 유지하기가 훨씬 편해졌다. 5S 원칙을 적용한 곳마다 작업자들이 큰 만족감을 표시했다.

코나니의 팀은 사용 지점 저장 방식POUS, Point of Use Storage을 위해 재료와 부품이 보관된 선반들을 실제 사용될 구역 가까이에, 주로 공장 현장의 입구 부근에 두었다. 일례로 M57라인에 사용 지점 저장 방식이 도입되었다. 린 용어 중에서 이와 비슷하지만 약간 다른 개념은 '슈퍼마켓'이다. 슈퍼마켓은 재공품을 가치 흐름의 다음 공정이 가져가기 전까지 보관하는 선반이다. 이 슈퍼마켓은 코팅과 라미네이팅 구역에 매우 많았다. 자이로는 얼마 동안 이 모든 변화에 열정적으로 참여했다. 사용 지점 저장 방식을 위한 선반과 슈퍼마켓을 설치하고 나니 공장이 아주 달라 보였다. 대개 공장에서는 변화를 곧 개선으로 여긴다.

린 개념을 접목시킨 새로운 윙 4-L 프로그램도 설치되었다. 리즈와 코나니 둘 다 알고리즘과 값의 '세부 조정'이 필요하다는 점은 인정했다. 하지만 적어도, 재고를 증가시키고 모든 사람이 부품 더미에 깔리거나 죽도록 일하도록 만드는 낡은 '푸시' 모델의 굴레에서는 벗어났다. 윙 4-L은 재고가 최소 수준에 이르렀을 때 간판이 생산 재개의 신호를 보내는 '풀' 생산 방식을 지원할 뿐 아니라 하류의 고객이 요청하기 전까지는 아무것도 생산하지 않는다는 철학을 반영했다. 윙 4-L은 택트 타임과 라인 평준화를 위한 도구들도 지원했다. 하지만 안타깝게도 윙 4-L은 세상이 이론 그대로 돌아간다는 가정을 바탕으로 했다. 이것이 '세부 조정'이 필요한 이유였다.

위너의 4사분기가 거의 마감되고 사람들이 연말 기분에 젖어 있던 12월 중순, 리즈는 첫 번째 오크톤 린 식스 시그마 시상 만찬회를 위한 예산을 집행했다. 수상자들이 상을 받을 때마다 박수갈채가 쏟아졌고 연설 시간도 있었다. 배우자들도 초대되어 흥겨운 파티가 열렸다.

그러나 이런 분위기 속에서도 오크톤 공장에 중대한 문제점들이 여전히 존재한다는 사실을 모든 사람이 알고 있었다. 하지만 리즈는 린 식스 시그마를 실행한 것을 한 해의 가장 영광스러운 승리로 선포했다. 긍정의 힘을 믿는 코나니는 다음 해의 성과를 절대적으로 낙관했다. 리즈는 공식 석상에서는 모든 진행 과정이 제대로 이루어지고 있다고 자신 있게 말했지만 사적인 자리에서는 자신 없는 모습을 보이기 시작했다.

이런 불길한 조짐은 일레인의 레이더망을 피해갈 수 없었다. 일레인은 재무 관리자에서 재무와 총무, 인사에다 회계까지 총괄하는 부사장으로 승진했다. 하지만 불길한 면만 보는 버릇은 조금도 수그러들지 않았다. 리즈와 코나니가 승리의 트럼펫을 부는 와중에도 일레인의 입에서는 끊임없이 경고가 터져 나왔다.

키올라는 그 해의 마지막 날들을 침대에서 끙끙 앓으며 보냈다. 그녀가 '이상한 바이러스'라고 부르는 이 병의 증세는 땀과 두통과 불면증이었다. 수면제 없이는 잘 수 없을 정도였다. 병은 몇 주 후에 나았지만 나중에 곰곰이 생각해보니 아무래도 잠 못 이룬 밤들의 원인은 스트레스인 듯했다.

그해 마지막 날은 키올라에게 개인적으로 최악이었다. 몸뿐 아니라 마음까지도 지독히 아프고 외로운 날이었다.

두 달 전인 10월 말의 어느 날 저녁, 도슨이 집으로 찾아왔다. 아무 연락 없이 찾아온 그는 안절부절 못하는 기색이 역력했다. 전에도 여러 번 그런 적이 있었다. 도슨은 산책하자며 키올라를 끌고 나오자마자 본론을 꺼냈다.

"곧 떠날 거예요."

그 말에 키올라는 걸음을 멈췄다.

"어디로요?"

"아프리카로요."

"왜요?"

"친한 친구가 있어요. 해병대에서 만난 녀석이죠. 사하라 사막 남쪽에 있는 회사에 다니는데 조종사가 필요하대요. 그래서 친구가 날 추천했고요."

"얼마나 있을 거예요?"

"잘 모르겠어요. 최소한 3개월은 있을 거예요. 적어도요. 더 길어질지도 모르고. 일이 어떻게 풀리느냐에 따라 달라지겠죠. 거기서 나를 맘에 들어 하고 나도 그 회사가 맘에 들면… 결국 돌아오기는 할 거예요. 단지 때를 모를 뿐이지."

"정말 잘됐네요." 그렇게 말하는 키올라의 목소리에 서운함이 스며 있었다.

그러나 도슨은 눈치도 없이 신나했다. "정말요? 다행이에요. 당신이 어떻게 받아들일까 걱정했는데."

"내가 정말 괜찮다고 생각하는 거예요?"

"어쨌든 나는 갈 거예요. 이미 계약서에 서명해서 팩스를 보냈어요."

"당신 혼자서 결정하면 내가 무조건 따라갈 줄 알았나요? 여태껏 아무 말도 없다가 갑자기 통보해놓고 나보고 무조건 받아들이라고요?"

도슨이 할 말이 없는 듯 계속 눈만 껌뻑였다.

"군인의 아내가 되어본 적 없죠? 군인의 아내는 이런 날벼락을 수없이 겪어야 해요."

"군인의 아내라면 그래야겠죠. 하지만 나는 아니에요."

"맞아요. 그러니 내 인생을 내 맘대로 결정하지 못할 이유가 뭐죠?"

"결정은 당신이 하지만 의논은 할 수 있잖아요. 최소한 나랑 의논은 했어야죠!"

"지금 의논하고 있잖아요! 바로 지금이요!"

고개를 흔들던 키올라가 분위기를 가라앉히기로 했다.

"왜 꼭 떠나야 해요?"

"좋은 기회인 것 같아서요. 이번에는 뭔가 감이 와요."

"비행 사업은 어떻게 하고요?"

"어차피 별 볼일 없는 사업인데요, 뭘. 전세 비행기 운영이나 비행 강습으로는 많은 돈을 벌기 힘들어요. 게다가 연료비가 껑충 뛰면서 모든 게 힘들어졌어요. 그리고 당신의 회사가 최고의 거래처였는데 꽝 났잖아요."

"그냥 싫증이 난 거 아닌가요?" 키올라가 흥분한 목소리로 말했다.

"맞아요. 싫증이 났어요. 변화가 필요해요."

"내가 싫증났냐고요!" 결국 키올라가 화를 내고 말았다.

"무슨 소리에요. 당연히 그건 아니에요. 당신이랑은 상관없는 일이에요."

"그럴 줄 알았어요. 나랑 상관없이 당신만의 문제란 거죠? 우리 문제가 아니라! 그러니까 맘대로 해요. 혼자 아프리카로 가서 잘 살아요. 호주랑 남극 대륙에도 가고요. 남극 대륙에서 평생 살려면 살아요. 난 상관없으니까."

"말했잖아요. 돌아온다고!"

"당신이 돌아와도 내 마음은 돌아오지 않을 거예요!"

키올라가 그렇게 말하고서 홱 돌아서서 씩씩대며 빠르게 집으로 향했다. 놀란 도슨이 달려왔다.

"당신이 화낼 줄은 몰랐어요."

"잘못 생각했네요. 잘 가요!"

키올라는 집까지 전력으로 달려가 문을 잠갔다. 창문을 통해 보니 도슨은 격분한 듯 두 손을 뻗었다가 하릴없이 흐느적거리며 내렸다.

그걸로 끝이었다. 눈물을 흘리는 이별 장면도, 편지나 전화도 없었다. 크리스마스이브가 되어서야 겨우 도슨에게 전화 한 통이 왔지만 키올라의 휴대전화의 전원이 꺼져 있어 받을 수 없었다. 음성 메시지는 없었다. 나중에 부재중 전화를 발견했지만 망설이다가 결국 무시했다. 그 뒤로 연락이 없었다.

하이티의 4사분기 재무보고서가 완성된 날은 진눈깨비가 흩날리는 1월의 화요일이었다. 일레인은 늘 그랬듯 마지막으로 꼼꼼히 검토한 후 컴퓨터를 끄고 종이에 패스워드를 적었다. 그녀는 종이를 반으로 접어 손에 들고 칸막이로 이루어진 미로를 지나 키올라의 사무실로 들어가 그녀의 뻗은 손 위에 접힌 종이를 올려놓았다.

"새해 복 많이 받으세요." 그렇게 말하는 일레인의 얼굴 위로 옅은 미소가 지나갔다.

"복? 정말? 좋은 소식이라도 있나요?" 키올라가 물었다.

"물론 없죠. 저를 잘 아시면서."

"그렇지. 나쁜 소식은 있나요?"

일레인이 어깨를 으쓱했다. "물론 있죠. 2사분기 이후로 목이 터져

최악의 상황

라 경고했던."

"일레인 부사장은 경고를 정말 좋아해요." 키올라는 무심코 그렇게 말하고서 바로 후회했다.

"좋아하진 않아요. 이 회사의 재무 부사장으로서 경영진에게 꼭 필요한 경고를 하는 게 제 의무라고 생각할 뿐이에요."

"알아요. 중요한 의무죠. 꼭 필요한 경고라면 반드시 해야죠."

"저는 숫자만 계산해요. 숫자를 만들어내는 건 사장님 몫이죠."

일레인은 스스로도 멋진 말이라고 생각했는지 도도하게 나갔다.

키올라는 일레인이 준 종이를 폈다. 거기에 적힌 패스워드를 컴퓨터에 쳐 넣자 화면에 보고서가 나타났다. 전체적인 느낌을 파악하고자 먼저 처음부터 끝까지 빠른 속도로 훑어보았다. 뜻밖에도 최악은 아니었다. 그 달과 그 해에 하이티는 이익을 기록했다. 3사분기에 비해 4사분기에는 비록 3%에 불과하지만 매출이 증가했다. 최근 몇 달 동안 일레인이 하도 비관적으로 경고해서 최악을 예상했는데 그 정도는 아니었다.

그러나 숨을 한번 들이마시고 나자 사태의 심각성을 직시할 수 있었다. '이게 문제야.' 결과가 끔찍하지는 않았지만 좋지도 않았다. 그 사분기와 그 해는 너무도 평범했다. 원래 키올라는 더 좋은 결과를 예상했었다. 적어도 엄청난 성과의 전조라도 나타날 줄 알았다.

그녀는 숫자를 하나하나 자세히 확인하기 시작했다. 그러자 점점 실망스러운 추세가 보였다. 판매량은 증가했지만 밀린 주문도 증가했다. 게다가 밀린 주문량의 증가폭이 판매량의 증가폭보다 컸다. 출하량은 3사분기에 비해 4% 떨어졌다. 예상대로 재고량은 증가했다. 밀린 주문은 늘어나고 출하량은 줄었으니 재고량이 늘 수밖에 없었다. 판매량은 살짝 증가한 반면 최종 제품의 생산 속도는 그에 미치지 못해 밀린 주문량이 줄어들지 않았다. 그때 정말 짜증나는 상황이 키올라의 눈에 들어왔다. 판매량뿐 아니라 주문 취소 빈도도 늘어났는데도 밀린 주문이 많았다. 어떤 고객이 주문을 취소했을까? 그에 관한 정보는 보고서에 없었다.

하지만 F&D의 수치에 비하면 이건 아무것도 아니었다. 일단 4사분기 동안 F&D는 한 가지 장기 프로젝트의 완료 대금으로 어마어마한 액수를 받았다. 이 외에도 받을 대금이 몇 군데가 있긴 했지만 정작 핵심 사업은 맥을 못 추고 있었다. 핵심 사업에서는 밀린 주문이 많지만 작업 진행 속도는 더디기만 했다. 대부분 진행 중인 작업들은 한 분기에서 다음 분기로 이월되었다. 완료되지 않으니 대금을 받지 못했다. 게다가 그 해에 새로 받은 주문 건수는 전해보다 적었다. 한마디로, F&D는 이미 받은 주문을 끝없이 붙잡고만 있을 뿐 마무리는 거의 하지 못하고 있었다.

"상황이 좋지 않아. 전혀 좋지 않아." 키올라가 혼잣말을 했다.

키올라는 보고서를 보기 싫은 듯 두 눈을 감고 의자에 푹 눌러 앉았다. 아무래도 키잔스키와 이야기를 해봐야 했다. 분명 그는 키올라의 공격을 미꾸라지처럼 쉽게 피해갈 게 뻔했다. 필시 교묘한 말로 키올라를 능란하게 요리할 것이다. 그가 분명한 기술적인 이유를 들어 현재의 방식을 바꿀 수 없다고 주장하면 제대로 반박도 못하고 무안만 당할 게 분명했다. 그래서 그와 이야기하기가 두려웠다. 하지만 그래도 해야만 했다.

리즈와도 이야기해야 한다. 키올라는 눈을 꽉 감고 콧닐을 꼬집으며 깊은 생각에 잠겼다. 분명 리즈도 변명을 늘어놓을 것이다. 키잔스키와는 달리 문제를 인정하긴 하겠지만, 린 식스 시그마를 절대적으로 믿기 때문에 이번에도 역시 현재의 방향을 유지하라며 오히려 키올라를 설득할 것이다. 하지만 키올라에게는 현재의 방향을 유지하라는 말은 넋 놓고 기다리자는 말로밖에 들리질 않았다. 리즈는 가만히 있으면 결국 상황이 좋아진다고 말할 것이다. 낭비 제거에서 발생한 절감액이 하나하나 모여 이익으로 나타날 거라고, 그래서 괜찮을 거라고 말할 것이다.

눈을 떠서 창문 밖을 바라보니 하늘은 벌써 어두워져 있었다.

"이야기하기 전에 한 가지 부탁드릴게요. 서로 흥분하지 않고 대화했으면 좋겠습니다."

리즈가 키올라 앞에 앉은 뒤 던진 첫 마디였다. 키올라가 4사분기 보고서를 읽은 지 사흘이 지나서였다. 그날 아침 키올라는 마감일을 맞추기 위해 재무 보고서에 서명하고 일레인을 통해 뉴욕의 위너 본사로 보냈다. 그리고 곧바로 리즈에게 재무 보고서를 보내 검토할 시간을 주었다. 이제 두 사람은 키올라의 사무실 테이블에 마주앉았다. 리즈는 키올라가 무슨 말을 할지 아는 듯 안절부절 못하면서도 자신감 있는 모습을 유지하려 애썼다. 하지만 키올라의 표정은 완전히 굳어 있었다.

리즈가 말을 이어갔다. "정말입니다. 우리는 제대로 된 방향으로 가고 있습니다. 지난주에 공장 밖에서 코나니와 이야기를 나누었는데 내년 안에 검은 띠와 녹색 띠의 비율을 완벽하게 맞출 수 있을 것이라고 하더군요. 우리 프로그램이 탄력 받았다는 또 다른 증거죠. 이 탄력이 지속되면 몇 년, 아니 몇 십 년간 탄탄대로가 이어질 겁니다."

"몇 십 년이요?"

"네! 일단 문화가 자리 잡으면 개선은 끊임없이 이루어지죠."

"기대되네요. 그러면 그 개선이라는 게 언제 시작되나요?"

"언제라뇨? 개선은 이미 시작되었어요, 사장님. 우리가 지금까지 이룬 성과를 보세요. 라인 평준화가 거의 다 마무리되었어요! 인력 가동률도 우리가 목표한 수준에 근접했고요! 우리는 한 해에 120만 달러 가치에 해당하는 낭비를 줄였어요!"

"그래서 그게 어디 있나요?"

"뭐가요?"

"120만 달러의 절감액이 어디 있냐고요?" 키올라가 그룹 본사에 보낸 재무 보고서 사본을 집어 펄럭이도록 흔들었다. "그게 이 안에 있나요? 그런데 내 눈에는 왜 안 보이죠?"

리즈가 오만상을 찌푸리더니 변명을 시작했다.

"사장님, 제가 여기 올 때부터 말씀드렸듯이 린 식스 시그마는 장기적 프로그램이에요."

"알아요. 하지만 이 프로그램을 시작한 지도 벌써 1년이 넘었잖아요. 지금쯤 되면 뭐라도 개선이 나타나야 하는 것 아닌가요?"

"개선이 보이고 있잖아요!"

"전혀 아니에요! 검은 띠나 녹색 띠의 비율이나 인력 가동률 얘기가 아니에요. 라인 평준화를 말하는 게 아니에요. 내가 말하는 건 바로 실질적인 이익이라고요."

리즈는 몹시 서운한 표정으로 키올라를 바라보았지만 키올라는 아랑곳하지 않고 계속 쏘아붙였다.

"봐요. 하이티의 이익은 1년 전과 별 차이가 없어요. 이 재무 보고서 안에 분명히 나타나잖아요. 경기가 좋은데도 우리가 거둔 이익은 린 식스 시그마를 시작할 때보다 오히려 약간 더 낮아졌어요. 랜달 토란도스가 사장으로 있을 때보다는 훨씬 더 못해요. 게다가 위너에 인수되기 전보다도 못해요. 결국 우리는 지난 사오 년 내에 최악의 기록을 세운 거예요. 이유가 뭐죠? 정말 궁금해요."

리즈는 목청을 가다듬었지만 몇 초간 침묵하다가 마침내 머뭇거리며 입을 열었다. "사장님이 원하시는 대답을 못 드려서 죄송합니다. 이렇게 많은 진전이 있었는데도 재무적 성과인 이익이 어떻게 늘지 않았는지 잘 모르겠습니다."

"이익 문제만큼이나 걱정스러운 것은 내가 볼 때 오크톤 공장이 전체적으로 원활하게 돌아가지 않고 있다는 거예요. 재공품 재고가 늘어난 걸 봐요. 린의 지향점과 오히려 정반대 상황이잖아요. 초과 근무 수당과 출하 지연은 또 뭐고요? 대체 어떻게 된 거예요?"

"저도 그게 걱정입니다." 리즈가 기어들어가는 목소리로 대답했다.

"로크빌 F&D도 그래요. 전과 똑같이 문제투성이에요."

"저, F&D는 제 소관이 아니에요."

"부사장 책임만 아니라면 다른 말이에요? 나는 회사 전체를 돌봐야 한다고요!"

키올라가 열이 오르는 듯 잠시 손가락으로 관자놀이를 문질렀다.

"퀸시 부사장이 뭐라는 줄 알아요? 판매원들의 사기가 땅에 떨어졌대요. 이유가 뭔 줄 알아요? 우리가 고객에게 신임을 잃고 있기 때문이에요. 최악의 상황이라고요. 정말 심각해요."

"죄송합니다. 제가 어떻게 할까요?"

"이 상황을 빨리 바로잡아요. 내가 원하는 건 재무 보고서에 나타나는 개선이에요. 그리고 5년 후가 아니라 최대한 빨리 결과를 내야 해요. 부사장은 늘 조금만 참으라고 했죠. 몇 달만 더 있으면 상황이 반전될 거라고. 그리고 나는 부사장이 말한 그대로 퍼스트 회장님에게 말했고요. 회장님에게 12%의 성장을 장담했는데 해내지 못했어요. 이제 회장님께 뭐라고 말해야 하죠?"

그때 마침 키올라의 전화기 벨이 울렸다. 키올라는 린다가 전화를 받게 놔두었지만 잠시 후 린다가 사무실 문으로 고개를 내밀었다.

"퍼스트 회장님이에요."

"알았어."

그 사이에 리즈는 조용히 키올라의 사무실을 빠져나왔다.

키올라는 잠시 마음을 가다듬고서 수화기를 들었다. "예, 회장님."

퍼스트와의 전화 통화에서 유일하게 다행이었던 점은 시간이 짧았다는 것뿐이었다. "극도로 불쾌하오." 다시 '말아먹은' 분기 성과. 처음 얼마간 퍼스트가 이런 심한 표현을 써가며 불쾌감을 쏟아내는 동안 키올라는 똑바로 앉아 묵묵히 듣기만 했다.

"대략 1년 전에 12%의 이익 성장을 장담했잖소. 2사분기가 끝날 무렵에는 학습 곡선이니 변화 중이니 하는 핑계를 대면서 4사분기에는 최소한 9에서 10%의 성장을 이루겠다고 하지 않았소? 그런데 4사분기가 지났는데도 사장 말대로 된 게 아무것도 없소! 오히려 지난해에 비해 1% 마이너스잖소!"

퍼스트가 잠시 말을 멈췄다가 다시 시작했다.

"할 말 없소?"

"회장님, 저를 사장으로 삼으실 때……."

"사장이 아니라 임시 사장이지."

"맞아요. 저를 임시 사장으로 삼으실 때 웨인 리즈 부사장을 붙여주시면서 린 식시 시그마를 최대한 빨리 실행하라고 하셨잖아요."

"이봐요, 키올라! 내 핑계를 댈 생각은 하지도 마시오. 리즈 부사장의 등에 업혀서 간 자신을 탓해야지!"

"저는 회장님이 시키는 대로 했을 뿐이에요! 리즈 부사장이 생산을 잘 안다고 하셨잖아요. 그가 필요할 거라고, 그의 말을 들어야 한다고 해서 그대로 했다고요! 그룹 본사에서 린 식스 시그마를 지지한다고, 린 식스 시그마가 문제를 해결해줄 거라고 하셨잖아요."

"나는 그런 말을 한 적 없소."

키올라는 간신히 진정하고 다시 이야기했다.

"회장님, 정확히 그렇게 말씀하지는 않았다고 해도 분명 그런 뜻이었잖아요. 어쨌든 저는 린 식스 시그마가 답이라고 굳게 믿었어요. 그래서 정말 온힘을 다해 그 프로그램을 실행했어요. 그러자 자료에서처럼 정말로 개선이 나타났어요. 단지 최종 손익에만 반영이 되지 않았을 뿐이죠."

"이봐요, 키올라 사장. 조언 하나 할까? 믿음 같은 이야기는 교회에서나 하시오."

이 말에 키올라는 이를 악물었다.

"작은 비밀 하나를 들어보겠소? 비밀이랄 것도 없지. 사실 나는 린이나 식스 시그마 같은 프로그램 따위에 전혀 관심이 없소. 내가 원하는 건 오로지 성장뿐이오! 이익 성장. 이왕이면 매출과 현금 흐름까지 개선되면 더 좋고. 무조건 성장이오! 이익이 계속 늘어나야 하오! 끝없이 배가되어야 하오! 하늘 끝까지 치솟아야 하오! 천국의 계단을 오르듯 위로, 위로, 계속 위로! 최소한 내가 은퇴하거나 전임할 때까지는 그래야 하오!"

"하지만 매분기 매년 성장은 불가능해요." 키올라가 반박했다.

"물론 가끔 한두 단계의 하락은 봐줄 수도 있소. 하지만 잠시뿐이오. 한두 사분기 안에 상승세가 다시 이어져야 하오. 이미 당신은 내 신임을 잃었소."

키올라는 깊은 숨을 들이마신 뒤 결연하게 말했다. "회장님, 하이티 콤퍼지트의 성장세를 반드시 회복시키겠다고 맹세합니다."

"바로 그거요. 잘 들어요. 나는 몇 시간 뒤 유럽으로 떠날 거요. 유럽을 돌고 인도를 거쳐 중국으로 갈 거요. 3주간 출장을 다녀온 뒤에 경영 위원회, 소위 수정 구슬 모임이 열릴 거요. 키올라 사장을 부를지 꽤 고민했지만 그때까지 정상화 계획을 준비할 시간을 주겠소. 한 달이오. 내가 키올라 사장에게는 왜 이렇게 후한지 모르겠구먼. 아무튼 정확한 사실을 바탕으로 해서 아주 논리적인 정상화 계획을 내놓는 게 좋을 거요. 수익성과……."

"성장이요."

"맞소. 수익성과 성장을 회복시킬 확실한 방안을 준비하시오. 작년처럼 김빠지는 소리를 했다간… 제발, 그러지 마시오. 이번이 정말 마지막 기회요. 제대로 하는 게 좋을 거요."

리즈는 온갖 문제로 머리가 복잡하고 심란하여 자리에 앉지 못하고 사무실을 이리저리 돌아다녔다. 키올라의 말이 비수처럼 가슴을 찔렀다. 그녀와 자기 자신에게 화가 났다. 하지만 회장에게 호되게 깨지고 있을 키올라를 생각하니 미안하기도 했다. 자신에게도 어느 정도 책임이 있었다.

리즈는 이런 날이 올 줄 진작부터 알고 있었다. 하지만 한편으로는 원하던 결과가 나타나기 시작하여 이런 날이 오지 않기를 간절히 바랐다. 린 식스 시그마에 대한 열정은 있었지만 마음 깊은 곳에서는 과연 효과가 있을까 하는 불안감이 있었다.

위너 본사 차원에서 린 식스 시그마를 진행할 때도 리즈는 본사 관리자들의 많은 불만을 견뎌내야 했다. 물론 린 식스 시그마를 제대로 이해하지 못한 관리자들도 있었다. 그런가 하면 닳고 닳아서 입만 열면 입에 발린 말을 해대는 관리자들도 있었다. 위너 본사에서 실행한 린 식스 시그마가 뚜렷한 효과를 거두지 못한 경우가 많았다. 리즈도 이를 부인하진 않았지만 단지 실행의 문제라고만 생각했다. 매우 정치적인 위너의 문화와 사람들의 미온적인 태도 때문에 효과가 반감되었다고 여겼던 것이다.

하지만 이번에는 자신을 비롯해서 린 식스 시그마와 관련된 모든 사람이 키올라 사장의 전폭적인 지원을 받아 온 힘을 기울였다. 그런데도 결과는 똑같았다. 솔직히 키올라가 더 많이 바라는 것도 무리는 아니다. 왜 그토록 강력하게 보이는 개념들이 전반적인 성과에는 별 영향을 미치지 못하는 걸까?

리즈는 뭐가 잘못되었는지가 아니라 뭐가 아직 부족한지를 알아내야 한다고 생각했다. 그는 잡혀 있는 미팅을 무시한 채 급히 사무실을 나와 오크톤 공장으로 향했다.

사실 굳이 오크톤 공장에 갈 필요성은 없었다. 그곳 상황은 눈 감고도 훤히 알 정도였다. 하지만 차를 타고 가는 시간만큼은 아무런 방해도 받지 않고 혼자 있을 수 있었다. 아울러 공장 안을 돌며 린 식스 시그마가 지금까지 이룬 결과를 직접 확인하고 싶었다. 리즈는 공장장 코나니에게 전화를 걸어 오크톤 공장으로 가는 중이라고 말했다.

"마침 잘됐네요. 심각한 문제가 생겼거든요. 부사장님이 오셔서 결정해주셔야 합니다."

리즈가 공장 안에 들어서자 코나니에게서 가압 처리기 구역으로 와달라는 문자 메시지가 왔다. '최대한 빨리 와주세요.' 도착해서 보니 가관도 아니었다. 흉물스러운 고질라가 옆에서 굉음을 내는 가운데 코나니가 주간조 감독인 리치와 침을 튀겨가며 입씨름을 벌이고 있었다.

"이번 담금을 당장 멈춰요!" 코나니가 소리를 질렀다.

그러자 리치도 질세라 고함을 질렀다. "이번 담금을 멈추면 지금 고질라 안에 있는 것을 다 버려야 해요!"

"달리 방법이 없어요. 해군 주문 제품을 지금 가압 처리하지 않으면 내일까지 출하할 수 없다니까요! 이번에도 기한을 어기면 해군이 위약금을 요구할 거예요! 계약서에 위약금 조항이 있단 말이에요. 자칫 계약이 파기되면 정말 끝장이라고요!"

"무슨 일인가? 코나니, 설마 자네 지금 돌관 작업을 하려는 건가?"

리즈의 말에 코나니가 순순히 인정했다. "예, 제가, 아니 우리가 돌관 작업을 하려 합니다. 달리 방법이 없어요. 이번 제품을 내일까지 반드시 출하해야 해요. 그러려면 가압 처리 공정을 지금 당장 시작하는 수밖에 없어요."

"이 사람아, 어쩌다 일을 이렇게 촉박하게 만든 거야?"

"공급업체에서 재료인 프리프레그pre-preg를 이제야 보내왔기 때문이에요. 그나마 이 재료를 오늘 아침에 받을 수 있었던 건 공급업체로 하여금 돌관 작업을 하도록 했기 때문이에요. 이건 특수한 프리프레그라서 두 군데 업체에서만 만들거든요."

"그러면 이 업체 말고 다른 한 업체와 거래하면 되지 않나?"

"다른 업체는 더 못 미덥다고 들었어요. 그리고 현재 거래처보다 값이 30%나 더 비싸고요."

"제기랄! 왜 공급업체들도 간판 방식을 쓰라고 하지 않았나?"

"그렇게 했어요. 하지만 이 업체를 비롯해서 일부 업체는 말을 들어먹질 않아요. 그로 인해 현재 우리는 최소−최대min max 재주문 시스템을 쓰고 있어요. 그래서 여러 가지 이유로, 우리 공장에서 필요할 때 재공급이 이루어지지 않을 때가 있어요."

이때 리치가 리즈를 보며 말했다. "죄송합니다만, 어떻게 할까요?

고질라 안에 수천 달러 상당의 반제품이 들어 있어요. 지금 공정을 멈추면 전부 망가질 겁니다."

"하지만 해군 계약에는 수백만 달러가 걸려 있다고요!" 코나니가 목소리를 높였다.

리즈는 쥐라도 난 듯 손가락을 배배 꼬았고 리치는 그런 그를 참을성 있게 바라보며 기다렸다.

"코나니 공장장이 하라는 대로 해요." 결국 리즈가 체념한 표정으로 말했다.

"부사장님, 그렇게 하면 반제품만 못 쓰게 되는 게 아니라 30~40분의 셋업 시간까지 손해를 보게 됩니다!"

"그냥 그렇게 해요!"

리치가 인상을 찌푸리며 고질라의 제어반을 향해 몸을 돌렸다.

"코나니, 나는 낭비를 제거하려고 수많은 세월을 투자했어. 그런데 바로 눈앞에서 낭비가 발생하는 걸 그냥 지켜만 봐야 하다니!"

"어떤 심정인지 압니다. 하지만 다른 방법이 없어요!"

리즈는 몸을 돌려 떠나갔다. 이윽고 뒤에서 "콰르릉!" 하는 굉음이 들렸다. 리치가 철제 괴물의 배에서 뜨거운 가스를 뽑아내면서 나는 소리였다.

혼자서만 생각을 정리할 곳이 너무도 절실했던 리즈는 자기도 모르게 사람들이 잘 다니지 않는 복도 끝에 숨은 작고 칙칙한 공구실 앞에 서 있었다. 공구실 문을 열자 평상시처럼 텅 비어 있었다.

리즈는 테이블 앞에 앉아 가져온 노트북을 켰다. 공장 무선 인터넷을 통해 윙에 접속한 뒤 데이터와 각종 보고서를 불러내 얼키설키 뒤엉킨 딜레마를 풀어줄 단서를 찾아 헤맸다.

그런데 인기척이 들렸다. 공구실 문을 열고 들어온 사람은 자이로였다. 그의 한 손에는 갈색 종이봉투가 들려 있었다.

"어? 죄송해요. 계신 줄 몰랐어요. 여기서 조용히 점심이나 먹으려 했는데." 자이로가 깜짝 놀라며 말했다.

"어서 들어와요." 자이로가 머뭇거리자 리즈가 다시 말했다. "들어오라니까요. 여기 앉아요. 그러지 않아도 얘기 좀 하고 싶었어요."

자이로는 테이블 앞에 앉아 종이봉투 안에서 먹을거리를 주섬주섬 꺼냈다.

"하실 말씀이 뭡니까?"

"오늘 아침에 키올라 사장님께 호되게 혼났어요. 사장님은 사장님대로 지금 뉴욕 회장님께 비참하게 깨지고 계실 테고."

"뭣 때문에요?"

"린 식스 시그마 때문에요. 우리가 애써 많은 개선을 이루었지만 순이익 등에는 별 도움이 되지 않았기 때문이요."

"재무에 관한 문제라면 저는 아는 게 별로 없는데요."

"알아요. 하지만 재무적 성과는 생산 성과에서 나와요. 당신은 이곳에서 오래 있었으니 뭘 좀 알게 아니요? 이제 린 식스 시그마에 관해서도 많이 알 거요. 그래서 말인데, 작년 이곳에서 일어난 일들을 어떻게 생각해요?"

자이로는 즉시 대답하지 않고 먼저 갈색 종이봉투를 바닥에 깐 뒤 셔츠 주머니에서 펜을 꺼내 그림을 그렸다. 중앙에는 원 하나를 그린 뒤 그 원의 좌우로 박스 몇 개를 그렸다. 그리고 각 요소 위에 숫자들을 쓴 뒤 흐름을 의미하는 화살표들을 그렸다.

"이게 문제에요. 이 원은 고질라에요. 고질라의 상류에서는 많은 공정이 진행되지요. 마찬가지로 하류에는… 제가 그린 것보다 훨씬 더 많지만 종이봉투가 너무 작아서……."

"대충 알겠어요."

"우리는 LSS로 고질라의 상류와 하류 모두에서 이런 개선을 이루었어요. 상류에서는 대표적으로 M57 라인을 재배치했습니다. 하류 쪽을 보면 최종 준비 공정의 장비를 재배치했지요. 예전에는 최종 준비 공정 시간이 보통 8분이었지만 린 식스 시그마 덕분에 이제 평균 4분으로 줄었어요. 50%가 개선된 거죠."

"맞아요. 가장 큰 성과 중 하나요. 아주 자랑스러운 성과지요."

"그런데 부사장님, 좋은 분위기에 찬물을 끼얹을 생각은 없지만 그 50% 개선이 무슨 소용인지 모르겠어요."

"무슨 소용이라니?"

"최종 준비 공정 시간이 실제로 50% 단축된 건 아니잖아요. 비용이 실제로 절감된 건 아니에요. 장비를 운영하는 비용은 재배치 전과 거의 똑같으니까요."

"잠시만. 최종 준비 공정에서 작업자 두 명을 뺐잖소. 그게 바로 비용 절감이요."

"하지만 오늘 아침에도 그 두 사람을 봤어요. 현재 한 사람은 출하 구역에서, 한 명은 유지 보수 구역에서 일해요. 둘은 구역만 옮겼을 뿐 이 공장에서 일하고 있어요. 여전히 이 회사의 녹을 먹고 있다고요."

"맞는 말이오. 하지만 두 사람 다 그 프로젝트의 성공을 도왔지 않소? 우리를 도운 사람들에게 등을 돌릴 수는 없어요. 지속적인 개선을 이루려면 사람들이 어느 정도 안정감을 가져야 해요. 그렇지 않으면 사람들이 협력은커녕 오히려 방해만 할 거요."

"두 사람을 내보내야 한다는 말이 아니에요. 단지 비용은 전혀 절감되지 않았다는 말이죠."

"무슨 소리요? 이제는 최종 준비 공정의 효율이 높아졌잖아요. 적은 노력으로 많은 것을 처리하고 있어요. 바로 이게 비용 절감이요."

"죄송합니다. 기분 나쁘게 하려는 건 아니에요."

"괜찮소. 솔직히 말해봐요."

"그 50%의 개선은 단순히 최종 준비 공정에서 조립을 8분이 아닌 4분에 할 수 있는 '능력'이 생겼다는 말이에요. 하지만 능력이 생겼다고 해서 최종 준비 공정이 실제로 그 속도로 계속 작업할 수 있는 것은 아니지요. 출하량이나 출하 속도가 실제로 전보다 나아지지는 않았습니다."

"무슨 소리요? 그걸 어떻게 알죠?"

"지난 두 달 간 최종 준비 공정 구역을 수없이 확인했는데 능력을 온전히 사용하고 있지 않더라고요. 야간에는 가끔 작업할 거리가 전혀 없을 때가 있어요."

"어떻게 그럴 수가? 라인을 다 평준화했는데. 빈둥거리는 여유가 없을 만큼 자재가 충분해야 하는데!"

"부사장님, 최종 준비 공정의 상류를 보세요. 뭐가 있나요? 고질라지요. 이제 고질라가 압력솥 같은 작업을 평균 120분 동안 해요. 하지만 그건 평균이에요."

"나도 알아요. 소위 담금 시간이 적게는 52분에서 많게는 23시간까지 걸리죠. 윙 4-L의 일정 관리 프로그램이 이런 복잡성을 다루게 되어 있지요."

"프로그램이 좋은지 나쁜지는 잘 모르겠지만 한 가지 확실한 사실은 가끔 고질라에 들어갈 자재가 제대로 준비되지 않는다는 거에요. 자재가 충분히 도착하지 않아 고질라가 가만히 기다릴 때가 종종 있어요. 나머지 자재가 계속 오지 않으면 있는 자재만 고질라에 넣고 돌릴 수밖에 없어요. 그러면 그 능력을 온전히 사용하지 못하게 됩니다."

"이유는 빤해요. 다 상류 공정의 변동 때문이오. 상류 공정이 제때 마무리되지 않아서 그런 거요. 하지만 우리는 가압 처리기, 그러니까 고질라를 가만히 놔두느니 일단 준비된 자재로 가동을 시키는 게 낫다는 결론을 내렸소."

"예, 부사장님과 코나니 공장장이 그런 결정을 내리셨죠. 하지만 고질라의 문을 일단 닫아서 잠그면 평균 2시간 동안 문을 다시 열 수 없어요. 문을 너무 빨리 열면……."

"알아요. 안다고요. 배치를 전부 망치게 되잖아요."

"상류에서 각 제품의 공정 시간이 10분이라고 해보죠. 하류에서는 고질라에서 출하까지 공정시간이 12분이에요. 하지만 그 중간에서 2시간이나 걸리는 이 공정이 떡 버티고 있어요."

"나도 알아요."

"그러니 여기저기서 몇 분씩 줄여봐야 무슨 소용입니까?"

"궁극적으로는 작은 개선이 쌓여 큰 변화가 일어나는 거요."

"하지만 금년 안에는 힘들잖아요."

"적어도 금년은 지나야겠지. 이제 건설적인 제안은 없소?" 리즈가 짜증스러운 한숨을 내쉬며 말했다.

"있죠. LSS를 적용하려면 효과가 있는 곳에 적용하는 게 어떨까요? 이를테면 고질라에 말이에요."

"이미 고질라를 린 식스 시그마의 적용 대상으로 고려해봤소. 하지만 자재를 넣고 빼는 인력을 줄이는 것 외에는 린 식스 시그마를 적용할 만한 낭비가 별로 없었어요. 그래서 자금을 지원받을 명분이 없었어요. 그래서 그냥 인력만 줄였지요."

"지금은 출하 부분에 더 많은 린 식스 시그마를 적용하고 있어요. 코나니 공장장은 팔레트를 로딩 독loading dock에 더 빨리 실을 수 있는 기계를 새로 구입할 거라고 했어요. 이 작업이 빨라지면 인력을 절반으로 줄일 수 있다고 했지요. 인력을 어떻게 절반으로 줄일지는 모르겠지만 그러면 비용은 절감되겠죠. 하지만 팔레트를 싣는 속도가 빨라지면 뭐하나요? 어차피 팔레트는 운반 트럭이 도착하는 저녁때까지 몇 시간이나 로딩 독에 그냥 있어야 해요. 팔레트를 더 빨리 실으면 기다리는 시간만 더 길어지잖아요."

"결국은, 다시 말하지만 결국은 그 낭비도 줄일 거요. 때와 방법은 모르겠지만. 하지만 그때가 되면 출하 공정이 편리해질 거요."

느닷없이 리즈가 혼자 낄낄거리며 덧붙였다.

"그때가 되면 영화에서처럼 순간 이동 기계가 발명될 거요. 그러면 팔레트를 곧바로 고객업체까지 순간 이동시키면 되겠지요."

이 말에 자이로도 웃으며 샌드위치를 다시 한 입 베어 물었다.

"팔레트의 이동 속도를 개선하는 게 린 식스 시그마의 적용 대상으로 적당하지 않다면 뭐가 적당하겠소?"

"오늘 아침 같은 난장판이 좋은 적용 대상이죠. 고질라에서 다른 담금을 시작하기 위해 진행 중인 담금을 멈춘 상황 말이에요. 그런 상황을 방지하는 게 저의 중요한 우선사항이에요. 아마 최우선사항이 아닐까요."

"맞소. 정말 안 좋은 상황이지. 비싼 재료를 많이 낭비했어요."

"재료 낭비도 낭비지만 고질라의 시간을 낭비한 게 더 치명적이에요. 머피는 고질라의 시간을 낭비하면 모든 사람의 시간, 즉 회사 전체의 시간을 낭비하는 거라는 말을 자주 했지요."

"어떤 의미에서 모든 낭비가 다 그래요."

"아뇨, 다릅니다. 고질라는 우리 공장에서 24시간 내내 하루도 빠짐없이 돌아가는 유일한 생산 기계에요. 그 24시간 중 1시간이라도 낭비하면 회복할 방법이 없다는 거예요. 하루를 25시간으로 늘릴 수는 없으니까요. 일주일을 8일로 늘릴 수도 없고요. 그래서 공정이 조금이라도 늦어지면 다음 주로 넘겨야 해요. 그리고 다음 주에 해야 할 공정은 그 다음 주로 넘겨야 하고요. 그런 식으로 끝없이 일이 밀리지요."

"해군 제독이 아닌 이상 물건을 제때 받기는 힘들어지겠군요."

"제 점심시간은 이제 끝났습니다." 자이로가 치킨 샌드위치 절반을 리즈에게 내밀었다. "자, 맛 좀 보세요."

"별로 내키지가……."

"부사장님이 건강하셔야 저희도 힘을 내죠. 빵 사이의 바비큐 치킨이 일품이에요. 버리시면 안 돼요."

슈윅은 포르셰의 엔진 소리에 잠이 깼다. 엔진 소리는 슈윅의 집 앞에서 꺼졌다. 막 잠이 들려다 깬 슈윅은 짜증을 내며 이불을 걷어치웠다. 재빨리 겉옷을 걸치고 계단을 내려가자 초인종이 울렸다. 문을 열어보니 역시나 키잔스키였다.

"뭐야?"

"들어가도 돼?"

"그럴 기분 아니야."

"오늘 골치가 좀 아파서 그래."

슈윅이 문을 연 채 몸을 돌려 가버렸다. 키잔스키는 안으로 들어와 문을 잠갔다.

키잔스키는 회사에서 입던 그대로 정장 차림이었지만 넥타이는 어디론가 사라지고 셔츠 단추는 풀어져 있었다. 거실 불을 켜서 보니 그의 몰골은 말이 아니었다. 얼굴은 창백하기 짝이 없고 몸은 부들부들 떨고 있었다.

"무슨 일이야? 사고라도 났어?"

키잔스키는 얼굴을 찡그리고 고개를 저으며 대답했다. "더 심각해."

"왜? 뭐가 문제야?"

"맨체스터 계약을 잃게 생겼어."

슈윅의 입이 떡 벌어졌다. "안 돼! 자기가 상황을 잘 수습한 줄 알았는데!"

"나도 그런 줄 알았는데 아니었어. 몇 시간이나 통화했지만 소용이 없어. 내일 아침 통보가 올 거야. 게다가 끊기기 직전의 거래처가 또 있어. 미안하지만 술상 좀 봐주면 안 될까?"

"술이랑 안주가 어디 있는지 다 알잖아. 알아서 찾아 먹어."

키잔스키는 곧바로 일어나 주방으로 향했다. 잔에 얼음이 떨어지는 소리가 들렸다. 잠시 후 그는 보드카와 크랜베리를 손에 들고 돌아왔다.

"끊기기 직전의 거래처가 또 있다고?"

키잔스키가 고개를 끄덕인 뒤 보드카를 한 모금 삼켰다.

"오늘 저녁 브레치먼과 같이 식사했어. 화가 단단히 났더군. 브레치먼도 곧 우리에게 등을 돌릴 것 같아." 키잔스키가 잔을 들었다. "나쁜 일은 꼭 떼로 온다니까."

슈윅이 눈을 감았다.

"이유가 뭐래?"

"우리가 값만 비싸고 작업 속도는 느리다는군." 키잔스키가 거의 고함을 지르다시피 말한 뒤 다시 목소리를 낮췄다. "상황이 그래. 자기가 경고했었지. 자기 말이 맞았어. 축하해! 하지만 이게 다가 아니야. 생각지도 못한 일이 생겼어. 글쎄, 우리의 테스트 결과를 의심하지 뭐야. 우리 일의 품질을 믿지 못하겠다고 하더군. 이게 가장 큰 걱정거리야."

불길한 침묵이 흐르다가 슈윅이 입을 열었다. "우리는 헛수고를 너무 많이 해. 우리 방식에는 낭비가 너무 많아."

"진심이야? 본사 바보들이 억지로 시킨 린 식스 시그마인지 뭔지 하는 프로그램이 정말 맨체스터 계약을 지켜줄 거라고 생각해?"

"낭비 때문에 비용이 올라가고 마무리가 느려지는 건 사실이잖아. 효율성은 우리의 적이 아니야."

키잔스키는 선뜻 대꾸하지 않고 진심인지 확인하려고 슈윅을 찬찬히 뜯어보았다.

"정말 리즈 부사장이 우리의 문제를 해결할 수 있다고 생각해?"

"솔직히 그렇지는 않아. 하지만 무조건 그를 거부하지는 말았어야 했어. 특히 린 녹색 운동가들이 린 식스 시그마 프로그램을 강탈하도록 놔두지는 말았어야 했어."

"나도 나름의 생각이 있었어."

"우리에겐 뭔가가 필요해. 리즈의 린 식스 시그마? 단순한 상식? 정확히 뭐가 필요한지는 정확히 몰라. 우리가 따르는 절차, 아니 자기가 사람들에게 강요하는 절차에는 단계와 규칙과 정책이 너무 많아. 때로는 서로 충돌하기까지 해. 이것이 모든 게 그토록 느리고 그토록 비싼 이유야."

키잔스키는 보드카를 다시 한 번 쭉 들이켜고 한참 동안 잔을 들여다보았다.

"일있이, 알았다고. 내가 어떻게 해야 할까?"

"우리에게 정말 필요한 건 먼저 그 일관성 없는 정책들을 제거하는 거야. 그러고 나서 한 걸음 뒤로 물러서서 이곳이 연구소가 아니라 하나의 사업체로서 어떻게 운영되고 있는지 철저히 살펴봐야 해. 쓸데없는 것들을 싹 없애고 분명한 전략을 짜야 할 것 같아. 어때? 단순하면서도 복잡한 해법이지?"

"어떻게 하라고? 구체적으로 어떻게 하라는 거야?"

"나도 몰라. 자기와 내가 뭔가를 만들어내야 할까? 아니면 컨설턴트를 영입해야 할까? 어떻게 하면 좋을지 모르겠네."

"대체 무슨 소리야?"

키잔스키가 한 잔을 완전히 비우고 나서 잔을 테이블 위에 '쾅!' 내려놓았다.

"너무 늦었어."

슈윅의 말에 키잔스키가 한숨을 쉬었다.

"그만 가줘."

슈윅은 키잔스키가 비운 잔을 주방으로 가져갔다. 하지만 키잔스키는 슈윅이 돌아올 때까지 가지 않고 있다가 그녀의 어깨를 감싸려 했다. 그녀는 팔을 들어 저지했다.

"자기야, 오늘밤은 정말 같이 있고 싶어."

"그럴 줄 알았어. 그래서 들어올 때 분명히 말했잖아. 그럴 기분 아니라고."

"텅 빈 집에 가고 싶지 않아. 특히 오늘밤은."

키잔스키가 슈윅의 한 손을 잡고 더없이 애처로운 표정을 지었다.

"소파에서 잘 테면 자."

"그건… 텅 빈 집보다 낫겠지. 알았어."

슈윅은 베개와 담요를 갖다 준 뒤 뒤도 돌아보지 않고 계단을 올라가 자기 방으로 들어가 버렸다. 그리고 잠시 머뭇거리다가 결국 방문을 잠그고 침대에 누웠다.

얼마 있지 않아 키잔스키가 올라오는 소리가 들렸다. 문고리를 찰칵찰칵 돌리는 소리가 들렸다. 잠시 후 그가 방문을 살짝 두드렸다. 슈윅은 아무 반응도 보이지 않았다.

"자기야? 제발."

참다못한 슈윅이 소리를 질렀다. "소파에서 조용히 자든지 아니면 집에 가!"

몇 분 후 밖에서 포르셰의 시동 소리가 났다. 키잔스키는 불쾌함을 표현하려는 듯 마구 액셀을 밟아 굉음을 내며 쏜살같이 떠나버렸다.

슈윅은 키잔스키가 돌아오기를 조금은 기대하며 기다렸다. 그러다 잠시 후 내려가 현관문을 잠갔다. 그녀는 어둠 속에 한동안 서 있다가 소파로 갔다. 키잔스키가 누웠던 곳에 누워 그의 머리가 닿았던 베개에 키스한 뒤 침실로 올라갔다.

그날 저녁 키올라는 식사를 마치고 하루의 마지막 시간에나 가능한 와인 한 잔의 여유를 즐겼다. 그때 휴대전화가 울렸다. 키올라는 욕을 내뱉으며 발신 번호를 확인하고 믿을 수 없다는 표정으로 잠시 번호를 응시했다. 이럴 수가! 도슨이었다.

키올라는 어쩔 줄 모르고 벨이 몇 초간 더 울리도록 놔뒀다가 충동적으로 전화를 받았다.

"수지입니다."

"어? 죄송해요. 잘못 걸었습니… 잠깐, 키올라? 당신이에요?"

"아니에요. 수지 로빈크로치Suzie Robincrotch라니까요."

한참 침묵이 흐르다가 느닷없이 도슨이 웃음을 터뜨렸다. '수지'는 버림받은 여자를 뜻하는 해병대 속어였다.

"그 말을 어떻게 알아요?"

"나는 아는 게 많으니까요."

다시 침묵이 흐르다가 도슨이 물었다. "그것 말고 또 뭘 알죠?"

"내가 내 집에 있다는 거요. 당신은 어디예요?"

"희한한 이름을 가진 중앙아프리카 어느 마을의 거지 소굴 같은 곳에서 지내요."

"강 근처인가요?"

"아니에요. 강이 있기는 한데 하나같이 쳐다보기도 싫을 정도로 더러워요."

"잘됐네요. 하이보로보다 훨씬 좋은 곳이네요."

"하하. 하지만 꽤 좋은 곳이에요. 관광객은 없지만 누군가 당신을 해치려 하거나 죽이려 할 때 목숨을 걸고 도와줄 좋은 친구들이 많죠. 하수 처리장이나 깨끗한 물, 의사, 병원 등은 없지만 휴대전화 기지국과 작은 공항도 있어요. 코가 삐뚤어지도록 마실 수 있는 술집도 있죠."

"취했나요?"

"내 기준에서는 아니에요."

"난 취했어요." 키올라가 반쯤 빈 와인 잔을 확인하며 말했다.

"일은 어때요?"

"개떡 같아요."

"오호, 그런 말도 다 쓰고. 많이 변했네요."

"다들 쓰는데 나라고 못 쓸 이유 있나요?"

"그 사람은 아직도 라인을 평준화하고 있나요?"

"예. 그 사람한테 당한 것 같아요. 해달라는 대로 다 해줬는데 한 해를 완전히 망쳤어요. 나한테 그 사람을 붙여준 상사는 수시로 나를 들들 볶아요. 개념도 좋고 실행도 열심히 했는데 어떻게 이토록 실망스러운 결과가 나왔는지 모르겠어요."

"액셀을 끝까지 힘껏 밟았는데도 차가 안 나가는 기분이죠?"

"맞아요. 정말 그래요."

"그는 언젠간 좋아진다고 했겠죠? 타이어에 바람을 조금만 더 넣고 연료를 조금만 더 채우면 된다고?"

"맞아요! 어떻게 그렇게 잘 알아요?"

"내가 전에 그 사람 같았으니까요."

"그래서 어떻게 했나요? 지금 난 어떻게 해야 해요? 이젠 정말 확신이 없어요."

"음, 셜록 홈즈가 되어야 해요."

"뭐라고요?"

"내가 머무는 방에 누군가 셜록 홈즈 시리즈를 놔두고 갔어요. 요즘 그걸 읽고 있지요. 농담이 아니에요. 정말로 셜록 홈즈가 되어야 해요. 전체 그림을 보고 맞지 않거나 효과가 없는 것을 없애버려요. 그리고 차근차근 원인과 결과를 분석해가며 돌파구를 찾아내요."

"그게 다에요?"

"말처럼 간단하지 않아요. 보기보다 쉬운 게 아니거든요. 당연하게 보이는 것들을 의심해야 해요. 머리를 써요. 내가 멀리 있어서 도와줄 수도 없으니 당신 스스로 알아내야 해요."

"알았어요. 그렇게 해볼게요."

"그런데 우리는 아직도 이별 상태인가요?"

"당신이 떠났잖아요. 그리고 지금 아프리카에 있잖아요. 그러니까 아직도 이별 상태인 셈이죠."

"음, 내 생각엔… 그러니까……"

키올라의 말투가 조금 부드러워졌다.

"당신 일은 어때요?"

"일은 무슨! 엉망진창이에요!"

"왜요?"

"알고 보니 정상적인 회사가 아니라 합법의 탈을 쓴 밀수업자들이에요! 내 친구도 그 사실을 모르고서 나를 끌어들였고요. 얘기하자면 길어요. 어쨌든 우리는 틈을 노려 최대한 빨리 몸을 뺐지요. 하지만 우리를 고용했던 사람들이 우리를 순순히 보내주지 않네요. 한 달 넘도록 도망 다니고 있어요."

"당신, 괜찮아요?"

"살은 많이 빠졌어요. 그래도 아직 쓰러질 정도는 아니에요."

"뭐 필요한 거 없어요? 돈은 있어요?"

"괜찮아요. 그냥 당신 목소리를 들으니까 좋네요."

갑자기 도슨이 휴대전화 너머에서 누군가와 대화했다.

"급해서 이만 끊을게요. 방금 공항에 착륙등이 들어왔대요. 이 비행기를 놓치면 며칠 동안 비행기 구경을 못할지도 몰라요. 이 비행기를 탈 수 있나 봐야겠어요."

"몸조심해요!"

"걱정 말아요." 도슨이 전화를 끊으려다 말고 다시 말을 걸어왔다. "키올라? 저기… 사랑해요."

"나도 사랑해요." 키올라가 생각할 틈도 없이 반사적으로 대답했다.

전화는 곧바로 끊어졌다.

이튿날 새벽 동 트기 직전, 키올라는 잠옷 차림으로 주방에서 노트북을 켠 채 앉아 있었다. 화면에는 그녀가 작업해온 스프레드시트가 떠 있었다. 그녀가 잠이 깬 것은 새벽 4시를 막 넘긴 시각이었다. 눈을 뜨자마자 일 생각에 잠이 오지 않아 결국 노드북을 켜서 일을 시작한 것이다.

아침 6시 15분 즈음, 키올라는 일을 마쳤다. 마무리한 자료는 자신과 리즈에게 이메일로 보낸 뒤 아이들의 아침을 준비했다.

출근하자마자 처음 들른 곳은 리즈의 사무실이었다. 그녀가 들어오자 리즈는 소스라치게 놀라며 황급히 컴퓨터 화면 창을 최소화했다. 뭔가를 숨기는 듯했다.

"뭐하고 있었어요? 카드놀이라도?"

"아닙니다. 그냥 뭘 좀 읽고 있었어요."

"내가 보낸 스프레드시트는 봤나요?"

"예, 봤습니다."

"어때요?"

"사장님이 맞습니다. 적시 배송과 낮은 비용 등의 성과에서 오크톤 공장의 황금기는 위너에 합병되기 이전이에요." 리즈가 인정했다.

"부사장을 비롯한 모든 사람에게 묻고 싶어요. 어떻게 된 거죠? 그때는 뭐가 달랐을까요? 상황은 왜 나빠졌죠? 물론 토네이도 전 사장이 꼼수를 써서 단기적으로 성과를 만들어낸 건 알아요. 하지만 린은 왜 제 효과를 내지 못하죠?"

"어제 자재 관리 책임자인 자이로와 많은 이야기를 나누었어요. 몰랐던 현실을 그가 알려주었어요."

"아무래도 머피를 다시 데려와야 할 것 같아요. 최소한 잠시만이라도."

"그건… 그렇게 하세요. 사실 코나니도 힘에 부친 것 같아요. 지금 생각하니 머피가 오크톤 공장을 꽤 잘 이끌었어요. 하지만 그가 와서 우리가 린을 통해 이룬 것을 모두 없애면……."

"부사장, 그 얘기는 내일 해요."

"내일요? 토요일인데."

"그래요. 내일이요. 내 직속 관리자들과 머피 같은 다른 몇 사람을 긴급 경영진 모임으로 소집할 거예요. 모든 사람이 최대한 빨리 한자리에 모여서 상황을 파악하고 회생 전략의 근간을 마련해야 합니다."

리즈가 고개를 끄덕였다. "알겠습니다. 내일 이리로 올게요."

"아니요. 이곳 말고요. 우리 집에서 모임을 열까 해요."

"사장님 댁이요? 왜요?"

"틀에서 벗어난 사고가 필요하니까요. 그래서 틀에 박힌 곳에서 회의하고 싶지 않아요. 사무실 밖에서 모이고 싶은데 시간이 촉박해서 마땅한 장소를 찾기가 어렵고. 솔직히 장소 물색에 아까운 에너지를 낭비하고 싶지도 않고요. 게다가 우리 집은 공짜니까요. 그러니까 그냥 그렇게 해요."

"알겠습니다. 참석할게요."

"다행이에요. 핑계를 대고 참석하지 않는 사람은 무조건 해고하려고 했는데."

키올라의 얼굴을 보니 진담은 아닐지 몰라도 농담도 아닌 듯했다.

그녀가 나가자 리즈는 최소화했던 창을 다시 키워 제약 이론에 관한 글을 계속 읽기 시작했다.

키올라는 토요일에 자신의 집에서 자칭 '리더 모임'을 열겠다는 이메일을 고위 경영자들인 일레인과 퀸시, 리즈, 키잔스키뿐 아니라 머피와 슈웍에게도 보냈다. 머피를 부른 이유는 오크톤 공장으로 다시 데려오고 싶었기 때문이고, 슈웍을 부른 이유는 키잔스키의 투박한 주장에 반박할 이성의 목소리가 필요했기 때문이다. 아울러 현재 오크톤 공장장인 쿠나니를 포함시키고 재재 관리의 제고 문제로 자이도도 불렀다.

머피가 전화를 걸어와 자신이 포함된 이유를 묻자 키올라는 오크톤 공장에 관해 가장 경험이 많은 사람의 조언이 필요하다고 대답했다.

토요일 모임에서 머피의 이야기를 들어본 뒤 그를 옛 자리로 복직시킬지 확실히 결정하려는 의도도 있었다.

정오가 되자 키잔스키와 슈윅을 제외한 모든 사람에게서 참석하겠다는 연락이 왔다. 키올라가 막 점심을 먹으러 나가려는데 슈윅에게서 전화가 왔다.

"이메일을 받았나요? 내일 우리 집에서 모임을 열 거예요."

"예, 내일 머피 씨와 함께 갈 거예요. 오늘 오후에 출발하려고 합니다. 그런데 키잔스키 소장은······."

"소장은 뭐죠? 회사에 없다는 핑계는 안 통해요."

"실제로 회사에 없어요. 아무래도 소장은 못 갈 거 같습니다."

"왜죠?" 키올라가 싸늘한 목소리로 물었다.

"지금 구치소에 있거든요."

잠시 침묵이 흘렀다.

"뭐라고 했어요? 소장이 구치소에 있다고요?"

"예. 보석 심사는 월요일에나 있다고 합니다. 변호사가 손을 쓰고 있지만 검사는 도주 위험이 있다며 소장을 풀어주지 않으려 해요. 이 문제로 오늘 아침에 몇 시간이나 통화했어요."

"체포된 이유는?"

"속도위반입니다."

"속도위반이요?"

"그것 말고도 위반 사항이 많아요."

"얼마나 빨리 달렸기에?"

"추격이 한창일 때 시속 220킬로미터 넘게 찍혔대요."

"추격이요?"

"새벽 1시 30분쯤에 메릴랜드 주 서부 해거스타운 부근의 70번 고속도로에서 시작돼서 펜실베이니아 주 경계를 넘어서까지 이어졌답니다. 결국 칼라일 남쪽에서 소장 차의 기름이 떨어져 체포되었대요."

"잠깐만 끊지 말고 기다려요." 그녀는 수화기를 손으로 막은 뒤 린다를 불렀다. "린다! 린다! 당장 일레인 부사장을 오라고 해!"

그리고 다시 슈윅에게 말했다. "알다시피 일레인 부사장은 인사부서를 총괄하고 있어요. 그녀에게 이 사실을 알려야겠어요. 자세히 얘기해봐요. 어떻게 된 거죠? 술 취했나요? 아니면……"

슈윅이 한숨을 쉬며 머뭇거리다가 결국 실토했다.

"우리 집에서 딱 한 잔을 마셨어요."

"당신 집에서?"

"간밤에 저를 찾아왔어요. 아시다시피 저희가 예전에 부부였잖아요. 이혼한 뒤로도 친구처럼 지냈거든요. 헤어졌다 만났다를 반복했죠."

"그래요? 그런 줄은 몰랐네요." 키올라가 급히 속삭였다. "일레인 부사장한테 그런 얘기는 하지 말아요."

"아무튼 그는 저희 집에 오기 전에도 술을 꽤 마셨던 것 같아요. 하지만 정말 중요한 문제가 그게 아니에요. 음주운전은 걸리지도 않았고요. 소장은 저랑 있을 때 완전히 넋이 나가 있었어요. 맨체스터 계약이 파기되었거든요. 소장은 그 사실을 어제 알았어요. 문제는 그뿐만이 아니에요. 듀퐁DuPont도 우리를 버릴 게 거의 확실해요. GE 등도 우리와 거래를 끊을까 고민 중이고요. 소장이 쌓아올린 모든 것이 무너져가고 있어요."

키올라는 수화기를 들지 않은 손으로 눈을 가렸다.

"더 심각한 건 소장에 관한 기사가 오늘 아침 워싱턴에서 뉴스로 방송되었다는 거예요. 지금쯤 많은 거래처가 이 사실을 알 거예요. 나머지 거래처도 곧 알게 될 거고요."

날이 어두워질 무렵, 키올라는 슈웍에게 다시 전화를 걸었다.

"일레인 부사장과 나는 법적 문제가 해결될 때까지 소장에게 휴가를 주기로 합의했어요. 하지만 그는 이제 끝났어요. 더는 그를 믿을 수 없어요. 경찰 추격이나 회사의 평판을 떨어뜨리는 뉴스가 아니더라도, 성과를 내지 못하고 주요 고객들을 잃은 책임만으로도 소장을 그냥 놔둘 수는 없어요."

슈웍은 잠시 조용히 있다가 입을 열었다. "그게 최선인 것 같습니다. 회사를 위해서요."

"그래서 말인데, 당신이 임시로 소장 역할을 대행하면 좋겠어요."

슈웍은 뜻밖의 제안에 잠시 말을 잇지 못했다.

"그럼, 사장님과 저, 둘 다 임시직인가요?"

"그래요."

서로 말은 안 했지만 둘 다 슈웍이 키잔스키를 대신할 수는 없다는 사실을 잘 알고 있었다. 물론 슈웍는 매우 훌륭한 연구원이고 기술자였다. 키잔스키에 뒤지지 않을 정도였다. 유능하고 철저한 관리자이며, 일상적이고 세부적인 관리는 오히려 키잔스키보다 나았다. 하지만 안타깝게도 리더십이 부족했다. 키잔스키의 당당한 태도, 사람을 끄는 매력, 단 10분이면 모든 사람을 그의 말이라면 죽는 시늉까지도 하는 추종자로 만들 수 있는 능력.

슈웍에게는 그런 능력이 없었다. 슈웍이 5분만 넘게 이야기하면 누구라도 딴 생각을 할 수밖에 없었다. 그녀가 방 안에 들어온 지 30분이 지나도록 아무도 알아채는 사람이 없을 정도로 존재감이 없었다. 키올라와 슈웍 모두 이 사실을 알고 있었지만 누구도 말하지 않았다.

대신 키올라는 에둘러 표현했다. "키잔스코 소장을 따라하지 말아요. 당신만의 길을 가요. 고객이 정말로 원하는 것을 알아내서 바로 그것을 줘요. 그리고 제발 더 이상 고객을 잃지 말아요. 할 수 있겠어요?
 슈웍이 기어들어가는 목소리로 대답했다. "해보겠습니다."
 "내일 봅시다."

13 VELOCITY

우디 나무 이야기

날씨는 키올라가 자기 집에서 급히 소집한 회의의 음울하고 긴박한 분위기와 똑같았다. 하늘은 잔뜩 어두웠고 서쪽으로 갈수록 어둠이 더 짙어졌다. 바람마저 세차게 몰아쳤다. 하지만 지금 키올라는 날씨 따위를 걱정할 여유가 없었다.

키올라는 사무실에서 화이트보드와 이젤을 가져와 탁자 주위에 세운 뒤 각 사람이 앉을 자리에 포스트잇과 펜, 종이들을 올려놓았다. 그리고 마지막으로 각 사람이 앉을 자리에 이름표를 붙였고 리즈와 머피의 이름표는 나란히 놓았다.

오전 9시가 되자 모두 도착했고 즉시 자리에 앉았다. 리즈와 코나니, 자이로, 머피, 슈윅, 일레인, 퀸시, 키올라였다.

"원래 오늘은 저 개인적으로 다른 볼 일이 있었는데, 지난 분기와 지난해 우리의 재무적 성과가 너무 엉망이라서 이렇게 자리를 마련했어요. 니젤 퍼스트 회장님에게 한바탕 쓴 소리를 들었답니다. 이제 3주 후에 나는 상황을 바로잡을 복안을 갖고 회장님 앞에 서야 합니다. 솔직히 지금은 회장님에게 뭐라고 말해야 할지 전혀 모르겠어요. 그래서 오늘 우리의 목표는 왜 의도와 달리 원치 않는 일들은 일어나고 원하던 일들은 일어나지 않았는지를 알아내는 거예요. 그러면서 회사의 새로운 방향을 짜도록 하죠."

키올라의 말에 머피가 머뭇거리듯 손을 들고 물었다. "몇 마디 해도 될까요?"

"해보세요."

"바로 본론으로 들어가실 거라면 제가 진짜 문제가 무엇인지부터 말씀드리죠."

"바로 그거예요. 진짜 문제를 말해보세요."

"진짜 문제는 로크빌의 분석가들이 중요하지 않은 일로 너무 바쁘다는 겁니다."

"뭐라고요? 무슨 소리! 아니오. 간단히 말하면, 진짜 문제는 바로 변동이에요! 모든 형태의 변동이란 말이오!" 리즈가 끼어들었다.

그러자 코나니가 리즈의 말을 받아 말했다. "변동 자체는 아니죠. 변동을 다루는 상황이 문제에요. 회사 전체에 린 식스 시그마의 문화를 도입하려 했지만 검은 띠와 녹색 띠의 비율이 적절하지 않잖아요. 그게 진짜 문제에요."

이번에는 퀸시가 입을 열었다. "그게 아니에요. 그렇게들 몰라요? 고객을 잃고 있는 상황이 진짜 문제에요! 판매량이 떨어지고 있다고요!"

"이보세요. 소위 진짜 문제가 먼지는 모르겠지만 큰 문제를 말씀드리지요. 필요한 자재가 준비되지 않는 상황이 너무 많다는 거예요. 설상가상으로 회사 정책 때문에 필요 없는 자재는 울며 겨자 먹기로 받아들여야 하고요!" 이번에는 자이로였다.

"다른 분들의 진짜 문제는 뭔지 모르겠지만 제 진짜 문제는 F&D에서 데이터가 테스트 루프를 통과하도록 만드는 거예요. 그래야 고객의 손에 결과물을 쥐어줄 수 있으니까요." 슈웍이 말했다.

"그 원인이 방금 제가 말한 진짜 문제에 있다고요!" 머피가 말했다.

"현금 흐름이 문제에요! 너무 많은 현금이 재고에 묶여 있고 지출이 수입보다 많아요. 이게 진짜 문제에요!" 일레인이 목소리를 높였다.

"결국 진짜 문제는 이익이 성장하지 않는다는 거예요! 사업 목표를 달성하지 못하고 있다고요!"

키올라의 말을 퀸시가 받았다. "제 말이 그 말이에요! 판매가 늘지 않는데 어찌 이익이 늘겠습니까?"

"낭비를 없애면 된다고요! 비용을 줄이면 이익이 늘 수밖에 없죠."

코나니의 말에 머피가 심하게 고개를 가로저었다. "아니에요. 그건 절대 아니에요!"

하지만 코나니는 오히려 더 열을 올렸다. "그리고 낭비를 제거해서 이익을 늘리려면 검은 띠와 녹색 띠의 비율이 적절해야 해요!"

머피가 거의 호통을 치다시피 말했다. "이익을 증가시키려면 쓰루풋을 늘려야 해요! 쓰루풋을 늘리려면 오크톤 공장의 제약들을 관리해야 하고!"

"또 그놈의 제약 타령! 변동을 없애려면, 한 개 흘리기 흐름 생산으로 나아가려면……" 리즈가 말했다.

"변동은 현실이에요! 어떤 식으로든 절대 사라지지 않는다고요!" 머피의 얼굴이 시뻘개졌다.

9시 14분밖에 되지 않았는데 벌써 회의는 난장판 싸움으로 흐르고 있었다.

"그만! 이제 그만해요!"

키올라의 고함에 모든 입이 닫히고 모든 눈이 그녀를 향했다.

"다들 의욕이 넘쳐서 좋네요. 하지만 규칙을 정합시다. 첫째, 말다툼은 없어야 해요! 삿대질도 안 돼요. 서로를 비난해봤자 무슨 이익인가요? 자기 입장만 주장해도 안 되고, 특히 변명은 절대 안 돼요! 오늘 누구라도 그렇게 하는 사람이 있다면 공개적으로 망신을 주겠어요. 내가 원하는 건 사실입니다. 현재 상황이 왜 이렇게 꼬였는지에 관한 분명하고도 객관적인 의견을 듣고 싶어요."

키올라가 잠시 말을 멈추고 사람들의 반응을 기다리는데 아무도 입을 열지 않았다.

"좋아요. 이렇게 해보죠."

키올라가 포스트잇과 펜을 들었다.

"사실들을 있는 그대로 펼쳐봅시다. 각 사람이 포스트잇을 받아 최소한 한 장씩을 써요. 각자 부서의 관점에서 잘못된 점을 쓰되 짧은 세 문장을 넘기지 말아요. 각 멘트 위에는 자기 이름과 부서를 쓰세요. 포스트잇 한 장이 모자라면 두 장을 이어서 써도 좋습니다. 자, 이제 시작합시다."

몇 분 후 간단한 문장으로 쓴 포스트잇 십여 장이 탁자 위에 놓였다.

"이것들을 화이트보드에 붙여서 한번 봅시다."

키올라의 말에 모든 사람이 특별한 순서 없이 포스트잇들을 화이트보드에 붙였다. 그 모습을 보니 현재 회사가 얼마나 큰 혼란에 빠져 있는지를 한눈에 알 수 있었다.

진짜 문제

자이로 펩스, 자재 관리 책임자: 여러 가지 자재가 시도 때도 없이 부족해진다.

에이미 키올라, 사장: 연간 성장을 비롯한 핵심 성과 지표에서 모회사가 요구하는 목표를 달성하지 못하고 있다.

자이로 펩스, 자재 관리 책임자: 그룹 본사 정책 때문에 그룹 본사의 다른 자회사에서 생산한 원자재를 싫든 좋든 받아들여야 한다!

커트 코나니, 공장장: 오크톤 공장의 모든 공정이 택트 타임에 따라 진행되지만 매번 택트 타임 안에 작업이 끝나지는 못한다.

웨인 리즈, 생산 부사장: 최선을 다했는데도 제조 시간은 짧아지기는커녕 더 길어진다.

커트 코나니, 공장장: 오크톤 공장에서 많은 공정의 효율을 개선하고 낭비를 없앴는데도 제조 시간이 여러 구역에서 시도 때도 없이 지연되고 있다.

가스 퀸시, 판매 및 마케팅 부사장: 판매원들이 사기가 떨어져 제대로 노력하지 않는다.

가스 퀸시, 판매 및 마케팅 부사장: 판매가 늘어나기는커녕 줄어들고 있다.

가스 퀸시, 판매 및 마케팅 부사장: 주문 생산 제품의 리드 타임이 경쟁사에 비해 길고, 출하 지연이 너무 잦다.

머피 맥과이어, F&D: 분석가의 검토와 승인, 설계도 인계가 불규칙적이기 때문에 공장에서는 늘 제조 시간이 촉박할 수밖에 없다.

일레인 아이젠웨이, 재무 부사장: 모든 종류의 재고 금액이 유례없이 높다.

사라 슈윅, F&D: 테스트 루프가 복잡해서 고객에게 결과물을 언제 전달할 수 있을지 예측하기 어렵다.

일레인 아이젠웨이, 재무 부사장: 현금 흐름이 엉망이다.

머피 맥과이어, F&D: F&D에서 전문 인력들이 고객에게 청구할 시간당 대금을 극대화해야 한다는 압박을 받고 있다. 그래서 시간당 대금을 청구할 수 없는 (일상적인 설계 승인) 행정 잡무들은 신속히 처리되지 않는다.

사라 슈윅, F&D: 품질을 우선시하는 (그리고 시간당 대금을 청구하는) 현재 정책 때문에 F&D가 테스트와 분석을 빨리 진행할 수 없다.

커트 코나니, 공장장: 린 식스 시그마의 검은 띠와 녹색 띠 비율이 적절하지 않다.

에이미 키올라, 사장: 오크톤 공장의 정식 직원 급료 총액은 줄지 않고, 초과 근무 수당과 임시직 급료 총액은 상대적으로 늘었다.

"좋습니다. 진짜 문제에 관한 각자의 의견을 확인했으니 이제 어떻게 하면 좋을까요?"

키올라의 말에 가장 먼저 리즈가 말문을 열었다. "죄송합니다만 먼저 사장님의 생각을 듣는 게 좋을 것 같습니다."

"사실 구체적인 해법을 생각하지는 못했어요. 단지 기본적인 이슈들을 모두 끄집어내서 전체적으로 보는 게 도움이 될 거라 생각했어요."

"이 모든 문제를 하나씩 풀어야 한다는 건가요?" 퀸시가 물었다.

"하나씩? 그런 식으로는 문제를 풀 수 없어요." 머피가 말했다.

코나니가 반문했다. "왜 그렇습니까? 우선순위를 정해서 하나씩 해결하면 되잖아요?"

"다른 문제들의 영향력을 고려하지 않고서 어느 한 문제만 풀 수는 없습니다. 이 모든 문제는 서로 연결되어 있으니까요."

"잠깐." 리즈가 화이트보드 위의 포스트잇들을 바라보며 말했다. "이 모든 문제 사이에 인과관계가 있다고요?"

키올라도 화이트보드 쪽을 바라보았다. "그래요. 내 눈에도 그런 관계가 분명히 있어 보이네요."

키올라가 포스트잇노트 몇 개를 떼서 순서대로 다시 붙였다.

```
                    ┌─────────────────┐
                    │  웨인 리즈,      │
                    │  생산 부사장 :   │
                    │  최선을 다했는데도│
                    │  제조 시간은     │
                    │  짧아지기는커녕  │
                    │  더 길어진다.    │
                    └────────▲────────┘
                             │
        ┌─────────────────┐  │  ┌─────────────────┐
        │                 │  │  │  가스 퀸시, 판매 및│
        │                 │  │  │  마케팅 부사장 :  │
        │                 │  │  │  주문 생산 제품의 │
        │  커트 코나니,   │  │  │  리드 타임이 경쟁사에│
        │  공장장 :       │──┼──│  비해 길고, 출하  │
        │  오크톤 공장에서│  │  │  지연이 너무 잦다.│
        │  많은 공정의 효율을│ │  └─────────────────┘
        │  개선하고 낭비를│  │
        │  없앴는데도 제조│  │  ┌─────────────────┐
        │  시간이 여러 구역에서│ │  자이로 펩스,    │
        │  시도 때도 없이 │  │  │  자재 관리 책임자 :│
        │  지연되고 있다. │──┼──│  여러 가지 자재가 │
        └────────▲────────┘  │  │  시도 때도 없이  │
                 │           │  │  부족해진다.     │
                 │           │  └─────────────────┘
        ┌────────┴────────┐
        │  커트 코나니,   │
        │  공장장 :       │
        │  오크톤 공장의 모든│
        │  공정이 택트 타임에│
        │  따라 진행되지만 │
        │  매번 택트 타임 안에│
        │  작업이 끝나지는 │
        │  못한다.        │
        └─────────────────┘
```

"일례로 오크톤 공장의 모든 공정이 매번 택트 타임 안에 작업이 끝나지 못한다면, 제조 시간이 여러 구역에서 시도 때도 없이 지연되겠지요."

"맞는 말씀입니다. 하지만 그래서 어떻게 하자는 말씀이신지?" 리즈가 물었다.

"원인이 되는 아래 박스의 문제를 풀면 결과에 해당하는 그 위 박스의 문제가 풀리게 되는 거지요." 키올라가 말했다.

"혹시 아래 문제의 해결책이 위 문제를 완전히 풀 수 없더라도 최소한 상황은 나아지겠죠. 그러면 위 문제를 풀기가 한결 쉬워질 거고요." 슈웍이 맞장구를 쳤다.

"하지만 어떤 문제가 가장 먼저인지 어떻게 알죠? 닭이 먼저냐 달걀이 먼저냐 하는 문제 같은데요. 택트 타임을 맞추지 못하는 것이 출하 지연의 원인인가요? 아니면 상류 공정의 불규칙한 지연 때문에 택트 타임이 초과된 건가요?"

코나니의 물음에 머피가 나섰다. "제가 볼 때는 어떤 수탉이 암탉과 난잡하게 노는지 찾아야 해요. 암탉이 혼자서 알을 낳을 수는 없으니까요."

이 말에 모든 사람이 입을 떡 벌린 채 머피를 쳐다봤.

"그냥 어릴 적 시골 생활을 추억하며 한 말이에요!"

"머피 씨의 말은 모든 요소들 사이의 관계를 알아내야 한다는 말 같습니다. 그래야 무엇이 원인이고 무엇이 결과인지 알 수 있겠지요." 키올라가 분위기를 수습했다.

"수탉과 암탉의 사랑 얘기는 그만두고, 이 부분에서 식스시그마의 DMAIC가 매우 유용할 것으로 보입니다. 아니, 꼭 필요합니다." 리즈가 말했다.

"그럴지도 모르지요. 하지만 다시 말하지만 우리, 최소한 나한테는 그런 프로그램에 몇 달 혹은 몇 년씩 투자할 시간이 없어요. 상황을 바로잡되 시급하게 바로잡아야 해요. 그래서 말인데, 이 인과 문제를 잠시만 깊이 살펴보는 게 어때요?" 키올라가 말했다.

그때부터 모든 사람은 화이트보드 위의 포스트잇들을 이리저리 옮기기 시작하다가 순서를 제대로 맞췄다고 생각하면 포스트잇들 사이에 마커로 인과 관계를 의미하는 선을 그리기 시작했다.

그 와중에 옥신각신하기도 했다. 나중에 입장을 바꾸긴 했지만 슈웍을 포함한 모든 사람이 로크빌의 분석가들이 전체 시스템에 악영향을 미친다는 머피의 말을 부정했기 때문이다.

"상대적으로 얼마 되지 않는 전문 인력이 어찌 시스템 전체를 마비시킬 수 있단 말이오?" 리즈가 물었다.

"리즈 부사장님, 분석가들이 숫자가 너무 적고 그에 반해 회사 전체에 미치는 영향력은 크기 때문이에요. 그래서 전체 시스템을 마비시킬 수 있는 거예요."

"그래요. 로크빌의 분석가가 제조 사양서를 승인하기 전까지는 오크톤 공장에서 그 어떤 공정도 시작할 수 없는 건 사실이에요."

키올라의 말에 리즈가 물었다. "분석가의 승인이 꼭 필요합니까?"

"법적 책임 문제가 걸려 있거든요. 15년 전쯤 하이티 과실로 제품이 제 기능을 하지 못했다는 이유로 수억 달러의 소송을 당했어요. 그 뒤로 보험사에서 모든 고객 주문을 제조에 앞서 F&D의 분석가가 검토해야 한다는 조건을 붙였죠."

"정말 변호사 세상이구먼. 안 그래요?" 퀸시가 말했다.

"그게 현실이에요. 모든 주문은 분석가의 검토를 거쳐야 해요. 싫든 좋든 그럴 수밖에 없어요."

"사실 다 싫어하죠. 분석가들도 업무 규정에 나와 있으니까 분석할 뿐이지 대부분은 분석 프로세스를 정말 싫어해요."

슈웍의 말에 키올라가 물었다. "이유가 뭔가요?"

"지루하고 짜증나는데다가 직업적으로 부담이 너무 커요. 분석가가 뭔가를 놓쳐서 제품이 의도한 기능을 하지 못하면 그야말로 비극이 일어날 수도 있으니까요. 무엇보다도, 이렇게 부담스러운 검토 업무로 추가 수당도 받지 못하니 더 하기 싫죠."

"추가 수당이요? 왜 추가 수당을 받아야 하지요?"

"그러니까… 다른 일로는 인센티브를 받거든요."

"이를테면 어떤?"

"제조 설계 검토 비용은 내부적으로 하이티에 청구돼요. 마치 경비처럼 취급되죠. 하지만 분석가가 F&D 고객을 위해 연구 프로젝트를 진행하면 그 작업 시간이 시간 단위로 청구됩니다."

"그건 알고 있요."

"연말까지 분석가가 고객에게 청구 가능한 시간을 많이 채울수록 보너스도 커져요."

"정말 탐욕스럽네." 코나니가 말했다.

"잠깐만요. 분석가들의 근무 시간이 정말 많다는 걸 아셔야 해요. 하루에 12시간은 기본이랍니다. 14시간, 심지어 16시간을 일할 때도 있어요. 일주일에 6일이나 7일을 일할 때도 많고요. 매년 그래요. 저도 분석가였기에 그게 얼마나 힘든지 알아요. 당시 얼마나 업무에 시달렸던지 경영진으로 오면서 개인 시간이 생기는 게 큰 바람이었어요. 제 말은, 어떤 식으로든 성과 대비 인센티브를 주지 않으면 남아 있을 분석가가 없을 거예요. 그래서 키잔스키 소장이 분석가들을 달래고 치켜세우고 후한 급여를 지급한 거죠."

"그들의 급여는 정말 많죠. 나보다 많이 받는 사람들도 있어요." 키올라가 말했다.

"도대체 얼마나 받기에 그럽니끼?"

퀸시가 묻자 슈웍이 대답했다. "초급 수준의 분석가는 연봉 12만 달러에다 보너스와 복리후생비를 받아요. 조 타소니 같은 선임 분석가는 거의 50만 달러에 가까운 연봉을 받습니다."

"우와!" 누군가 탄성을 질렀다.

"하지만 그럴 만해요. 분석가들이 회사에 많은 이익을 올려주니까요. 그리고 그들 중 대다수는 그 분야의 세계 최고예요. 하지만 그들이 F&D에 머무는 이유는 돈 욕심 때문만은 아니에요. 전문가의 깊은 관심을 끄는 연구 기회도 중요한 요인이에요."

"그렇다고 칩시다. 하지만 그렇게 많은 돈을 받는 사람들에게 제조 측면을 방해하지 말라고 요구하는 게 지나친 건가요? 설계 검토에 조금만 더 시간과 관심을 쏟아달라고 할 수는 없나요?" 리즈가 말했다.

"간단한 검토도 있지만 그렇지 않은 검토가 더 많아요. 시간이 걸리죠. 게다가 로크빌의 프로젝트 관리자들은 F&D 고객의 일을 우선적으로 처리하라고 압박을 가해요. 말씀드렸다시피 분석가들은 F&D에서 하는 모든 일의 중심에 놓여 있어요. 굳이 설계 검토가 아니더라도 엄청나게 바쁘다보니 설계 검토는 귀찮은 허드렛일처럼 느낄 수밖에 없죠. 분석가들이 검토를 마치려면 우리가 몇 달씩 재촉해야 해요. 검토는 서두르되 결과는 틀리면 큰일 난다는 식으로 닦달하니 정말 모순이지요."

이때 키올라가 슈윅의 말을 끊었다. "좋아요. 문제들이 어떤 식으로 연결되는지 이제 좀 알겠네요."

키올라는 화이트보드 앞으로 가서 현재 상황을 사슬 모양으로 그리기 시작했다.

한참 후 그녀가 맨 아래 포스트잇을 가리키며 말했다. "현재 상황은 이래요. 정책과 여러 심각한 이유로 인해 F&D의 분석가들은 하이티에서 제조되는 모든 제품 설계를 검토하고 승인해야 해요. 꼭 이렇게 해야 하는지 따져봐야 하겠지만 당장은 상황이 이래요. 맞죠?"

"맞습니다." 몇 명이 이구동성으로 말했다.

"아울러 분석가들에게는 자신만의 연구 작업 같은 다른 업무도 있어요. 이것도 맞지요?"

"네."

"슈윅 연구원에 따르면 분석가들이 수익과 직결된 시간당 대금을 청구할 수 있는 F&D 고객들을 우선시하는 데는 보너스에서 전문가적인 관심까지 여러 가지 이유가 있어요. 맞나요?"

"맞습니다."

"그래서 F&D 고객의 우선순위가 가장 높은 반면 하이티를 위한 설계 승인의 우선순위는 낮군요. 이것도 맞나요?"

"예."

"분석가들이 주어진 시간 안에 작업을 마무리하지 못하면 지연이 발생하지요. 맞나요? 그리고 그렇게 내일로 미뤄지는 일은 거의 대부분 우선순위가 낮은 설계 승인 업무지요? 이것도 맞나요?"

"맞습니다. 죄송하지만 상황이 그렇습니다." 슈윅이 말했다.

"분석가들이 승인을 미루었다가 처리하면 어떤 일이 발생하지요? 승인이 늦어지면 여러 승인을 한꺼번에 몰아서 처리하는 사태가 벌어질 거예요."

"잠깐만요. 이유가 뭡니까? 왜 한꺼번에 처리되는 거죠?" 리즈가 물었다.

"그냥 추측일 뿐이에요. 원래 인간의 본성이 그래요. 이메일 처리와 비슷하죠. 나는 매일 바쁘기 때문에 대개는 이메일이 들어오는 대로 처리할 수 없어요. 보통은 15~20분 정도 기다렸다가 한꺼번에 처리하지요."

"맞아요. 로크빌의 상황이 정확히 그래요. 짬이 생기면 분석가는 쌓인 검토 작업을 재빨리 해치워서 서명한 다음 오크톤 공장으로 보냅니다. 물론 살짝 훑어만 봐도 되는 승인 작업일 때만 그렇지요. 몇 분 안에 검토할 수 있는 설계도 있지만 분석과 질문, 테스트 등에 몇 시간, 심지어 며칠이 걸리는 설계도 있어요. 이런 설계는 훨씬 더 오래 지체됩니다." 슈윅이 말했다.

"그래서 설계 승인이 오크톤 공장에 도착하는 시간이 불규칙하고 늦는 거군요. 그렇게 늦게 도착하면……."

"오크톤 공장은 늦은 시간을 벌충하느라 정신이 없게 됩니다."

머피가 고개를 끄덕이며 말하자 키올라가 또 한 장의 포스트잇을 써서 맨 위에 붙였다.

오크톤 공장에 관한 포스트잇이 맨 위에 붙자 리즈의 대머리가 분홍색으로 변했다가 이내 새빨개졌다. 결국 그는 참지 못하고 자리에서 일어났다.

"네! 네! 알았다고요! 저와 린 식스 시그마가 모든 문제의 원인이라는 거죠?"

"아니에요, 리즈 부사장. 그런 뜻은 아니에요. 리즈 부사장은 물론이고 그 누구도 비난할 생각은 없어요. 이미 서로를 손가락질하는 일은 없기로 했잖아요. 심지어 자신을 탓하는 것도 바람직하지 않아요."

키올라가 부드럽게 말하자 리즈는 자리에 앉는 대신 팔짱을 꼈다.

"게다가 리즈 부사장은 이 회사에 아주 귀중한 프로그램을 소개해주었어요. 여러 모로 훌륭한 프로그램이에요. 그래서 나를 비롯한 많은 사람이 기꺼이 그 프로그램을 받아들였지요. 아니, 나는 그 프로그램에 내 커리어를 걸었어요. 하지만 좋은 결과가 나오지 않았지요. 최소한 우리가 원하던 결과는 아니에요. 그래서 상황을 정확히 파악하고 앞으로 나아갈 방향을 정하려는 거예요."

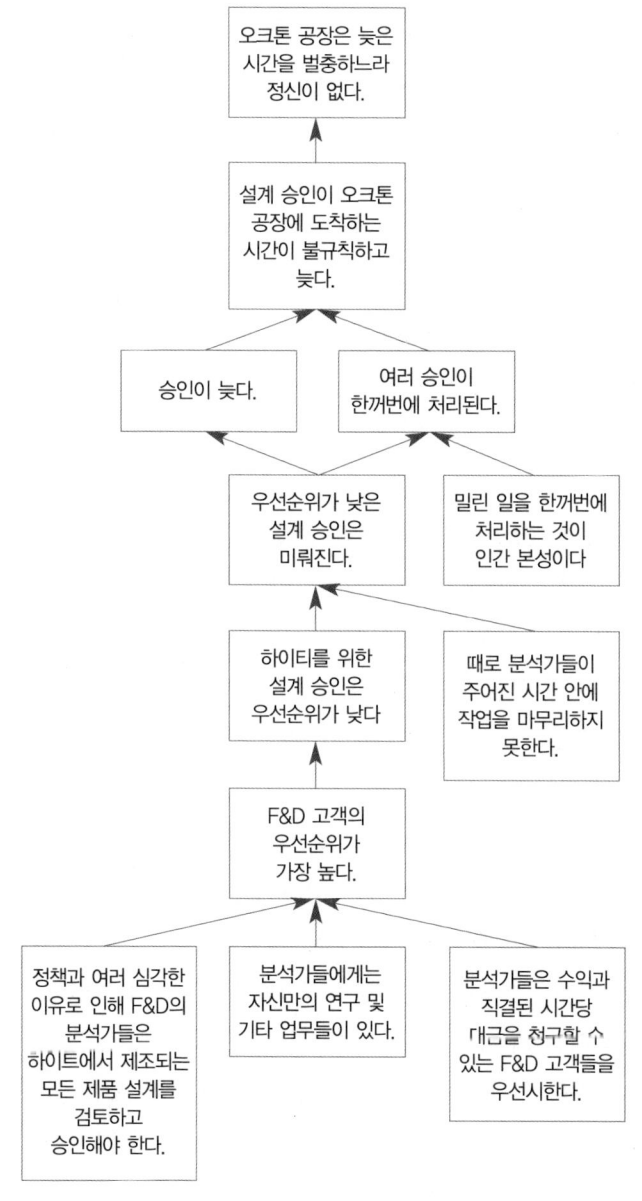

키올라가 다시 화이트보드 쪽으로 몸을 돌렸다.

"오크톤 공장이 늦은 시간을 벌충하느라 늘 정신이 없다는 의견이 나왔어요. 이것이 사실이라면 이유는 뭘까요? 오크톤 공장에서 어떤 일이 벌어진 건가요?"

"어디까지 거슬러 올라갈까요?" 머피가 물었다.

"필요하다고 생각되는 곳까지요."

"음, 소송이 발생하고 F&D 설계 승인 관행이 생기기 전부터 하이티는 박리다매형 제품을 제작하지 않기로 결정했습니다."

"맞아요. 당시 공급업체들의 글로벌화가 진행 중이었죠. 그래서 인건비가 낮은 아시아 공급업체들과 경쟁할 수 없다는 결론을 내렸어요. 물론 내가 내린 결론은 아니었지만요. 높은 마진을 얻을 수 있는 고성능 특수 복합재료라는 틈새시장을 공략하기로 했어요."

"하지만 복합재료 분야에서 성공하려면 유연성이 필요했어요. 그 유연성이 우리를 낯선 분야로 이끌었지요. 부분적으로 그것이 우리가 소송에 휘말린 원인입니다."

"제가 알기로 소송으로 이어진 사건은 사실 우리와 별로 상관이 없었어요. 우리는 큰 그물에 덩달아 걸린 거였죠. 잘못은 우리에게 명확하지 않은 사양을 준 고객에게 있었어요." 퀸시가 말했다.

"그렇긴 하지만 회사와 고객들, 궁극적으로 소비자들을 보호하기 위해서 설계 승인 관행이 시작된 거죠."

머피의 말이 끝나자마자 키올라가 끼어들었다. "잠깐만. 좀 더 최근 이야기를 하는 게 어때요?"

"예, 까마득한 옛날이야기 같죠. 하지만 사장님, 모든 일은 이전의 사건에서 발전한다는 걸 아셔야 합니다. 모든 결과에는 원인이 있지요. F&D 설계 승인이 강제적 규정이 되었기 때문에 오크톤 공장의 생산 능력이 F&D의 승인 능력에 의존하는 결과가 나타난 겁니다."

머피의 말에 일레인이 고개를 갸웃거렸다. "의존이요? 무슨 말인지 전혀 모르겠네요."

"예, 의존이요. 한 가지 행동이 완료되기 전까지 다음 행동이 시작될 수 없다는 말입니다. 이를테면 가게에 가서 요리할 재료를 사오기 전까지는 요리를 할 수 없잖아요?"

"그래서 어쨌다는 거죠?" 일레인이 다시 물었다.

"분석가들에게 의존하면서 그들의 성과가 우리의 성과에 영향을 미치게 되었습니다. F&D에서 일이 지체되면 오크톤 공장의 작업도 지체되는 거죠."

"지체된 시간을 따라잡지 못하면 출하 일정이 늦어지고요." 키올라가 결론을 내렸다.

"그렇습니다. 그래서 오크톤 공장이 따라잡기 게임의 달인이 된 거죠."

"하지만 오크톤 공장이 따라잡기 게임을 그렇게 잘한다면 왜 요즘은 상황이 그런가요?"

퀸시가 묻자 모든 사람이 리즈를 바라보았다.

"솔직히 저도 잘 모르겠습니다. 린 식스 시그마로 오크톤 공장의 효율이 높아졌는데 정말 이상하네요."

"부사장님, 분명히 말씀드리지만 린 식스 시그마를 통해 오크톤 공장의 효율이 좋아진 건 아닙니다. 생산 공정 하나하나는 효율이 높아졌지만 생산 시스템 전체의 효율은 높아지지 않았어요."

머피의 말에 코나니가 곧바로 반박했다. "잠깐만요! 우리가 제거한 수많은 낭비를 보라고요! 우리는 냉동 저장 자재들이 빠른 속도로 이동할 수 있도록 쿨러를 재배치했어요. 간판도 설치했고 M57 라인의 불량률은 2%나 낮췄어요! 실수 자체가 거의 불가능하도록 수지 염료 통들을 색깔로 구분했죠. 작업 구역들의 인력을 작업량에 맞춰 재편성했고요. 이 외에도 말하자면 끝이 없어요. 그러니 우리가 시스템을 개선하지 못했다는 말은 하지도 마세요!"

"고질라의 성과를 개선하기 위해서는 뭘 하셨나요?"

"자재를 넣고 꺼내는 인력을 줄였지요."

"죄송한 말씀이지만 그건 이유가 있어서 마련해 놓은 예비 능력을 없앤 것에 불과합니다. 문제가 생길 때 재빨리 상황을 수습하기 위해 마련한 예비 능력을 없앤 거라고요. 그리고 문제는 늘 발생하기 마련이에요. 제 이름이 괜히 머피인 줄 아세요?"

코나니가 다시 반박하려고 하자 리즈가 그를 제지시켰다.

"머피 씨의 말에 일리가 있네. 실은 몇 달 동안 나도 그 문제로 고민했어. 인정하기 싫지만 가압 처리 공정 기술을 완전히 개조하기 전까지는……."

"단지 한 개 흘리기 흐름 생산을 이루기 위해 2천만 달러를 쓸 수는 없어요. 특히 금년에는 힘들어요. 당분간 그런 투자는 없을 거예요." 키올라가 말했다.

"그렇다면 고질라에서의 처리 속도를 높일 수 없다면……."

머피의 말을 다시 키올라가 받았다. "시스템 전체의 쓰루풋을 높일 수 없지요."

리즈가 인정한다는 듯 고개를 끄덕였다. "맞아요. 상류와 하류의 공정을 개선할 수는 있지만 가압 처리기라는 병목 때문에 흐름은 개선되지 않을 겁니다."

키올라가 종이 한 장과 펜을 집었다.

"내가 볼 때 이것이 여태까지 존재해왔고 앞으로도 계속될 인과관계의 사슬이에요."

키올라는 사슬의 각 연결고리에 관해 간단한 멘트들을 쓰면서 설명을 이어갔다.

"위너의 문화는 성과 척도 중심적이에요. 다시 말해, 주요 성과 지표 KPI들에서 점수가 높은 관리자가 많은 보너스를 받고 승진도 해요."

키올라는 그 말을 포스트잇에 써서 화이트보드의 아래쪽에 붙였다.

"위너의 믿음 중 하나는 모든 자원을 최대로 가동하는 것이 곧 최대의 효율이라는 거예요. 그래서 위너의 모든 관리자는 '최대의 가동률'을 추구하려 애쓰고 있어요.

최대 가동률에 대한 집착은 위너에서 만든 윙 프로그램에도 그대로 반영되어 있어요. 윙이 시키는 대로 무작정 따랐더니 재고 수준이 극도로 높아졌어요. 자원들의 능력이 필요 수준에 맞춰 평준화되지 않았기 때문이죠.

모든 자원이 무작정 죽어라 가동되니까 필요 여부와 상관없이 재고가 생산되고 있어요."

"아무래도 대부분의 관리자들이 윙에 입력할 데이터를 조작하는 것 같아요. 사실상 거짓말을 하는 거죠." 리즈가 말했다.

"저도 그랬어요. 그게 살아남을 유일한 길이니까요." 머피가 곰 같은 어깨를 으쓱하며 말했다.

키올라가 눈알을 굴렸다.

"아무튼 그래서 위너에서 린 식스 시그마를 시행하는 거죠. 위너는 린을 통해 불필요한 능력을 줄이고 남은 능력을 최대로 가동하려 해요. 적어도 이론적으로는 자원이 백 퍼센트에 가깝게 가동되고 재고 수준은 낮아지게 되죠. 이것이 위너의 이상인 최대 가동률에요.

그래서 우리는 오크톤 공장의 자원을 재편성했어요. 수학적으로는 정확히 주문량을 맞출 만큼만의 능력을 갖추게 되었죠. 하지만 '과잉' 능력을 제거했기 때문에 작업량의 변동에 대처하는 데 문제가 있어요.

특히 F&D에서 제조 승인이 불규칙적이고 늦게 도착하면 더 힘들어져요. 다시 말해, 이제 우리는 걸을 수만 있을 뿐 달릴 수는 없게 되었으니까요. 게다가 걷는 동안 넘어지기라도 하면 더 늦어지죠.

이제 우리는 늦은 시간을 벌충할 수 없게 되었어요.

그래서 한 번 늦어진 것은 계속 늦어진 상태로 있지요."

키올라가 포스트잇들의 배치를 확인한 뒤 계속 말했다.

"이 두 가지 인과관계에는 분명한 연결고리가 있어요."

"다시 말해, 주문량에 딱 맞춘 능력밖에 없어서 뜻밖의 일로 작업이 지체되어도 그 시간을 벌충할 수 없군요." 리즈가 고개를 끄덕였다.

"바로 그겁니다. 작업 지체로 인해 택트 타임을 맞추지 못하면 일시적 병목이 생깁니다."

20분 남짓 키올라가 화이트보드 앞에서 포스트잇들을 이리저리 재배치하고 새 포스트잇을 붙이고 포스트잇들을 화살표로 연결하는 동안 나머지 사람들은 대화하고 반박하고 결론 내리기를 반복했다. 그리하여 결국 논리적으로 보이는 하나의 인과관계 사슬이 완성되었다.

키올라는 완성된 사슬을 하나씩 읽어 내려갔다.

"평준화된 생산 라인으로 인해 이제 오크톤은 정확히 주문량을 처리할 만큼만의 능력을 갖추고 있다.

작은 변동이 시스템 전체 흐름에 일시적인 병목을 만들어낸다.

그래서 고질라의 생산성이 전보다 낮을 때가 많다.

그래서 제조 기간은 줄어들기는커녕 늘어나고 있다.

그래서 하이티는 약속한 출하 일자를 맞추지 못할 때가 많다.

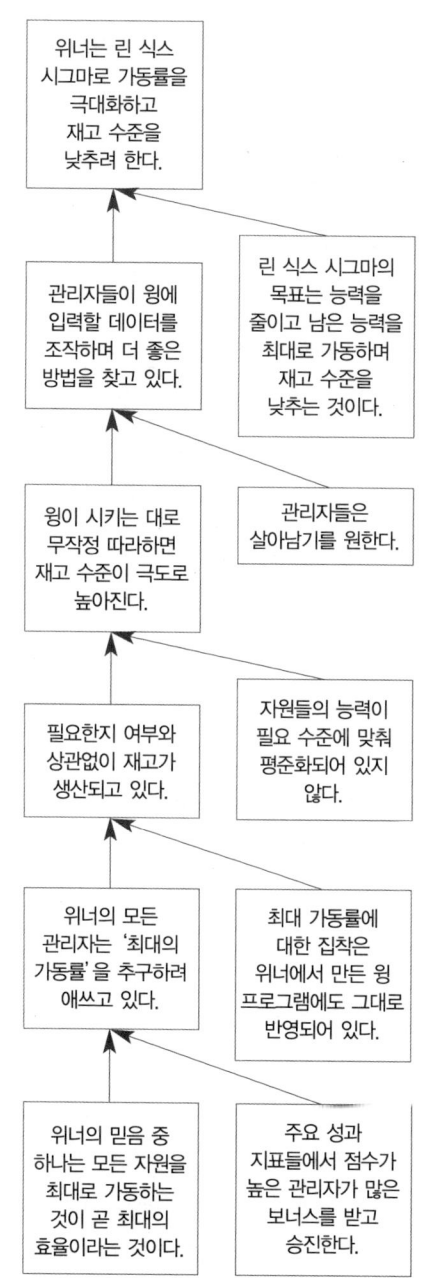

우디 나무 이야기

고객 불만을 줄이기 위해 비싼 익일 배달 서비스를 자주 이용한다.
익일 배달 서비스를 이용해도 약속한 날짜에서 여전히 며칠 늦는다.
그래서 점점 더 많은 고객이 불만을 표시하고 있다.
그래서 판매원들의 사기가 떨어지고 있다.
그래서 판매가 나빠진다.
그래서 현금 흐름이 나빠진다.
그래서 회사의 이익이 하락하고 있다.
그래서 우리는 목표를 달성하지 못하고 있다.
그래서 위너의 경영진이 화를 낸다.
그래서 많은 하이티 직원들의 일자리와 커리어가 위험에 처한다."
여기까지 읽은 키올라가 좌중을 돌아보았다.
"정말 바람직하지 않은 결과들의 사슬이군요."
"마치 연쇄 추돌 사고 같아요." 리즈가 말했다.
"하지만 처음부터 그랬던 건 아니에요. 보세요. 아래를 보면 의도는 좋았어요."
키올라가 포스트잇 한 장을 더 써서 화이트보드의 맨 아래에 붙였다.
"우리 모두 성공하기를 원한다."
키올라가 이 포스트잇을 가리켰다가 다시 맨 위의 포스트잇을 가리켰다.
"그런데 결과는 정반대군요."

그날 저녁 무렵, 키올라는 여전히 거실 테이블에 앉아 포스트잇과 선, 화살표로 가득한 화이트보드를 바라보고 있었다. 다행히 모임은 한 가지 계획을 세운 뒤에 파했다. 해결방안이나 전략이 아니라 단순히 이 모임의 행동 계획이었지만 그래도 발전은 발전이었다.

원인과 결과

```
                    ┌─────────────┐
                    │  일시적인     │
                    │  병목들이 생긴다. │
                    └─────────────┘
                           ▲
                    ┌─────────────┐
                    │  택트 타임을  │
                    │  맞출 수 없다. │
                    └─────────────┘
                           ▲
                    ┌─────────────┐
                    │ 한 번 늦어진 것은│
                    │  계속 늦어진   │
                    │  상태로 있다.  │
                    └─────────────┘
                           ▲
                    ┌─────────────┐
                    │ 오크톤 공장은  │
                    │  늦은 시간을   │
                    │  벌충할수 없다. │
                    └─────────────┘
                           ▲
                    ┌─────────────┐    ┌─────────────┐
                    │ 오크톤 공장은  │    │ 설계 승인이   │
                    │ 작업부하의 변동에│◀───│ 오크톤 공장에 │
                    │  대처하는 데   │    │ 도착하는 시간이│
                    │  문제가 있다.  │    │ 불규칙하고 늦다.│
                    └─────────────┘    └─────────────┘
                           ▲
                    ┌─────────────┐    ┌─────────────┐
                    │ 오크톤 공장은  │    │ '과잉' 능력이 │
                    │ 자원을 재편성하여│◀───│  제거되어 있다.│
                    │ 수학적으로는 정확히│  └─────────────┘
                    │ 주문량을 맞출 만큼│
                    │  만의 능력을   │
                    │  갖추게 된다.  │
                    └─────────────┘
                           ▲
                    ┌─────────────┐    ┌─────────────┐
                    │ 하이티 경영진이│    │ 린 식스 시그마의│
                    │ 린 식스 시그마를│◀───│  목표는 능력을 │
                    │   받아들인다.  │    │  줄이고 남은 능력을│
                    └─────────────┘    │ 최대로 가동하며│
                           ▲            │  재고 수준을 낮추는│
                                        │    것이다.    │
                                        └─────────────┘
                    ┌─────────────┐    ┌─────────────┐
                    │ 위너는 린 식스 │    │ 하이티 경영진은│
                    │ 시그마로 가동률을│◀───│  위너 경영진의│
                    │ 극대화하고 재고│    │  기대에 부응하려│
                    │  수준을 낮추려고│    │    한다.     │
                    │    한다.     │    └─────────────┘
                    └─────────────┘
```

우디 나무 이야기

"이번에 전략을 세워 실행했는데 3개월이나 6개월 뒤에 잘못된 전략으로 판명나면 정말 큰일입니다. 정확하고 논리적인 전략이 필요해요. 문제는 그런 전략을 세울 시간이 많지 않다는 거예요. 몇 달씩 고민할 시간이 없어요. 확실한 전략을 빠른 시간 내에 세워야 해요." 모임이 파하기 전에 키올라는 그렇게 말했다.

그래서 먼저 사실들을 수집해서 확인하고 상황을 판단하는 게 급선무라는 결론이 나왔다. 리즈는 로크빌의 F&D로 가서 한 주간 슈윅의 도움을 받아 그곳 분석가들에 관해 최대한 많은 정보를 수집하기로 했다. 그는 분석가들을 둘러싼 작업 흐름을 조사하기 위해 '약식' 가치 흐름 지도를 만들기로 했다. 그리고 분석가들 주변의 모든 사람과 이야기를 나누고 그들의 작업 습관을 살피며 개인적으로 또 다 함께 점심식사나 저녁식사를 함께하면서 작업에 관해 들어보기로 했다. 주말에는 리즈와 슈윅이 모은 자료를 들고 하이보로 사무실로 오기로 했다.

그 사이에 머피는 오크톤 공장으로 가서 그가 없는 사이에 무슨 일이 일어났는지 파악하고, 고질라의 효율을 다시 끌어올리기 위해 취할 수 있는 조치를 취하기로 했다. 단 머피는 나중에는 어떻게 될지 몰라도 일단 당분간은 린 식스 시그마 프로그램을 중단시키지 않기로 엄숙히 약속했다. 하지만 리즈를 비롯한 모든 사람은 이 프로그램과 관련해 변화가 필요하다는 사실을 알고 있었다.

모두가 떠난 지금, 키올라가 멍하니 화이트보드를 쳐다보다가 혼잣말을 내뱉었다. "망할 놈의 라인 평준화!"

키올라는 라인 평준화가 수많은 문제점의 근본 원인이라고 결론 내렸다. 겉으로 명확히 드러나지는 않았지만 F&D 분석가들의 작업 상황도 큰 문제였다.

그때 커다란 포드 자동차의 귀에 익숙한 덜커덩 소리가 들렸다. 이

우디 나무

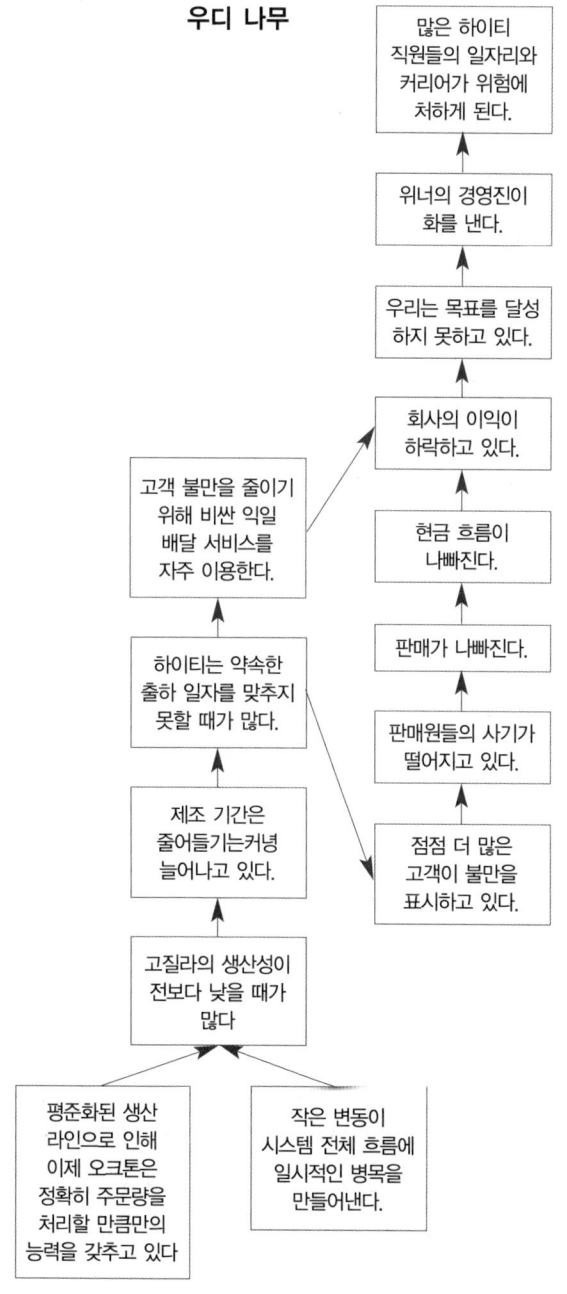

우디 나무 이야기

윽고 아이들이 우르르 달려왔다. 미셸이 먼저 엄마의 뺨에 뽀뽀를 했고, 엄마보다 키가 조금 더 큰 벤은 이마에 뽀뽀했다. 인사가 끝나자마자 둘은 서로 질세라 텔레비전 리모컨을 향해 돌진했다. 키올라는 밖으로 나가 무릎 때문에 힘든 어머니가 차에서 내리는 것을 도왔다. 그다음에는 자동차에서 빠져나오려고 발버둥을 치는 아버지를 도왔다. 최근에 해리는 한 발을 차 안에서 빼지 않은 채로 일어서려다가 이러지도 저러지도 못한 적이 있었다.

가족이 모두 집안으로 들어오자 혼란이 가라앉았다. 키올라는 급히 와인 한 잔을 따라서 거실 테이블에 다시 앉았다. 그때 해리가 발을 질질 끌며 들어와 화이트보드를 쳐다보았다.

"이게 뭐야?"

"어떻게 좋은 의도가 나쁜 결과를 낳을 수 있는지 보여주는 거예요."

"무슨 나무 같구나. 못생긴 나무."

"우디UDE 나무에요."

"뭐?"

"바람직하지 않은 결과UnDesirable Effect들의 나무에요."

"무슨 말인지 모르겠어."

"나는 알아요."

그때 초인종이 울렸다.

"또 누구지?"

키올라가 현관문을 열자 앞에 도슨이 서 있었다.

"잘 있었어요? 근처에 들렀다가 왔어요."

도슨의 속마음을 알아차린 키올라가 웃으며 말했다. "들어와요."

도슨의 허리에 슬그머니 팔을 둘러본 키올라는 예전보다 훨씬 줄어든 허리 사이즈에 깜짝 놀랐다. 도슨의 얼굴에는 피곤이 가득했고 야원 몸은 시꺼멓게 타 있었다. 둘은 한동안 포옹한 채로 있다가 해리에게 들켰다.

"이봐, 젊은이! 얘는 내 딸이야!"

"예, 압니다, 어르신."

"아빠, 도슨 기억나요?"

"만나서 반가워." 해리가 도슨에게 악수했다.

"드라이브나 할까요?"

키올라의 말에 해리가 정색하며 경고했다. "늦어도 10시까지는 와야 한다."

두 사람은 잠시 드라이브를 즐겼다. 도슨은 키올라에게 힘들었던 지난 시간에 관해 이야기했다. 도슨이 집으로 초대했지만 아직 그럴 준비가 되지 않은 키올라는 거절했다.

두 사람은 일요일 오후에 다시 만났다. 키올라는 계속 자신의 감정을 억누르고 있었다. 산책을 하러 공원에 갔는데 두 사람 외에 아무도 없었다. 결국 어색해진 두 사람은 금세 헤어졌다.

두 사람은 월요일에 다시 만났다. 도슨이 저녁식사 후에 찾아왔다. 청명하지만 쌀쌀한 저녁이었다. 둘은 현관 앞에 함께 앉았고 도슨은 키올라의 질문에 참을성 있게 일일이 답해주다가 결국 화를 내며 돌아갔다. 하지만 키올라는 꼭 필요하다고 생각한 질문에 만족할 만한 답을 얻었다. 한 시간 후 키올라는 도슨에게 전화했다.

둘은 화요일 저녁 다시 만났다. 키올라가 연락도 없이 도슨의 집으로 찾아간 것이다. 거기서 몇 시간 동안 대화를 나누었다.

목요일이 되자 일상적인 대화를 나눌 만큼 편해졌다. 도슨은 비행기 사업을 다시 할지 아니면 다른 일을 할지 아직 정하지 않았다. 모은 돈이 아직 많고 군 연금도 나오기 때문에 급하게 결정할 필요는 없었다.

"당신의 일은 어때요?"

도슨의 물음에 키올라는 우디 나무와 지금까지 알아낸 점들을 이야기했다.

"이제 문제를 제대로 파악한 것 같군요. 보통 사람들은 '평준화'는 좋고 '제약'은 나쁘다고 생각하기 쉽죠. 실제로 경험하기 전까지는 현실 세상에서는 정반대라는 걸 잘 몰라요. 몇 달 전에 당신 집에서 했던 간단한 주사위 게임 기억나요?"

"다르게 진행하는 방식이 두어 가지가 있다고 했죠?"

"맞아요. 재고 수준을 극적으로 낮출 수 있는 방법이 있어요. 환상적인 결과를 가져다줄 네 번째 방법도 있지요."

키올라가 도슨의 탄탄한 허리 주위로 팔을 둘렀다.

"이번 토요일에 뭐해요?"

"잘 모르겠는데. 왜요? 할 일이 있나요?"

"계획은 벌써 잡혀 있어요. 하지만 당신한테도 기회를 줄까 하는데."

"무슨 기회냐가 문제죠."

"하이티 사람들에게 그 게임을 가르쳐준다면 당신도 초대할게요."

"별로 내키지 않는데요."

키올라가 웃으며 속삭였다. "그럼 무엇을 해줘야 당신 마음이 움직이려나?"

14
먼저 제약을 개선하라!

"이번 주에 로크빌에서 얻은 정보 중에서 가장 중요한 것은 그곳 직원들이 20~40%가 되는 엄청난 업무 시간을 고객의 입장에서 가치 없는 일에 쓰고 있다는 사실입니다." 리즈가 말했다.

"클라이언트의 입장에서라고 하죠. 로크빌에서는 고객을 주로 클라이언트로 불러요." 슈윅이 용어를 바로잡았다.

"좋아요. 어쨌든 F&D에 무다가 정말 많더군요. 슈윅 수석 연구원을 비롯한 그곳의 누구를 탓하려는 건 아닙니다."

"괜찮습니다." 슈윅이 아무렇지도 않은 듯 대답했다.

키올라의 거실 테이블에서 처음 모인 지 딱 일주일이 지난 토요일이었다. 첫 모임의 참석자 중에서 자이로와 코나니는 오크톤 공장에 심각한 재고 문제가 발생해 이번에는 참석하지 못했다. 그 외에는 리즈와 슈윅, 머피, 일레인, 퀸시 모두 참석했다. 미셸과 벤은 이번이 마지막이라는 약속을 듣고서야 마지못해 집을 비워주었다. 키올라는 아이들에게 용돈을 두둑이 쥐어주며 쇼핑몰로 보냈다.

거실 안에는 포스트잇과 화살표, 파란색 점과 노란색 점, 빨간색 점 등이 붙어 F&D의 전반적인 작업 흐름을 보여주는 기다란 전지가 펼쳐져 있었다. 리즈가 작성한 '약식' 가치 흐름 지도였다.

리즈의 말이 이어졌다. "이제 파란 점들을 보시지요. 이것들은 가치를 낳는 행동을 의미합니다. 노란색 점은 가치를 더해주지는 않지만 규정이나 내부 행정 프로세스 같이 꼭 필요한 것들을 지칭합니다. 하지만 빨간색 점은 낭비가 발생하는 부분이죠. 전혀 가치를 더해주지 않지만 낡은 규정이나 단순히 타성 때문에 존재해왔습니다. 늘 그래왔으니 앞으로도 그렇게 해야 한다는 태도 때문에 없어지지 않고 있지요. 빨간색 점들의 숫자를 보세요. 그 점 하나하나에 린을 적용해서 낭비를 없앨 기회입니다."

키올라가 리즈의 말을 끊었다." 잠깐. F&D 분석가들에 관한 내용은 어디 있나요?"

"분석가가 하는 모든 일은 분홍색 포스트잇에 적혀 있습니다."

"분홍색 포스트잇이 많이 보이네요. 그런데 오크톤 공장에 영향을 미치는 제작 설계 검토의 가치 흐름은 어디 있나요?"

리즈가 가치 흐름 지도 왼쪽 아래를 가리켰다. 왼쪽에서부터 비교적 몇 개 안되는 단계들이 선으로 연결되어 있었다. 복잡한 가치 흐름 지도 속에 묻혀 잘 드러나 보이지 않았다. 단계들에는 대개 파란색 점이 붙어 있었다.

"이게 다예요?"

"그건, 상황에 따라 다릅니다. 분석가가 설계를 승인하면, 참 승인율은 80% 정도에요. 아무튼, 승인이 된 설계는 제작 계획을 거쳐 오크튼 공장으로 넘어갑니다. 나머지 20% 정도 문제가 발견된 설계는 테스트 루프를 거칩니다. 샘플이나 완전한 프로토타입을 만들어 순환적인 테스트를 거치는 거죠. 마지막으로, 결과가 분석가에게 돌아오면 분석가는 그 설계를 승인하든가 추가적인 테스트를 위해 루프로 돌려보냅니다. 그런가 하면 부적격 판정을 내려 설계를 판매원을 거쳐 클라이언트에게 돌려보낼 수도 있지요. 이렇게 단순할 수도 복잡할 수도 있습니다."

"좋아요. 하지만 그 내용이 구석에 하나뿐이고 루프도 하나나 둘 밖에 없네요. 나머지는 어디 있나요? 왜 상세히 기록하지 않았죠?"

"전체 그림을 봐야 한다고 생각했기 때문입니다. 작년에 키잔스키 소장이 잘 협조하지 않는 바람에 완벽하게 지도를 그릴 수 없었어요."

"좋습니다. 그건 인정해요."

"아까도 말씀드리려 했는데, 가치 흐름을 전체적으로 보면 막대한 기회가 눈에 들어옵니다. 하이티 산하 F&D 곳곳의 낭비를 제거하면 분석가가 설계 검토에 더 많은 자원과 시간을 사용할 수 있습니다."

키올라의 얼굴이 굳어졌다. 그녀는 얼굴을 찡그리고 입술을 꽉 깨물면서도 목소리는 차분하게 낮춰 말했다.

"리즈 부사장. 나는… 당신을… 린 식스 시그마를 실행할 기회를 찾으라고 F&D로 보낸 게 아니에요."

키올라는 지난주에 썼던 화이트보드를 가리켰다.

"지난주에 우리는 썩은 과일이 열린 이 논리 나무를 만들었어요. 그러면서 분석가가 오크톤 공장의 생산 차질을 야기하는 근원 원인이라는 것을 밝혀냈지요. 제품 승인의 둘러싼 압박과 갈등이 문제에요. 전체 그림을 보는 건 좋지만 내가 볼 때 가치 흐름에서 우리가 초점을 맞춰야 할 부분은 제품 설계 승인 문제예요."

"하지만 사장님, 제 말이 그 말이에요. F&D 전체, 그러니까 상식적으로 생각해서 이 빨간색 점들에 있는 낭비를 다 없애면……."

"그걸 다 없애려면 평생이 걸릴 거예요! 그럴 시간이 없다고요!" 답답해진 키올라가 목소리를 높였다. "그러니 당장 최상의 결과를 낼 수 있는 부분에 집중하는 게 상식이에요!"

"예, 예, 알았습니다. 무슨 말씀인지 잘 알았어요. 분석가들에게 초점을 맞추겠습니다."

키올라가 이번에는 슈윅을 바라보며 물었다. "슈윅 연구원의 의견은 어때요?"

"장기적으로 보면 가치 흐름 지도가 유익할 거예요. 아무튼 리즈 부사장이 가치 흐름 지도를 만드는 동안 저는 분석가들에 대해 전통적인 시간분석을 해보았습니다. 3년간의 근무 시간 기록표를 조사해서 그들이 시간을 어떻게 활용하는지, 어떤 패턴은 없는지 확인했어요."

"그래서 무슨 패턴이 있던가요?"

"아니요. 전혀." 슈윅이 진지한 표정을 지었다가 이내 미소를 지었다. "죄송해요. 분위기가 너무 무거운 것 같아 던진 농담이에요. 예, 패턴이 있었어요. 예를 들면, 다른 행정 업무를 비롯해서 마감일의 압박이 있는 월말에 오크톤 공장 관련 설계 검토 처리량이 훨씬 많았어요. 진행되는 프로젝트의 수가 적을 때, 즉 달리 중요하게 할 일이 없을 때도 처리량이 많아졌지요."

머피가 입을 열었다. "조사할 여유는 없었지만 눈으로 본 바에 의하면, 분석가들이야말로 진짜 병목이에요. 단, 간헐적인 병목이지요."

"무슨 뜻이에요?" 키올라가 물었다.

"흔히 병목은 주문량을 꾸준히 납기 내에 처리할 수 없는 자원을 말합니다. 그래서 그런 자원의 산출량은 대개 주문량보다 적지요. 주된 제약과 달라요. 주된 제약은 제대로 관리하지 않으면 병목이 될 가능성이 가장 높은 자원이거든요. 하지만 제가 볼 때 F&D의 분석가들이 주문량을 제대로 처리해내는 경우는 60%에 불과해요. 나머지 40%, 그러니까 열에 네 번은 주문량을 소화해내지 못한다는 말입니다. 그래서 오크톤 공장 관련 설계 검토가 잠시 혹은 끝없이 미뤄지는 거죠. 그러다가 여유가 좀 생기면 미룬 것을 처리합니다. 분석가들에게 설계 검토는 우선순위가 낮은 골치 덩어리이기 때문에 그때쯤이면 처리할 설계 검토 건수가 산더미같이 쌓여 있습니다. 그래서 테스트 결과나 일거리가 다시 태풍처럼 밀려오기 전에 밀린 설계 검토를 서둘러 처리해버립니다."

"어떻게 말씀드려야 될지 모르겠지만 맞는 말입니다." 슈웍이 고개를 끄덕였다.

"그래서 분석가들이 진정한 병목입니다. 물론 어디까지나 간헐적이지요. 그리고 그들이 하기 싫은 일들에 대해서만 병목이 되는 겁니다. 하지만 그것이 제조 공장의 생산 계획을 아주 힘들게 만듭니다." 머피가 그렇게 결론을 내렸다.

"맞아요. 하지만 수년 동안 오크톤 공장은 출하 일정을 잘 맞췄고 매우 놀랄 만한 성과를 보였어요. 그때는 어떻게 그럴 수 있었지요?"

"좋았던 옛날 말이에요? 그건 F&D에서 넘어온 설계 승인완료 건의 재고가 충분히 쌓여 있도록 제가 할 수 있는 방법을 다 썼기 때문이에요. 하지만 설계 승인완료 건의 재고가 바닥이 나면 비축생산 제품을 생산해 둡니다. 그래야 하이보로 본사 사람들이 우리 모두가 바닷가로 놀러간 줄로 생각하지 않을 거 아닙니까? 그 후에도 주문생산 품목들의 설계 승인완료 건의 재고가 회복되지 않으면 세가 도닐느 사장에게 전화를 겁니다. 그러면 사장이 다시 키잔스키 소장에게 전화를 걸지요. 그러면 소장이 분석가들의 새장을 뒤흔들면 며칠 내로 마법처럼 새로운 승인완료 건이 들어왔지요. 매우 비공식적인 방법이지만 효과는 컸어요."

머피의 말에 리즈는 고개를 절레절레 흔들었고 일레인은 몸을 부르르 떨었으며 퀸시는 낄낄거렸다.

슈윅은 희비가 뒤섞인 표정을 지으며 머피에게 말했다. "알다시피 저도 전에는 그 새장에 갇혀 있었어요."

"미안해요. 먹고 사는 일이 다 그렇죠."

"그래서 지금 오크톤은 어떤가요? 느낀 대로 말해봐요."

"솔직히 제가 없을 때 이루어진 성과에 많이 놀랐어요. 특히 새로 배치된 M57 라인은 정말 깔끔하더라고요. 물론 개선 사항이 우리에게 정말 필요한 쓰루풋의 증가로 이어지지는 않았지만, 그래도 빠른 시간 내에 쓰루풋이 좋아질 것 같아요. 단, 라인을 평준화해야 한다는 생각만 버린다면요."

머피의 말이 끝나자 모든 시선이 리즈에게 쏠렸다.

"칭찬 감사합니다. 지난주에 우리가 했던 모든 이야기를 곰곰이 생각해봤어요. 그 결과, 평준화된 라인을 아직 포기하지 말아야 한다고 생각했어요."

"아직도요? 상황이 더 나빠질 때까지 일 년을 더 기다릴까요?" 키올라가 목소리를 높였다.

"아니에요! 보세요, 주된 문제는 변동이에요! 계속 변동을 줄여나가면 모든 게 좋아질 겁니다!" 리즈가 그렇게 주장했다.

사방에서 회의적인 표정과 공허한 시선이 날아오자 리즈가 이렇게 덧붙였다.

"지금까지 이룬 성과를 포기하란 말인가요?"

"이 문제를 해결하기 위해 오늘 한 분을 모셨어요. 일종의 초대 손님이지요."

"누군가요?" 일레인이 물었다.
"니젤 퍼스트 회장님이군요." 퀸시가 추측했다.
"아니오. 절대 아니에요."
"그러면 피터 윈 회장님?" 슈윅이 농담처럼 이야기했다.
"그 높으신 분이 이 누추한 곳까지 왕림하실까요? 이 손님을 아는 분도 있을 거예요. 자, 불러볼까요?"
키올라가 휴대전화를 꺼내 단축번호를 눌렀다.
"나예요. 10분이요? 좋아요."

키올라는 주사위와 동전, 점수 기록 용지를 미리 준비해놓았다. 도슨이 도착하자 그녀는 사람들에게 도슨을 소개한 후 모두를 탁자에 앉혔다.

키올라는 원자재를 상징하는 동전의 공급자 역할을 하기 위해 탁자 끝에 앉았다. 오른쪽으로는 리즈가 앉았고, 리즈의 오른쪽에는 슈윅이 앉았다. 머피는 키올라의 반대편 끝에 앉았다. 머피의 오른쪽으로는 퀸시, 그 옆에는 일레인이 앉았다. 자리 배치가 끝나자 도슨은 주방에서 의자를 가져와 탁자 끝의 키올라와 일레인 사이로 끼어들었다. 도슨 앞에는 펜과 점수 기록 용지가 놓여 있었다.

"첫 번째 라운드에서는 평준화된 공정 라인을 시뮬레이션할 겁니다."
그렇게 말한 도슨이 몇 달 전에 키올라 가족과 했던 대로 규칙을 설명했다. 그리하여 모든 사람이 주사위 하나와 동전 네 개씩을 갖고 게임을 시작했다. 다시 말해, 모든 것이 평준화된 상태였다. 각 사람은 주사위를 던져서 나오는 숫자만큼의 동전만 옮길 수 있고, 자기 앞에 놓인 동전이 부족하면 부족한 대로 옮겨야 했다. 예를 들어, 주사위 숫자가 6이 나왔지만 자기 앞에 동전이 네 개밖에 없다면 다음 사람에게

네 개만 옮길 수 있었다.

목표 처리량은 동전 65개였다. 이것은 20판 동안 평균 3.5의 주사위 숫자가 나올 때 가능한 70개보다 다소 낮춘 수치였다.

잠시 후 20판이 끝났다. 손톱을 빨갛게 칠한 일레인의 길고 흰 손가락으로 세어보니 최종 라인을 통과한 동전 개수는 46개였다. 재공품 재고는 처음의 20개에서 39개로 거의 두 배로 늘어나 있었다. 처리량은 기대에 못 미쳤고 동전 개수로 표현된 재고 금액은 예상보다 훨씬 높은 수준이었다.

"다시 해볼까요? 다음번에는 더 나아질까요? 동전 65개를 처리할 수 있을까요?" 키올라가 리즈를 보며 말했다.

"요지를 모르겠어요. 솔직히 평균에 훨씬 못 미쳤다는 사실이 의외이긴 합니다. 하지만 누가 봐도 목표 수치를 너무 높게 잡았어요. 실제 달성할 수 있는 목표를 세워야지, 그림의 떡 같은 목표는 무의미해요."

"65개가 실제 시장 수요라고 해봅시다. 이제 어떻게 할래요?"

"저는 실제 달성할 수 있는 목표만 약속할 겁니다." 리즈는 주장을 굽히지 않았다.

"시장 수요의 3분의 1일을 포기한다고요? 좋아요, 리즈 부사장. 당신이 니젤 퍼스트 회장님께 가서 그렇게 말해요. 참 잘했다고 그러시겠군요!"

"잠깐만요! 규칙이 문제예요. 모든 것이 부족해요. 재고가 부족하지 않으면 공정 능력이 부족하잖아요. 린이라는 건……."

"지금 린을 시연하는 게 아니에요. 평준화된 라인을 시뮬레이션하는 거라고요."

도슨의 말에 리즈가 다시 불평했다. "하지만 주사위를 사용하잖아요! 1부터 6까지 차이가 있어요. 변동이 너무 큽니다!"

그러자 탁자 맞은편에서 머피가 크게 웃더니 말했다. "부사장님, 저는 그런 변동을 가지고도 잘만 해왔어요. 물론 문제도 많았지요. 공급자가 파산하는 바람에 원자재가 들어오지 않은 적도 있었고, 기술자가 병원 신세를 진 적도 있었어요. 벼락을 맞아 장비에 불이 붙은 사고도 있었고요. 그 외에도 매일 예상치 못한 일들이 일어나죠. 그래도 오크톤 공장은 잘만 돌아갔어요."

이 말이 끝나자마자 도슨의 설명이 이어졌다. "리즈 씨, 이 시뮬레이션에서 주사위를 없앨 수도 있어요. 사람만 충분하면, 한 20~30명만 있으면 그냥 동전을 다음 사람에게로 옮기면 돼요. 하지만 그래도 변동은 여전히 있을 거예요. 네 개가 아니라 자기 맘대로 두 개나 세 개를 옮기는 사람이 있을 수 있지요. 그 다음 사람은 한꺼번에 다섯 개나 여섯 개를 처리하려고 할 수도 있고요. 흐름이 잔잔하지 않고 요동칠 거예요.

이번에는 각 사람이 각각의 공정 단계를 수행한다고 해보죠. 이를테면 한 사람이 동전 윗면이 위를 보게 만들고, 다음 사람은 그걸 다시 뒤집고, 그 다음 사람은 동전들을 사각형 모양으로 배치하고, 그 다음 사람은 동전들을 손가락 넓이만큼 벌어지게 일렬로 배치하는 식으로 말이에요. 이렇게 각 사람의 작업이 이전 작업의 영향을 받는 상황에서 복잡한 작업들을 하면 변동이 얼마나 많을지 상상해보세요."

"그래서 택트 타임이 있는 거예요! 우리 회사에서는 각 작업을 완성할 시간이 충분하도록 택트 타임을 계산해서 라인을 평준화를 합니다." 리즈가 말했다

"하지만 부사장님, 그래서 각 작업 구역이 능력의 93~94% 이상 부하가 걸리고 있습니다. 그런데 한 사람이라도 택트 타임 안에 작업을 마무리하지 못하면 어떻게 됩니까? 누군가 실수를 하면? 종이 울리는

데도 작업이 끝나지 않으면요?" 머피가 말했다.

"그러면 공정이 늦어지겠죠. 그리고 그런 상황이 계속 발생하면 조정이 필요할 거고요." 리즈가 인정을 했다.

머피가 끼어들었다. "문제는 누구의 일진이 나쁠지 모른다는 겁니다. 일시적인 병목에 따라 계속 조정하면 사람들이 헷갈리게 되고요."

리즈는 인상을 찌푸리지 않으려 애를 썼지만 그 말이 사실이라는 것을 알고 있었다. 코나니가 오크튼 공장 작업자들의 작업 구역을 수시로 바꾸면서 생긴 혼란을 직접 목격했기 때문이다.

"생산은 잘 모르지만, 평준화된 라인이 문제라면 대안은 뭐죠? 평준화되지 않은 라인인가요?" 슈윅이 말했다.

"맞아요. 평준화되지 않은 라인이에요. 라인의 평준화를 깨뜨리는 방법은 바로 제약을 사용하는 겁니다." 도슨이 말했다.

"무슨 말씀을 하려는지 알아요. 제약 이론 이야기를 꺼내려는 거죠? 저도 읽어봤지만 모르겠더군요. 확신이 서지 않아요." 리즈가 회의적인 표정으로 말했다.

"알겠어요. 어쨌든 일단 해봅시다."

전과 똑같이 동전 통을 가진 키올라를 제외한 모두의 앞에 동전이 네 개씩 놓였다. 하지만 이번에는 모든 사람이 주사위를 두 개씩 사용하기로 했다. 단, 제약 역할을 하는 머피만 주사위 하나를 가졌다.

한 달에 해당하는 20판을 돌고 나자 놀랍게도 동전 86개가 처리되었다. 65개의 목표보다 훨씬 높은 수치였다.

"과잉 생산이군요!" 게임이 끝나자마자 리즈가 트집을 잡았다.

"맞아요, 똑똑한 양반. 우리는 모든 생산품의 수요가 충분하고 경기가 좋다는 가정 하에 게임을 한 거예요. 요지는 우리가 낮은 목표량을 달성했을 뿐 아니라 훨씬 초과했다는 거예요. 제약을 설치하니까 말이에요."

"그리고 제약을 제외한 모든 자원의 능력도 두 배가 되었지요. 잘 생각해봐요. 공정을 하는 다섯 사람 중 네 사람의 능력이 두 배가 되었잖아요. 현실 세상에서는 비용이 엄청날 거예요."

그러자 머피가 끼어들었다. "한편으론 쓰루풋을 봐요. 거의 두 배가 되었잖아요. 우리는 만드는 걸 모두 팔고 있어요. 원하는 제품을 받았기 때문에 고객들이 행복해하고 있잖아요. 쓰루풋, 그러니까 돈을 버는 속도 말이에요. 이 쓰루풋이 증가한 재고와 비용을 상쇄하고 남을 정도로 높아졌잖아요."

"과연 그럴까요? 잘 모르겠군요. 아직도 탁자 위에 쌓인 저 재고를 봐요. 특히 머피 씨 당신 앞에 놓인 재고 말이요. 사오십 개는 족히 되어 보이는데요."

키올라가 한참 만에 입을 열었다. "하지만 그 버퍼는 제약의 일감이 항상 충분하도록 설치한 거예요. 제약이 항상 돌아가도록 만든 거죠. 한편 제약 말고 다른 곳에서는 재고 수준이 아주 낮고요"

"하지만 리즈 씨의 말에도 일리는 있어요. 전체 재고가 61개니 많기는 많죠." 도슨이 말했다.

"맞아요! 너무 비싼 시스템이라고요!" 리즈가 기세등등해졌다.

"이번에는 리즈 부사장 편을 들어야겠네요. 회계의 시각에서 보면 비용과 투자를 따질 수밖에 없어요." 일레인이 말했다.

그러자 도슨이 그럴 줄 알았다는 듯 설명을 시작했다. "그래서 세 번째 라운드에서 그 점을 개선할 겁니다. 전과 마찬가지로 제약을 둔 재로 시스템을 돌리겠지만 두 가지 변화를 줄 거예요. 먼저 키올라의 주사위를 없앨 겁니다. 머피 씨가 주사위 하나를 굴려 나오는 대로 숫자를 불러주면 키올라가 그 숫자만큼의 동전을 리즈 씨에게 건넬 겁니다. 둘째, 머피 씨에게 동전을 많이 드릴 겁니다. 높은 숫자가 나와도 충분히 처리할 수 있도록 말이에요. 그래서 머피 씨에게 동전 12개를 드립니다. 나머지 분들은 원래대로 네 개를 갖고 시작합니다."

세 번째 판이 시작되었다. 작은 주사위 하나는 머피의 솥뚜껑만한 손바닥에서 벗어나 돌더니 겨우 1을 만들어냈다. 이에 키올라는 동전 통에서 동전 하나를 꺼내 테이블에 놓고 아까워 죽겠다는 표정으로 리즈 쪽으로 밀었다. 리즈는 두 개의 주사위로 4가 나와서 원래 있는 동전을 모두 슈웍에게 넘겼다. 결국 그 판에서 리즈의 앞에는 키올라에게서 받은 동전 하나만 남았다.

두 번째 판에서는 머피가 6이 나와 키올라는 동전 통에서 동전 여섯 개를 꺼내 리즈에게 보냈다. 동시에 리즈는 4가 나왔지만 슈웍에게 동전 하나밖에 보낼 수 없었다.

그렇게 판에 판을 거듭하다가 한 달에 해당하는 20판이 끝나자 결과가 분명해졌다. 제약 덕분에 재고는 극적으로 감소했지만 생산량은 여전히 높았다. 일레인의 손에 의해 최종 라인을 넘은 동전은 74개였다. 하지만 재공품 재고는 처음과 거의 똑같았다. 시작할 때의 28개에 비해 31개로 겨우 세 개만 늘어났다.

"어떤 일이 일어났나 보세요. 목표량 65개에서 9개나 초과했어요. 몇 퍼센트인 줄 아세요? 무려 10%가 넘어요."

도슨의 말에 일레인이 재빨리 계산했다. "약 14%에요."

"그리고 재고는 충분히 감당할 만한 수준으로 유지되었어요. 최종 재고는 이 판을 시작할 때의 재고와 거의 비슷하고, 이전 두 라운드의 최종 재고보다 훨씬 적어요. 모든 동전이 제약까지 재빨리 흘러갔다가 재빨리 빠져나와 최종 라인을 통과했지요. 리즈 씨, 이처럼 평준화된 라인보다 제약을 둔 시스템으로 린 원칙을 더 잘 지킬 수 있어요."

리즈는 고개를 끄덕였지만 아무 말도 하지 않았다. 확실히는 아니지만 그도 뭔가를 깨닫는 듯했다.

도슨의 설명이 이어졌다. "이제 안정되고 탄탄한 시스템을 갖추게 되었어요. 충분한 처리 속도도 생겼죠. 작업 구역 중 한 곳이 하루를 공쳐도, 그러니까 처리량이 전혀 없어도 일단 복구한 뒤에는 빠르게 따라잡을 수 있어요. 이제 한 달을 통째로 망칠 염려는 사라졌어요."

"제약에 문제가 생기지만 않으면 그렇죠." 머피가 말했다.

"맞아요. 이런 방식에서는 머피 씨에게 문제가 생기면 피해가 커져요. 그래서 무엇보다도 제약을 잘 보호해야 합니다. 하지만 실제로는 머피 씨가 하루를 쉬거나 기계 수리를 위해 잠시 작업 구역에서 벗어나도 시스템을 망치지 않을 방법이 있어요. 무엇보다도, 처리량을 늘리고도 시스템을 안정되게 유지할 수 있어요. 방법을 알려줄게요. 그러고 나서 저는 플로리다로 날아가야 해요."

키올로라는 처음 듣는 소리에 황당한 표정으로 도슨을 쳐다보았다.

"안정되고 탄탄한 시스템을 갖췄으니 이제 어떻게 할까요?"

아무도 대답하지 않자 키올라가 입을 열었다. "시장이 성장하고 있다면요? 이제 최소 수요가 동전 65개가 아니라 75개라고 하죠. 아니면 시장이 새로운 제품이나 더 많은 옵션을 요구한다고 해보죠."

"이제 시장이 1센트만이 아니라 10센트짜리도 원한다고 해보죠." 퀸시가 맞장구를 쳤다.

"대충 그런 상황이라고 해봐요." 키올라가 말했다.

"자, 생각해보죠. 좋은 시스템이 있는데 너 많이 처리해야 해요. 어떻게 할까요?"

"개선해야죠." 도슨의 말에 리즈가 가장 먼저 대답했다.

"좋아요. 하지만 어떻게? 슈웍 씨를 개선할까요? 슈웍 씨에게 주사위를 두 개가 아닌 세 개를 줄까요? 그러면 효과가 있을까요? 전혀 없습니다. 슈윅 씨는 필요 이상으로 최대한 빠르고 완벽하게 하고 있으니까요."

"저도 예전부터 그렇게 생각하고 있어요." 슈윅이 말했다.

"그렇다면 모두에게 주사위를 세 개씩 줄까요? 머피 씨만 빼고요."

"아니요. 그건 의미가 없어요. 요지가 뭐죠? 과잉 능력에 관해 말씀하시는 건가요?" 일레인이 물었다.

"제약을 개선해야 해요. 그것이 가장 논리적인 답이에요."

리즈의 말에 도슨이 무릎을 쳤다. "정답이에요! 시스템을 개선하려면 제약 성과를 개선해야 해요. 전문 용어로 제약 능력을 확장한다는 거예요. 머피 씨가 더 많은 양을 처리하도록 미세 조정을 해야 해요."

"어떻게요? 우리처럼 주사위 두 개를 주면 될까요?" 퀸시가 물었다.

"아니요. 그런 식으로는 안 돼요. 그러면 평준화된 라인의 문제점이 그대로 다시 나타납니다."

"그러면 머피 씨에게 주사위 두 개를 주고 나머지에게는 세 개를 주면 되잖아요." 슈윅이 말했다.

"그럴 수는 있죠. 하지만 일레인 씨와 키올라가 화를 낼 걸요."

"투자 금액이 너무 커요. 그만한 투자를 하려면 호경기가 오래 지속될 거라는 절대적인 확신이 있어야 해요." 키올라가 말했다.

"머피 씨의 효율을 개선해야 해요." 리즈가 말했다.

"바로 그거예요! 린과 식스 시그마의 모든 기법을 제약에 집중시켜야 해요. 제약 자체만이 아니라 제약의 효율 개선과 관련된 모든 것에 집중시켜야 합니다."

"아, 알겠어요." 리즈의 눈이 반짝였다.

"모든 곳의 낭비를 제거하려고 하지 말고 제약의 성과에 가장 영향을 미치는 낭비를 식스 시그마 기법의 적용 대상으로 삼는 거예요. 모든 것을 개선하는 게 아니라 제약 효율을 높여줄 수 있는 것들을 개선해야 합니다."

"그게 모든 곳의 능력을 배가하고 모든 것을 개선하는 것보다 싸게 먹힐 것 같네요." 키올라가 말했다.

"그래서 이번 네 번째 라운드에서 머피 씨의 성과를 개선하되 주사위 하나만 개선할 거예요. 이번 라운드에는 모든 것을 3라운드와 똑같이 유지할 거예요. 버퍼로서 머피 씨에게 동전 12개를 주고 키올라에게는 주사위를 주지 않을 거예요. 단, 머피 씨의 주사위가 1이나 2가 나와도 4로 치겠어요. 3이나 4가 나오면 5로 치고요. 5나 6은 6으로 칠 거예요."

"낮은 숫자를 다 없애는 거군요. 낮은 처리량으로 그 판을 낭비로 만드는 숫자를 없애는?"

리즈의 말에 도슨이 고개를 끄덕였다. "바로 그거예요. 좋습니다. 시작해보죠. 다들 준비됐나요?"

네 번째 라운드의 결과는 엄청났다. 첫 번째 '주'에는 23개의 동전이 최종 라인을 넘었다. 두 번째 주에는 24개, 그 다음에도 24개가 처리되었다. 네 번째 주에는 무려 26개가 이미 처리된 동전의 더미 위에 쌓였다. 총계는 놀랍게도 97개였다.

재고를 보면, 처음에는 총 28개에서 시작되었지만 최종으로 남은 재공품 재고는 32개였다. 머피 앞에 놓인 동전은 가장 생산성 높은 네 번째 주에 두 판 연속 6개로 떨어졌지만 그 아래로 떨어지지는 못했다.

네 번째 라운드가 끝나자 도슨이 다시 설명에 돌입했다. "우리가 세 번째와 네 번째 라운드에 한 행동들에는 명칭이 있어요. 각각 드럼Drum과 버퍼Buffer, 로프Rope라고 불러요. 드럼은 시스템 제약이에요.

이 경우에는 머피 씨죠. 버퍼는 가공할 자재가 제약 앞에까지 이르는 데 걸리는 시간이에요. 로프는 자재를 투입하는 선두공정과의 정보전달 장치지요. 이 드럼과 버퍼, 로프를 합쳐서 DBR이라 부릅니다."

모든 사람이 그 의미를 고민하고 있는데 도슨이 자리에서 일어섰다.

"도움이 되었으면 좋겠네요. 죄송하지만 제가 바빠서요. 배가 기다리고 있거든요."

"같이 나가요."

키올라가 도슨과 함께 차로 가다가 슬며시 그에게 팔을 둘렀다.

"어디 가요?"

"플로리다키스 제도로요. 해병대 친구한테 전화가 왔어요. 배낚시를 같이 가자네요. 당신은 일로 바쁜 것 같아서."

"오늘밤은 당신과 함께 보내려 했는데." 키올라가 실망한 표정을 지었다. "언제 돌아올 건가요?"

도슨이 어깨를 으쓱했다. "이틀 뒤에요. 전화할게요."

도슨은 키올라에게 짧게 입 맞춘 뒤 차를 타고 사라졌다.

다시 안으로 들어간 키올라는 머리에서 도슨을 지우려 애썼다. 사람들은 잠시 쉬러 나갔기 때문에 거실은 텅 비어 있었다. 키올라가 간식을 미리 준비해 놓은 주방으로 가서 물을 따르는데 슈윅이 나타났다.

"좋은 분 같아요." 슈윅이 나지막하게 말했다.

"맞아요. 곁에 있을 때는요."

그때 일레인이 두 사람 곁으로 다가왔다.

"항상 저런 식으로 가버리나요?"

"바람 같은 사나이죠."

"제 남편이 저랬다면 죽여버렸을 거예요."

'불쌍한 빌.' 키올라는 생각했다.

"자유를 좋아하는 게 그리 나쁜 건 아니에요. 덕분에 나는 일할 시간이 많아서 좋죠."

앞뒤가 안 맞는 키올라의 변명에 슈윅이 킥킥거렸다.

"자, 이제 돌아갑시다."

집을 둘러보니 리즈와 머피는 뒤뜰에서 이야기를 나누고 있었다. 막 두 사람을 부르려는데 머피의 말에 리즈가 웃음 짓는 모습이 보였다. 두 사람 사이가 조금은 좋아진 것 같아 키올라의 마음이 놓였다.

거실에는 바람직하지 못한 결과들의 논리 나무, 즉 '우디' 나무가 그려진 화이트보드가 세워져 있었다. 그 옆에는 키올라가 사무실에서 가져온 두 번째 화이트보드가 세워져 있었다.

모든 사람이 자리에 앉자 키올라가 입을 열었다. "지난주에 이걸 만들었죠. 좋은 의도를 나쁜 결과로 변질시킨 사건들의 보기 흉한 사슬이에요. 오늘은 시간이 얼마나 걸리든 정반대의 사슬을 만들어야겠어요. 바람직하지 못한 것들의 뿌리 부분부터 시작하여 위쪽으로 논리 나무를 만들 거예요. 현재 상황을 몇 달 후의 미래 상황으로 바꿔줄 논리 나무 말이에요. 미래 상황에서는 성과가 회복되고 이익이 발생하며 좋은 일이 다시 일어나가 시작해야 해요. 그 전에 내가 내린 몇 가지 결정을 발표하겠어요."

키올라가 사람들의 얼굴을 차례로 돌아보았다.

"첫 번째 결정은 오크톤 공장의 회복을 최우선사항으로 삼아야 한다는 거예요. F&D는 전반적으로 이윤 폭이 괜찮아요. 적어도 전에는 그랬어요. 하지만 양적으로 F&D는 회사 전체의 최종 손익에서 차지하는 비중이 낮아요. 그래서 오크톤 공장이 우선이에요. 슈윅 수석 연구원, 당신을 두고 하는 말이 아니란 것을 알죠? F&D의 누구도 비난할 생각은 없어요."

"예, 압니다. 상대적으로 그렇지요. 하지만 우리 문제도 그냥 방치하지는 말아주세요."

"F&D를 방치하지는 않을 거예요. 약속해요. 아니, F&D의 여러 가지 문제 중에서 최소한 한 가지는 당장 다룰 거예요. 그 문제가 오크톤 공장에 심각한 영향을 미치고 있거든요. 물론 설계 검토와 관련된 분석가 병목을 말해요. 그게 나의 두 번째 결정이에요. 지금까지는 분석가들이 설계 분석을 뒷전으로 취급하곤 했지요."

"예. 여러 가지 요인 때문이에요." 슈윅이 부연 설명을 했다.

"어쨌든 변화가 필요해요. 검토를 우선순위가 낮은 일이 아닌 최우선사항으로 삼아야 해요. 할 일이 없을 때 한꺼번에 처리하지 말고 매일 꾸준하게 처리해야 해요."

"솔직히 말씀드리면 분석가들은 싫어할 거예요. 아니, F&D의 모든 사람이 싫어할지도 몰라요."

"잘 설명하면 돼요." 키올라가 목소리에 살짝 날을 세웠다.

슈윅이 다시 우려를 표시했다. "분석가들은 갈 데가 많아요. 우리 입장에서도 분석가가 나간 자리를 다시 채우기 힘들고요."

"어떻게든 해봐야죠. 아무튼 이 두 번째 결정에서 세 번째 결정이 나왔어요. 어쩌면 이게 가장 중요한 결정일지도 몰라요. 아무래도 오크톤 공장 생산 라인의 평준화를 깨뜨려야겠어요."

키올라는 의연하게 보이려고 애쓰는 리즈 쪽으로 고개를 돌렸다.

"리즈 부사장, 내 뜻대로 할 수 있겠어요?"

"빠른 결과를 위해서라면 그렇게 해야겠죠."

"빠른 결과를 위해서가 아니에요. 평준화되지 않은 상태를 쭉 유지할 거예요."

리즈는 입을 열지는 않았지만 할 말이 있는 게 분명했다.

"할 말이 있으면 말해봐요. 어서요."

"주사위 게임의 결과는 잘 봤어요. 하지만 한낱 게임 결과에 따라 정책을 결정하실 줄은 몰랐어요."

그러자 머피가 끼어들었다. "죄송합니다만, 이 주사위 게임이 단순해보여도 변동과 일련의 상호의존적인 공정 단계들로 이루어진 시스템의 상황을 정확히 보여줍니다. 실제로 세 번째 라운드의 상황은 불과 몇 년 전 제가 오크톤 공장을 운영할 때의 상황과 너무도 비슷해요. 위너 그룹과 윙 터미널이 생산성을 높이겠다며 우리에게 엉뚱한 명령을 내리기 전 상황 말이에요. 문제는 우리, 아니 제가 네 번째 라운드의 방식까지 나아가지 못했다는 거예요. 서서히 타성에 젖어든 탓이죠. 도널드 사장이 가만히 있는데 제가… 사장이 만족하는데 굳이 긁어 부스럼을 만들고 싶지 않았지요."

"사장은 키잔스키 소장에게 꼼짝도 못했죠." 슈윅이 투덜거렸다.

"다 옛날이야기에요. 머피 씨의 말은 예전에는 시스템이 잘 돌아갔다는 말인 것 같아요. 그리고 그 시스템은 평준화된 시스템이 아니라 제약을 둔 시스템이라는 거예요. 과거의 성과 기록은 썩 괜찮았어요. 물론 내가 리즈 부사장이나 머피 씨만큼 제조에 관해 알지는 못해요. 하지만 지금까지 본 바로는 제약을 둔 시스템이 구축하기가 훨씬 쉽고 빠르고 더 좋은 결과를 내요. 따라서……" 키올라가 말했다.

"좋습니다. 인정해요. 평준화된 시스템이 생각만큼 좋지 않을지도 몰라요. 하지만 이건 어떻게 할 겁니까? 작년 내내 우리는 모든 사람에게 린 식스 시그마와 택트 타임의 가치를 설파해왔어요. 그런데 이제 와서 그들에게 택트 타임이 중요하지 않다고 말하면 어떻게 되겠습니까?" 리즈가 난처한 얼굴로 말했다.

그러자 머피가 끼어들었다. "죄송하지만 그건 리즈 부사장님 말씀이 맞습니다. 사장님이 시키면 월급 받는 직원들 입장에서는 거부하지 못할 겁니다. 하지만 직원들이 진심으로 일하길 원하신다면 신뢰를 보여 주셔야 합니다. 사장님 내키시는 대로 정책을 이랬다저랬다 한다는 인상을 주면 안 됩니다."

"아시다시피 저는 여러 가지 이유로 린 식스 시그마에서 손을 뗐어요. 하지만 특히 린이 F&D 직원들 사이에서 열광적인 반응을 이끌어내고 있어요. 분석가들은 잘 몰라도 기술직 직원들은 그래요. 우리가 린과 식스 시그마를 버리고 다른 프로그램을 도입하면 우리를 무슨… 무슨 말인지 아시죠?" 슈윅이 덧붙였다.

"맞아요. 우리를 실없는 사람들로 보겠죠." 머피가 거침없이 말했다.

"잠깐. 누가 그런대요? 누가 린과 식스 시그마를 버린다고 했어요? 나는 그런 말을 한 적이 없는데."

키올라가 말하자 리즈가 정색을 했다. "아니길 바랍니다. 린은 제 인생 전체를 바꿨어요. 제가 배운 모든 것을 던져버릴 수는 없어요."

"사장님, 제가 F&D로 가기 전에 말씀드렸듯이 린 식스 시그마와 제약 이론은 겹치는 부분이 많습니다. 문제는 그것들을 어떻게 적용하느냐죠."

머피의 말에 키올라는 의자에 등을 푹 기대앉아 말없이 생각에 잠겼다. 잠시 후 머피의 말이 이어졌다.

"이렇게 하죠. 린 식스 시그마와 제약 이론을 통합하는 겁니다. 세 프로그램에서 적절한 부분들만 활용해서 비즈니스의 속도를 높이고 유지시킵시다."

키올라는 사람들의 얼굴을 하나씩 쳐다보았다.

"어떤가요?"

"물리학에서 속도velocity는 방향성이 있는 속력speed를 뜻하죠." 슈윅이 말했다.

"바로 우리가 원하는 것이잖아요!"

"린과 식스 시그마는 둘 다 속력에 관한 거예요. 낭비를 없애고 변동을 줄이면 흐름이 빨라지고 비용은 줄어들죠." 리즈가 말했다.

"제약 이론은 어떤 부분을 집중적으로 개선해서 진정한 효과를 거둘지에 관한 이론이죠." 키올라가 말했다.

"정확히 아시네요." 머피가 말했다.

토요일의 토론은 길고 격렬했다. 논쟁에 가깝기도 했다. 하지만 일치점이 전혀 없었던 건 아니었다. 오후가 절반쯤 지나자 텅 비었던 화이트보드 위에 화살표선으로 포스트잇 '잎들'을 연결한 나무가 완성되었다. 이 나무는 옆의 화이트보드에 그전에 그려놓았던 '바람직하지 못한 결과들의 나무'와 비슷하게 생겼다. 하지만 이 나무는 바람직한 결과로 귀결되었고, 그 결과를 현실로 이루기 위해 일어나야 하는 사건들로 이루어졌다.

나무의 각 박스 안에는 더 높은 위치의 다음 사건 이전에 일어나야 할 사건이 대체로 현재 시제로 기술되어 있었다. 하지만 박스들의 진행은 시간의 흐름을 함축했다. 아래에 있는 것이 발생하면 화살표로 연결된 위에 있는 것이 발생한다는 의미를 갖고 있었다. 제약 이론 용어로 '현재 상황'에 대한 진술이 맨 아래 세 장의 분홍색 포스트잇에 적혀 있었다.

하이티의 성과가 하락하고 있다.

기업의 목표를 달성하지 못하고 있다.

우리 경영진의 임무는 성과를 회복하여 운영상의 안정과 재무적 성장을 이루는 것이다.

이런 현재 상황의 진술에서부터 키올라가 '주입injection'이라 부르는 것들이 나왔다. 하이티의 성과를 회복하기 위해 회사 정책과 운영에 주입해야 할 행동 변화였다. 이 중에서 세 가지 주입은 키올라가 결연한 의지로 내린 세 가지 결정을 바탕으로 했다.

주입: 우리의 정상화 전략은 오크톤 공장의 정상화를 최우선 사항으로 삼는다.
주입: 오크톤 공장 생산 라인의 평준화를 해체하고 모든 작업자가 각자의 일을 빠르게 완수하되 품질과 안전 규정을 준수하도록 한다.
주입: 가압 처리기(고질라)를 생산 시스템 제약(드럼)으로 인정한다.

네 번째 주입은 팀 전체의 토론에서 나왔다.

주입: F&D의 인센티브들이 (시간당 청구 대금이 아닌) 전체적인 성과와 연결된다.

이런 주입에서 바람직한 결과들이 나왔다. 이 결과들은 상세하게 기술된 뒤 화살표선으로 연결되었다. 주입들은 녹색 포스트잇 위에 기술되고 결과들은 진한 노란색 포스트잇 위에 기술되어 변화와 결과가 구별되었다. 화살표의 선들은 다음과 같은 조건절을 의미했다.
"이것 때문에…"
"그 결과로…"

"따라서…"

그리하여 그날 오후에 나무가 완성되었다. 이 나무는 기본적으로 아래에서 위로 다음과 같이 읽을 수 있다.

주입 : 우리의 정상화 전략은 오크톤 공장의 정상화를 최우선 사항으로 삼는다.

그리고…

주입 : F&D의 인센티브들이 (시간당 청구 대금이 아닌)전체적인 성과와 연결된다.

따라서…

F&D 정책들이 생산 설계 검토를 최우선사항으로 삼는다.

따라서…

F&D 분석가와 기술직 직원들은 대부분의 설계 검토를 매우 빨리 처리한다.

그 결과로…

처리된 설계 검토가 예측 가능한 시간 간격으로 오크톤 공장으로 원활하게 흘러간다.

이것 때문에…

오크톤 공장의 주문량이 충분하고 생산 계획 및 일정 작성이 단순화된다.

그 다음은 별개이면서도 관련된 사슬이 화이트보드에 맨 아래에서 시작되었다.

주입 : 오크톤 공장 생산 라인의 평준화를 해체하고 모든 작업자가 각자의 일을 빠르게 완수하되 품질과 안전 규정을 준수하도록 한다.

그리고…

정상화 전략

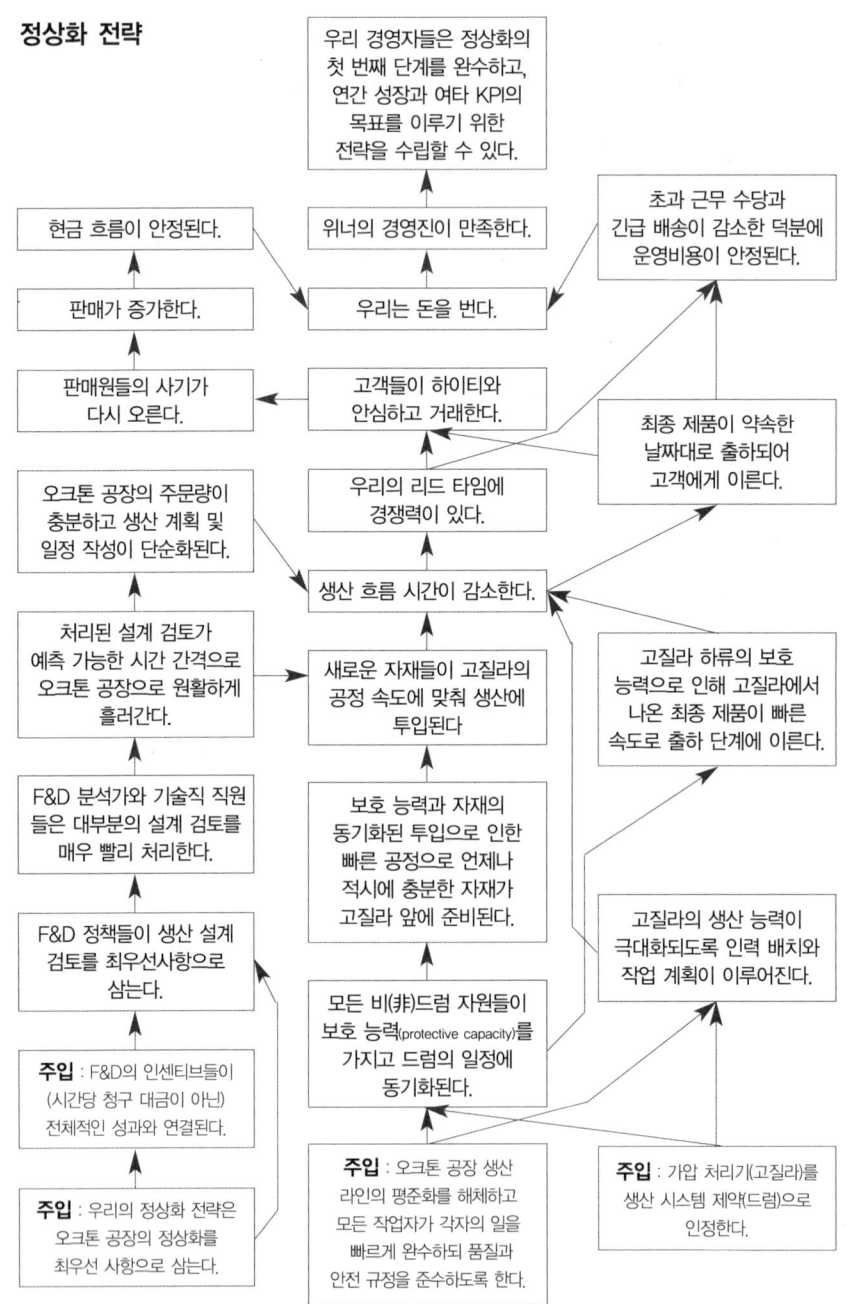

속도 전쟁

주입 : 가압 처리기(고질라)를 생산 시스템 제약(드럼)으로 인정한다.
이런 주입이 이루어짐으로써…
고질라의 생산 능력이 극대화되도록 인력 배치와 작업 계획이 이루어진다.
그리고…
모든 비(非)드럼 자원들이 보호 능력protective capacity를 가지고 드럼의 일정에 동기화된다.
그 결과로…
고질라 하류의 보호 능력으로 인해 고질라에서 나온 자재가 빠른 속도로 출하 단계에 이른다.
그리고…
보호 능력과 자재의 동기화된 투입으로 인한 빠른 공정 처리로 언제나 적시에 충분한 자재가 고질라 앞에 준비된다.

여기서 사슬은 F&D 설계 검토 처리에 관한 하위 사슬로 연결되어 계속 진행되었다.

이런 것이 이루어짐으로써…
새로운 자재들이 고질라의 공정 속도에 맞춰 생산에 투입된다.
이것 때문에…
생산 흐름 시간이 감소한다.
따라서…
우리의 리드 타임에 경쟁력이 있다.
그리고…
최종 제품이 약속한 날짜대로 출하되어 고객에게 이른다.
초과 근무 수당과 익일 긴급 배송이 감소한 덕분에 운영비용이 안정된다.

그리고…

고객들이 하이티와 안심하고 거래한다.

이것 때문에…

판매원들의 사기가 다시 오른다.

따라서…

판매가 증가한다.

그 결과로…

현금 흐름이 안정된다.

위의 성과로 인해…

우리는 돈을 번다.

그리고…

위너의 경영진이 만족한다.

그리고…

우리 경영자들은 정상화의 첫 번째 단계를 완수하고, 연간 성장과 여타 KPI의 목표를 이루기 위한 전략을 수립할 수 있다.

키올라는 상황들을 기술한 논리 나무를 큰소리로 읽고 나서 말했다. "좋습니다. 이제 핵심 전략은 자리를 잡았네요. 그런데도 다들 왜 아직 자리에 앉아 있죠? 어서 가서 발로 뛰어야죠!"

위너의 4사분기 이익이 언론에 발표되는 날 아침, 키올라는 늦잠을 잤다. 간신히 눈을 떠보니 아침 6시 39분이었다. 침실에 있는 텔레비전을 켤까 말까 잠시 망설였다. 평소였다면 당연히 비즈니스 채널을 켰겠지만 오늘은 망설여졌다. 결국 키올라는 언론 보도를 듣는 것이 낫겠다고 판단했다.

텔레비전 불빛이 침실을 가득 채우면서 "위너, 추락하다!"라는 표제와 함께 진행자의 얼굴이 나타났다.

키올라의 입에서 신음이 새어나왔다.

"오늘의 빅뉴스입니다! 위너 그룹의 이번 사분기와 작년에 대해 발표한 이익이 전문가들의 예측을 훨씬 밑돌고 있다는 소식입니다. 전문가들의 예측보다 7%가 낮고 위너 자체의 예측보다는 무려 15%가 낮습니다. 위너 그룹은 작년에 사실상 부진했습니다. 피터 윈 회장이 작년 연간 모임에서 투자자들에게 그룹의 성장 엔진을 다시 가동하겠다고 약속한 것과는 너무도 상반된 모습입니다. 이미 유럽 증시에서 위너의 주가가 20%나 폭락했다고 합니다. 더 떨어질 게 확실합니다."

키올라는 황급하게 화장실로 들어갔다. 샤워를 마치고 나오니 세 명의 해설자가 화면에 나와 있었다. 양복 차림의 두 남자와 긴 갈색 머리의 여성이었다. 셋은 위너의 성과를 해부하고 있었다.

"그래서 위너 그룹이 패자로 전락하고 있나요? 제 말은, 위너 그룹이 앞으로 이름값이나 제대로 하겠냐는 거예요."

한 사람이 농담을 던지자 여자가 그 말을 받았다. "가장 중요한 질문은 무엇이 잘못되었느냐는 거예요. 소위 성장 회사라는 위너가 어떻게 이토록 심하게 흔들리게 되었죠?"

"위너의 발표에 따르면 모든 원인이 하이티 콤퍼지트의 인수에 있다고 하더군요. 실제로 위너는 하이티 인수에 과할 정도로 많은 비용을 들였어요. 하지만 하이티는 1년 넘도록 헐떡이고 있어요. 하이티의 수장이 누군지는 모르겠지만 하이티를 완전히 엉망으로 만들었군요."

"바보 같은 자식!" 키올라는 소리를 지르면서 수건을 텔레비전을 향해 던져버렸다.

그때 침실 문이 활짝 열리면서 야구 방망이를 손에 든 아들 벤이 나타났다. 강도라도 때려잡으려는 폼이었다. 벤의 뒤에는 미셸이 서 있었다.

"엄마, 괜찮아요?" 미셸이 물었다.

"엄마는 괜찮아. 괜찮으니까 조용히 해봐. 뉴스를 봐야 하니까."

그때 긴 머리의 여성이 말했다. "잠깐만요. 수치를 보면 위너 그룹 전체가 부진해요. 화학 회사, 산업 장비 회사, 첨단기술 그룹까지 모든 성과가 그저 그래요. 하이티만 그런 게 아니에요."

"원래 위너 그룹 같은 복합 기업은 한 부분이 부진하면 다른 부분의 성과가 급등하기 마련인데. 정말 이상하네요. 정말 위너 그룹의 모든 회사가 부진하네요."

"딱 하나, 위너의 금융 서비스 그룹만 빼고요. 주택 저당 증권과 오일 선물 거래로 그야말로 돈을 긁어모으고 있어요." 여자가 말했다.

"하지만 정말 이상한 건 위너는 업계 예측을 늘 뛰어넘은 기업이잖아요. 그런데 이번에는 자체 목표도 달성하지 못하다니요."

"오늘 아침 피터 윈 회장의 속이 정말 쓰리겠습니다. 주가를 다시 확인해볼까요, 저런! 이걸 좀 봐요! 전날 장 마감 후로 10포인트가 다시 떨어졌네요!"

키올라가 신경질적으로 리모컨의 꺼짐 버튼을 누르자 화면이 꺼졌다. 그러자 아이들이 조르르 달려와 엄마를 안았다.

"엄마, 짤리는 거예요?" 벤이 물었다.

"나도 몰라. 하지만 걱정 마. 다 잘될 거야. 학교 갈 준비나 하렴." 키올라가 부드러운 목소리로 말했다.

수정 구슬 모임에 갈 때마다 키올라는 확 늙는 것 같았다. 니젤 퍼스트가 줄 것이 분명한 모욕이 문제가 아니었다. 얼마나 많이, 얼마나 다양한 방식으로 모욕할지가 문제였다. 뾰족한 지진아 모자를 쓰라고 할까? 구석에서 벽을 보고 서 있으라고 할까? 얼마나 심한 말을 할까? 그런 말에 어떻게 반응해야 할까? 아니, 반응을 해야 할까? 온갖 질문이 키올라의 머릿속에서 돌아갔다. 그냥 묵묵히 당하고만 있어야 할까, 맞받아쳐야 할까? 뼈 있는 말로 재치 있게 대응할까? 그냥 다 때려치울까?

"그만두지 않을 거예요." 키올라는 수정 구슬 모임을 위해 뉴욕으로 떠나기 전날 밤 저녁식사를 하면서 어머니에게 말했다. "사임하지는 않을 거예요. 니젤 퍼스트 회장이 나를 내보내려고 하면 가만있지 않을 거예요. 절대로요!"

1월 말 약속일에 키올라는 맨해튼의 위너 본사에 도착했다. 하지만 퍼스트의 수정구슬 모임은 이미 끝난 상태였다. 다른 사장들은 모두 전날 프레젠테이션을 마치고 며칠간 사냥과 낚시, 골프를 즐기기 위해 위너에서 가장 빠른 비행기인 사이테이션 엑스Citation X를 타고 텍사스 주의 전용 클럽으로 날아간 뒤였다. 그날 저녁 합류할 예정인 퍼스트는 키올라의 프레젠테이션을 듣기 위해 홀로 기다리고 있었다. 심상치 않은 분위기에 키올라는 두려움이 엄습했다.

회의실에서 퍼스트를 기다리는 시간은 마치 영원처럼 느껴졌다. 마침내 퍼스트가 간부 두 사람과 함께 도착했다. 두 사람은 거의 아무 말도 하지 않는데 왜 동석했는지 알 수가 없었다. 키올라는 억지로 지어낸 밝은 얼굴로 퍼스트를 맞았다. 하지만 그는 심드렁한 표정으로 키올라는 빤히 쳐다보기만 했다.

"피터 회장님과 나는 당신 문제로 여러 번 얘기를 나눴소. 회장님은 요즘 키올라 사장에게 별로 기대하지 않고 있소. 아니, 기대 따위는 사라진 지 오래요. 아직도 사장의 리더십을 인정하는 사람이 있소?"

"우리 직원들은 저를 믿는다고 생각합니다. 아니, 전에 없이 저를 믿고 있어요."

"정말이오?"

"예. 그리고 하이티의 고객들도 대부분 아직 저를 신뢰합니다."

"고객들? 고객의 숫자가 줄어들고 있지 않소?"

"상황이 바뀔 겁니다. 떠난 고객들도 돌아올 거예요."

"어떻게 말이오?"

키올라가 상황 나무를 가리켰다.

"맙소사, 저게 뭐요?"

"논리 지도logical map예요. 무엇이 잘못되었고 이 문제들을 어떻게 다룰 것이며 수익성 있는 성장을 회복하기 위해 정확히 어떤 일이 일어나야 하는지 보여주지요."

퍼스트가 한숨을 내쉬었다.

"좋소. 계속해보시오. 하지만 잘해야 할 거요. 지금부터 하는 말에 따라 워너에서 당신의 미래가 결정될 테니."

키올라는 배경을 기술한 뒤 '바람직하지 않은 결과들'의 사슬 곧 우디 나무를 자세히 설명하기 시작했다. 초반에 퍼스트는 몇 분마다 선견지명이 없었다고 불평하거나 경솔했다고 꾸짖는 등 프레젠테이션을 방해했다. 하지만 키올라는 꿋꿋이 설명을 마쳤다. 이어서 정상화 나무Turnaround Tree의 요소들을 설명하기 시작하자 퍼스트는 한 손으로 턱을 괸 채 집중했다. 게다가 가끔 퍼스트의 입에서 옳다는 의미의 헛기침이 터져 나왔다.

한 시간이 넘는 프레젠테이션이 끝나자 퍼스트의 회의적인 표정 위로 한 줄기 호기심이 스치고 지나갔다.

"단순해 보이는군. 이건… 이해하기가 너무 쉽소."

"이해할 수 없을 만큼 복잡한 계획을 원하시나요?"

퍼스트가 얼굴을 찌푸렸다.

"미심쩍게 생각하신다는 것 압니다. 하지만 요지는 옳잖아요. 그걸로 판단해주셨으면 합니다."

퍼스트가 엄지와 검지로 아랫입술을 꼬집으며 잠시 생각에 잠겼다가 마침내 입을 열었다.

"좋소. 석 달 주겠소. 한 회계 분기요. 그 안에 신속하고도 분명한 정상화를 이룬다면 계속 기회를 주겠소. 하지만 흐름을 확실히 바꿔야 할 거요. 어떤 평가 척도로도 더 이상의 추락은 없어야 하오."

15 VELOCITY

린과 식스 시그마, 그리고 제약 이론

긴박한 질주는 그렇게 시작되었다. 기진맥진한 채 집에 돌아온 키올라는 저녁식사를 마치자마자 잠자리에 들었다. 하지만 니젤 퍼스트가 그녀를 고문하려고 보낸 유령이라도 본 듯 새벽 3시에 깨고 말았다. 서둘러 침대 옆 등을 켰지만 당연히 아무도 없었다. 하지만 유령은 진짜였다. 석 달 안에 정말 정상화를 이룰 수 있을까 하는 걱정과 두려움이 바로 유령이었다. 딱 석 달, 더 이상의 시간은 없다. 1시간가량 뒤척이던 키올라는 결국 잠을 포기하고 주방으로 내려가 커피를 끓였다.

새벽 5시쯤, 키올라는 작은 경영 팀을 꾸리기로 결심했다. 모든 기능이 중요하고 모든 부서가 상황 나무를 만드는 데 기여했다. 하지만 이제는 행동할 때다. 언제까지나 토론만 하고 있을 수는 없다. 그래서 슈윅, 머피, 리즈와 함께 정상화 팀을 구성하기로 했다. 자신은 팀장, 슈윅은 F&D 총괄, 머피는 제조 책임자로 오크톤 공장으로 돌아가고, 리즈는 생산 부문 책임자로 그대로 두되 권한을 다소 줄이기로 했다.

키올라는 아침 6시까지 이 점을 설명하는 이메일을 썼고 7시 30분에

이 문제에 관해 이야기하기 위해 머피에게 전화를 걸었다.

"머피 씨가 제조 책임자라는 직함으로 오크톤 공장에서 일했으면 해요. 자이로 펩스와 커트 코나니는 둘 다 머피 씨의 아래가 됩니다. 자이로는 그대로 자재 관리 책임자로 일하면 되겠습니다. 만약 코나니가 싫다고 하지 않으면 공장장 자리에 그대로 두고요. 어떤가요?"

"자이로와는 잘 맞으니 전혀 문제없어요. 코나니도 라인의 평준화를 해체하고 고질라를 시스템 제약으로 만들어야 한다는 점을 이해하고 협력한다면 상관없습니다."

"코나니를 잘 지도해보세요."

"예. 하지만 그가 제 지도를 받아들일지는 모르겠네요. 오히려 리즈 부사장보다 린에 집착하더라고요. 솔직히 리즈 부사장이 옆에서 저를 지켜볼 걸 생각하니 부담스럽습니다."

"머피 씨는 내게 직접 보고하면 됩니다. 나와 긴밀하게 협력했으면 해요. 리즈 부사장이 절대 간섭하지 못하도록 약속하지요."

"그러면 좋습니다. 이곳 로크빌의 상황을 정리하는 대로 떠날게요."

8시가 막 넘긴 시각, 리즈에게 전화를 건 키올라는 그가 어떻게 나올지 몰라 마음을 단단히 먹었다. 리즈는 분명 필요한 존재였다. 머피 혼자 공장을 운영할 수는 없었다. 그런 마당에 리즈가 이해해주지 않으면 후임을 구할 만한 시간이 없었다. 하지만 통화 후 얼마간 설명하고 나서 키올라는 단도직입적으로 이야기하기로 마음먹었다.

"리즈 부사장, 되도록 머피 씨를 간섭하지 말았으면 해요. 결과로 판단 받게 해줘요. 정상화를 위한 논리 나무의 결과들이 실제로 나타나는지 인내하고 지켜보자고요."

"알겠습니다. 어차피 저는 손을 떼기로 결심했어요. 단지, 그가 린이나 식스 시그마의 일부라는 이유로 쓸모 있는 것들을 버릴까 걱정됩니다. 자신이 처음부터 함께하지 않은 일이라고 무작정 무시하면 어떡합니까?"

"머피 씨는 분별력 있는 사람이에요. 내가 볼 때는 린, 식스 시그마, 제약 이론 등 어떤 프로그램이냐가 중요한 게 아니에요. 평준화되지 않고 제약을 둔 라인에서 효과가 있고 정상화를 위한 논리 나무의 결과들을 만드는 데 도움이 된다면 뭐든 유지시켜야 해요. 물론 그렇지 않은 것들을 모두 없애야 하고요."

"그렇게만 된다면 불만 없습니다."

이제 9시, 키올라는 로크빌의 슈윅에게 전화를 걸었다.

"이제 시작이에요. 당신의 첫 번째 임무는 분석가들이 제작 설계 검토를 우선시하여 처리된 설계를 오크톤 공장으로 신속하게 보낼 수 있도록 간단한 시스템을 만드는 거예요."

"이미 준비 중에 있습니다. 하지만 분석가들의 반발이 심할 거예요. 그 외에도 싫어할 사람이 많아요."

"그래도 밀어붙어야 해요."

"노력은 해보겠습니다."

"아니요. 노력이 아니라 꼭 해내야 해요. 그것도 당장."

"사장님, 지금 이곳의 사기가 땅에 떨어져 있다는 걸 아셔야 해요. 상황이 나쁘다는 걸 다 알고 있어요. 키잔스키에게 문제가 생겨서 돌아오지 못할 수도 있다는 사실이 다 알려졌어요. 여기서 키잔스키는 태양과도 같은 존재에요."

"그렇지 않아요. 당신을 비롯한 모든 인재가 F&D의 태양이에요. 키잔스키는 단지 얼굴 마담이었을 뿐이에요. 그는 변화를 거부하다가 결국 실패했지요. F&D가 살아남으려면 변화가 필요해요. 당신이 이 점을 모두에게 설득시켜야 해요."

"제 전공은 화학이에요. 가끔 짓궂은 농담은 할 줄 알아도 말재주는 별로 없어요."

키올라가 소리 죽여 웃었다. "그러면 그냥 우선순위 정책만 잘 세워 놓아요. 내가 날을 잡아 가서 사람들을 설득할게요. 준비가 되면 전화 해줘요."

머피는 떠나기 전에 슈윅에게 들러 그곳에 남기고 가는 일거리들에 관해 설명했다.

설명이 끝나자 슈윅이 말했다. "이제 집에 가시네요."

"예. 분석가들의 우선순위를 바로잡는 일이 잘되었으면 좋겠네요. 정말 중요한 일이에요. 승인 완료 설계건이 오크톤 공장으로 항상 일 정하게는 아니더라도 어느 정도 꾸준히 들어와야 해요. 그러려면 그 우선순위가 정말 중요해요."

"예, 알겠어요. 참, 여기 오신 뒤로 좀 도움이 될 만한 걸 알아내신 게 있나요? 지금 제 입장이라면 뭘 어떻게 하시겠어요?"

"제가요? 저는 이곳의 복잡한 상황을 제대로 알지도 못하는데요. 하지만, 한 가지 드릴 말씀은 있어요. 보통 한 사람이 동시에 50가지 작업을 맡고 있더군요."

"무슨 말씀인지 알고 있어요! 동시에 50가지 작업이라, 적게 잡으신 것 같은데요."

"하지만 50가지 작업을 '동시에' 진행하는 게 문제에요. 최소한 동시에 25가지 작업은 하는 것 같아요."

"그러면 어떻게 해야 하나요?"

"한 번에 하나에만 집중해야 해요."

"그건 힘들어요. 50가지 작업을 다 해야 하는데 어떻게?"

"그 중에서 단 하나만 가장 중요한 작업일 거예요. 공장에 있을 때 저는 사람들에게 일거리가 오자마자 죽어라 해서 마치라고 말했죠. 그러고 나서 그 다음 작업을 하고, 그 다음에는… 이렇게 하나씩 해내야 해요."

"하지만 그럴 만한 여유가 없어요."

"이유가 뭔가요?"

"해야 할 일이 너무 많으니까요. 벅찰 정도로 많아요. 게다가 제 상황을 예로 들면, 누군가 뭔가를 공급해주지 않아 작업을 마치지 못할 때가 너무도 많아요. 아니면 그냥 작업이 방해를 받기도 하고요!"

"우선순위가 더 높은 작업 때문에 현재 작업이 방해받는 건가요? 우선순위가 낮아서요?"

"아예 우선순위라는 게 없죠! 최소한 그게 문제예요."

"제가 배려심 많은 남부 사람이라서 그런지는 모르겠지만 누군가 사적인 대화를 나누고 있으면 절대 방해하지 않아요. 혹시 건물에 불이 났으면 모르겠지만요. 화재 진압의 우선순위가 더 높으니까요. 어떤 신호를 고안하면 어떨까요?"

"그게 도움이 될지는 모르겠지만 고안하려면 시간이 걸리잖아요."

"마지막으로, 공장 작업자 출신의 늙은이로서 한 가지만 말씀드릴게요. 작업 시작에 시차를 두는 게 어떨까요? 우선순위가 높은 작업을 매일 아침 또는 어느 일정 기간마다 처음으로 투입하는 식으로 시차를 두면 도움이 될 거예요. 오크톤 공장에서는 자재 투입 관리라는 것을 썼어요. 고질라에서의 예정 작업 시각 순서대로 자재들을 투입해요. 분석가들에게 프로젝트들을 배정할 때 이런 방법을 쓰면 도움이 될 거예요."

"잘 모르겠어요. 말씀드렸듯이 시간이 많이 걸릴 거예요. 그래도 고마워요. 운전 조심하세요."

"고마워요. 조만간 또 봐요."

다음 주에 키올라는 자비로 도슨의 비행기를 타고 로크빌로 날아갔다. F&D 직원들과 하루 동안 엄숙한 모임을 진행하기 위해서였다. 키올라는 사장의 권위를 이용해 슈웍의 변화 노력에 힘을 실어줄 생각이었다.

F&D 직원들이 제1건물의 강당에 모인 첫 번째 모임 때 키올라는 연단에 서서 잔뜩 찌푸린 얼굴들을 둘러보았다. 곳곳에서 입에 손을 가리고 숙덕대는 모습이 보였다. 전체 인력의 50%를 감축한다는 소문, F&D가 매각될 거라는 소문, F&D 전체가 인도로 이전될 거라는 소문, F&D가 아예 문을 닫을 거라는 소문, F&D 전체에 나도는 온갖 소문은 키올라도 슈웍을 통해 들어서 잘 알고 있었다.

키올라가 마이크를 드는 찰라, 뒤쪽에서 누군가가 투덜거렸다. "마음 단단히 먹자고요. 자, 곧 청천벽력이 떨어지겠지요."

키올라는 하마터면 소리 내어 웃을 뻔했다.

"제가 누군지는 다 아시리라 생각합니다. 그러니 소개는 건너뛰지요. 여러분이 궁금한 것은 제가 이곳에 온 이유지요. 이곳에 온갖 소문이 나돌고 있다고 들었습니다. 먼저 소문부터 잠재워야겠군요. 저는 인원 감축을 발표하려고 여기 온 게 아닙니다. F&D는 매각되지도 이전되지도 폐업하지도 않을 겁니다. 그러니 모두 안심하셔도 좋습니다. 오늘 그런 일은 절대 일어나지 않을 겁니다. 앞으로도 쭉 그랬으면 좋겠습니다. 하지만 장담할 수는 없습니다. 그건 앞으로 석 달에서 일 년 안에 어떤 상황이 벌어지느냐에 달려 있습니다. 그리고 그 모든 상황은 여러분에게 달려 있어요.

다들 알다시피 최근에 주요 거래처 두 곳이 F&D와 거래를 끊었습니다. 그 외에도 불만스러운 고객이 많습니다. 물론 슈윅 소장 등이 잃은 고객들의 일부를 되찾았고 프로젝트 관리자들은 새 고객을 얻기 위해 사방팔방으로 뛰고 있습니다. 하지만 예전처럼 해서는 살아남을 수 없습니다. F&D의 품질이나 정확성, 작업의 신뢰성을 문제 삼는 클라이언트는 없습니다. 고객의 불만 사항은 바로 높은 비용과 느린 작업 속도입니다. 우리는 너무 느리고 너무 비쌉니다. 이것이 제가 오늘 이 자리에 선 이유입니다.

우리는 작업 흐름에 영향을 미치는 여러 정책과 절차를 서둘러 바꿔야 합니다. 저는 이런 변화의 중요성을 역설하고 뭐든 여러분의 의문을 풀어주고자 이 자리에 섰습니다. 이런 변화를 좋아할 분도 있고 좋아하지 않을 분도 있으실 겁니다. 하지만 분명히 말하는데 절대적으로 필요한 변화들입니다.

가장 중요한 변화는 처음에는 여러분에게 개인적으로 마음에 들지 않을 수도 있습니다. 그래도 여러분은 이 변화에 관해 아셔야 합니다. 작년에 저는 여기에 서서 린과 식스 시그마에 관해 이야기했습니다. 우리, 아니 최소한 저는 이 프로그램들이 우리의 운영과 사업 전반을 개선할 수 있는 완벽한 답이라고 생각했습니다. 그런데 뚜껑을 열어보니 우리의 기대는 한낱 꿈이었습니다. 정말 이럴 줄은 몰랐습니다.

하지만 린이나 식스 시그마를 버리진 않을 겁니다. 두 프로그램은 모두 매우 강력한 도구들입니다. 우리는 이 두 원칙의 장점들을 계속해서 수용할 겁니다. 달라진 것은 린과 식스 시그마를 세 번째 원리인 제약 이론의 틀 속에서 적용할 거라는 점입니다. 이제부터는 모든 것을 개선하고 모든 곳의 낭비를 없애려고 하기보다는 회사 전체의 쓰루풋을 늘리고 사업의 유지와 성장에 필요한 이익을 거두는 방향으로 린과 식스 시그마를 적용할 겁니다.

이제 우리의 일상 업무에 영향을 미칠 몇 가지 변화에 관해 이야기를 해봅시다. 우리는 F&D의 효율이 분석가들의 효율에 달려 있다고 판단했습니다. 그 이유는 나중에 알게 될 겁니다. 일단은 이곳의 모든 기능이 중요하지만 분석가들이 가장 중요한 자원이라는 사실만 기억하십시오. 나머지 모든 사람의 역할은 분석가들에게 필요한 것이 미리미리 공급되도록 하는 것입니다. 다시 말해, 분석가들이 작업을 최대한 빨리 마칠 수 있도록 도와야 합니다.

분석가들도 스스로 바뀌어야 합니다. 과거에는 많은 사람이 설계 검토를, 남는 시간에나 해야 할 잡일쯤으로 여겼다고 들었습니다. 이제부터는 설계 검토, 그리고 가능하면 빠른 검토 완료를 분석가의 모든 업무 중에서 최우선사항으로 삼아야 합니다. F&D는 물론이고 하이티 전체의 성과를 다시 상승세로 회복하고 이익 성장을 이루려면 검토 완료건을 최대한 빨리 오크톤 공장으로 보내야 합니다.

F&D는 재료 연구와 엔지니어링 분야에서 위대한 유산을 쌓아왔습니다. 우리가 꼭 필요한 변화를 단행하고 서로 협력한다면 앞으로 F&D가 새로운 단계로 도약하리라 굳게 확신합니다. 이제 슈웍 소장이……."

아니나 다를까 분석가들은 슈웍의 우선순위 시스템에 불만이 가득한 눈치였다. 오랫동안 그들은 어떤 일을 언제 할지 스스로 결정해왔다. 자신의 이익과 목적에 따라 시간을 스스로 관리해왔다. 그런데 이제 와서 시키는 대로 하라니! 당연히 싫어할 만했다.

"시키는 대로만 하는 꼭두각시가 되라고요? 저는 첨단 연구를 하려고 여기에 있는 겁니다!" 분석가 한 명이 대놓고 불만을 표시했다.

키올라는 한쪽에 서서 슈윅에게 힘을 실어주려고 그 사람에게 '여기에서 계속 일하고 싶다면 우리식대로 일을 처리해야 해요!' 라고 한마디 하려다 억지로 참았다.

슈윅의 해명이 시작되었다. "설계 검토는 어차피 해야 하는 일입니다. 이제 그 일을 좀 더 빨리 처리하자는 겁니다. 계속 늦어져서는 안 됩니다. 오크톤 공장에 폐를 그만 끼칩시다. 이제 몇 주가 아니라 며칠 내로 처리해줘야 합니다."

슈윅의 시스템은 지극히 단순했다. F&D에는 두 가지 일이 있다. 하나는 설계 검토 처리였고, 다른 하나는 그 외의 모든 일이었다. 설계 검토 처리가 최우선사항이었고, 나머지 모든 일은 부차적이었다. 이제 분석가들은 밀린 설계 검토 처리 건을 처리하는 데 대부분의 시간을 할애해야 한다. 그 뒤에는 매일 아침 새로운 검토 처리 건이 있나 확인해야 한다. 만약 검토 처리 건이 있다면 먼저 그것을 처리한 뒤에야 클라이언트의 프로젝트를 추진할 수 있다.

"우리의 목표는 대부분의 설계 검토를 사흘 안에 처리하는 겁니다. 설계 검토 완료건을 하이보로와 오크톤으로 보내 제작을 시작하도록 하거나 설계 승인을 거부하여 설명과 함께 판매 팀으로 돌려보내는 일을 사흘 안에 끝내야 합니다."

슈윅의 말에 누군가 물었다. "장기적인 분석을 위해 실험실 테스트나 컴퓨터 모델링 등을 필요로 하는 검토 건은 어떻게 합니까? 결과가 나올 때까지 아무 일도 하지 말아야 합니까?"

슈윅의 설명이 이어졌다. "매일 처음으로 해야 하는 일은 각자가 받은 검토 건입니다. 대개 15분이나 20분이면 충분하지요. 복잡한 검토는 한 시간쯤 걸릴 수도 있겠지요. 처리할 수 있는 설계 검토 건은 모두 처리해서 하이보로와 오크톤 공장으로 보내세요. 테스트나 모델링을 필요로 하는 소수의 검토 건에 대해서는 테스트 요청서를 쓰는 걸로 그날은 더 이상 그 일에 신경 쓰지 않아도 좋아요. 클라이언트의 프로젝트를 추진해도 좋아요. 하지만 다음날에는 아직 처리되지 않은 전날의 검토 건을 다시 확인해야 해요. 각 검토 건이 승인되거나 거부될 때까지 그 과정을 반복해야 합니다."

그러자 조 타소니가 모든 분석가를 대변이라도 하듯 자리에서 일어나 말했다. "한 가지만 알고 싶습니다. 우리가 과거에 해온 방식이 뭐가 잘못되었습니까?"

키올라가 앞으로 나왔다. "그건 제가 말씀드리죠. 과거의 설계 검토 방식이 잘못된 건 그것이 늘 문제를 일으켰기 때문이에요. 비단 당신만 그런 게 아니라, 하나의 설계 검토에 두세 주나 네 주까지 걸리는 일이 비일비재했어요. 이것이 여러분은 몸으로 느끼지 못하는 문제였어요. 하지만 오크톤 공장, 그리고 고객에게 제품 제작이 그토록 오래 걸리는 이유를 설명해야 하는 판매 팀의 입장에서는 피부로 직접 느끼는 문제였어요. 이제 경쟁력을 비롯한 여러 가지 이유로 우리는 변해야 해요."

변화와 관련해서 그날 다뤄야 하는 또 다른 주제는 분석가들의 연간 보너스였다. 슈윅은 분석가들이 좋아할 만한 소식부터 전하는 우회 전법을 사용했다.

"이제부터는 제작 설계 검토에 사용되는 시간을, 클라이언트에게 대금을 청구할 수 있는 작업 시간과 똑같이 취급하고 우리의 연간 성과 평가에 반영하겠습니다. 우리가 정책을 바꾸려는 것은 제작 설계 검토가 엄청나게 중요하기 때문입니다. 그러니 여러분은 그 일을 더는 보람 없는 잡일로 여기지 말길 바랍니다."

여기저기서 웃는 얼굴이 보이고 한두 명은 가볍게 박수까지 쳤다.

"또한 금년부터는 대금을 청구할 수 있는 작업 시간만으로 여러분의 보너스를 결정하지 않겠습니다. 이제는 이익 센터로서 F&D와 하이티를 망라한 회사 전체의 재무적 성과를 근거로 하겠습니다. 그러면 청구 대금이 성과 평가에서 차지하는 비율이 전보다 훨씬 줄겠지요."

그러자 여기저기서 회의적인 평가와 신음, 따지고 투덜대는 소리가 터져 나왔다. 하지만 키올라와 슈윅이 계속 설득하자 분석가들도 회사 전체의 성과가 향상되면 오히려 전보다 많은 돈을 벌 수 있다는 점을 이해하기 시작했다. 모임이 끝날 무렵, 대부분의 분석가들에게서 새로운 정책을 따라갈 의지가 분명히 엿보였다.

16 VELOCITY
벨로시티 원칙

 머피는 얼마나 엉망이 되었을까 하는 걱정을 안고 오크톤 공장으로 돌아왔다. 주문량은 많은데 주당 생산량이 몇 년 전보다 훨씬 못한 상황이니 분명 큰 문제였다. '도대체 그들이 공장에 무슨 짓을 했을까?' 이만저만 걱정이 되는 게 아니었다.
 공장장 코나니는 머피를 맞이한 뒤 공장 곳곳을 안내했다. 공장을 다 돌아본 머피는 자신이 있을 때보다 더 좋아졌다는 사실에 충격을 받았다. 재배치된 M57 라인은 전보다 더 빨리 돌아갔다. 최종 준비 공정의 준비 작업도 더 빨라졌다. 수지 염료 저장 구역도 실수가 나타나지 않도록 잘 정리되어 있었다. 공구 및 금형 제작소의 새로운 워크셀들은 정말 훌륭했다. 모든 것이 전반적으로 깔끔하고 깨끗하고 밝아졌다. 조사 자료에 따르면 모든 작업자가 이전보다 자기 일에 자긍심을 느끼고 있었다.
 코나니는 머피와 함께 걸어가며 자부심 가득한 얼굴로 곳곳의 개선사항들을 가리키며 설명했다. 하지만 순간순간 그의 얼굴에는 난처한 표정이 스치고 지나갔다. 이 많은 개선이 비즈니스의 궁극적인 목적인 이익 창출로 이어지지 않았기 때문이었다.

가압 처리기 구역으로 들어서자 고질라가 눈에 들어왔다. 머피는 마치 오랜 친구를 새로 만난 기분이 들었다. 그때 주간조 감독 리치가 다가와 악수를 청했다.

"그래, 이 괴물이 잘 해내고 있나?" 머피가 물었다.

리치는 고개를 숙인 채 좌우로 흔들었다.

"곧 이곳을 살펴볼 걸세. 뭐 필요한 건 없나?"

"옛 작업자들이 필요해요."

"그들이 아직도 이 공장에 있나?"

"한두 명만 빼고요."

"그럼 데려다 쓰도록 해주겠네."

라인을 평준화하기 전에 고질라에서 일하던 여러 베테랑들이 그 주내로 돌아왔다. 코나니의 반대에도 불구하고 M57 라인의 작업 속도를 조절하던 린 페이스메이커 방식은 폐기되었다. 고질라는 모든 공정의 드럼으로 지정되었다. 머피는 곧바로 재고 계획, 일정, 출하 날짜를 고질라의 처리 속도에 맞추기 위한 특별 팀을 조직했다.

머피는 제조 책임자의 자리에 오른 직후 오크톤의 모든 관리자와 감독들이 모이는 회의를 열었다. 얼마 있지 않아 리즈의 협력으로 본사의 생산 운영 분야 관리자들도 모두 참여했다. 머피는 제약을 두고 평준화되지 않은 라인의 실용성을 모두가 이해할 수 있도록, 다함께 도슨에게서 배운 주사위 게임 시간을 마련했다. 게임이 끝난 후에는 각 부서가 드럼을 중심으로 한 흐름에 어떻게 기여할지 논의했다.

생산의 관점에서는 정상화가 놀라운 속도로 진행되었다. 여기저기서 무차별적으로 나타나 평준화된 라인을 어지럽히던 병목들은 대부분 사라졌다. 주사위 게임에서처럼 자재들은 정확히 고질라에 들어갔다가 나가는 속도에 맞춰 생산에 투입되었다. 머피는 오랜 경험을 바탕으로, 재공품이 빠른 시간 내에 드럼인 가압 처리 공정에 이르고 그 후 마무리 공정과 포장을 거쳐 출하 단계에 이르도록 제약이 아닌 공정들에 충분한 숫자의 작업자들을 재배치했다. 재공품이 일시적으로 저장할 공간이 더는 필요 없어지면서 린 슈퍼마켓은 없앴다. 이제 재공품이 꼭 있어야 할 곳, 바로 드럼 앞에만 쌓이게 되었기 때문이다.

결과적으로, 린과 식스 시그마를 통해 이루어진 변화 중 많은 부분은 그대로 유지되었다. 머피는 코나니를 비롯한 린 유단자들의 노고를 칭찬하기까지 했다. 단, 효과를 평가하기 전까지 대다수 린 식스 시그마 프로젝트들을 보류하기로 했다. 그로 인해 어떤 이들은 린 식스 시그마의 시대가 갔다고 판단했다. 경영진의 관심이 사라져 값진 실험이 무위로 끝나게 되었다고 생각했다. 하지만 그것은 섣부른 판단이었다.

"나 같은 늙은이도 새로운 기술을 배워야 해." 나중에 머피가 한 이 말만 봐도 린과 식스 시그마를 완전히 버릴 뜻은 없는 게 분명했다.

머피가 무쇠 솥을 들고 오크톤 공장 공구실로 들어서자 자이로가 프로판 토치로 커다란 프라이팬 아래를 열심히 가열하고 있었다. 프라이팬 안에서 딱딱거리는 소리가 났다.

"자이로, 뭐하는 건가?"
"뭐하는 것처럼 보이세요? 점심식사를 준비하고 있잖아요."
"도대체 무슨 음식인데 그래?"
자이로가 프라이팬을 기울여 내용물을 보여주었다.
"송어예요. 오늘 아침 6시 15분, 출근하는 길에 갓 잡은 거죠. 맛보고 싶으면 거래할 걸 내놓으시죠."

"물론 있지. 맛있는 거야."

머피가 솥뚜껑을 연 뒤 손바닥을 흔들어 냄새를 풍겼다.

"이야. 뭔가요?"

"오소 부코."

"에? 오소 뭐요?"

"송아지 다리 살이야. 기름으로 살짝 튀긴 뒤 약한 불에 끓인 이탈리아식 송아지 다리 살 요리지. 메릴랜드 주의 천재들 중 한 명에게서 배운 요리야. 존 타소니라고, 진짜 이탈리아인이지."

"전에도 들었던 이름이네요. 왜, 로크빌의 병목이라고 하셨잖아요?"

"그 사람만 그런 게 아니야. 모든 분석가가 병목이지. 하지만 이제 좀 달라질 거야. 검토 완료 건이 일정하게 들어오기 시작할 테니까."

"자, 별미가 완성되었네요. 드시죠." 자이로가 토치를 껐다.

두 사람은 몇 분간 조용히 식사를 했다. 가끔 음식을 우물거리며 맛을 칭찬하는 말만 오갈 뿐이었다. 어느 한 순간, 머피는 칙칙하고 창문도 없는 공구실을 둘러보며 이곳에서의 점심식사 시간이 얼마나 그리웠는지를 새삼 느꼈다.

"그래서, 자네가 볼 때는 상황이 어떤가?"

그러자 자이로가 깊은 한숨을 내쉬었다. "아스피린을 먹기 전보다 머리가 더 아파요."

"왜 그런데? 자세히 말해봐."

"공장장님이 떠나면서 간판을 설치했어요. 그 뒤에는 코나니 공장장이 POUS를 사용하라고 했어요. 그게 뭔지 아세요?"

"사용 지점 저장 방식을 말하는 거잖아."

"맞아요. 그래서 각종 부품과 자재의 통을 보관하는 이런 저장 선반들을 공장 바닥에 놓았어요. 기계 운전자가 필요한 것을 창고로 가지러 창고에 가거나 누가 가져다줄 때까지 기다리지 않고 바로 집어서 사용할 수 있게 한 거죠."

"그래, 나도 봤어. 그런데 왜 머리가 아프다는 거야?"

"우리가 한두 종류의 제품을 만드는 게 아니잖아요. 표준 제품과 맞춤 생산 제품 모두 종류가 정말 많아요."

"그거야 나도 잘 알지."

"그래서 이렇게 복잡하게……."

"저장 선반의 종류가 너무 많다는 거군."

"맞아요. 그리고 놓을 공간도 부족해요. 그래서 공장장이 선반들을 빨리 바꿀 수 있도록 다리 바퀴를 달자는 아이디어를 내놨어요."

그러자 머피가 씩 웃으며 말했다. "코나니답군. 그 사람은 머릿속에 아이디어가 떠오르면 무조건 시도하고 보잖나."

"어쨌든 그렇게 해서 선반을 이리저리 굴리고 다니게 됐어요. 유일한 문제점은 작업자가 자재를 가지러 가보면 통 안에 아무것도 없을 때가 있다는 거예요. 일부 통 안이 텅 비어 있어요."

"완전히 비는 건가? 재고가 완전히 떨어진다고?"

"예, 텅 비어요! 어떤 때는 주문량을 다 생산할 만큼 충분하지 않고요. 보통 몇 개 통에서 그런 거지만 항상 발생하죠. 그러면 서둘러 주문하려고 난리가 나고요. 공급처에 전화를 걸고 인터넷에 다른 공급처를 알아보느라 한바탕 소동이 벌어지지요."

"내 말을 들어보게. 간판이나 카드, 뭐라 부르든 그건 결국 최소-최대 재주문 시스템이야. 맞지?" 머피가 플라스틱 포크로 먹음직한 송어 살점을 떼어내면서 말했다.

"예, 맞아요. 재고가 원활한 공정 흐름을 위해 꼭 필요한 최소 수준 아래로 떨어지면 구매 신호가 떨어지고 재주문이 나가지요."

"음, 누군가 재주문해야 하는 걸 잊은 거 아닌가?"

"그런 일은 드물어요. 그게 아니라 재주문 신호를 보내도 필요한 것들이 제때 도착하지 않는 거예요."

"그렇다면 재주문할 때의 재고수준은 항상 고정되어 있나? 매번 똑같은가?"

"음, 예를 들어, 통에 최대 수준으로 100개를 넣을 수 있고 50개가 최소 수준이라고 해봐요. 100개 중 50개를 사용하고 나면 다시 50개를 채워 넣기 위한 재주문 신호가 떨어지죠. 하지만 재주문한 50개가 들어오기도 전에 남은 50개가 다 떨어지는 일이 가끔 있어요."

"그렇군."

"그래서 다음번에는 아예 한꺼번에 많이 주문해놓으면 몇 달이 지나도록 최대 수준 위에서 머무는 경우가 생기기도 하고요. 물론 이 모든 과정은 대개 컴퓨터, 그러니까 윙에 의해 자동적으로 이루어져요."

"윙?" 머피가 의심스러운 눈초리로 물었다. "어떤 버전인데?"

"윙 4.7이요. 린 버전이죠."

"그게 말썽인가?"

"그렇지는 않아요. 코나니 공장장에게 물어봤더니 아니래요. 그건 끌어당기기 생산 모델이래요. 고객이 요청하기 전까지는 아무것도 생산하지 않지요."

"그러면 코나니는 재고가 떨어지는 상황에 대해서 뭐라고 하는가?"

"우리, 그러니까 저와 자재 관리 직원들이 재주문량을 잘못 계산했대요. 그러면서 다음번에는 주문을 좀 더 많이 하되 너무 많이는 하지 말라고 우물거리더군요."

"당연히 너무 많이는 안 되지. 재고의 '군살'을 뺐잖아. 너무 많은 재고가 그냥 쌓여 있어서는 안 되니까. 그건 낭비잖아."

"어쨌든 상황이 그래요. 최소-최대 재주문 시스템으로 하다가 안 되면 재주문량을 높이죠. 때로는 뜨거운 여름날의 얼음처럼 재고가 바닥나고, 때로는 재고가 많아 몇 달씩이나 썩고 있어요. 겨울과 여름 같은 계절과 달라서 적게 사용할지 많이 사용할지 예측할 수가 없어요. 제멋대로 오락가락해요."

머피는 다 발라먹은 송아지 뼈 하나를 들고서 마치 현미경을 보듯 유심히 뜯어보았다.

"자 이제 치우고 일하러 가세. 그런데 송어 요리는 정말 일품이군."

"솜씨 좀 발휘했죠." 그러면서 자이로가 프로판 토치를 들었다. "이게 관건이에요."

"그것과 생선의 신선도가 관건이지. 재고 문제를 해결해야 하는데 말이야. 곧 로크빌에서 검토 완료 건이 일정하게 들어온다고 하면 우리가 일을 망칠 수는 없어. 고민하고 조사 좀 해보자고. 자네도 그렇게 해봐. 며칠 뒤에 다시 얘기하세."

며칠 뒤 머피는 아침 일찍 출근해서 쿨러 옆의 자기 책상에 앉아 있는 자이로를 발견했다. 머피는 뜨거운 커피를 따른 뒤 의자를 당겨 앉았다. 자이로는 고개를 끄덕여 인사만 할 뿐 눈앞의 컴퓨터 화면에 뜬 그래프들에서 시선을 떼지 않았다. 그러면서 왼손의 집게손가락을 들어 거의 다 끝나간다는 신호를 보냈다. 이윽고 자이로가 고개를 돌려서 보니 머피가 환한 미소를 띤 채 자신을 바라보고 있었다.

"뭐예요?"

"시간."

"시간이요?"

"시간은 우리가 하는 모든 일에 필요한 보이지 않는 자원이라고."

"다 아는 사실 아닌가요?" 자이로가 놀렸다.

"이건 보통 사실이 아니야. 재주문 시간 간격, 그 얘기를 하려고 왔네. 재고가 무작위로 떨어지는 상황, 우리가 며칠 전에 얘기했던 상황 말이야. 아무래도 '시간'에 답이 있는 것 같아."

"어떻게요?"

"최소-최대 재주문 시스템에서는 재고가 최소 수준에 이르면 재주문이 이루어지지. 현재 재주문량은 정해져 있지만 재주문 시점 사이의 간격은 오락가락해. 하나의 재주문에서 다음 재주문이 이루어지기까지 5일이 걸리기도 하고 5달이 걸리기도 하지. 심지어 더 길어질 때도 있고. 구매 시점 간격이 천차만별이야."

"그래서요?"

"자네가 며칠 전에 점심식사 시간에 이야기한 상황이 문제야. 재고가 보충되는 속도가 자재 사용량을 따라가지 못하는 것 같아. 무슨 말인지 알겠어?"

"예. 사실 정확히 맞는 말씀이에요."

"그래서 자재 사용량이 최고로 많을 때는 남은 재고가 바닥이 나기 전에 재주문량이 들어오지 못하는 거지. 반대로, 재주문량을 늘렸는데 자재 사용량이 적어지면 재고가 오래 썩는 상황이 발생하는 거고."

"그건 다 알고 있는 사실이에요."

"하지만 정해진 양을 다 썼을 때를 재주문 시점으로 하지 말고, 재주문 시간 간격을 고정하고 그 시간 안에 사용한 만큼만 재주문한다고 해봐. 매일, 매주, 2주마다, 매달 등으로 정기적으로 재주문을 하는 거야. 자재 사용량은 항상 달라지잖아. 하지만 재주문 간격이 고정되면 소비된 양을 보충할 때까지의 시간이 더 믿을 수 있게 되지."

"재고가 떨어지는 일이 없어지겠군요. 어떻게 그런 생각을 했어요?"

"많이 고민했지. 솔직히 말하면, 본사에서 있었던 일이 많은 도움이 되었어. 거기서 퀸시 부사장이랑 이야기를 나눴어. 그에게 이 문제에 관해 물었지. 왜냐하면 우리와 다른 시각에서 참신한 아이디어를 내놓을 수도 있잖아. 퀸시 부사장이랑 막 이야기를 시작했는데 키올라 사장님이 오셨지. 그때 사장님이 할아버지의 이야기를 해주셨어. 사장님의 할아버지는 오하이오 주에서 초콜릿 판매원으로 일하셨대. 한 도매업체에 소속된 '방문 판매원'이셨다더군. 할아버지는 화요일에 애크런에 있다가 수요일에는 캔턴에 있는 식으로 여러 지역을 돌며 구멍가게와 가판대 등에 물건을 파셨다더군.

그런데 도매업체가 정한 규칙 중 하나는 모든 판매원이 20개의 초콜릿을 넣어 봉인한 상자 혹은 여러 상자가 든 큰 상자 단위로 팔아야 한다는 거였어. 하지만 당시는 대공황 때라 작은 구멍가게들은 큰 상자는 물론이고 작은 상자조차 통째를 살 여력이 없었어. 그래서 사장님의 할아버지는 상자를 뜯어서 고객의 고객들이 지난주에 사간 양만큼만 팔았지. 덕분에 고객들의 캔디 상자는 늘 채워져 있었지. 사장님의 할아버지는 매우 모든 고객에게 조금씩 판매했고, 결국 도매업체가 엄격한 규칙을 없애면서 모든 사람이 행복하게 잘 살았대. 물론 대형 체인점들이 들어서면서 상황이 바뀌기는 했지만. 어쨌든 최소량을 정하지 않고 정해진 시간 간격으로 파는 방식이 한동안 성행했다는 거지. 하지만 내가 이 방식이 효과적이라고 생각하는 주된 이유는 그것이 DBR과 비슷하기 때문이야."

"드럼과 버퍼와 루프 말이에요? 들이 이렇게 미슷해요?"

"시간에 따라 주문을 하고 최소량을 정하지 않는 것은 우리가 고질라, 나아가 오크톤 공장을 관리하는 방식과 밀접하게 연관되어 있어. 버퍼가 뭐지? 우리가 제약인 고질라 앞에 재공품이 충분히 쌓이도록 하기 위해 사용하는 완충 요소라고 할 수 있어. 이걸 깨닫기까지 시간이 좀 걸렸지만 이 버퍼는 사실상 물리적 양이 아니라 시간을 바탕으로 하는 거야. 재공품이 고질라 앞에 도달하는 데 걸리는 시간이 얼만가? 정확한 양이 중요한 게 아니야. 정말 중요한 것은 고질라가 가공할 자재가 언제나 준비되어 있는 거야. 고질라 앞에 놓인 자재의 양은 많아지고 적어져도 괜찮아. 중요한 것은 그 앞에 자재를 채워 넣는 시간이야. 정확히 말하면, 끊임없이 제때 채워 넣는 게 중요한 거지."

자이로는 잠시 생각하다가 머피가 잘 볼 수 있도록 컴퓨터 모니터를 돌렸다. "여기 제가 한 것을 좀 보세요."

머피가 안경을 쓰고 화면을 가까이 들여다보았다. "우와, 걸작이군."

"그냥 막대그래프에요."

"아니야. 녹색과 노란색, 빨간색. 색깔을 과감히 사용했어. 자넨 여기 있지 말고 파리에 가서 에펠탑을 그리는 게 낫겠어!"

"하긴, 제가 여기서 썩을 인재는 아니죠. 자, 농담은 그만하자고요. 이건 자꾸 재고 문제를 일으키는 특정 자재의 사용량 패턴을 보여주는 과거 데이터예요. "

"이 높은 막대기들은? 이것들은 사용량이 갑자기 뛴 건가?"

"맞아요. 보다시피 몇 개는 엄청나게 높죠. 그래서 규칙적이거나 의미 있는 패턴이 있는지 찾아보려는 거예요. 하지만 지금까지 자재 수요는 무작위적이고 예측 불가능해 보여요. 공급업체의 리드 타임 때문에 1년에 몇 번씩 자재 수요를 공급이 따라가지 못하지요."

"이건 최소-최대 재주문 방식을 사용한 거지? 맞나?"

"예, 맞아요. 주문 날짜와 입고 날짜를 같은 화면에 나타내볼게요. 여기 진한 노란색과 옅은 파란색으로 되어 있지요? 보시면 알겠지만 주문 날짜들도 무작위적이에요."

"음, 재미있군. 자네의 미술 실력 말이야. 이게 자네의 최고 걸작 중 하나가 될지도 몰라."

"무슨 말씀이세요?"

"아주 중요한 질문들이 있네. 시간에 따른 재주문 방식과 관련된 질문이야. 자재의 믿을 만한 재보충 기간은 어느 정도일까? 이 간격 내에서 최대 수요의 패턴은 무엇인가? 무엇보다도 우리는 고질라에게 자재를 끊임없이 공급할 방법을 알아내야 해."

"그래서 방정식을 원하시는 거군요. 믿을 만한 재보충 기간과 고질라에 필요한 자재 버퍼의 양을 계산하기 위해서요."

"맞아. 바로 그거야."

"그리고 물론 우리가 사용하는 모든 자재에 대해 계산해야겠지요?"

"문제가 큰 자재부터 시작하게."

"흥미진진한 도전을 맞이한 기분이네요."

"자네가 괜찮다면 하이보로에 있는 마이크로버스트 팀원들 중 한 명에게 도움을 요청할 수도 있어. IT 전문가 말이야. 하지만 이렇게 재미있는 일을 남 주기는 싫군."

"좋아요. 재미도 재미지만 공급 문제로 인한 내 두통만 가실 수 있다면 뭐든 할 수 있어요."

타소니는 사람들에게 인기가 많았지만, 가끔은 조직에 지독히 방해가 되기도 했다. 키올라가 참석한 모임이 끝나고 분석가들은 밀린 설계 검토 건을 무주리 처리하는 데 온 노력을 쏟았다. 그리하여 1수 내에 대부분의 검토 건이 처리되었다. 그 뒤에는 분석가들은 오전 검토 관행을 준시하기 시작했다. 판매 팀에서 새로운 검토 요청이 들어오면 분석가들은 그것을 오전에 가장 먼저 처리했고, 가능하면 당일에 검토를 마무리했다. 타소니까지도 처음에는 잘 따라주었다. 하지만 사나흘이 지나자 그는 다시 검토 건을 완전히 무시했다. 결국 이 소식을 들은 슈웍이 그를 찾아왔다.

"도대체 이게 뭐에요. 이걸 봐요!"

슈웍은 타소니의 사무실 한쪽에서 입을 떡 벌린 채 서서 실험 보고서, 프로그램 폴더, 뭔가가 쓰여 있는 종이, CD, 전문 잡지, 이메일을 프린트한 종이가 산더미처럼 쌓여 있는 광경을 쳐다보았다. 이메일 프린트물이 있는 것은 타소니가 컴퓨터를 지독히 싫어해서 모든 것을 프린트해서 보기 때문이다. 그 외에 카푸치노 제조기, 허브 화분, 토마토 줄기 지지대, 작은 냉장고, 도자기와 은그릇 같은 타소니의 개인 애장품들이 기밀문서들과 함께 금고 위에 쌓여 있었다. 슈웍은 정돈된 혼란들이라는 단어를 떠올렸다. 분명 모순이었지만 있을 수도 있는 일이다. 실제로 온갖 혼란들이 혼란의 그룹들로 정리되어 있었다.

"나는 더미 시스템을 사용하는 거예요." 타소니가 말했다.

"정말 그러네요."

"하지만 뭐가 어디 있는지 다 알아요. 전기를 사용하지 않는 시스템이라고 해서 꼭 비효율적인 건 아니에요."

"그렇긴 해요. 머피 씨는 최소한 타소니 분석가의 재고는 눈에 보인다고 하더군요."

"무슨 뜻인가요?" 타소니가 호기심 어린 눈빛으로 물었다.

"타소니 분석가의 재고, 그러니까 해야 하는 일들은 다 보이게 널려 있죠. 반면 다른 분석가들의 일은 하드드라이버와 서버에 숨겨져 있어요. 그 분석가들의 재고도 타소니 분석가의 재고만큼 많을 수 있지만 그걸 아무도 볼 수 없죠."

타소니는 이 말을 칭찬으로 듣고서 표정이 한결 밝아졌다. 분명, 부정적인 말은 아니었다.

"이 더미 속에서 얼마나 많은 프로젝트가 진행되고 있죠?"

타소니가 어깨를 으쓱하며 말했다. "그때그때 달라요. 한 수십 개는 될 겁니다."

"수십 개요? 그 중 하나를 끝내는 데는 시간이 얼마나 걸리나요?"

"딱 잘라서 말하긴 어려워요. 어떤 건 몇 달이 걸리고 어떤 건 몇 분이면 되죠."

"몇 분이요?"

"예. 프로젝트마다 달라요."

"몇 분 안에 끝나는 프로젝트라면 지금 당장 몇 분만 시간을 내서 끝내는 게 어때요?"

"그것도 상황에 따라 달라요. 어떤 때는 프로젝트를 마치기 전에 테스트나 문서 작업, 아니면 다른 분석가들의 의견 등, 한두 가지 관련 작업이 완료되기를 기다려야 해요. 다른 프로젝트를 진행하는 중이라서 기다려야 할 때도 있어요."

"그렇군요." 슈웍이 고개를 끄덕였다.

슈웍은 기술 문제 외의 대화를 나누고 싶을 때면 늘 브렌다를 찾았다. 클라이언트 대금 관련 업무의 책임자인 브렌다와는 F&D가 설립될 때부터 함께해왔다. 브렌다는 F&D의 구석구석과 그곳에서 일어나는 작은 일 하나까지 모르는 게 없었다. 슈웍이 키잔스키와 이혼한 뒤로 브렌다는 슈웍의 막역한 친구가 되었다. 남들은 추측만 할 뿐이지만 그녀는 슈웍과 키잔스키의 관계를 알고 있었다. 브렌다는 비밀을 쏙 지키고 언제나 솔직한 말을 해주는 친구였다.

그날 오후 두 사람은 건물 밖의 벤치에 앉아 종이봉투에 담긴 점심거리를 먹으면서 업무 흐름이라는 따분한 주제로 대화를 나눴다.

"우리는 한꺼번에 너무 많은 일을 해. 한 번에 무려 50가지 일을 한다니까." 슈윅이 말했다.

"다들 바빠 보이고 싶어서 그래. 특히 요즘처럼 클라이언트들이 떨어져나가는 때일수록 더더욱 그렇지. 다들 겁먹고 있잖아."

"겁? 뭘? 해고?"

"응. 쌓아둔 일이 많으면 불안하지 않잖아. 하지만 할 일이 별로 없으면 언제 축출될 지 모르지."

슈윅은 샐러드를 집으면서 그 문제를 생각했다.

"데비 헨슨을 봐. 늘 일을 쌓아두잖아. 헨슨은 모든 일에 집착이 강해서 늘 마지막 순간까지 일을 질질 끌지. 그녀는 할 일이 많아야 중요한 사람이라고 생각하니까." 브렌다가 말했다.

"나도 알아. 헨슨은 극단적인 경우지만 우리 모두에게 그런 면이 있어. 솔직히 나도 어느 정도는 그래. 이곳 사람들은 이것 조금 저것 조금씩 할 뿐 도무지 일을 마무리하질 않아. 정말 답답한 노릇이야."

"마감일이 지나서 난리가 나야 비로소 일이 마무리된다니까."

"너도 알다시피, 키잔스키 소장은 늘 한 번에 여러 가지 일을 하는 관행을 권장했어. 스무 개가 넘는 공으로 저글링을 해야만 소장의 눈밖에 나지 않았지. 그는 사람들에게 감당하기 어려울 만큼 많은 작업을 떠안겼어."

"그래서 대금을 청구하는 사람의 입장에서는 정말 힘들어. 작업 속도가 느리면 대금을 엄청 많이 청구해야 하거든."

슈윅이 뭔가를 깨달은 듯 갈색 눈을 깜박거렸다.

"그래. 우리는 늘 느림보에게만 상을 줬지. 빠르고 효율적인 사람들은 오히려 벌을 받고."

"맞아. 내가 볼 때 주된 원인은 두려움인 것 같아. 일을 빨리 끝내면 기대 수준이 높아질지 모른다는 두려움 말이야. 훨씬 더 어려운 프로젝트가 왔을 때도 일을 빨리 끝내라고 한다면 난감하잖아. 그 외에도 할 일이 없어질지 모른다는 두려움과 바쁘게 보이지 않을지 모른다는 두려움 등이 있지."

슈웤이 다시 눈을 깜박였다.

"자기도 알다시피 우리가 저글링을 해도 실제로는 한 번에 공 하나만 처리하는 것에 불과해."

말투가 너무 진지해서 브렌다는 웃음을 터뜨렸다.

"무슨 뜻이야?"

"손이 움직이는 속도가 중요하다는 말이야."

"공을 떨어뜨리지도 말아야 하지."

"맞아. 속도와 정확도. 우린 그렇게 일해야 할 것 같아. 한 번에 공 하나만 처리하되 빠르게 넘기고 나서 다른 공을 처리하는 거야."

어느 날 아침 머피는 치과에 다녀오느라 공장에 평소보다 몇 시간 늦게 출근했다. 머피의 차가 공장 입구를 통과하는데 서긴스 경비팀장이 멈춰 세웠다.

"사장님이 오셨어요."

"누구?"

"키올라 사장님 말이에요. 모르는 두 분과 함께 오셨어요."

"어디 계신가?"

"고질라 구역에요."

머피는 서둘러 고질라 구역으로 향했다. 긴 복도를 지나자 거대한 가압 처리기 근처에 서 있는 키올라가 보였다. 그녀 옆에는 양복에 넥타이 차림의 두 남자가 서 있었다. 한 남자는 줄자를 들고 있었고, 다른 남자는 노트 위에 치수를 적고 있었다.

머피는 불안했지만 애써 밝은 표정을 지으며 키올라에게 걸어갔다.

"안녕하세요."

"아, 마침 잘 오셨어요."

키올라가 롤리에 있는 전시회 서비스 업체의 판매원들이라며 두 남자를 소개했다.

"사장님을 여기서 뵙다니 뜻밖입니다!" 머피가 기쁘다는 듯 말했다.

"뜻밖이라뇨? 지난밤에 회의실에 관한 이메일을 보냈는데?"

"어, 못 읽었는데요. 방금 치과에 갔다 왔거든요."

"내가 여기에 눌러앉으려고요." 키올라가 이를 드러내며 웃었다.

"무슨 말씀인지?"

"계속은 아니고요." 키올라가 머피를 안심시키듯 말했다. "늘 여기 있을 건 아니에요. 하지만 괜찮다면 대부분의 회의를 이곳에서 진행하려고 해요. 고질라 옆에서."

"이유를 물어도 될까요?"

"극적인 효과를 위해서요."

"도무지 무슨 말씀이신지……."

"우리는 고질라가 병목이라고 판단했잖아요. 고질라가 오크톤 공장의 쓰루풋을 결정하는 주된 제약이니까요."

"맞습니다."

"그래서 모든 사람이 이 사실을 알았으면 해요. 아니, 꼭 알아야 해요. 모든 사람이 시스템 제약의 자재 수요를 맞추는 것을 최우선사항으로 삼아야 해요. 그러니까 모든 행동을 고질라에 동기화시켜야 해요. 맞는 말이죠?"

"예, 그렇습니다."

"그래서 이곳 오크톤에서 회의를 열면 사람들의 관심을 끌 수 있겠다는 생각이 들었어요. 우리가 세계 복합재료 박람회에서 사용했던 간이 회의실을 이미 확보해놨어요. 간이 회의실을 본 적 있나요?"

"사진으로요."

"상당히 괜찮아요. 카펫, 매립형 조명, 무늬를 넣은 나무 천장 등으로 만들어졌죠. 특히 커다란 유리창이 달려 있어 회의실 안에서 고질라를 한눈에 볼 수 있어요. 그렇게 하면 바로 이곳이 회사의 핵심이라는 인상을 심어줄 수 있으리라 생각해요."

머피가 찬찬히 고개를 끄덕이며 미소를 지었다. "특이하지만 괜찮은 아이디어네요."

"절대 방해하지 않겠어요. 그리고 때가 되면 철수할 거예요. 한 달, 혹은 6주면 사람들이 우리의 뜻을 이해하게 될 거예요."

"여기가 편하지는 않을 겁니다. 꽤 더워요."

"에어컨을 설치해드릴 수 있어요." 한 판매원이 말했다.

"게다가 고질라가 자재를 토해낼 때는 소음이 엄청날 겁니다."

머피의 말에 키올라가 물었다. "그 시간이 얼마나 걸리나요?"

"몇 분 정도요."

"더 잘됐네요. 오히려 모든 사람의 관심을 끌 수 있어서 좋아요."

그렇게 말한 키올라가 판매원들에게 고개를 돌렸다.

"얼마나 빨리 설치할 수 있죠?"

"원하신다면 내일 오후까지 설치를 마무리할 수 있습니다."

"괜찮겠어요?" 키올라가 머피에게 물었다.

"예, 사장님. 저희는 괜찮습니다."

오크톤 공장이 평준화를 해체하고 제약을 둔 지 한 달이 좀 지난 어느 날, 위너 그룹 모든 회사의 중간 성적이 게재되었다. 그로부터 24시간이 채 지나기 전, 키올라는 니젤 퍼스트의 전화를 받았다. 퍼스트는 통화가 되자마자 길길이 날뛰었다.

"도대체 뭘 하는 거요?"

"갑자기 왜 그러세요?" 키올라는 반사적으로 목소리를 높였다가 황급히 꼬리를 내렸다. "죄송합니다. 많은 일을 하고 있습니다. 정상화 나무를 실행하고 있어요. 정상화 계획 말입니다."

"피터 윈 회장님께서 리우데자네이루에서 전화하셔서 당신을 해고하라고 하셨소. 지금 당장 말이오!"

"하지만 이유가 뭡니까?"

"회장님이 윙을 통해 당신의 성과를 확인하셨소. 솔직히 당신의 편을 들어야 할지 잘 모르겠소. 나와 단 둘이 이야기할 때 하이티의 상황을 더는 악화시키지 않겠다고 약속했잖소?"

"상황은 나빠지지 않았어요! 오히려 좋아지고 있습니다! 하락세를 뒤집어 상승세로 나아가고 있는 중이라고요."

"정말이오? 그러면 윙의 보고서에서 오크톤 공장의 자원 가동률이 94%에서 무려 78%로 떨어진 것은 어떻게 설명하겠소? 그리고 현장 작업자 당 평균 생산성은 11%가 떨어졌소. 직접노무비는 12%가 올라갔고, 재공품 재고는 무려 15%가 증가했잖소! 아, 잠깐. 잘못 봤군. 재공품은 15%가 줄어들었군. 아무튼 상황이 이렇소. 키올라 사장, 성과가 분명 떨어지고 있소. 이러다가는 정말······."

"잠깐만요. 그게 모두 윙의 보고서에 실린 내용인가요?"

"그렇소. 위너 본사에서 사용하는 윙이요."

"그렇다면 어떻게 된 건지 알겠어요. 잠깐만요. 저도 프린트한 보고서를 보겠어요."

키올라는 서류를 찾는 동안 할 말을 정리했다.

"기다리고 있소."

"여기 있네요. 이제 전체적인 상황을 보죠. 일례로 가장 최근 달에 오크톤 공장이 하나의 전체로서 이룬 성과를 보세요. 성과지표 값이 좋아졌잖아요. 출하량이 많아지고 있어요. 이것이 재공품이 떨어진 이유죠. 그에 못지않게 중요한 것은 출하가 제때 이루어지고 있다는 사실이에요. 현금 흐름의 증가분도 보세요. 우리가 출하한 제품의 대금을 받고 있다는 의미잖아요. 아직 결과가 다 나타나지는 않았지만 다음 달부터 분명히 나타날 거예요. 받을 대금을 확인해보세요. 그 수치도 올라갔잖아요. 보고 계신가요?"

"음, 지금 보고 있소." 퍼스트가 우물거리며 대답했다.

"오크톤 공장의 운영비용도 보세요. 초과 근무 수당이 줄어들었어요. 우리가 돌관 작업을 적게 하고 있기 때문이에요. 배송 비용도 줄어들었어요. 그건 제작 지연으로 늦어진 시간을 벌충하기 위해 값비싼 익일 긴급 배송을 이용할 필요성이 사라졌기 때문입니다."

"하지만 자원 가동률이 곤두박질한 건 어떻게 설명할 거요?"

"윙에서 말하는 자원 가동률은 각 작업 구역 하나하나에 대해 개별적으로 구하고 있지, 생산 시스템 전체에 대해 구하고 있지 않아요. 중요한 건 개별 작업 구역의 자원 가동률이 아니라 생산 시스템 전체의 성과입니다. 보다시피, 우리는 '보호 능력'이라는 걸 추가했어요. 이 과정은 두 가지 방식으로 이루어졌습니다. 첫째, 이제 우리는 모든 자원이 최대로 가동되도록 자재를 투입하지 않습니다. 그보다는 전체 시스템이 생산된 것을 활용할 수 있을 만큼만 자재를 투입합니다. 둘째, 우리는 더 이상 택트 타임에 따라 작업하지 않습니다. 우리는 비제약 공정들의 '흐름'이 최대한 빠르도록 작업을 재편성했습니다. 그래서 모든 자원의 가동률이 항상 최대가 되지는 않는 거예요."

"비제약 공정이요?"

"예."

퍼스트가 한숨을 내쉬며 불평을 했다. "정말 헷갈리는군."

"죄송합니다. 복잡하기는 해요. 다시 설명해볼게요. 흐름이 최대한의 속도로 빠를 경우, 한 작업 구역에서 공정을 끝내 재공품을 다음 작업 구역으로 보내고 나면 대개 약간의 공백이 생길 수 있습니다. 그건 새로운 자재가 아직 투입되지 않았기 때문이에요. 그로 인해 가동률 수치가 떨어지는 겁니다."

"왜 모든 장비와 작업자들을 항상 바쁘게 돌리지 않는 거요? 말이 안 되지 않소!"

"아니요. 말이 됩니다. 중요한 건 시스템 제약까지 이르는 시간이 빨라지는 겁니다. 그래야 고질라가 빈둥거리는 시간이 없어지지요. 고질라를 지난 뒤에도 속도가 빨라야 해요. 그래야 납기일을 놓치지 않을 수 있거든요."

"뭐? 고질라? 빈둥거림? 도대체 무슨 소리요?"

"기술적인 용어라 좀 어려우실 거예요. 그냥 최종 손익을 보세요. 하이티의 영업이익을 보세요. 회복세가 분명하잖아요. 증가했다고요. 그리고 이 성장세는 계속될 거예요. 지금은 분기 중간이라 눈에 확 띄지는 않지만 앞으로 영업이익이 계속 쌓일 겁니다."

45분 후 퍼스트와의 통화가 끝나고, 다시 키올라가 리우데자네이루 항구의 요트에 있는 피터 윈과 통화를 한 뒤에야 사태가 진정되었다.

하지만 그 일로 키올라는 자신감을 잃었다. 키올라는 즉시 전화를 걸고 이메일을 보냈다. '벨로시티 팀'이라고 명명한 팀의 모임 날짜를 한 주 앞당긴 것이다. 아직 회복세가 아니라면? 정상화 계획이 실제로 결과를 만들어내고 있다는 확신이 필요했다.

무역 박람회에서 쓰던 간이 회의실이 이제 고질라 근처 공장 바닥에 설치되었다. 카펫, 천으로 덮인 벽, 의자, 두 사람이 쉽게 들 수 있을 만큼 가벼우면서 대포를 직접 맞아도 견딜 수 있는 초강도 초경량의 아름다운 대형 탄소 섬유 탁자는 곧 사람들의 이야깃거리가 되었다.

퍼스트의 전화를 받은 지 48시간 후, 이 최첨단 탁자 앞에 일레인과 리즈, 슈윅, 머피, 퀸시, 키올라로 구성된 벨로시티 팀이 둘러앉았다. 창문을 통해 고질라의 위용이 한눈에 들어왔다.

"머리가 단두대 위에 놓이면 누구라도 간이 오그라들 겁니다." 키올라가 니젤 퍼스트 및 피터 윈과의 전화 통화를 빗대어 그렇게 말했다. "그래서 모임을 앞당겼어요. 정말 정상화가 이루어지고 있는 건가요? 모두 정말로 그렇게 생각하는지 꼭 확인해야겠어요, 어떤가요?"

"문제가 아예 없다고 말할 수는 없지만 운영 측면은 매우 좋아지고 있어요. 사장님이 위너 본사에 말한 그대로 이루어지고 있습니다." 일레인이 먼저 말했다.

이번에는 머피였다. "재무 이야기를 하니까 드리는 말씀인데, 돈과 관련해서 제가 큰 도움을 받은 제약 이론의 세 가지 척도가 있습니다. 쓰루풋, 재고를 포함한 투자, 운영비용이 그것입니다."

"쓰루풋을 늘리는 동시에 상대적인 의미에서 투자와 재고, 운영비용은 줄여야 하지요." 리즈가 자신의 존재를 알리고 싶은 듯 그렇게 끼어 들었다. "공부 좀 했지요."

"그래요? 계속해보세요!" 키올라가 머리를 쓸어 넘기며 말했다.

그러자 리즈는 대답하는 대신 머피 쪽을 쳐다보았다. "남의 아이디어를 훔치고 싶지는 않아요."

"제 아이디어가 아니에요. 오래 전부터 있던 개념이죠. 저는 단지 적용만 할 뿐입니다."

"그렇다면 내가 말하지요. 쪽지시험을 치는 학생이 된 기분이군요. 쓰루풋은 재고가 완전한 판매, 즉 현금으로 전환되는 속도를 말해요. 투자와 재고는… 참, 재고는 물론 단기적인 투자예요. 아무튼 투자와 재고는 생산 수단과 생산 재료를 구매하는 데 쓴 돈을 말해요. 운영비용은 시스템을 돌아가게 만드는 데 쓴 돈이고요."

말을 마친 리즈가 자리에서 일어나 화이트보드 앞으로 걸어갔다. 그는 마커를 집어 몇 가지 글자를 쓰고 화살표를 그렸다.

"그래서 시간이 갈수록 쓰루풋T은 증가하는 반면 투자와 재고, 그리고 운영비용OE은 상대적인 의미에서 줄어들어야 합니다."

슈웍이 리즈의 말을 요약했다. "다시 말해, 주문서를 지불 영수증으로 전환하는 속도가 빨라지면 운영비용과 투자 및 재고가 같은 수준을 유지하더라도 상대적인 의미에서는 줄어든 셈이지요."

"하지만 판매량이 많아지는데 재고가 어떻게 줄 수 있나요?" 일레인이 물었다.

"우리는 지금 시스템 안에 묶인 재고를 말하는 겁니다. 재고가 더 빨리 이동하되 묶여 있는 양은 적습니다. 그것은 필요한 양의 재고만 존재하도록 린 기법을 적용했기 때문입니다. 현재 우리는 자재 사용량 패턴과 믿을 수 있는 보충 기간TRR, time to reliably replenish을 바탕으로 원자재를 구매하고 있습니다." 리즈가 설명했다.

"그러니까 사업에서처럼 목표는 가장 적게 투자해서 최대한 빠르고도 많이 만들어내는 거군요." 키올라가 말했다.

"예, 사장님. 바로 그 개념입니다. 가장 적은 투자로 가장 빠른 경로를 통해 가장 많은 돈을 버는 거죠."

머피의 말을 리즈가 한마디로 요약했다. "기본적인 자본주의지요."

"하지만 저는 중요한 결정을 내릴 때는 막연하게 생각하지 않습니다. 쓰루풋과 재고 및 투자, 운영비용의 측면에서 결정의 결과를 구체적으로 생각하지요. 투자를 늘렸는데 상대적으로 쓰루풋이 증가하거나 운영비용이 줄어들지 않으면 나쁜 결정입니다. 반대로 인력을 늘려 운영비용을 늘린 결과 쓰루풋이 크게 증가한다면, 즉 재고의 빠른 회전으로 판매가 늘어난다면 좋은 결정인 셈이지요." 머피가 말했다.

"좋습니다. 그런 척도로 볼 때 우리 상황이 어떻습니까? 내가 볼 때는 개선된 것 같은데요."

키올라의 말에 리즈가 자신 있게 대답했다. "분명히 개선되었습니다. 제때 출하하고 대금이 더 빨리 처리되면서 쓰루풋이 늘어나고 있어요. 재공품을 빨리 처리하면서 재고는 줄어들었고요. 무엇보다도 초과 근무 수당이 줄어든 덕분에 비용이 줄었어요. 아울러, 린 식으로 말하자면 실수와 스크랩도 줄었어요."

"잘됐네요. 하지만 내가 아는 회장님은 늘 더 많은 걸 바라는 분이시죠. 내 생각에도 더 좋아질 수 있을 것 같아요. 개선 기회가 훨씬 더 많지 않겠어요?" 키올라가 말했다.

"저도 그렇게 생각합니다. 다른 분들도 마찬가지일 것 같은데요."

리즈의 말에 다들 고개를 끄덕이자 슈윅이 덧붙였다. "시작은 좋았지만 우리가 만든 논리 나무에 몇 가지 정책을 더 주입해야 해요."

"우선순위 시스템은 잘 돌아가고 있나요? 분석가들이 지시한 대로 설계 검토를 하고 있나요?" 키올라가 슈윅에게 물었다.

"아직 문제는 좀 있지만 기본적으로 우선순위 시스템은 아수 잘 돌아가고 있습니다. 물론 설계 검토를 하찮은 일로 생각하는 분석가들이 여전히 있기는 합니다. 특히 주시해야 할 분석가들이 몇 명 있고요. 그중 한 명이 조 타소니입니다. 그런데도 모든 검토건의 80%가 48시간 안에 처리되고 있습니다."

"전보다 훨씬 나아졌어요. 요즘에는 공장으로 검토 완료 건이 충분히 들어오고 있어요." 머피가 말했다.

"덕분에 생산 측면이 아주 좋아졌어요. 생산 계획과 일정 관리뿐 아니라 구매까지 모든 면에 많은 여유가 생겼어요. 정말 고맙습니다." 리즈가 말했다.

"천만에요. 그런데 48시간 안에 처리되지 않은 20%의 검토 건 말이에요. 파괴 테스트나 광범위한 컴퓨터 모델링 같은 추가 테스트가 필요하면 시간이 오래 걸릴 수 있어요."

"맞아요. 그럴 경우 고객들은 불필요한 테스트로 시간을 끈다며 불평하고는 하죠. 자기네 전문가들을 무시하는 거냐고, 자기들이 다 테스트해봤다며 화를 내죠." 퀸시가 말했다.

"이해가 가네요. 린 전문가의 입장에서 보면 설계 검토는 불필요한 낭비에요. 그래서 그게 정말로 필요한지는……."

키올라가 리즈의 말을 끊으며 말했다. "필요합니다. 변호사들에 따르면 우리는 설계를 검토할 의무가 있어요."

"그렇다면 문제는 어떻게 하면 그 검토를 더 빨리 할 수 있느냐 하는 거네요."

리즈의 말을 슈웍이 이어받았다. "제가 부분적인 해답을 드릴 수 있어요. 머피 씨가 F&D를 떠나기 전에 저와 단일 작업single tasking에 관한 이야기를 나눴지요. 단일 작업보다 더 좋은 용어가 떠오르지 않아서… 아무튼 요즘은 F&D의 모든 직원이 다중 작업multi-tasking을 자랑스럽게 생각하는 것 같아요. 그래서 다들 수많은 작업을 쌓아두고 그중에 대여섯 개를 동시에 진행하지요. 하지만 생각하면 할수록 시스템 산출량, 그리고 쓰루풋을 늘리려면 단일 작업이 더 좋을 것 같습니다."

"왜 그렇죠?" 키올라가 물었다.

"의존성 때문이에요. 제가 6가지 작업을 동시에 붙들고서 이것 조금 저것 조금씩 하면 제가 결과물을 넘겨주지 않아서 자신의 작업을 시작하지 못하는 사람이 각 작업마다 최소한 한 명씩은 있기 마련입니다. 반면, 제가 뭐든 한 가지 일을 집중해서 끝내면 빨리 넘겨줄 수 있지요. 모든 사람이 단일 작업을 고수한다면 속도가 개선될 거예요."

"하지만 다중 작업을 하면 훨씬 더 많은 일을 해낼 수 있잖아요? 이를테면 운전하면서도 고객과 대화할 수 있잖아요." 퀸시가 말했다.

"다들 그런 예를 들죠. 맞아요. 운전하면서 대화를 나눌 수는 있지요. 하지만 운전하면서 보고서를 쓸 수 있나요?" 슈윅이 물었다.

"그랬다간 큰일 나죠!" 키올라가 말했다.

"휴대전화로 통화하면서 운전하면 위험하잖아요. 이와 같은 이유로 저는 사무실에서든 실험실에서든 다중 작업은 반대해요. 실수가 생길 수 있으니까요. 그리고 F&D에서 실수는 곧 재난을 의미하죠."

"맞는 말입니다." 리즈가 맞장구를 쳤다.

"게다가 살펴보니까 F&D 직원들은 다중 작업만 하는 게 아니에요. 그들은 일거리를 쌓아두고 느릿느릿 처리하고 있어요. 사실상 일거리를 사재기하는 사람도 있지요. 할 일이 없는 사람처럼 보일까봐 두려워하기 때문입니다. 그런가 하면 완벽주의자라서 일이 완벽히 끝나기 전까지는 마무리하지 않는 사람도 있지요. 일거리가 많아야 능력자라는 인식이 F&D 내에 널리 퍼져 있어요."

그러자 키올라가 턱을 문지르며 말했다. "그런 문제에 대해서는 생각해본 적이 없네요. 하지만 분명 중요한 문제군요. 특히 사무실에서 그런 상황은 정말 좋지 않아요."

"다행히 치료법을 찾았어요. 사람들이 따라만 준다면 상황이 좋아질 거예요. 답은 바로 릴레이 주자Relay Runner라는 기법이에요. 단일 작업 정책이지요. 사실상 노동관work ethic이라고 할 수 있어요. 몇 가지 단순한 규칙으로만 이루어져 있지요." 슈윅이 말했다.

"나 같은 사람도 이해할 수 있을까요?" 머피가 농담을 던졌다.

"사실 당신이 오크톤 공장에서 이미 사용하고 있는 방식과 매우 비슷해요. 일단 작업을 받으면 그것을 들고 뜁니다. 세 가지 중 한 가지 상황이 나타나기 전까지 안전과 품질 규정을 지켜가며 최대한 빨리 뜁니다. 첫 번째 상황은 그 작업을 끝내 다음 주자에게 넘기는 겁니다. 두 번째는 뭔가가 공급되지 않아 그 작업을 일단 멈춰야 하는 상황입니다. 세 번째는 더 중요한 일이 주어져서 현재의 작업을 내려놓고 더 중요한 작업을 들고 뛰는 상황이에요."

"맞아요. 우리가 지금 그와 아주 비슷한 방식을 사용하고 있어요. 하지만 공장에서는 두 번째와 세 번째 상황이 발생하지 않도록 노력하지요. 생산 작업을 하는 우리는 뭔가 공급되지 않아 재공품이 기다리는 상황을 원치 않아요. 또한 사양과 자재들은 공장에 들어올 때 이미 우선순위가 정해져 있어요. 이 우선순위를 바꾸는 것을 우리는 흔히 돌관 작업이라고 부르죠. 우리는 이런 상황을 되도록 피하려고 합니다." 머피가 말했다.

"우선순위는 계획과 일정 관리 단계에서 배정되지요. 그러니까 퀸시 부사장이나 다른 판매인이 특별히 중요한 주문 건이라고 말하면 우리는 그 고객에게 맞춰 일정을 조정합니다. 혹은 특정한 자재의 재고가 아주 적거나 바닥이 났다는 정보가 입수되면 자재가 충분한 주문 건부터 진행되도록 순서를 재조정합니다." 리즈가 덧붙였다.

그러자 머피가 리즈에게 말했다. "아, 그런데 재고 부족 문제에 대해서는 진전이 꽤 있었습니다."

"좋습니다. 이 릴레이 주자 개념을 정책 주입으로 수용하는 게 좋을 것 같군요. 이것을 논리 나무에 추가하고 어떤 결과가 나타나나 지켜봅시다." 키올라가 말했다.

키올라의 거실에서 화이트보드 위에 포스트잇과 마커로 만들었던 정상화 나무는 이제 컴퓨터로 옮겨진 상태였다. 벨로시티 팀은 오크톤 회의실의 커튼을 모두 친 뒤에 컴퓨터를 켰고, 키올라가 정상화 나무에 새로운 내용을 더했다.

주입 : F&D를 비롯해서 가능한 모든 곳에서 릴레이 주자 단일 작업 방식을 사용한다.
이것이 이루어짐으로써…
F&D의 모든 사람이 생산 설계 검토를 최우선사항으로 삼는다.
따라서…
F&D가 설계 검토를 더 빨리 처리한다.

이 추가분은 원래부터 나무 위에 있던 상위의 두 가지 상황에 연결되었다.

이것은 다음으로 직접적으로 연결된다…
설계 검토 완료건이 예측 가능한 시간 간격에 따라 오크톤 공장으로 원활하게 흐른다.
그리고 결국 다음으로 연결된다…
고객들이 하이티와 안심하고 거래한다.

"좋습니다. 또 뭐가 있을까요? 머피 제조 책임자, 추가할 게 있나요?" 키올라가 말했다.

"있습니다. 자이로와 저는 몇몇 공급업체와 일해 왔습니다. 그리고 본사의 리즈 부사장의 운영 팀과도 협력했지요. 그런데 현재 우리는 전통적인 최소-최대 재주문 시스템의 몇 가지 문제점을 해결하려고 애쓰고 있습니다."

"그 시스템이 뭐가 문제인가요?" 일레인이 물었다.

"두 가지입니다. 최소-최대 재주문 시스템을 사용하면 장기간 동안 너무 많은 재고가 쌓여 있을 수 있어요. 반대로, 뭔가가 공급되지 않아 재고가 바닥날 수도 있어요. 진퇴양란이라고나 할까요."

"그런 상황을 바꾸기 위해 어떻게 하고 있나요?" 키올라가 물었다.

"고정된 시간 간격에 따라 자재 수요에 맞춘 끌어당기기 재주문 시스템을 실험하고 있습니다. 아시다시피 최소-최대 재주문 시스템은 주문량은 정해져 있되 재주문 시간 간격은 들쭉날쭉해요. 하지만 매일이나 매주 같은 식으로 재주문 시간을 고정시키면 주문량은 그 사이에 소비된 양에 따라 달라져요."

"그 방식이 더 나은 이유는 뭔가요?"

"두 가지 이유가 있는데 둘 다 엄청나게 중요합니다. 첫째, 전반적인 자재 사용 패턴을 분석하고 특정 재고를 신뢰성 있게 보충하는 데 걸리는 시간을 결정하면 그 보충 과정이 매우 안정적으로 이루어질 수 있어요. 자재 수요에 맞춘 끌어당기기 재주문 시스템과 DBR을 사용하면 고객에게 한 약속을 잘 지킬 수 있어요."

"우리 판매 팀이 고객에게 자신 있게 약속해도 좋다는 말입니까?" 퀸시가 물었다.

"그렇습니다. 이것이 자리 잡고 얼마간 검증을 거치면 최소한 납기

일만큼은 정확히 지킬 수 있을 겁니다."

"납기일을 장담할 수 있다면 잃어버린 고객 중 일부는 다시 찾을 수 있을 거예요."

퀸시의 말이 끝나자 머피의 설명이 이어졌다. "또 다른 이유는 몇 가지 큰 가능성들이 보이기 시작했다는 겁니다. 보충기간을 줄일 수 있으면 재고는 크게 줄어들면서 퀸시 부사장의 바람처럼 납기일은 정확히 지킬 수 있을 겁니다."

"무슨 말인지 정확히 모르겠군요." 키올라가 고개를 갸웃거렸다.

"자재 재고가 20일치가 쌓여 있다고 합시다. 그 재고로 새로운 재고가 들어올 때까지 확실히 버틸 수 있다고 합시다. 그런 상황에서 새로운 방법들을 모색해보고 TRR 내의 단계들을 조사한 결과 20일에서 5일을 줄일 수 있다고 해 봅시다. 이제 15일이면 충분해진 거죠. 무려 25%가 줄어든 겁니다. 자재 수요 패턴에 따라 재고에 묶여 있는 돈을 크게 줄일 수 있다는 말입니다."

"그렇게만 된다면 정말 좋겠네요." 일레인이 말했다.

"그렇게 TRR을 계속 개선하면 어떻게 될까요? 이 시스템을 계속해서 다듬으면 12일이나 심지어 열흘로 줄일 수도 있을지 모릅니다. 그러면 매출은 그대로 유지되면서 재고는 훨씬 줄어듭니다. 하지만 재고가 적다고 해서 납기일을 놓치는 일은 없을 겁니다. 우리는 분명히 해낼 수 있습니다."

"장점이 정말 많군요. 좋네요." 리즈가 말했다.

"좋다고요? 좋은 정도가 아니라 최고예요!" 일레인이 그렇게 말하고 나서 키올라를 쳐다보았다.

"아까도 말했듯이 재고는 일종의 단기 투자니까 머피 제조 책임자가 말한 대로 하여 재고를 크게 줄이면 그만큼 순이익이 늘어날 거예요.

그러면 재고의 투자 수익률ROI, return on investment이 크게 좋아지는 셈이지요."

"그대로만 된다면 정말 좋겠어요! 그것도 나무에 추가한 뒤에 어떤 효과가 있을지 생각해보죠."

주입 : 믿을 수 있는 보충 기간TRR을 정하고 재고의 최고 수요 패턴에 따라 자재의 목표재고수준을 정한다.

그리고…

주입 : 고정된 주문시간 간격 사이에 소비된 자재를 보충한다.

그 결과로…

재고가 바닥나지 않도록 자재 버퍼 능력을 개선한다.

따라서…

ROI가 높아진다.

그리고 이 상태는 상위의 상황으로 이어진다…

위너의 경영진이 만족한다.

"좋아요. 또 뭐가 있나요? 하이티와 F&D, 이렇게 두 이익 센터가 막대한 돈을 벌고, 고객이 우리와 거래하고 싶어 줄을 서고, 회장님이 나를 사장으로 붙잡아두고 싶어 안달이 나는 날이 빨리 와야 할 것 아니에요? 그런 날을 앞당길 방법이 또 없나요?"

키올라의 말에 다들 한바탕 웃은 뒤에 잠시 침묵이 흘렀다. 이윽고 리즈가 입을 열었다.

"제가 뭘 제안할지 다 아시죠?"

"전혀 모르겠는데요." 키올라가 말했다.

"린 식스 시그마에요. 오크톤 공장과 F&D에서 전면 보류되어 있지요. 하지만 이제는 이 프로그램을 되살려야 할 때가 아닐까요?"

"효과 없는 것을 되살릴 이유는 없어요." 키올라가 톡 쏘듯 말했다.

"평준화된 라인이 제 효과를 발휘하지 못했다는 건 인정합니다. 택트 타임도 생각만큼 효과적이지 않았어요. 그 외에도 몇 가지가 기대에 미치지 못했어요. 하지만 많은 린 식스 시그마 프로젝트가 좋은 결과로 이어졌다는 사실을 간과하지 말아주세요. 일례로, 식스 시그마 기법으로 수많은 해군 부품의 실금 문제를 해결했잖아요."

"그래요. 인정할 건 인정해야겠지요. 린과 식스 시그마 덕분에 오크톤 공장이 훨씬 좋아진 건 사실입니다. 이 점에는 일말의 의문도 없어요. 재배치된 M57라인이 특히 좋아졌어요. 새로운 M57라인은 마을 잔치에서 기름칠을 한 돼지처럼 매끄럽기 짝이 없어요."

머피의 이 말에 모든 사람이 웃음을 터뜨렸다.

"왜들 그래요? 기름칠을 한 돼지와 씨름을 한 번도 해본 적이 없는 사람들처럼? 정말 매끈하다니까요!"

그러자 키올라가 고개를 절레절레 저으면서도 미소를 머금은 채 말했다. "리즈 부사장을 몰아붙일 생각은 추호도 없어요. 부사장이 진심이라는 걸 잘 알아요. 이 문제는 사적인 자리에서 하고 싶다면 그렇게 하도록 할게요."

"아니에요. 보스턴 남부 출신답게 정면 돌파하겠습니다! 터놓고 이야기하죠!"

"린 식스 시그마의 문제점은, 개선은 이루어졌지만 비즈니스와 재무의 관점에서 우리, 특히 내가 원하는 성과는 나타나지 않았다는 거예요. 개선 사항들이 부분적인 유익들을 낳긴 했지만 전체적인 효과는 낳지 못했어요."

"하지만 유용한 것들을 무용한 것들과 함께 싸잡아서 버릴 수는 없어요. 여태까지 투자한 게 얼만데요? 그걸 다 버릴 셈인가요?"

그러자 머피가 입을 열었다. "오크톤 공장의 직원들은 린을 지지해요. 린 덕분에 공장이 통제되고 정돈된 느낌이 들어요. 그래서 다들 좋아하죠."

이번에는 슈윅이 말했다. "로크빌의 F&D에서도 마찬가지에요. 문제는, 너무 이상적이기는 해도 개인적으로는 꽤 공감되는 소수의 린 녹색 운동가들이 린 식스 시그마 프로그램을 강탈했다는 거예요. 그로 인해 린 식스 시그마가 본궤도에서 벗어나기 전까지는 최소한 몇 가지는 정말 가치 있는 일들이 진행되었지요… 그건 아닌가? 맞나?"

"확실하게 이야기하세요." 일레인이 말했다.

"보고서 형식의 표준화는 가치 있었어요. 하지만 그게 비즈니스를 위한 쓰루풋을 높여주었나요? 그것이 F&D의 재고라고 할 수 있는 밀린 프로젝트들을 줄여주었나요? 아니면 비용을 낮춰주었나요? 효과가 있었다 해도 아주 미미했어요. 예나 지금이나 작은 개선보다 더 중요한 요소들이 너무 많아요."

"분석가들도 그런 요소 중 하나지요." 머피가 말했다.

이번에는 키올라의 공격이 시작되었다. "린 식스 시그마의 기법 중에서 효과가 없었던 것들을 말해보지요. 그것들을 다시 활용할 생각은 전혀 없어요. 린 문화를 뿌리내리기 위해 적용하려고 했던 1/10 비율 원칙. 검은 띠와 녹색 띠의 특정 비율에 대한 강박관념. 린과 식스 시그마 훈련을 위해 추진하려고 했던 수많은 프로젝트들. 무엇보다도 린을 현실에 맞추는 게 아니라 오히려 현실을 린에 맞추려고 했던 일들. 이 모두는 우리가 버려야 할 것들이에요."

표정 하나 변하지 않고 이 모든 말을 듣고 있던 리즈가 드디어 입을 열었다. "이해합니다. 대부분 맞는 말씀입니다. 하지만 도슨 씨가 보여

줬던 주사위 게임의 네 번째 라운드가 기억나지 않나요? 네 번째 라운드에서 제약의 성능을 개선했을 때 어떤 일이 일어나는지를 시뮬레이션했잖아요. 네 번째 라운드의 결과가 가장 좋았잖아요."

그러자 키올라가 한 마디 하라는 듯 머피를 바라보았다.

"우리가 오크톤 공장에서 린 식스 시그마를 중단한 주된 이유는 생산 시스템을 안정화할 필요성이 있었기 때문이에요. 시스템이 안정되기 전에는 개선해봐야 소용이 없어요. 하지만 이제 시스템 안정화를 거의 마무리했어요. 우리가 오늘 이야기한 방안들을 실행하면 곧 시스템 안정화가 이루어리라 생각해요. 그때가 바로 린과 식스 시그마는 물론이고 뭐든 좋은 프로그램으로 개선 작업을 시작할 때입니다." 머피가 말했다.

키올라가 잠시 생각에 잠겼다가 입을 열었다. "무엇을 개선할지에 많은 것이 달려 있어요. 어디에 초점을 맞춰야 할까요? 무엇을 어떻게 바꿔야 할까요? 정말로 비즈니스의 속도를 높여줄 수 있는 변화들을 어떻게 찾을 수 있을까요?"

"논리적으로 생각할 때 초점을 맞춰야 할 부분은 바로 제약입니다." 리즈가 말했다.

그러자 머피가 부연 설명했다. "정확히는 제약과 전체 시스템의 성과지요. 중요한 건 흐름이에요. 제약으로 들어왔다가 나가는 흐름 말입니다. 제약을 계속 개선하기만 한다면 그것은 더 이상 제약이 아니에요. 그러면 통제지점이 사라지고 그렇게 되면 원치 않는 다른 곳에서 병목이 발생할 수 있어요."

"맞는 말이에요. 하지만 개선 대상들을 평가할 때 제약에 미치는 효과를 고려해야 해요. 해군 부품의 실금 문제처럼 전체성과에 영향을 미치는 고질라 상류의 품질 문제가 개선 대상이 될 수 있습니다."

"바로 그래요."

이번에는 키올라가 말했다. "쓰루풋, 재고 및 투자, 운영비용, 바로 이런 척도에 미치는 영향에 따라 제안된 모든 개선 사항을 평가하면 어떨까요? 낭비 제거의 기준에서 평가하거나 단순히 괜찮아 보인다고 하지 말고, 비즈니스의 속도를 실제로 높여줄 개선 사항들을 선택해야 해요."

"쓰루풋을 실제로 높여주고 다른 것들은 줄여줄 수 있는 프로젝트들을 찾아야겠군요."

리즈가 말하자 슈윅이 덧붙였다. "그리고 예를 들어 다섯 개의 후보를 골랐으면 그 중에서 쓰루풋, 재고 및 투자, 운영비용에 가장 긍정적인 효과를 미칠 법한 프로젝트들을 다시 선별해야 해요."

"그게 좋겠군요." 리즈가 맞장구를 쳤다.

그리하여 이 내용이 나무에 추가되었다.

주입 : 특정한 프로젝트들을 승인하기 전에, 쓰루풋을 높여주고 재고 및 투자와 운영비용을 줄여주며, 그래서 전체 시스템 성과를 향상시킬 수 있는 가능성에 따라 모든 개선 프로젝트를 평가한다.

이것이 이루어지면…

개선 프로젝트들이 쓰루풋을 크게 높이고 재고 및 투자와 운영비용을 크게 줄여준다.

따라서…

매출과 순이익이 증가한다.

이 문장은 상위의 상황으로 연결된다…

위너의 경영진이 만족한다.

필요 항목이 하나 더 있었다. 아직도 하이티는 그룹 본사의 지시에 따라 윙 4-L 세대를 사용해야만 했다. 그런데 이 소프트웨어에는 평준화된 라인과 택트 타임처럼 리즈가 처음 도입한 린 식스 시그마 프로그램의 가정들이 여전히 포함되어 있었다. 그래서 생산과 보고 활동에서 모두 혼선과 문제가 발생했다. 그래서 벨로시티 팀은 나무에 한 가지 변화를 추가했다.

주입 : 고질라를 시스템 제약으로 사용하고, 속력에 방향성을 더한 벨로시티 원칙을 따르도록 윙 4-L 소프트웨어를 개조한다.

그 결과로…

윙이 만들어내는 데이터와 보고서가 생산 현실과 더 잘 맞아떨어진다.

그리고…

옛 가정들로 인한 오해를 피하고 더 나은 결정을 내린다.

확장된 정상화 전략

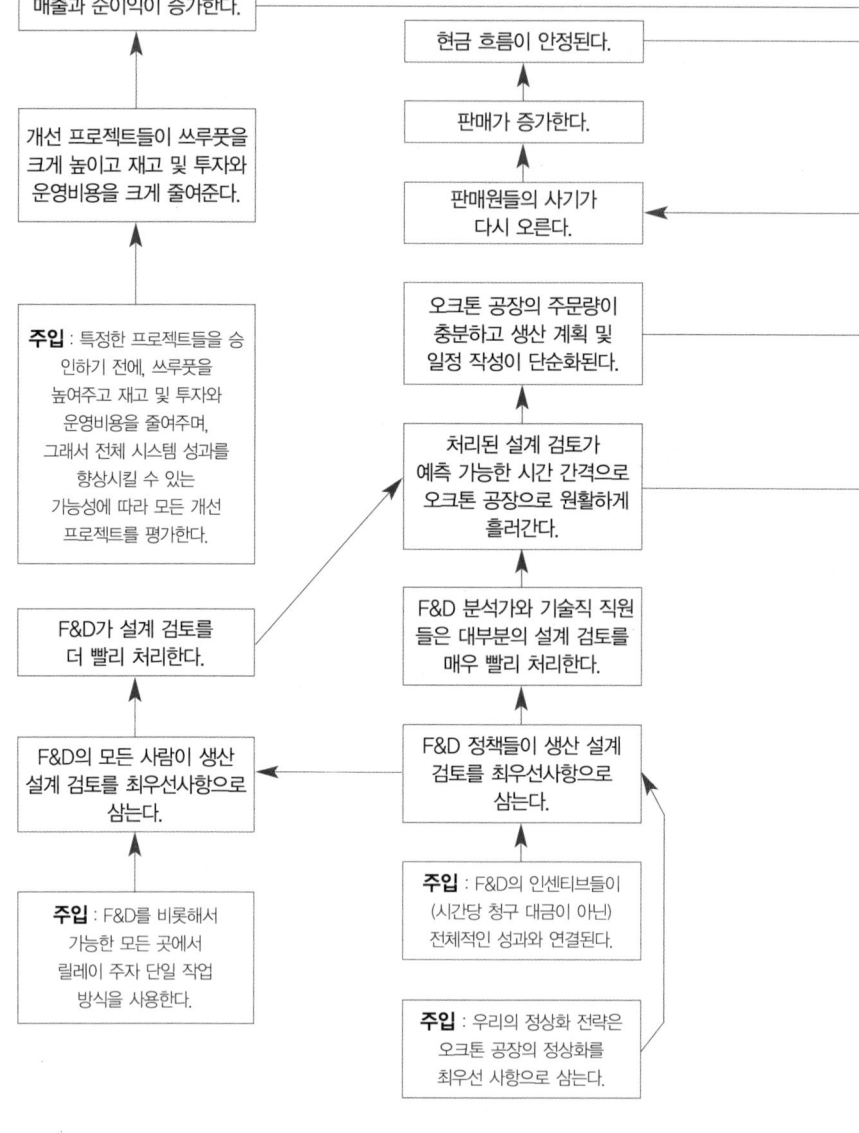

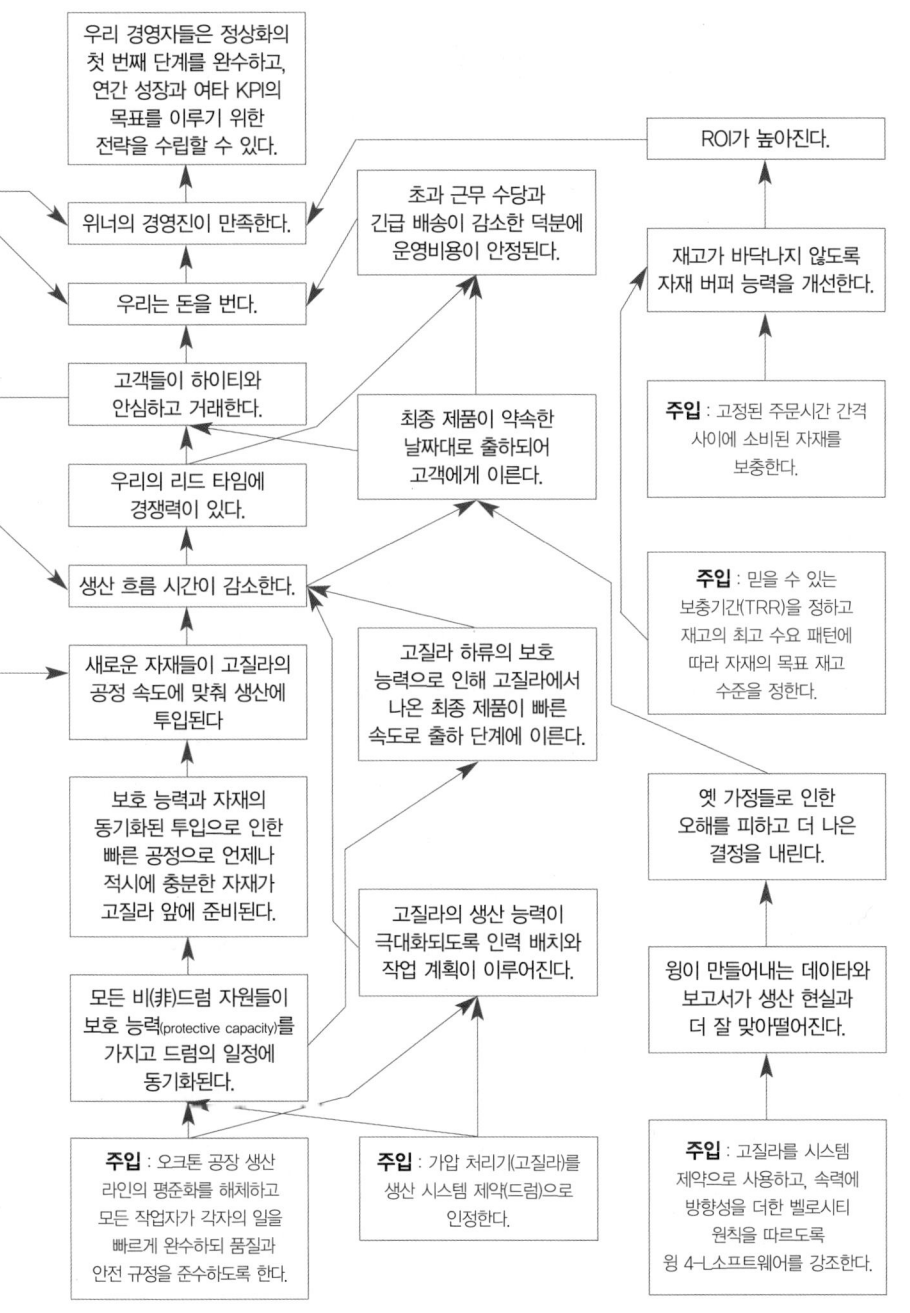

벨로시티 원칙

17 VELOCITY

흑연 같은 처세술

타소니는 모든 조직과 관리자를 탐탁지 않게 생각하는 사람이었다. 그래서 릴레이 주자 작업방식도 도통 받아들이려 하지 않았다. 심지어 슈윅과 리즈, 키올라가 F&D 분석가들을 따로 모아놓고 분석 기능이 시스템 제약이라는 특별한 위치에 있다고 설명했건만 타소니는 꾸벅꾸벅 졸기만 하다가 제약에 관한 이야기를 다 놓치고 말았다. 결국 타소니는 그 이야기를 자세히 듣고 싶다며 슈윅에게 일대일 면담을 요청했지만 사실 속셈은 슈윅을 붙잡고 따지기 위해서였다.

아니나 다를까 타소니는 슈윅을 보자마자 다짜고짜 불만부터 터뜨렸다.

"사람들에게 왜 이런 걸 시키는 거예요? 뭐, 단일 작업이라고요?"

"맞아요. 단일 작업. 가장 중요한 일부터 한 번에 하나씩 하라는 거예요. 한 가지에 집중하라. 한 가지 일을 마치라. 그 뒤에는 다음으로 가장 중요한 일을 하라는 거죠."

"그게 다중 작업보다 뭐가 낫죠? 말이 안 돼요! 단일 작업을 하면 한 가지 일을 할 수 있지만 다중 작업을 하면 많은 일을 할 수 있다고요!"

"물론 그렇죠. 다중 작업을 하면 많은 일에 손을 대지만 결국 일을 다 마치는 데 걸리는 시간은 오히려 더 길어져요."

"그럴 리가요. 저는 운전할 때마다 다중 작업을 해요. 아침을 먹고 편지를 읽고 휴대전화를 받고… 온갖 일을 하죠."

"그러면 운전 속도를 줄여야 하잖아요. 그래서 다중 작업을 하면 목적지에 더 늦게 도착하게 됩니다."

"속도를 줄인다고요? 왜요?"

"저처럼 워싱턴 D.C. 교외에서 자전거로 출퇴근하면… 아니, 아무튼 운전 중에 딴 짓을 한다고 해서 위법까지는 아니지만 이곳 일터에서는 규칙을 지켜야 해요… 새 규칙 말이에요. 타소니 분석가는 너무 과중한 업무에 치여 있어요. 그러다간 큰일 나요. 일자리를 잃을 수도, 죄송한 말이지만 쓰러져서 못 일어날 수도 있어요."

그 말에 타소니는 고개를 푹 숙였다. 자신도 사실 그 두 가지를 우려하고 있었던 것이다. 이직하면 월급을 훨씬 적게 받을 수밖에 없고 무덤으로 들어가면 한 푼도 받을 수 없다.

"좋아요. 좋습니다. 노력해볼게요. 다시 말해주세요. 제가 어떻게 했으면 좋겠어요?"

"단일 작업을 하세요. 릴레이 경주 아시죠?"

"물론 알죠. 올림픽 경기장에서 직접 본 적도 있어요."

"잘됐네요. 트랙 위에 있는 릴레이 주자를 떠올려보세요."

슈윅이 타소니의 긴장을 풀어주려고 주자처럼 자세를 취했다.

"당신을 비롯해서 F&D의 모든 사람은 이 주자처럼 될 거예요. 준비하고 기다리다가 배턴 곧 프로젝트를 넘겨받으면 달리기 시작하는 거예요."

슈웍이 그 자리에서 뛰는 시늉을 했다.

"달리고 달리고 또 달리고……."

"예, 예. 저는 이미 달리고 있어요."

"세 가지 상황 중 하나가 나타날 때까지 계속 달려야 해요. 첫 번째 상황은 일을 마치는 거예요. 테스트 일정을 계획하고 평가서를 쓰기까지 모든 과정을 마무리하는 거예요."

"예."

"두 번째는 방해받는 상황이에요. 다른 분석가의 의견이 필요하거나 다른 사람에게서 뭔가를 받아야 해서 일을 마칠 수 없는 경우에요."

"세 번째는요?"

"우선순위가 더 높은 일을 하기 위해서 현재의 일을 멈춰야 하는 경우에요."

"하지만 그런 상황은 수시로 발생한다고요!" 타소니가 강하게 이의를 제기했다.

"그렇지 않아요. 우리가 새로 세운 우선순위 방식 하에서는 어떤 분석가들에게도 그런 일이 자주 일어날 수 없어요." 슈웍이 타소니를 안심시켰다.

"뭔가를 생각할 시간이 필요하면 어쩌죠?"

"마음껏 생각하세요! 그것도 분석 과정의 일부잖아요."

"이틀 정도는 생각해야 한다면요? 아니면 일주일은?"

"그렇다면 자기 자신을 방해 요소로 생각하세요. 분석가의 작업에 창의적인 측면이 있다는 건 알아요. 하지만 가능하면 한 가지에 집중하세요. 배턴을 받은 뒤에는 그 레인을 달려야지 동시에 대여섯 레인을 이리 저리 달릴 수는 없어요."

타소니가 한숨을 쉬면서 주위를 둘러보았다.

"제 더미 시스템은 어떻게 하죠?"

"그건 알아서 해도 좋아요." 슈웍은 한 번에 한 가지만 다루기로 마음먹었다.

"고마워요."

F&D 안에서 매일같이 벌어지는 싸움은 전면전보다는 게릴라전과 산발적인 폭동에 가까웠다. 어느 날 오후, 타소니처럼 고독을 즐기는 한 분석가는 3일 전에 끝났어야 할 검토 건에 관해 묻는 질문에 대뜸 화를 냈다. 다행히 그는 이튿날 아침에 돌아와 검토 건에 승인 서명을 했다. 모두 이렇게 극적이지는 않았지만 짜증과 혼란, 소극적인 반항은 여름을 지나 가을까지도 끊이질 않았다.

슈웍이 볼 때 가장 어려운 점은 사람들로 하여금 시스템과 제약분석가들의 필요를 위해 자신의 필요와 성향, 이익, 편의를 포기하도록 만드는 일이었다. 사람들이 양보해줘야 시스템이 더 많은 흐름을 만들어내고 혼란이 줄어들 수 있었다. 심지어 분석가들 중에서도 머리만 똑똑할 뿐 양보심이 없는 사람이 적지 않았다.

대부분의 관리자들, 특히 야심 많은 관리자들일수록 어떻게든 자신의 능력을 뽐내려고 하기 마련이다. 대개 그 방법은 자신이 관리하는 프로젝트에만 모든 지원을 아끼지 않는 것이다. 많은 경영자들이 그렇듯 키잔스키는 사람들의 이런 경쟁심을 잘 활용한 인물이었다. 그는 고객의 청구 대금을 가장 중요한 평가 척도로 삼아 사람들의 경쟁심을 부추겼다. 어떤 실험실에서 가장 많은 대금을 만들어내느냐? F&D 안에서는 이것을 놓고 치열한 경쟁이 벌어졌다. 그로 인해 청구 대금은 많아졌지만 가치를 따지는 고객들은 모두 등을 돌렸다. 하지만 키잔스키는 꿈쩍도 하지 않았다. 그가 원한 고객은 그저 지갑이 두둑하고 씀씀이가 큰 사람뿐이기 때문이다. 하지만 결국 키잔스키는 그 전략의 역효과로 인한 고뇌 때문에 구치소까지 가게 되었다.

더 불쌍한 사람은 슈윅이었다. 그녀는 졸지에 키잔스키의 문화와 인간의 이기심이 만들어낸 문제를 고스란히 떠안게 되었다. 요즘 그녀는 새로운 우선순위를 받아들이지 않거나 억지로 따르는 체하는 사람들과 정면으로 부딪치고 있었다. 문제점 중 하나는 그녀가 사람들 앞에서 우선순위를 간략하게 설명하지 못한다는 점이었다. 그녀가 장황하게 설명하고 나면 요지를 끝까지 기억하는 사람은 별로 없었다.

결국 보다못한 브렌다가 슈윅과 점심을 먹던 중 아주 단순한 표어를 제안했다.

"오크톤 먼저. 분석가 먼저."

이 표어를 써봤지만 여전히 싸움은 끊이지 않았고, 대개는 슈윅이 밀리는 형세였다. 동역학 실험실 관리자는 자신의 일정이 흐트러지기 때문에 새로운 우선순위가 마음에 들지 않는다며 짜증을 냈다. 오랫동안 스스로 정해온 테스트 순서를 왜 남에게 맡겨야 하냐며 말이다.

"당신의 우선순위는 '내' 기술자들에게 적합하지 않아요!" 그는 슈윅에게 딱 잘라 말했다.

이렇게 막무가내인 외골수가 있는가 하면, 자동 주행 속도 유지 장치를 취급하는 기술자들은 능글맞기 짝이 없었다.

"새로운 우선순위가 뭐가 좋은지 모르겠네요. 지금까지도 잘해왔잖아요. 원심분리 작업을 한번 봐요. 어차피 원심 분리 작업을 할 거면 원심 분리 작업들을 한꺼번에 몰아서 하면 좋잖아요? 그리고 또 예를 들면, 왜 원심 분리 작업을 그만두고 탄력계 작업을 하라는 거죠?"

이렇게 말장난을 치는 기술자들이 있는가 하면, "깜박했네요. 오늘 필요하다고 하셨죠?"라며 은근슬쩍 넘어가려는 사람들도 있었다.

똑똑한 사람이 더 다루기 어려운 법이다. 그리 똑똑하지 않은 사람들은 대개 토를 달지 않고 시키는 대로 따라왔다.

슈웍에게는 유기화학이 훨씬 쉬웠다. 인간들을 조율하는 일은 정말이지 골치 아팠다. 이제 슈웍은 강하게 밀고나가면서도 부드러워야 한다는 사실을 깨달았다. 다이아몬드처럼 굳어서는 곤란했다. 흑연 같은 처세술이 필요했다.

오크톤 공장의 상황은 훨씬 나았다. 머피는 공장 상황을 잘 알 뿐 아니라 고질라를 제약으로 해서 평준화되지 않은 시스템을 운용한 경험이 있었다. 머피만의 책임은 아니었지만 하이티가 위너에 합병되기 전에 오크톤 공장의 문제점은, 타성에 젖어 지속적인 성장의 길이 막혔다는 것이었다.

당연한 일이지만 상반되어 보이는 두 가지 메시지 사이에서 작업들은 적잖은 혼란을 겪고 있었다. 그로 인해 불평이 끊이지 않았다. 머피가 처음 공장장으로 일하던 몇 년 간은 고질라의 일정이 곧 법이었고 나머지 모든 것은 그 일정에 맞춰 돌아갔다. 그런데 어느 날 코나니와 리즈가 와서 고질라의 중요도가 여타 장비와 동일하고 M57 라인이 생산 페이스를 정할 거라고 말했다. 그런데 이제 다시 고질라의 지위가 예전으로 돌아갔다.

"제기랄. 더는 고질라에 신경 쓰지 않아도 되는 줄 알았어요. 고질라가 여느 장비와 똑같은 줄 알았다고요. 왜 자꾸 오락가락하는 겁니까?"

"티제이, 당신은 그냥 시키는 대로 해. 아주 간단해. 누구나 이해할 수 있어. 고질라를 비우고 채우고 비우고 채우면 돼. 최대한 빨리만 하라고. 넣고 빼고, 넣고 빼고, 넣고 빼고. 최대한 빨리. 알아들었어?"

"왠지 야한데요? 아무튼 분부대로 합죠."

티제이를 비롯한 고질라 팀은 돌아오자마자 녹슬지 않은 실력을 발휘했다. 가공한 것을 비우고 자재를 다시 채우고 거대한 가압 처리기가 다시 돌아가기까지의 소요 준비 시간이 한 자릿수, 즉 10분 미만으로 줄었다. 이제 고질라는 하루에 평균 11번의 담금이 아니라 12번의 담금을 처리할 수 있게 되었다. 격주로 토요일은 유지 및 보수를 하니까 일주일을 6~7일로 치면 매달 하루의 생산 시간을 버는 셈이었다. 수요가 많고 생산이 쉼 없이 이루어진다고 가정할 때 1년으로 따지면 대략 2주치의 쓰루풋이 더 발생했다.

머피가 F&D로 잠시 나들이를 갔다 온 덕분에 생긴 이점 중 하나는 언제라도 슈웍과 통화할 수 있다는 것이다. 이전에는 서로 친분도 없었기 때문에 F&D와 직접 의사소통할 수 없었다. 머피의 특별한 요청이 관철되려면 도널드 사장이 직접 전화를 걸어야 했다. 그래서 도널드가 떠난 뒤로 머피의 주장은 대부분 묵살되었다. 하지만 이제 머피는 아무 때나 F&D와 의사소통할 수 있게 되었다.

어느 날 아침 머피가 슈웍에게 전화를 걸었다. "궁금한 게 있어서요. 가압 처리기의 21시간과 23시간 담금 말이에요. 기술적으로 어떻게 할 수 없을까요? 일정을 보니까 그 시간대의 담금을 해야 하는 납품 건이 7개가 오고 있거든요. 보통 한 달에 한두 개밖에 처리할 수 없는데 7개를 해야 하니, 죽을 맛이에요."

슈웍은 즉시 이해했다.

"배치의 크기를 조정해서 여러 개를 묶을 수는 없나요?"

"이미 그렇게 했어요. 그랬는데도 고질라를 하루 종일 쓰는 배치가 7개나 되는 겁니다. 그렇게 되면 한 주 내내 고질라에서 다른 작업은 못 하는 거예요."

"퀸시 부사장에게 이야기해봤나요?"

"했죠. 이미 납기일을 약속해서 어쩔 수 없다더군요. 이것들이 최우선사항이래요. 이 배치들을 꼭 넣어야 한답니다."

"상세 내용을 이메일로 보내줘요. 알아보고 연락할게요."

이튿날 슈웍이 머피에게 전화했다.

"7개 중 4개는 어쩔 수 없네요. 리스트의 맨 꼭대기에 있는 배치는 설계 사양이 그래요. 기술적 이유로 명시된 온도와 압력에 21시간 동안 꼬박 처리해야 해요.

그 다음의 3개는 다행히 가압 처리기 안에 23시간을 넣어야 하는 특별한 기술적 이유가 없어요. 하지만 그것들은 정부 계약인데 계약서에 23시간이 명시되어 있어요. 그것을 바꾸려면 의회 로비가 필요하다고 들었어요."

머피가 신음을 냈다. "지긋지긋한 관료주의."

"하지만 이번에는 좋은 소식이에요. 이 3개의 배치는 시간-온도-압력의 비율을 조정할 수 있겠어요. 보통 가압 처리기에 오래 담그는 복합재료는 낮은 온도와 압력을 사용하지요. 따라서 온도와 압력을 높이면 담금 소요 시간을 줄일 수 있을 거예요."

"얼마나 줄일 수 있죠?"

"정확히는 몰라요. 테스트해봐야 해요. 하지만 아마도 6~8시간 정도로 줄일 수 있지 않을까 싶어요."

"사흘을 하루로 줄이는 셈이네요. 그러면 정말 좋겠는데." 머피가 만면이 웃음을 지었다.

"타소니 분석가에게 테스트를 맡겼어요. 그가 가능하다고 하면 정말 가능해요."

"네? 타소니 분석가에게 맡겼다고요? 이런, 결과가 언제 나올지 걱정이네요."

슈웍이 크게 웃었다. "요즘은 많이 나아져서 예전 같지 않아요. 릴레이 주자 규칙을 아주 잘 지켜요. 사무실 안에 더미도 줄어들었고요. 참, 그가 다시 흐트러지지 않도록 도와줄 조수를 새로 붙여주었어요. 그가 새 조수를 마음에 들어 하는 것 같더군요. 새 조수가 그에게 뭘 얻어먹었는지 살이 2킬로그램 넘게 쪘어요."

"좋습니다. 타소니 분석가에게 고질라가 개선되면 보너스가 늘어난다는 점을 꼭 상기시켜주세요."

"다 알고 있어요. 하이티의 성과가 보너스에 영향을 미친다는 사실을 모든 분석가가 알아요."

"참, 다음에 로크빌에 가면 갈비를 그가 좋아하는 멤피스 식으로 요리해서 가져가겠다고 꼭 전해줘요."

18 VELOCITY
창공을 나르다

비가 추적추적 내리는 토요일, 주방으로 가던 키올라는 지하실에서 나는 소리에 잠시 발을 멈췄다. 계단을 내려가 세탁실 안을 보니 미셸이 있었다. 세탁기와 건조기가 돌아가고 있었지만 미셸은 벽에 빨랫줄을 걸고 그 위에 젖은 세탁물을 널고 있었다. 미셸은 건조 시간을 줄이려고 선풍기 여러 대를 가져와 세탁물 쪽으로 바람을 보내고 있었다. 키올라는 그 모습을 가만히 지켜보았다.

"건조기가 세탁기 속도를 따라가지 못해요." 미셸이 담담하게 말했다. "그래서 제약의 능력을 확장하는 거예요."

"정말 똑똑한 아가씨군."

"머리를 쓸 수밖에 없어요. 그렇지 않으면 밤낮 여기에 갇혀 있어야 할 테니까요. 할머니와 할아비지의 빨래까지 하면서 일이 거의 두 배로 늘었어요."

젤다는 임주일 전에 무릎 인공 관절 수술을 받았다. 그래서 당분간 모든 빨래를 키올라의 집에서 해야 했다.

"오빠가 도와주면 좋을 텐데." 미셸이 투덜댔다.

"벤은 할아버지를 돌보고 있잖아. 그것도 쉬운 일이 아니야."

키올라가 빨래 바구니 앞으로 가 딸을 돕기 시작했다.

"제약 능력을 확장한다, 꽤 괜찮은 아이디어네."

"엄마가 일에 관한 이야기를 하면 내가 안 듣는 줄 알았죠? 하지만 한 마디도 빠짐없이 귀담아들었다고요."

"그런 것 같구나."

정상화 나무에 몇 가지 '잎'과 가지를 새로 추가한 봄날 이후로 1년이 지났다. 그 동안 나무는 완전히 자랐다.

오크톤 공장의 만성적인 생산 문제들은 완전히 사라졌다. 고질라를 시스템 제약으로 규명하고 생산의 드럼으로 지명한 뒤 다른 모든 공정을 그 고질라의 성능에 동기화시키자, 믿을 만하고 예측 가능한 시스템이 만들어졌다. 자재들은 공장에 투입된 후 가압 처리기 구역 앞의 대기 장소까지 빠른 속도로 흘러갔고, 머피의 팀이 계산한 시간 버퍼 덕분에 고질라의 작업이 끊기는 일은 없어졌다. 거대한 가압 처리기의 공정이 끝나면 재공품은 하류에서도 상류에서와 비슷한 속도로 흘러갔고, 출하까지의 시간 버퍼 덕분에 마무리된 재고는 늘 트럭이 도착할 때에 맞춰 미리 준비될 수 있었다. 물론 장비 고장 같은 사고는 시스템을 크게 어지럽힐 수 있지만, 머피가 지적해준 곳들을 코나니가 예방 유지 보수한 덕분에 그런 일은 거의 일어나지 않았다.

실제로 소비된 자재를 안정되게 보충해주는 정기 발주 재고 시스템도 자리 잡았다. 이 시스템은 머피가 지원하고 자이로가 시범을 보여 실행하고 리즈를 비롯한 하이보로 본사 직원들이 더욱 개선한 덕분에 생산과 재무 측면에서 모두 큰 효과를 발휘했다. 재고 수준은 생산, 특히 드럼인 고질라의 생산에 차질을 주지 않을 만큼 충분하면서도 크게 높지 않아 거기에 묶여 있는 현금이 훨씬 줄어들었다. 자재에 따라 다르긴 하지만, 재고 수준은 평균 30%가 떨어졌다. 특히 고가의 자재들에 대해서는 리즈가 재고 수준을 더 개선하기 위해 애쓰고 있었다. 이자가 비쌀뿐더러 자금을 빌리는 것 자체가 어려운 때인 만큼 이것은 보통 큰 이점이 아니었다.

F&D에서는 슈윅이 도입한 릴레이 주자 작업 방식에 따라 흐름이 빨라졌다. 어떤 이유로든 작업 시간을 늘리고 자신만 돋보이려고 일거리를 사재기하면 강한 비난이 쏟아졌기 때문에 '느림보'들은 거의 사라졌다. 원칙적으로 단일 작업 원칙은 오크톤 공장의 생산 방식과 비슷했지만, 슈윅이 도입한 단순한 우선순위 시스템 덕분에 유연성은 더욱 커졌다. 원래 우선순위 시스템은 주로 설계 검토의 속도를 높여 오크톤 공장의 생산을 원활하게 할 목적으로 도입되었다. 하지만 슈윅은 중요한 자원을 동시에 필요로 하는 프로젝트의 수가 어느 한계를 넘지 않도록 프로젝트들의 착수시점을 정하는 등 우선순위 시스템을 더욱 개량했다. 아울러 고객에게 보고할 때까지 시간이 많이 남는 프로젝트보다 시급한 프로젝트를 우선시하도록 했다.

그리고 이제 슈윅은 오랫동안 꼭 필요하다고 생각했던 일을 드디어 할 수 있게 되었다. 바로 루프를 바로잡는 일이었다. 슈윅과 F&D 직원들의 일하는 방식은 몇 년 전과는 판이하게 바뀌었다. 그들은 더 이상 이것 조금 저것 조금 건드리지 않았다. 대신 타소니 등의 분석가들을 F&D이 드럼으로 삼고 그들이 필요로 하는 것을 미리 제공할 수 있도록 버퍼 시간을 두고 최고의 우선순위로 서비스했다. 슈윅은 분석가가 프로젝트 폴더를 여는 순간 그 안에 평가서를 완성하기 위한 모든 것이 들어 있도록 만들려 무진 애를 썼다. 그래서 이제 분석가들이 추가 테스트나 잘못된 데이터 때문에 프로젝트를 실험실로 돌려보내는 일이 없어졌다. 또 약속대로 슈윅은 분석가가 할 필요가 없는 모든 일을 분석가의 의무 조항에서 빼버렸다. 이 모든 상황이 어우러져 분석가들의 생산성은 전보다 몇 배나 높아졌다. 중요한 일에 집중할 시간은 늘어나고 일이 방해를 받지 않으며 데이터는 정확해지니 작업의 질도 훨씬 높아졌다.

그리고 그 해 후반부에 슈윅은 영업에 탁월한 인물을 키잔스키의 후임으로 영입했다. 그의 이름은 마빈 크레스트였다. 크레스트 박사는 뛰어난 과학자인 동시에 실패한 사업가였다. 야심 차게 세운 작은 회사가 망하자 학계로 도피했지만, 그 후 그는 주변 사람들에게 과학뿐 아니라 사업에도 일가견 있는 사람으로 알려졌다.

키올라는 크레스트에게 F&D의 사장 자리를 주었다. 다른 조직들의 고위 경영진을 상대하려면 그만한 직함이 필요했기 때문이다. 또한 슈윅을 F&D의 운영 책임자로 유지시키면서 소장 직함을 주었다. 크레스트와 그의 소수 정예 팀이 일단 잠재 고객들을 F&D의 문 앞까지 데려오면 나머지는 슈윅과 프로젝트 관리자들의 몫이었다. 몇 개월 안에 크레스트는 포춘 500대 기업들로부터 수백만 달러의 다개년 연구 프로젝트 계약을 세 건이나 따내는 쾌거를 이뤘다.

결과적으로 쓰루풋이 증가했다. 하이티의 생산 측면에서, 정상화 나무를 통해 예측한 연쇄적인 상승 반응이 나타났다. 즉, 생산이 개선되면서 고객이 만족했고 고객이 만족하면서 판매 팀의 사기가 올라갔으며 그로 인해 판매량이 늘어났다. 또한 오크톤 공장이 과거 어느 때보다 빨리 판매 주문을 제품으로 생산해내면서 매출이 급상승했다.

F&D도 마찬가지였다. 슈윅은 고객과의 약속을 더 빠르고 더 완벽하게 지켜냈고 크레스트는 새로운 거래처를 뚫어 매출을 견인했다. 타소

니를 비롯한 분석가들의 효율이 크게 좋아지면서 슈웍이 입이 닳도록 외치는 '결과물을 건물 밖으로 내보내는 일'을 더 빨리 할 수 있었다. 그러면서도 결과물의 품질과 창의성은 수준 높게 유지했다. 역시 쓰루풋이 증가한 셈이다.

그와 동시에, 재고와 투자는 상대적으로 줄어들었다. 정기 발주 방식과 빠르고도 원활한 생산 흐름 덕분에 생산 재고가 줄어들었다. 흐름이 좋아지면서 F&D의 프로젝트 재고도 줄었다. 프로젝트 재고는 어느 프로젝트에 작업이 수행되었으나 지금 조건이 충족되기 전까지 청구할 수 없는 금액을 뜻한다. 보고서와 청구서를 클라이언트에게 보내는 시간도 빨라졌다. 투자 측면을 보면, 오크톤과 로크빌 모두에서 공장을 새로 세우거나 장비를 추가로 설치하지 않았기 때문에 동일한 투자 내에서 수익은 증가했다. 주주의 관점에서 볼 때 이보다 좋은 상황은 없다.

운영비용도 상대적인 의미에서 줄어들었다. 물론 제조 측면에서 전체적인 비용은 사실상 약간 늘어났다. 무엇보다도 오크톤 공장에서 속도를 유지하기 위해 소수의 추가 인력을 고용하면서 노무비 총액이 늘어났기 때문이다. 하지만 쓰루풋과 비교해 보면 이익이었다. 매출과 이익 증가분이 노무비 총액의 증가분을 훨씬 웃돌았기 때문이다. F&D에서는 키잔스키의 월급이 빠진 것만으로도 전체적인 비용이 줄어들었다. 크레스트의 몸값은 키잔스키 연봉의 극히 일부에 지나지 않았다. 그 외에는 그 동안의 노력 덕분에 크게 오른 비용은 없었다.

그렇게 히이디는 목적을 이루있다. 이세 하이티는 돈을 만늘어내는 기계, 돈을 '키워내는' 기계였다. 일반 회계 원칙GAAP으로 본 상황은 더할 나위 없이 좋았다. 매출은 오르고 현금은 쌓였다. 장기 채무는 청산되었고 단기 채무는 절대적 금액으로뿐 아니라 상대적으로도 줄어들었다. 표준 회계 등식의 자본 부분에서 순이익은 폭발적으로 증가했다.

첫 사분기에 상승세가 늦게 나타났는데도 그 해 말 하이티는 역대 세 번째로 좋은 해를 기록했다. 그리고 새해 첫 사분기는 역대 최고로 기록되었다.

퍼스트가 이런 성과를 인정했을까? 당연했다. 화려한 축하 파티는 없었지만, 마침내 퍼스트는 키올라에게서 공식적으로 '임시' 딱지를 떼주었다. 이제 키올라는 '위너 그룹의 전액 투자 자회사인 하이티 콤퍼지트 주식회사 사장'이었다. 물론 명함을 비롯한 모든 공식 문서에는 원래 '임시'라는 단어가 붙은 적이 없었다. 그래도 내부 문서에서 '임시'가 떨어져나가자 그렇게 후련할 수 없었다.

그뿐 아니라 퍼스트는 키올라의 연봉을 5% 인상해주었다! 더 올려주고 싶지만 이번에 피터 윈 회장이 승인한 긴축 조치로 5% 이상 중역 월급 인상이 금지되어 아쉽다고 말할 때는, 밉던 퍼스트가 그렇게 마음씨 좋아 보일 수가 없었다. 나중에 월급 명세서를 받아본 키올라는 겨우 5% 인상에 고개를 절레절레 흔들며 혼자 툴툴거렸을 뿐 아무에게도 이야기하지 않았다.

도슨은 그런 키올라를 옆에서 위로해주었다. 키올라가 '임시' 딱지를 뗀 주말, 도슨은 자신의 비행기에 기름을 가득 채워서 노스캐롤라이나의 아우터 뱅크스Outer Banks로 날아갔다. 키티 호크 근처의 작은 가설 활주로에 착륙했는데 돌풍이 심했다. 도슨은 비행기 뒤에서 해변에서 탈 자전거 두 대를 꺼냈다. 그런데 그게 다가 아니었다.

"자, 받아요." 도슨이 키올라에게 뭔가를 건넸다. "이런 날씨에 해변에서는 이게 꼭 필요할 거예요. 게다가 이제 자기의 회사가 하늘 높이 날아올랐잖아요. 그래서 특히 이 점퍼가 필요해요."

해병대 조종사의 항공 점퍼였다. 키올라가 받아 보니 곳곳에 마크들이 붙어 있었다. 오른쪽 어깨에는 비행대 마크와 왼쪽 어깨에는 성조기, 그 외에도 여러 번쩍이는 마크들이 붙어 있었다. 뒤쪽 중앙 위쪽에는 제1차 세계대전 헬멧을 멋스럽게 기울여 쓰고 타오르는 시가를 이빨 사이에 깨문 미국 해병대 마스코트 불도그가 그려져 있었다.

"와우, 회사에 입고 가야겠네요." 키올라가 말했다.

"다들 길을 비켜줘야 할 거요."

"신난다!" 키올라가 환호성을 지르며 점퍼를 입었다.

도슨이 두 손으로 키올라의 어깨를 잡아 똑바로 세운 뒤 자기 주머니에서 놋으로 만든 뭔가를 꺼내 점퍼의 가슴 위에 달았다.

"당신의 날개?"

"내 해병 항공대의 기장이에요."

"우리가 잘될 거라는 의미인가요?"

"아마도."

19 VELOCITY

숨은 자산 찾아내기

"우리가 끊임없이 던져야 할 질문은 어떻게 하면 성공을 계속 이어 갈 수 있느냐는 겁니다."

2사분기가 끝나갈 무렵, 키올라는 벨로시티 팀 곧 슈웍과 리즈, 일레인, 퀸시, 머피를 소집했다. 벨로시티 모임은 여전히 고질라 바로 옆에 있는 하이티의 무역 박람회용 회의실에서 열리는 것이 관행으로 굳어졌다. 1년 전 이곳에 회의실을 세울 때만 해도 이렇게 오래 유지할 계획은 아니었다. 하지만 생산 관련 회의를 열 때는 이 회의실이 매우 편해서 해체하지 않고 있었다. 그런데 누군가 지게차를 몰고 후진하다가 회의실 벽을 움푹 찍었고, 천과 카펫에 공장 냄새가 깊이 스며들었다. 그래서 무역 박람회용으로 사용하기는 곤란해졌고, 결국 키올라는 회의실을 그곳에 그냥 놔두라는 지시를 내렸다.

그래서 벨로시티 팀은 상황 나무를 현재 상황에서 더 좋은 미래 상황으로 계속해서 성장시킬 방안을 토론할 때마다 늘 오크톤 공장으로 왔다. 키올라는 자신을 비롯한 모든 사람이 수시로 오크톤에 와서 고질라가 여전히 비즈니스의 드림이라는 사실을 상기하기를 원했다.

"곧 올해의 후반기로 접어듭니다. 금년이 하이티의 역대 최고 해라고 생각합니다. 1사분기는 대단했어요. 2사분기도 아주 좋아 보입니다. 속도, 이것이 요즘 내가 가장 좋아하는 단어에요. 현재의 속도를 유지할 수 있다면 우리 회사가 니젤 퍼스트 회장님의 그룹에서 가장 좋은 성과를 거둘 수 있을 거예요. 그러면 정말 좋겠죠. 그래서 오늘 우리의 목표는 낡은 상황 나무에 새로운 가지들을 더하는 겁니다. 퀸시 부사장, 무슨 문제 있나요?"

키올라는 내내 표정이 안 좋은 퀸시에게 물었다.

"뭔가 잘못 먹고 체한 것 같은 표정이네요."

"1사분기와 2사분기는 전체적으로 아주 훌륭했어요. 하지만 조심해야 합니다. 판매원들의 보고에 따르면 시장 상황이 나빠질 징후가 여기저기서 나타나고 있어요. 건설과 해운 분야가 특히 그렇습니다."

퀸시의 말을 일레인이 받았다. "이자율도 많이 올랐어요. 어느 시점에서 경기가 냉각될 게 분명합니다."

"얼마나 나빠질 것 같나요?" 키올라가 퀸시에게 물었다.

"물론 정확히는 모릅니다. 어쩌면 그렇게 나쁜 상황은 아닌지도 몰라요. 하지만 기대 수준을 높였다가 시장 상황 때문에 목표를 이루지 못할까 걱정됩니다."

"이걸 상황 나무라고 부르죠. 우리가 현재 상태와 미래 상태를 현실적으로 연결시키려고 노력하니까요. 우리는 회사와 사업 파트너에게 가장 좋은 결정을 내리려고 애쓰죠."

키올라의 말에 리즈가 입을 열었다. "고객의 시각에서 미래를 보는 게 어떨까요? 우리가 고객이라면 어떨까 하는 질문을 던지는 겁니다. 내가 왜 하이티와 거래해야 하지? 왜 하이티가 최선의 선택사항이지?

왜 하이티 외에 다른 거래처는 고려할 가치가 없을까? 이런 질문을 던진 다음 답이 나오면 그대로 해야 합니다. 그래야 현실적인 행동이 될 겁니다."

"그리고 우리의 생각을 검증해야겠지요. 고객이 원하는 것에 대한 우리의 생각과 고객이 정말 같은지 최대한 확인해야 해요. 고객이 원하는 대로 했다가 뒤통수 맞은 쓰라린 경험이 있거든요. 고객 말대로 했는데 정작 거래는 다른 곳과 하더라고요." 퀸시가 말했다.

"맞는 말이오. 하지만 내 말은, 우리의 미래를 우리가 목표로 삼는 고객 및 시장의 미래와 일치시키자는 겁니다."

리즈의 말에 머피가 덧붙였다. "그것이 유일한 길이니까요."

"맞아요. 고객은 늘 옳아요. 좋을 때나 나쁠 때나, 경기에 상관없이 고객은 늘 옳아요."

"전적으로 동감합니다. 미래를 생각해보죠. 내가 고객의 역할을 하면서 진부한 질문을 하나 던져볼게요. '내가 왜 복합재료를 오직 하이티에서만 구입해야 하지?'"

키올라의 말에 퀸시가 고객의 입장에서 대답했다. "하이티가 아시아뿐 아니라 세계 어느 곳보다도 짧은 시간과 싼 값에 최고의 고성능 복합재료를 설계하고 제조하여 제공할 수 있기 때문입니다."

잠시 침묵이 흐르다가 이내 모두가 입을 모아 야유를 보내면서 한바탕 웃음을 터뜨렸다.

"그 말을 믿느니 팥으로 메주를 쑨다는 말을 믿겠네요!"

하지만 키올라는 웃지 않았다.

"잠깐만요! 방금 퀸시 부사장의 말을 생각해봐요. 그 말은 분명 사실이잖아요. '최고'나 '고성능'이라는 말에는 논쟁의 여지가 있지만 허튼 소리는 아니에요. 실제로 우리는 양질의 복합재료를 제조해서 제때 납기해주잖아요. 우리의 품질은 고객의 기대를 오히려 뛰어넘고 있어요. 그건 사실이라고요!"

"죄송합니다만 우리의 웃음보가 터진 것은 세계 '어느 곳보다도 짧은 시간과 싼 값'이라는 말 때문이에요. 저도 우리 회사가 그랬으면 좋겠지만 사실 그렇진 않은 것 같아요. 물론 앞으로는 그렇게 되어야겠지요."

"좋아요. 그 부분을 보죠. '짧은 시간'이 왜 말이 안 되나요? 아시아의 제조업체는 정말로 우리보다 유리하나요? 우선 북미 고객에 대한 운송 시간을 한번 봐요. 컨테이너선이 태평양을 건너는 데 얼마나 걸리죠?"

"정확히는 모르겠지만 상하이에서 로스앤젤레스까지 걸리는 시간은 알아요. 저번에 보니까 정박이나 날씨로 인한 지체 시간을 빼고도 통상 12일 정도 걸리더라고요." 리즈가 말했다.

"그러면 우리가 배로 태평양을 건너는 모든 품목에 대해서 북미 시장에서 시간적으로 12일, 어쩌면 2주 정도 유리하네요. 유럽과 남미, 아니 아시아를 제외한 모든 곳에서 우리의 운송 시간 경쟁력은 다른 업체들과 대등해요, 안 그래요?"

"맞습니다. 하지만 그 외 다른 부분은요?" 일레인이 공격적인 말투로 물었다.

"다른 부분이요? 좋아요. 아시아에서 운영되는 공급업체들은 어떤가요? 그 업체들에 무슨 우위가 있나요? 이메일이 있다고요? 그러면 뭐해요? 이메일은 우리에게도 있어요. 그 업체들에 있는 컴퓨터가 우리에게도 있어요. 똑똑한 인재들은 우리에게도 있어요. 난공불락의 우위가 어디 있나요?"

"임금이 있잖아요. 월급 말이에요. 아시아는 임금이 아주 싸요!"

"물론 임금이 적다는 건 알아요. 하지만 그게 왜 난공불락의 경쟁 우위인가요?"

일레인은 답답한 나머지 얼굴이 새빨개졌다.

"그건, 임금이 낮으면 원가가 낮잖아요! 마진은 높고요!"

"자동적으로? 단지 임금이 싸다고 해서?"

"그 외의 다른 부분은 모두 우리와 대등하기 때문이죠! 그렇고말고요!" 일레인이 대답했다.

키올라는 평소의 그녀답지 않게 서서 서성였다. 그 바람에 연갈색 머리카락이 어깨 위로 흩날리고 푸른 눈이 번뜩였다.

"아뇨! 그 외의 다른 부분은 대등하지 않아요. 앞으로도 결코 대등하지 않을 거예요. 그리고 이건 나쁜 상황이 아니라 좋은 상황이에요. 우리가 잘만 하면 장기적으로 오래 살아남을 수 있다는 뜻이니까요. 원가에는 많은 요소가 있어요. 가치에도 많은 측면이 있고요. 그래서 경쟁할 방법이 많아요. 우리 회사는 하이보로에 근거를 두고 있어요. 최소한 내가 사장으로 있는 한 우리 회사는 살아도 하이보로에서 살고 죽어도 하이보로에서 죽을 거예요. 따라서 우리 경영자들의 임무는 시장에서 강한 경쟁 우위를 만들어낼 수 있는 '차별 요소'를 찾아내는 겁니다. 경쟁사가 낮은 임금으로 공격한다면 우리는 그에 맞설 우위를 만들어내야 해요. 퀸시 부사장, 우리에게 목표를 일깨워줘서 고마워요. 이 목표는 절대 불가능하지 않아요. 우리는 세상의 어느 공급업체보다도 적은 비용으로 더 빨리 해낼 수 있어요. 품질과 안전성에서도 남들보다 앞서고 우리 회사의 모든 사업 파트너에게 번영을 안겨줄 수 있어요. 이제, 문제는 그 방법이에요."

그리하여 벨로시티 팀은 종일 머리를 맞댔다. 그 결과, 또 하나의 화이트보드에 포스트잇과 화살표들로 뒤덮였다. 이제 이 잎과 가지를 하나씩 이루어가면 하이티는 물론이고 모든 사업 파트너의 미래가 더없이 밝아지리라는 것을 의심하는 사람은 아무도 없었다.

시작 전략은 간단했다. "먼저 우리가 새로 구축한 생산 및 재고 관리의 강점과 속도를 발판으로 하여 우리 자신과 고객들을 위한 시장 우위를 창출할 겁니다." 키올라가 말했다.

그런 다음, 벨로시티 팀은 고객들을 세 부류로 나눴다. 기존 고객, 잃었지만 되찾을 수 있는 고객, 아직 하이티와 거래한 적이 없는 새로운 잠재 고객. 그러고는 이런 고객들이 관심을 가질 만한 것들을 함께 고민했다.

이런 기본적인 전략적 결정에서 여러 가지 구체적인 프로젝트들이 나왔다.

주입 : 고객들이 경쟁사를 이길 수 있도록 공급망 제휴를 구축한다.
이로 인해…
우리는 최고의 고객들과 특별하고도 전략적인 관계를 갖게 된다.

신뢰성 있는 보충 방식으로 고객에게 막대한 가치를 더해주면 기존의 판매 및 구매 방식으로는 얻을 수 없는 유익한 관계를 쌓을 수 있었다. 아울러 벨로시티 팀은 고객들의 시장을 조사하여 고객이 목표 달성 속도를 높일 수 있도록 돕기로 했다.

또한 벨로시티 팀은 공급자 재고 관리VMI, vendor-managed inventory서비스를 주요 고객들에게는 무료로, 일반 고객들에게는 저렴한 비용에 제공하기로 했다. 그러면 고객이 소비된 재고를 일일이 추적할 필요 없이 네트워크를 통해 재고가 추적되고 자동적으로 필요한 발주가 이루어진다. 제휴만큼 전략적으로 가까운 관계는 아니었지만 장기적으로 안정된 관계로 이어질 수 있다.

주입 : 새로운 재고 관리 기술로 고객들에게 공급자재고 관리 서비스를 제공한다.
그 결과로…
우리는 장기적 매출로 이어지는 상호 유익한 고객 관계를 갖게 된다.

안타깝게도 위너의 인수 합병으로 인해 하이티의 많은 고객이 등을 돌렸다. 긴 리드 타임과 지켜지지 않는 납기일 등으로 많은 고객이 불만을 터뜨리고 거래를 끊었다. 하지만 퀸시와 많은 판매원들은 원인만 해결하면 잃어버린 고객들이 적잖이 돌아오리라 확신했다. 문제는 그 고객들을 설득하는 방법이었다. 그래서…

주입 : "위약시 벌금 조건의 납품 보장"을 제시한다.
그 결과로…
고객들이 우리의 진심을 알아주고 주문하면서 반복적이고 장기적인 매출이 이루어진다.

잃어버린 고객들에게 납기일을 지키지 못하거나 품질 문제가 발생하면 하이티가 상당한 손해를 감수하겠다는 약속을 하자는 것이었다. 키올라는 이런 약속을 해도 될지 걱정스러웠다. 하지만 머피와 리즈가 위험을 최소화하겠다고 약속하여 결국 이 안건을 승인했다.

다음 문제는 잠재 고객이었다. 일단 퀸시의 판매 팀은 규모가 큰 고객들, 퀸시의 말을 빌자면 '거물들'과 관계를 트려고 지속적으로 노력할 계획이었다. 하지만 퀸시의 판매 팀이 다가갈 수 없는 잠재 고객이 많았다. 대부분 작은 회사와 유통업체들이었고 그 중 대다수가 멀리 해외 시장에 있었다. 따라서 그 업체들에게 어떻게 다가가서 관계를 맺고 서비스를 효과적으로 제공하느냐가 관건이었다. 벨로시티 팀이 찾아낸 답은 인터넷을 통한 직접 구매 방식이었다.

주입: 직접 구매와 고객의 자체적인 재고 관리를 유도하는 웹 기반 메커니즘을 만든다.

이로 인해…

우리는 소량 구매 고객을 적은 비용으로 끌어들인다.

하지만 혁신이라는 확실한 성장 동력도 무시할 수 없었다. 새로운 특허 제품을 내놓으면 시장을 한바탕 뒤흔들어 놓을 수 있었다. 경쟁사를 쉽게 무너뜨리고 모방할 수 없는 아성을 쌓을 수 있었다. 슈윅은 매우 조심스럽게 이 주입을 제안했다. 혁신을 제안할 때는 늘 무시당했기 때문이다. 옛 사장 도널드는 혁신에 소극적이었고, 언제나 기존 제품만으로 천천히 성장하는 데 만족했다. 그나마 도널드가 추진하던 몇 가지 혁신도 토네이도가 잠깐 왔다간 사이에 대부분 폐기되었다. 이후에도 키올라는 해결해야 할 문제가 너무 많아 내일의 경쟁력을 고민하고 거기에 투자할 여력이 없었다.

하지만 이제는 말할 때가 되었다. 슈윅은 F&D의 수많은 자료 속에 추진할 만한 혁신 프로젝트들이 이미 존재한다고 말했다. 수년 전에 추진되던 연구 개발 프로젝트들이 창고에서 썩고 있었고, 그 중에는 잠재력이 큰 프로젝트도 적지 않았다. 하지만 키잔스키는 입으로만 과학을 외칠 뿐 실질적으로는 대금 청구에만 눈이 멀어 있었다. 뿐만 아니라 모험적인 연구 개발에 적극적으로 자금을 지원할 클라이언트들도 없었다.

"하지만 완전히 새로운 시장을 창출할 수 있는 프로젝트를 하나라도 찾으면……"

슈웍의 말을 키올라가 받아서 멋지게 완성했다. "우리는 황금기를 맞이할 겁니다."

"그리고 무에서 시작하는 것보다 비용이 훨씬 적게 들지요."

"좋아요. 해봅시다."

주입: 과거에 추진하던 특허 연구에서 짧은 시간에 적은 투자로 탁월한 새 제품을 만들어낼 수 있는 '숨은 자산'을 찾아낸다.

이것을 이룸으로써…

미래의 매출을 창출하기 위한 새 제품 연구 개발에 투자하게 된다.

한편 가장 효과적인 제안, 즉 최종 손익에 가장 빠르고 긍정적이고 오래 가는 영향을 미칠 수 있는 제안은 특정 제품들의 구매 의지를 꺾는 것이었다. 다시 말해, 하이티의 쓰루풋을 떨어뜨리는 제품들을 고객들이 사지 않도록 만드는 것이었다. 그와 동시에 쓰루풋, 즉 주문 건이 현금으로 전환되는 속도를 높여줄 수 있는 양질의 대체 제품 쪽으로 고객들을 유도해야 한다.

이런 제안이 나온 것은 고질라에서 21시간과 23시간 담금 작업을 해야 하는 주문 때문이었다. 이런 주문이 많지 않으면 주말에 작업해서 고질라가 배치 하나에 종일 묶여 있어도 전체 생산 시스템에 빚어지는 차질을 최소화할 수 있었다. 하지만 이런 주문이 몇 주 혹은 몇 달 사이에 몰려서 들어오면 머피의 말처럼 고질라의 산출량, 나아가 시스템의 쓰루풋이 완전히 엉망이 될 수밖에 없었다.

"정말 환장할 노릇은 이런 긴 담금 시간을 요구하는 고객들이 두 시간의 담금만을 필요로 하는 복합재료보다 겨우 몇 푼을 더 낸다는 겁니다. 몇 년 전 원가 엔지니어들의 계산에 따르면, 두 시간 담금에 비해 20시간 이상 담금의 에너지 사용량이 훨씬 많기 때문에 이 고객들은 훨씬 더 많은 비용을 지불해야 합니다. 하지만 말이 안 되는 소리죠! 진짜 문제는 긴 담금 시간으로 인해 고질라, 그리고 오크톤 공장 전체, 나아가 회사 전체의 쓰루풋이 묶인다는 겁니다. 그리고 우리가 이런 주문에서 얻는 게 뭡니까? 겨우 몇 백 달러의 추가 비용이에요! 그게 다에요!" 머피가 열을 올리며 말했다.

"그리고 대개는 그렇게 오래 담글 필요가 없어요. 몇 년 전에는 실용적 혹은 기술적 측면에서 더해지는 가치가 있었을지도 모르죠. 하지만 우리가 아는 바로는 이제 수지 화학과 섬유 등의 발전 덕분에 대개는 훨씬 적은 시간의 가압 처리로도 소기의 목적을 달성할 수 있어요." 슈윅이 말했다.

"솔직히, 긴 담금 시간을 고집하는 고객들은 돈을 더 지불해야 해요. 짧은 담금 시간에 비해 10배는 지불해야 한다고요!"

침을 튀기며 열변을 토하는 머피와 달리 퀸시는 차분하게 말했다. "음, 문제는 우리의 주요 고객 중 한 곳이 긴 담금 시간을 고집한다는 거예요. 바로 미 해군 말입니다."

"흠, 정말 딜레마군요." 키올라가 잠시 생각하더니 결론을 내렸다. "이렇게 하죠. 고질라의 담금 시간을 줄이도록 기준을 바꾸거나 새로운 기준을 만들어보죠. 그래서 새로운 기준에 따르는 고객들에게는 당분간 상당한 할인을 해주는 거예요. 존스 제독에게는 내가 직접 이야기할게요. 내가 보기에는 사양을 바꾸기 위해 의회 로비까지는 필요하지 않을 것 같아요. 그래도 소용이 없다면 그때 가서 가격을 올리는 방법을 사용하자고요. 시스템 전체의 하루를 사용하는 것은 엄청 비싸니까요."

주입 : 쓰루풋에 역효과를 미치는 제품을 구매하지 않도록 유도하는 한편, 쓰루풋에 도움이 되는 제품을 구매하는 고객에게는 그만한 혜택을 준다.

그 결과로…

고객은 더 싸게 구매하게 되고 우리의 쓰루풋은 증가한다.

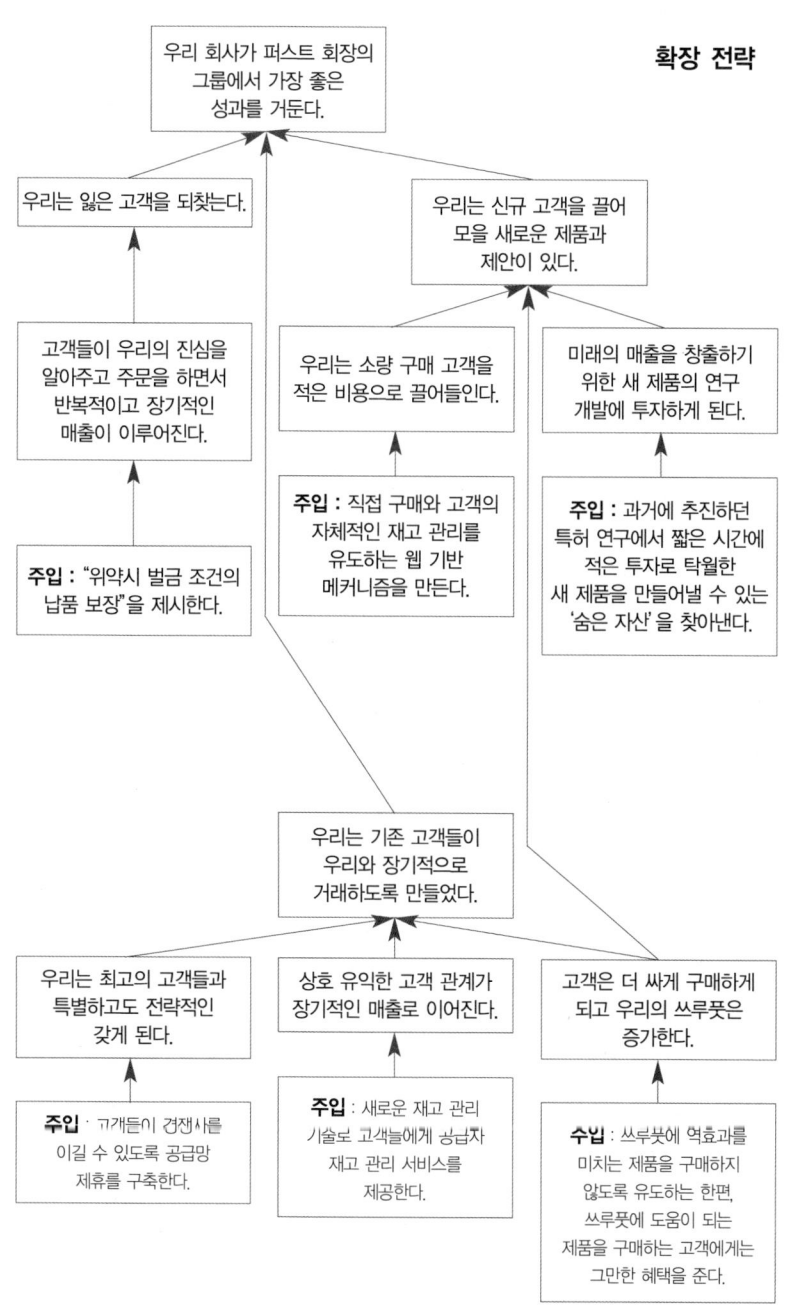

20 VELOCITY

세상에서 가장 훌륭한 행진곡

리즈는 보지 않으면 믿지 못하는 사람이었다. 오랫동안 상황을 지켜본 그는 린과 식스 시그마가 제약 이론의 틀 안에서 더 큰 효과를 발휘한다는 결론을 내렸다. 제약 이론으로 안정된 시스템을 재빨리 구축하면 그 다음에는 시스템 제약의 관점에서 린과 식스 시그마로 개선을 진행할 수 있었다. 이 관점을 나침반으로 사용하면 '진북', 즉 어느 부분의 개선이 가장 중요한지 판단할 수 있었다. 그 뒤에는 최선의 '시스템' 결과를 만들어낼 수 있는 부분에 린 식스 시그마 프로그램을 집중적으로 적용할 수 있었다. 이전의 낭비 제거를 위한 낭비 제거와는 차원이 달랐다. '최악의' 낭비를 찾아내는 것은 이제 무의미했다. 시스템 제약과 쓰루풋의 개념 없이는 최악의 낭비가 무엇인지를 알기가 어렵거나 아예 불가능하기 때문이다. 시스템 제약과 그 성과에 영향을 미치는 것을 찾아내는 일이 중요했다. 시스템 제약의 성과가 쓰루풋, 나아가 회사의 영업이익을 결정하기 때문이다. 따라서 린 식스 시그마의 결정들은 시스템 제약의 성과를 최대로 끌어올리는 방향으로 이루어져야 했다.

머피와 코나니, 자이로가 주로 오크톤 공장의 일을 다루는 동안, 리즈는 그들과 협력을 하되 한 단계 위에서 전체 상황을 통제했다. 리즈는 최종 제품의 재고관리와 주문 같은 오크톤 공장 밖의 일을 처리했다. 일례로 재고의 보충 시스템을 최적화하여 표준품목의 보충 생산이 주문품목의 생산과 잘 어우러져 진행되게끔 했다. 리즈는 납기일을 약속하기 전에 자동적으로 고질라의 가공 능력을 고려하도록 새로운 웹 기반 주문 시스템을 더욱 개선했다. 웹 기반의 주문은 처음에는 실개천 같이 규모가 작았는데 강물같이 점점 늘어갔다. 전체적인 생산 업무를 다루는 일 외에도 리즈가 할 일은 산더미처럼 많았다.

어느 날 리즈에게 이메일이 한 통 왔다.

발신인 : 코나니
제목 : 아기 고질라

첫 메시지는 딱 한 줄이었다. "정말 귀엽지 않나요?"
귀엽기는커녕 흉물스러운 원통형 산업 장비의 사진이 실려 있었다. 고질라의 3분의1 혹은 절반 크기의 가압 처리기였다. 한 유리 제품 제조업체가 문을 닫으면서 팔려고 내놓았다는 이 가압 처리기는 상태가 꽤 좋은 새것이었다. 코나니는 사진 아래에 사양을 나열한 뒤 질문 한 마디를 써놓았다.
"어때요?"
리즈는 곧 전화기를 집어 들었다. 코나니는 드럼과 시스템 제약의 능력을 높이기 위해 거대한 고질라 옆에 두 번째 가압 처리기로 '아기 고질라'를 설치하고 싶은 것이다. 아무리 생각해도 문제될 게 없었다.

하지만 머피에게 말하면 대번에 자신의 의견이 묵살될 거라 판단해서 먼저 옛 동맹인 리즈에게 사진을 보낸 것이다.

물론 궁극적으로는 머피의 의견을 반영할 수밖에 없다. 아울러 키올라의 허락도 얻어야 한다. 키올라는 고질라의 성과에 직접적인 영향을 미치는 것은 뭐든 미리 보고하고 실행하라고 지시한 바 있다.

그리하여 사진이 돈 지 얼마 되지 않아 네 사람은 한 자리에 모였다. 먼저 코나니가 두 번째 가압 처리기를 들여놓아야 하는 이유를 설명했다. 아기 고질라의 기술적인 사양은 훌륭했다. 거대한 고질라의 특수 작업을 다 소화할 수는 없었지만 보조 장비로는 손색이 없는데다가 가격도 매우 저렴했다. 하지만 머피는 쉽게 청신호를 보내지 않았다.

"이봐요, 머피 제조 책임자! 드럼에 능력을 추가하는 게 뭐가 잘못됐소? 다른 모든 곳에는 보호 능력이 필요하다고 했잖아요. 그런데 왜 가압 처리기에는 안 된다는 거요?" 리즈가 물었다.

"완전히 반대하는 건 아닙니다. 하지만 그것이 시스템에 어떤 영향을 미칠지 고려해야 해요. 분명한 건, 이 장비를 구매하면 재고가 늘어나고 그것을 사용하면 운영비용이 늘어난다는 거예요. 그것이 쓰루풋에 어떤 영향을 미칠까요?"

"분명 쓰루풋이 증가하겠죠." 코나니가 말했다.

"왜 그렇죠?"

"가압 처리기가 더 많은 양을 처리할 수 있으니까요."

"그래서 아기 고질라를 사용할 계획인가요?"

"무슨 말이에요? 당연히 사용하려고 구매하는 거죠."

"내가 걱정하는 게 바로 그거예요."

이때 키올라가 끼어들었다. "퀸시 부사장의 말에 따르면, 시장 상황이 불안한 가운데서도 마케팅 및 판매 주입의 결과로 주문이 늘고 있대요. 그렇다면 늘어난 주문을 따라가려면 시스템 제약 곧 드럼의 능력을 키워야 하지 않습니까? 그렇지 않았다가 납기일을 지키지 못하면 재난이 닥칠 수도 있잖아요."

그러자 머피가 고개를 끄덕였다. "맞습니다. 당연히 그럴 위험이 있지요. 하지만 드럼에 능력을 추가해도 위험은 있습니다. 자칫 고질라가 더 이상 시스템 제약이 아닌 상황이 올 수도 있어요."

코나니가 혼란스러운 듯 인상을 찌푸렸다.

"잠깐만요. 도무지 무슨 말인지 모르겠어요. 성장은 좋은 거잖아요? 그렇다면 성장에 맞게 시스템 제약의 능력을 확장해야 옳잖아요. 물론 어느 시점이 되면 가압 처리기의 능력이 충분해지겠죠. 그러면 고질라는 더는 시스템 제약이 아닐 거고요. 하지만 그건 꼭 필요한 상황이잖습니까? 좋은 상황이잖아요. 오히려 그런 상황을 만들려고 노력해야 하잖습니까?"

"제가 짧은 이야기를 하나 해드리죠. 도널드 사장 시절, 우리는 《더 골》이라는 책을 읽고 한 가지 전략을 세웠어요. 당시에는 누구나 그랬듯, 우리도 제약이 기본적으로 나쁜 거라고 생각했지요. 제약은 찾는 즉시 없애야 한다고요. 그런데 실제로 제약을 없애고 나서 생산량을 늘리자 새로운 제약이나 병목이 또 나타났어요.

《더 골》을 보면 보이스카우트 행군 이야기가 나와요. 여기서 행군은 목표를 가진 시스템을 의미해요. 이 보이스카우트 분대에는 허비라는 뚱뚱한 소년이 있어요. 이 분대는 밤까지 야영지에 도착하려는데 허비가 병목 역할을 하게 됩니다. 허비가 가장 느리기 때문에 행군 속도를 결정하는 거죠. 아무튼 도널드 사장과 저는 허비 체포라는 전략을 세웠지요. 그런데 우리가 제약의 능력을 확장하자 허비가 다른 곳에서 나타났어요. 그래서 우리가 새로운 허비를 체포하면 또 다른 곳에서 새로운 허비가 나타났죠. 그 과정은 계속 반복되었어요.

우리가 허비를 잡을 때마다 바람직하지 않은 일들이 일어났어요. 당시 허비, 지금 우리가 말하는 드럼은 가압 처리기가 아니었어요. 그때는 고질라 외에도 4개의 가압 처리기가 더 있었지요. 그래서 우리는 공정의 시차를 두어 한 가압 처리기가 내용물을 비우면 다른 가압 처리기를 채우고 그 사이에 다른 가압 처리기들을 가동하는 방식을 사용했어요. 당시 허비는 코팅 공정에 있었지요. 그래서 우리가 코팅의 능력을 더한 뒤 생산량을 늘리자 제약이 이번에는 라미네이팅 공정으로 옮겨갔어요. 우리가 어떻게 했을까요? 똑같은 행동을 되풀이했지요. 우리는 라미네이팅 구역에 근사한 새 장비를 들여놓고 생산량을 다시 늘렸지요. 그랬더니 이번에는 제약이 마무리 공정으로 옮겨갔어요. 계속 그런 식이었죠.

우리가 허비를 체포할 때마다 문제가 발생했어요. 공장 안과 일정 관리, 심지어 도널드 사장과 저 사이에서도 혼란이 나타났죠. 바람직하지 않은 결과들이 수없이 나타났어요. 우리는 매번 혼란을 바로잡느라 세월을 다 보냈죠. 제약이 마무리 공정으로 넘어갔을 때는 그야말로 악몽이었죠. 마무리 공정 구역의 장비를 설치하기가 워낙 복잡했으니까요.

그래서 마침내 도널드 사장과 저는 머리를 맞댄 끝에 허비를 한 곳에 묶어두고 나머지 모든 것을 그 허비에 맞추기로 결론을 내렸지요. 우리가 선택한 곳이 바로 가압 처리기였어요. 공정 시간의 길이 때문에 가압 처리기는 그냥 두기만 해도 제약이었고, 상대적으로 공정이 단순하니까요. 가압 처리기 안에 내용물을 넣고 정해진 시간만큼 돌리기만 하면 크게 잘못될 일은 없어요. 제 이름이 괜히 머피인가요? 많은 문제가 발생할 수 있는 곳은 절대 시스템 제약으로 정하지 않지요.

고질라를 시스템 제약으로 정한 뒤에는 능력을 제한하기 위해 일부러 다른 가압 처리기들은 정지시켰어요. 다들 우리가 미쳤다고 했지만 이 방법이 주효했어요. 결국 우리는 세 개의 가압 처리기를 없앴어요. 고질라를 최적화해서 모든 물량을 충분히 소화하도록 만들었기 때문이죠. 한동안 나머지 한 대의 가압 처리기는 고질라가 어떤 이유로 가동될 수 없을 때 사용할 예비 장비로 남겨두었지요. 하지만 토네이도가 와서 그마저도 없애버렸어요. '하나만 사용해! 두 개가 왜 필요해? 팔아버려!' 그렇게 명령해서 그대로 따랐지요."

"재미있는 이야기네요. 예전에 도널드 사장이 허비를 고정시켰다고 했던 게 기억나네요. 그때는 무슨 뜻인지 몰랐는데." 키올라가 말했다.

"이 이야기의 요지는 드럼을 한 군데 묶어두라는 거군요."

리즈의 말에 머피가 미소를 지었다. "맞아요. 가능하다면 드럼을 한 군데에 가만히 둬야 해요."

그러자 코나니가 목청을 가다듬고 말했다. "무슨 말인지 이제 알겠군요. 하지만 혹시 필요할 때를 위해 이 중고 가압 처리기를 구입해놓는 게 뭐가 문제죠? 만약 쓰루풋이 증가되어야 한다면 가압 처리기가 한 대 더 필요할 수도 있잖아요."

"코나니 공장장과 키올라 사장님의 말씀에도 일리는 있어요. 주문량의 증가를 대비해야 하긴 합니다. 그래서 저는 이렇게 했으면 좋겠어요. 일단 아기 고질라를 설치하지요. 하지만 그것을 가동하는 일은 매우 신중해야 진행해야 합니다. 왜냐하면 드럼이 버퍼를 다 비우고 일감을 기다려야 하는 상황이 오면 우리 스스로 문제를 다시 발생시킨 셈이 되니까요. 드럼은 드럼으로 남아 있어야 해요. 그리고 자재를 드럼의 속도에 맞추어 투입하는 로프와 버퍼는 항상 드럼이 처리할 일감을 공급해야 합니다."

"모두 동의하나요? 그렇다면 해보죠."

키올라의 말에 리즈가 코나니를 바라보았다. "이제 자네는 아기 고질라를 볼 수 있겠군."

존스 제독은 언제 느닷없이 돌변할지 모르는 인물이었다. 하지만 하이티와 다개년 계약을 갱신하기 위해 노스캐롤라이나 하이보로로 온 10월의 그날만큼은 무지막지한 제독도 햇볕 쨍쨍한 날의 카리브 해처럼 잔잔하고 화창하기만 했다. 키올라에게 그날은 긴장되면서도 행복한 날이었다. 그녀는 제독 일행에게 오크톤 공장 곳곳을 보여준 다음, 니젤 퍼스트 회장이 합류한 점심식사 자리에 참여한 뒤 하이보로 시청에서 간단한 기자 회견을 마쳤다.

이튿날 〈하이보로 타임스〉의 경영 관련 페이지 위쪽에 존스 제독과 퍼스트 회장이 악수하는 사진이 실렸다. 두 사람 옆에는 국회의원과 하이보로 시장이 서 있었다. 키올라는 아침식사 자리에서 사진을 아이들에게 보여주었다.

벤이 물었다. "엄마는 어디 있어요? 여기 안 갔어요?"

"갔어." 키올라가 사진을 가리켰다. "봐, 퍼스트 회장 어깨 뒤로 내 머리 꼭대기가 나왔잖아."

"에이, 너무해요. 일은 엄마가 다 했는데." 미셸이 투덜거렸다.

"아니야, 애들아. 그 계약을 따기 위해 많은 사람이 노력했단다. 나는 우리가 그 계약을 땄다는 사실만으로도 너무 기뻐."

"비싼 계약이에요?" 벤이 물었다.

"그래. 사실 총액은 이전 계약보다 적지만."

"그럼 엄마 회사가 적게 버는 건가요?"

"계획대로 된다면 회계사들이 말하는 순이익은 약간 더 높아질 거야. 하지만 정부가 쓰는 돈은 전보다 적어질 거야. 서로 잘된 거지."

"어떻게 그럴 수가 있어요? 어떻게 돈을 더 적게 받고 이익을 더 낼 수 있어요?" 미셸이 물었다.

"아직도 모르겠니? 엄마는 매일 더 똑똑해지고 있단다."

2008년 1월 3일, 위너의 보통주는 82.02달러로 장을 마감했다. 그 뒤로는 쭉 하락세만 이어졌다. 주가가 어찌나 곤두박질치는지 아무리 간 큰 투자자라도 위너의 주식을 계속해서 갖고 있지 못할 지경이었다. 4월 초에 이르러 주가는 주당 57달러 주위를 맴돌았다. 4월 말에는 주가가 39달러 이상으로 회복되지 못했다. 4개월 만에 무려 50%가 떨어진 것이다. 하지만 상황은 더 나빠져만 갔다.

상반기 동안 위너의 금융 서비스 그룹의 주택 저당 증권과 다른 파생 상품들이 모두 위험하다는 사실이 알려지면서 주가는 끊임없이 떨어졌다. 하지만 금융 서비스가 주가 하락의 주된 원인이기는 해도 유일한 원인은 아니었다. 오랫동안 사업을 확장하고 실수를 메우려고 빚을 내다보니 빚이 산더미처럼 쌓였는데, 이제 현금 흐름이 줄어들고 현금 보유액이 바닥이 난 상황에서 이 빚을 갚으려니 회사 전체가 흔들릴 수밖에 없었다. 단기성과의 달인인 랜달 토란도스 토네이도를 불러들인 것은 바로 이런 경영 방식이었다. 위너 곳곳에 토네이도보다는 실력은 없지만 단기성과에 목을 매고 있는 경영자들이 수두룩했다. 경기가 조금만 떨어져도 그들은 어쩔 줄 몰랐다. 2008년 위너 그룹의 거의 모든 회사가 대대적인 해고와 엄격한 원가 절감을 단행한 채 '곧' 좋은 시절이 올 거라며 마냥 기다리는 것을 전략이랍시고 내놓았다.

이런 상황에서도 하이티는 역대 최고의 해를 맞았다. 상반기 직후 위너의 다른 경영자들은 모두 목표 수치를 대폭 낮추면서 '손목을 잘

라내는 기분'이라는 암울한 농담을 주고받았지만, 키올라는 하이티의 목표를 살짝 낮췄고 그 목표를 거뜬히 달성해냈다.

"어떻게 된 거요?" 3사분기가 끝날 무렵 니젤 퍼스트가 키올라에게 물었다. "성과 수치들이 계속 올라가고 있군. 내 그룹의 다른 사장들은 모두 손실을 선언하거나 지난해보다 훨씬 못한 성과를 내놓고 있소. 그런데 키올라 사장은 경기가 훨씬 좋았던 작년보다 더 나아졌소. 몇 년 전보다는 너무도 많이 좋아졌고. 어찌된 일이오?"

키올라가 내놓은 답은 한두 가지 차원이 아니었다. 하지만 성공의 열쇠는 바로 키올라의 팀이 세운 상황 나무 전략이었다. 미래를 위한 상황 나무 전략은 여전히 효과를 발휘하고 있었다. 제휴를 맺은 고객들이 경쟁사들을 따돌리도록 도왔더니 서로 윈윈하는 결과가 나타났다. 불경기 속에서 경쟁사들은 무너지는 와중에도 그 고객들은 점유율을 늘려갔고, 덕분에 하이티의 매출도 늘어난 것이다. 하이티의 공급자 재고 관리 서비스를 이용한 고객들은 모두 시장 입지가 강해졌다. 그런가 하면 하이티는 시간에 따른 재고 보충 방식 덕분에 재고를 역대 최저 수준으로 유지했다. 이는 불경기에 보통 큰 경쟁 우위가 아니었다. 고객들이 표준화된 제품을 구매하도록 유도한 결과는 구매자와 공급자 모두의 원가 절감이었다. 이 모든 상황이 계속 잘 유지되고 있었다.

운도 따라주었다. 정확하게 말하면, 운을 이용하는 능력이 관건이었다. 슈윅은 F&D의 믿을 만한 부하직원에게 연구 기록들을 검토하라고 지시했다. 그들이 진흙 속에서 찾아낸 몇 가지 보석 중에는, 꽤 오래되었지만 여전히 혁신적인 복합재료 설계가 있었다. 이 설계가 창고에서 썩은 것은 제조 원가가 높았고 당시만 해도 저렴한 화석 연료 때문에 시장성이 부족했기 때문이었다. 하지만 시대가 변했다. 키올라가 제조

가능성 분석을 지시한 결과, 주스버그Juicebug라는 코드명의 복합재료는 제조 원가가 예전에 비해 크게 낮아졌고 가격 때문에 시장성이 엄청났다. 그 후 크레스트 박사가 테스트할 만큼의 샘플을 제작해서 캘리포니아의 한 태양 에너지 회사로 가져갔고, 결국 시범 프로젝트에 사용할 170만 건의 주문이 이루어졌다.

퀸시를 비롯한 하이티 판매 팀의 판매량도 늘었다. 불경기 속에서도 추세적인 성장 트렌드는 있기 마련이다. 특히 주스버그 같은 재생 가능한 에너지는 시대의 요구에 잘 부합했다. 풍력 발전용 터빈을 위한 복합재료 프로펠러 날개, 전기 자동차 배터리를 위한 복합재료 피복, 수력 에너지로 전기를 만드는 새로운 '해양 엔진'을 위한 복합재료 부품들도 잘 판매되었다. 그리고 극도의 환경에서 사용되는 도관을 위한 복합재료의 주문도 있었다. 매출과 주가가 떨어져도 미래에 대한 투자는 아끼지 않는 기업들이 적지 않았다. 이런 기업에는 필요한 만큼만 주문할 수 있고 빠른 납기가 가능한 하이티가 유일한 선택사항이라고 할 수 있었다.

한편 오크톤에서는 아기 고질라가 배달되어 설치되었다. 하지만 몇 차례의 시험 가동 외에는 여전히 생산 제약인 고질라의 능력을 진정으로 확장하기 전까지 한 번도 가동되지 않았다. 그 결과, 제약 이론의 드럼-버퍼-로프 틀과 식스 시그마의 개선들이 어우러져 생산뿐 아니라 회사 전체 시스템이 잘 돌아갔다.

그래서 2008년 내내 위너의 거의 모든 계열사가 원가 삭감이라는 근시안적인 조치에 급급한 상황에서도 하이티는 오히려 성장을 기록했다. 그로 인해 위너의 최고위층들은 키올라와 하이티의 성과를 입을 모아 칭찬했다. 한편, 위너 그룹의 주가는 2008년 10월에 6.13달러까지 내려갔다가 연말에 겨우 12.57달러로 회복되었다. 불과 3개월 만에 두 배라니! 피터 윈 회장은 매일 추락하는 주가와 암울한 뉴스의 한복판에서 키올라를 늘 주시했다. 그에게는 키올라가 절실히 필요했다.

그리하여 윈과 키올라의 만남이 다시 이루어졌다. 2009년 1월의 어느 날, 키올라는 회의도 없는 오전 시간에 꾸벅꾸벅 조는 대신 사무실을 살짝 빠져나와 미셸의 걸스카우트 분대에 줄 쿠키를 샀다. 경기가 여전히 좋지 않기에 쿠키 주문량도 전보다 훨씬 떨어졌다.

하지만 키올라의 BMW는 트렁크도 모자라 뒷좌석까지 온갖 종류의 걸스카우트 쿠키로 가득 찼다. 키올라가 막 차를 몰고 가려는데 휴대전화가 울렸다. 린다였다.

"무슨 일이야?"

"피터 윈 회장님께 전화가 왔어요. 당장 뉴욕으로 오라고 하셔요. 오늘밤 맨해튼에서 머물며 함께 저녁식사를 하자시네요."

"어휴, 그 양반은 사전 계획이란 걸 모르나? 아무래도 이번 생신에는 달력을 선물해야겠어."

"비행기를 보내겠대요. 아주 중요한 일인 것 같아요."

키올라는 깊은 한숨을 내쉬었다. "알았어. 뭘 해야 하는지 알지? 오늘 오후와 내일 아침 약속을 모두 취소하고 호텔을 잡아줘. 보일러실이나 엘리베이터 옆방 말고."

"본사에서 다 잡아놓았대요. 그냥 최대한 빨리 출발하라고만 하더라고요."

키올라는 집으로 차를 몰고 가 쿠키를 전부 거실 탁자 위에 놓았다. 그리고 뉴욕에 갈 채비를 하면서 도슨에게 전화를 걸었다.

도슨의 아프리카 모험이 불발로 끝난 후 둘의 관계는 나쁘지 않았다. 하지만 도슨은 틈만 나면 사냥하러 로키 산맥으로 날아가거나 낚시하러 멕시코 만으로 날아갔다. 물론 대개는 키올라가 아니라 해병대 친구들과 함께였다. 놀러가지 않을 때도 비행기 사업 때문에 하루나 이틀 타지로 가는 일은 다반사였다. 키올라도 밤낮으로, 주말까지 일하거나 자주 출장을 갔고, 그렇지 않을 때는 아이들과 어울리고 부모의 병간호를 하느라 바빴다. 하지만 작년부터 키올라와 도슨은 마치 부부처럼 편안한 사이로 발전했다. 물론 둘이 함께 하이보로에 있을 때만 말이다.

"자기, 오늘밤 특별한 일 없어요?" 키올라가 물었다.

"왜요? 멋진 데이트라도 할까요?"

"미안하지만 오늘은 안 돼요. 급히 뉴욕에 가야 하거든요."

"아하, 조종사를 찾는 거군요."

"그것도 아니에요. 아이들을 봐줄 사람을 찾는 거예요. 엄마한테 얘기했더니 요즘 아빠가 밤에 말썽을 많이 일으킨대요. 도와줄 수 있겠어요?"

도슨이 한숨을 쉬었다. "알았어요. 그러죠."

"오늘밤 미셸과 함께 걸스카우트 쿠키도 배달해줄 수 있어요?"

"알았어요. 또 다른 건?"

"그거면 됐어요. 이젠 공항으로 뛰어야겠네요. 고마워요. 이번 주말에는 꼭 데이트해요. 꼭이요."

"알았어요. 약속을 지키나 보겠어요."

위너의 매끈한 초음속 세스너 사이테이션 엑스가 뉴욕에 착륙하자 운전자가 딸린 은색 메르세데스 벤츠가 키올라를 기다리고 있었다. 운전자는 양복과 하얀 셔츠에 넥타이를 맨 건장한 청년이었다. 그는 친절할 뿐 아니라 운전 내내 재미있는 이야기로 키올라를 즐겁게 해주었다. 이 차는 전용 입구를 이용했다. 차가 가까이 다가가자 평범하게 생긴 육중한 차고 문 모양의 철문이 위로 열렸다. 마호가니로 벽면을 장식한 중역용 엘리베이터가 59층까지 올라가는 동안 키올라는 속으로 생각했다. '이런 것쯤은 익숙해질 수 있어.'

하지만 이내 내면 깊은 곳에서 다른 목소리가 들려왔다. '아니야. 좋긴 하지만 나와는 맞지 않아.'

키올라는 이곳에 오기 전에 이미 윈과 직접 통화했다. 짧은 대화였지만 윈의 말투는 아주 부드럽고 친절했다. 하지만 키올라를 호출한 이유에 대해서는 일언반구도 없었다.

윈의 비서가 서명을 하라며 키올라에게 비밀 유지 합의서를 내밀었다. 키올라가 서명을 마치고 안내에 따라 윈의 사무실에 들어서자 윈이 기다리고 있었다. 그는 여전히 미남이었지만 얼굴에는 피로한 기색이 역력했다. 잘 손질된 불그스레한 금발이 키올라가 마지막으로 봤을 때보다 더 희어진 듯했다.

"여행은 어땠소? 모든 게 정말 괜찮지 않았소? 알다시피 엑스는 내가 가장 좋아하는 비행기요. 정말 좋지. 더 크고 비싸고 널찍한 비행기도 있지만 엑스만큼 빠른 비행기는 없으니까. 내가 비행기 조종사더러 당신을 위해 고출력 이륙을 하라고 할 걸 그랬구먼… 고출력 이륙을 경험해봤소? 정말 대단하지. 좌석으로 완전히 내동댕이쳐지는 느낌이 든다오. 롤스로이스 쌍발 엔진이 막 불을 뿜는 거요. 하지만 제트 연료 가격이 비싸고 소음 규제 문제도 있으니까… 음, 다음에는 꼭 경험해 보시오."

서로 이야기를 나누는 사이에, 아니 윈 혼자서 이야기하는 사이에 두 사람은 윈의 사무실을 지나 작고 편안한 분위기의 방으로 들어갔다. 마치 교외 저택의 거실 같은 분위기였다. 휴게실에 있을 법한 가구들과 거대한 평면 텔레비전, 키올라가 벤을 통해 알게 된 온갖 비디오 게임기. 윈이 세상만사를 잊고 싶을 때 찾아오는 곳인 듯했다.

그런데 거기에 다른 누군가 있었다. 자리에서 일어나 키올라를 반기는 사람은 60세 정도로 보이는 우아한 여성이었다. 키고 크고 마른 여성은 격식을 차린 트위드 정장에 밝은 산호색 블라우스를 입고 있었다. 그녀는 해맑은 웃음을 머금은 채 키올라에게 다가와 다정하게 손을 내밀었다. 길고 새하얀 손가락과 완벽하게 마무리된 손톱이 매우 인상적이었다.

"다이애나 불 여사요. 이쪽은 에이미 키올라 사장입니다." 윈이 두 사람을 서로에게 소개했다.

"키올라 사장, 만나서 반가워요."

"저도 반갑습니다. 불 여사님."

키올라는 다이애나 불이라는 이름과 얼굴을 연결시키려 애썼다. 그 순간 〈포춘〉이나 〈포브스〉, 혹은 두 잡지 모두의 표지에 그녀가 실렸던 게 기억났다. 하지만 그녀가 유명인인 이유는 금방 생각나지 않았다.

"그럼, 두 사람이 친해지도록 저는 이만 빠지지요."

윈이 그렇게 말하고 나서 자기 사무실로 돌아갔다.

"키올라 사장, 여기 앉아요. 많이 어리둥절하지요?" 불이 자리를 권했다.

"예, 피터 윈 회장님이 아무 말씀도 해주시지 않아서요."

"그럴 수밖에 없었어요. 제가 말씀드릴게요. 저는 불 그룹 파트너 Boole Group Partner라는 사모 펀드 회사의 회장이에요. 우리 회사는 선별된 포트폴리오의 회사들에 전액을 투자하거나 다수의 지분을 확보하지요. 쉽게 말해 우리는 투자자랍니다. 단기 시세 차익을 노리는 투기꾼이 아니에요. 헤지펀드도 아니지요. 우리는 기업 청소부가 아니에요. 기업분할을 목적으로 하고 있지도 않고. 그저 경영진이 뛰어난 탄탄한 회사에 투자할 뿐입니다. 적절한 기회가 오고 조건이 괜찮을 때 투자하는 거지요."

"그렇군요." 키올라는 도대체 원이 무슨 이유로 자신을 이곳에 불렀는지 몰라 혼란스럽기만 했다.

"피터 회장님이 이 방에는 마이크가 없다고 말씀하셨어요. 물론 도청기도 없고요. 그러니 할 말이 있으면 언제라도 마음 놓고 하세요."

"네, 하지만 특별히 할 말이 없어서요……."

"물론 그럴 거예요. 하지만 아무 걱정하지 말아요. 불 그룹 파트너는 워렌 버핏과 벤저민 그레이엄의 투자 철학을 채택하고 있어요. 우리는 장기투자를 해요. 때로 비즈니스 모델이 엉망이라 회복될 수 없는 회사들은 팔기도 해요. 하지만 되도록 매각은 피하려고 해요. 또 우리는 시시콜콜 귀찮게 간섭하지 않아요. 기대 사항만 말하고 나서 뒤로 빠져요. 경영진이 알아서 하게 놔두고 잘하면 후한 상을 내리지요."

"정말 현명하시네요."

"그렇게 생각해주니 고마워요. 왜냐하면 불 그룹 파트너가 하이티 콤퍼지트를 인수하려고 오퍼를 냈거든요. 가격은 위너에게 아주 좋은 수준이에요. 현실적인 가격이지요. 피터 회장이 원하는 웃돈을 붙지 않았지만 지금은 그럴 시기가 아니지요. 어쨌든 거래 배경은 분명해요. 위너는 금융 서비스 그룹을 회복시키기 위해 현금이 절실히 필요하고, 현재 위너 그룹 안에서 인수할 만한 회사는 하이티뿐이지요. 그리고 저는 인수 비용을 지불할 능력이 있고요."

"원 회장님이 그 거래에 합의하셨나요?"

"예. 위너와 불 그룹 파트너는 원칙적으로 합의했어요. 조건, 그러니까 내 조건은 하나뿐이에요. 당신이 하이티의 사장 겸 CEO를 계속 맡아주는 거예요. 그래서 오늘 사적으로 당신을 만난 겁니다."

불과 키올라는 한 시간 남짓 대화를 나눈 뒤 피터와 그의 법률 고문을 만났다. 오후가 다 갈 무렵, 거래가 성사되었다. 공식적인 부분들의 처리는 시간이 걸리겠지만 그것들은 세부 사항에 불과했다. 하이티는 불 그룹 파트너로 넘어가고 대신 위너는 금액은 공개되지 않았지만 막대한 현금을 얻게 되었다. 그리고 키올라는 막대한 보수를 받는 하이티의 사장 겸 CEO가 되게 되었다. 이제 그녀의 앞에 막대한 부를 쌓을 길이 열린 것이다.

키올라는 맨해튼 동부에 있는 불의 펜트하우스에서 그녀와 함께 저녁식사를 했다. 꽤 실력이 있는 조각가라는 그녀의 남편도 동석했는데 사업에는 전혀 관여하지 않는다고 했다. 불 그룹의 몇몇 파트너도 참석했다. 저녁식사는 불의 전속 요리사가 준비했다. 최고급 와인을 곁들인 코코뱅볶은 다음은 포도주로 찐 닭고기가 간단하면서도 일품이었다. 키올라는 기분이 좋아 와인을 두 잔이나 마셨다. 더 마시고 싶었지만 취하지 않도록 자제했다. 잠은 불 그룹의 귀빈 숙소에서 잤는데, 침실 창문 밖으로 흰 눈이 흩날렸다.

이튿날 아침, 도슨에게서 문자 메시지가 왔다.

아이들은 학교에.
쿠키 배달.
임무 완수.

비행기가 하이보로에 착륙하자 키올라는 내려서 주위를 둘러보았다. 도슨의 비치 배런이 늘 있던 자리에 없었다. 또 다시 어딘가로 날아간 모양이었다. 아마도 낚시하러 갔을 것이다. 실망한 키올라는 차를 몰아 사무실로 향했다. 도슨은 정말 필요할 때마다 곁에 없다고 투덜거리며. 하지만 다시 생각해보니 아이들을 잘 돌봐준 것만으로도 충분히 고마웠다.

평상시와 똑같은 분위기의 하이티 본사. 전날 있었던 일을 아무도 알 리 없었다. 키올라가 사무실에 앉아 뉴욕에 갔다 온 사이에 쌓인 수많은 이메일을 확인하고 있는데 린다가 들어왔다.

"뉴욕에서 무슨 일이 있었어요?"

"미안해. 몇 시간 뒤 언론에서 공식 발표가 나기 전까지는 아무 말도 해줄 수 없어."

그 말에 린다의 앳된 얼굴에 금세 근심의 그림자가 드리웠다.

"나쁜 소식인가요? 그것만 말씀해주시면 안 돼요?"

키올라가 자리에서 일어나 린다를 와락 껴안았다. 그러고 나서 함박웃음을 지으며 말했다. "린다, 이번에는 환상적으로 좋은 소식이야!"

키올라가 '브이 팀'이라 부르는 하이티의 리더 팀은 거의 모두가 회사에 남았다. 단 한 명 코나니만 최악의 계열사 중 한 곳을 회복시켜달라는 위너의 부름을 수락했다. 코나니에게는 아주 좋은 기회였다. 다들 떠나는 코나니가 잘되기를 빌어주었다. 키올라는 물어볼 말이 있으면 언제라도 전화하라고 했다. 코나니가 떠난 덕분에 자이로는 오크톤의 공장장으로 승진했다. 자이로는 그럴 자격이 충분했다. 이런 변화 외에 브이 팀은 원래 상태를 그대로 유지했다. 혼란이 발생할까 걱정했던 키올라에게는 정말 다행스러운 일이었다. 키올라는 하이티가 장기적인 성공을 거두면 브이 팀의 모든 일원에게 막대한 기회와 인센티브가 돌아갈 것이라고 약속했다.

"톰 씨."

"왜요, 에이미 씨?"

"우리 둘 다 이름의 철자가 세 자라는 걸 알아요?"

"그게 어쨌다고요?"

"에이미Amy, 톰Tom, 세 자. 이게 무슨 뜻인지 정말 모르겠어요?"

"모르겠어요. 어서 말해봐요."

"그건" 키올라가 도슨에게 팔을 휘감으면서 말했다. "우리가 서로를 위해 지어졌다는 뜻이에요. 마치 운명처럼 말이에요."

도슨이 키올라를 일으켜 앉히고 얼굴을 빤히 쳐다봤다. 두 사람은 도슨의 집 소파 위에 누워 있었다. 주방 탁자 위에는 빈 피자 상자가 그대로 놓여 있었다. 광란의 3월 대학 농구 토너먼트가 진행 중이었고 1시간 뒤에 노스캐롤라이나 대학교의 경기가 방송될 예정이었다. 원래 여우는 못 되는 키올라였지만 와인 두 잔의 힘을 빌려 고백을 유도하기로 결심했다. 이번이 아니면 영원히 못할 것 같았다.

"무슨 말을 하려는 거예요?"

"우리가 3년을 함께한 걸 아나요?"

"그래서? 4년에 도전하고 싶다고요? 좋아요. 해보죠."

"그게 아니라요. 평생에 도전하고 싶어요!"

"아!"

"결혼이요."

"결혼? 결혼하면 뭐가 좋다고?"

"좋은 점을 꼽아볼까요? 우선, 집과 침실을 같이 쓸 수 있잖아요."

"그건 지금도 할 수 있어요."

"나는 아니에요. 나는 평판과 책임감이 있는 여자고 확실한 게 좋아요. 합법적인 관계여야 해요."

"지금도 아주 좋은 관계에요. 우리는 서로 사랑하고 있잖아요. 함께 있는 시간이 즐겁고."

"함께 있을 시간이 많아야 말이죠."

"굳이 잘못이 있다면 나 못지않게 자기의 잘못도 커요. 그러니까 내가, 방랑벽이 있는 건 맞아요. 하지만 당신은요? 결혼하면 출장을 포기할 수 있어요?"

"그건……."

"그리고 내가 정말 좋아하는 것들, 내가 행복을 느끼는 것들을 포기하라고 할 거잖아요."

"포기하라고는 안 할 거예요. 단지……."

"그게 아니면 자유를 헌납하라고 하겠지요."

"그렇지 않아요!"

"당신은 똑똑하고 재치가 넘치는 푸른 눈의 미인이에요. 하지만 한편으로는 책임감이 너무 강한 일 중독자예요. 저녁 9시 30분을 넘기지 못하고 곯아떨어질 정도로 늘 피곤하죠. 그리고 당신은 내가 가고 싶은 곳의 절반도 동행하지 못할 거예요. 내가 하고 싶은 일을 함께 해주지 못할 거라고요. 그러니 그냥 이대로가 좋잖아요? 함께 있을 때 서로 즐기자고요."

"진실을 알고 싶어요? 나는 지금 관계가 성에 차지 않는다고요."

"오! 성에 차지 않다? 그래요?"

"당신이 어떤 사람인 줄 알아요. 재미있고 잘생기고 마음씨 좋은 남자죠. 하지만 한편으로는 불나방처럼 모험 속으로 뛰어드는 남자지요. 혹시 죽음을 동경하는 건 아닌가요? 당신은 혼자 있기를 너무 좋아하고 지기를 너무 싫어하죠. 도무지 헌신이란 걸 몰라요. 난 헌신적인 남편을 원해요. 그런 당신을 내가 왜 좋아하는지 모르겠네요."

"잠깐, 내가 헌신을 모른다고? 난 해병대에 헌신했어요. 첫 번째 부인에게도 헌신했고. 그런데도 그녀는 나를 떠나 불행을 자초했지요."

"좋아요. 아까 말을 취소하죠. 당신은 헌신을 알아요. 단지 내게만 헌신할 수 없는 거죠."

"나는 당신에게도 헌신해요. 당신을 사랑해요. 단지 우리는… 서로 많이 달라요. 결혼하면 어떻게 될지 뻔하잖아요. 당신은 나더러 집에 틀어박혀서 종일 빈둥대라고 할 거고, 나는 당신에게 일을 그만두고 플로리다 키스 제도로 날아가자고 할 거예요. 하지만 당신은 분기별 보고서를 작성해야 하잖아요? 서로 힘들어질 거라고요."

키올라의 눈에 눈물이 글썽였다. 틀린 말은 아니었기 때문이다.

"당신을 바꾸려고 하지 않을 게요." 키올라가 터져 나오려는 울음을 참으며 말했다.

"그렇게 안 될 거예요."

"그럼 우린 끝이네요."

"그런 것 같군요. 내 항공 점퍼를 돌려줘요."

"가져가요. 필요 없어요."

키올라가 자리에서 일어섰다.

"안녕."

"또 봐요."

"그럴 일은 없을 거예요."

키올라는 성큼성큼 문 쪽으로 걸어갔지만 문을 열고 잠시 머뭇거렸다. 하마터면 뒤를 돌아볼 뻔했다. 그러나 결국 비가 내리는 어둠 속으로 발을 내딛었다. 그리고 갑자기 멈췄다.

도슨의 팔이 뒤에서 키올라를 와락 안아 올렸기 때문이다. 우람한 팔의 힘 때문에 키올라는 움직일 수 없었다. 키올라가 뒷발질로 도슨의 정강이를 찼지만 그는 꿈쩍도 하지 않았다.

"놔요!"

"어림없어요." 도슨이 입술을 키올라의 머리카락에 댄 채 귀에 속삭였다. "우리, 천천히 생각해봐요."

키올리라가 말없이 고개를 끄덕였다.

석 달 지난 6월 어느 날, 결혼식이 열렸다. 산기슭의 작은 언덕 위에 솟은 작은 예배당에서 두 사람이 행진하자 하늘도 축복하듯 산들바람과 청명한 하늘을 보내주었다.

신부 측 자리에는 키올라의 가족 외에도 하이티 가족들인 머피, 리즈, 일레인, 자이로, 퀸시, 그리고 그들의 배우자인 코린과 테레사, 빌, 엘리, 패니가 앉았다.

신랑 측에는 알래스카에서 온 도슨의 가족들이 자리했다. 그 외에도 가족이나 다름없는 해병대 식구들이 찾아왔다. 현역과 퇴역, 반반씩이었다.

근처 별관의 피로연장에서는 샴페인을 터뜨리는 시간이 두 번이나 있었다. 두 샴페인 중 하나는 불 내외가 참석하지 못해서 미안하다는 표시로 보낸 동 뻬리뇽였고, 다른 하나는 퍼스트가 축하의 뜻으로 보낸 뵈브 끌리코 퐁사르댕이었다. 그 외에도 다사다난한 일이 많은 밤이었다.

그날 신부는 세상의 모든 신부가 그렇듯 더없이 아름다웠다. 결혼 행진곡이 연주되는 순간, 하얀 면사포를 입은 키올라는 좌중을 둘러보았다.

신부의 시중을 드는 기혼 여성으로 선택된 린다. 신부 들러리인 딸 미셸과 슈윅.

그리고 턱시도를 입고 두 손을 꼭 쥔 채 참을성 있게 웃고 있는 도슨. 그의 요청에 따라 신랑 들러리가 되어 바짝 긴장한 아들 벤. 또 다른 신랑 들러리인 도슨의 옛 상관. 아직도 현역 군인인 그는 도슨의 부탁으로 해병대 제복을 입었다.

이제 키올라는 아버지의 손을 잡고 말했다. "자, 아버지."

결혼식이 끝난 몇 달 후, 해리는 갑자기 삶의 끈을 완전히 놓았고 몇 주 후 결국 세상을 떠났다. 하지만 해리는 이날만큼은 검은 정장에 멋진 꽃무늬 넥타이 차림으로 딸과 함께 당당하게 행진했다. 해리가 헤벌쭉 웃으며 발을 질질 끌며 걷는 바람에 행진이 끝나기도 전에 결혼행진곡이 끝나자 피아니스트는 처음부터 연주를 다시 시작해야 했다. 하지만 둘은 끝내 제단 앞까지 무사히 이르렀다. 91세의 해리는 도슨을 보며 큰 목소리로 말했다.

"자, 여기 있네!"

도슨이 키올라의 손을 받으며 해리에게 속삭였다. "고맙습니다, 장인어른. 따님을 잘 키워주신 두 분께 감사드립니다."

감사의 말
VELOCITY

우리 이전에 많은 훌륭한 사람들의 노력이 없었다면 이 책은 존재하지 못했을 것이다. W. 에드워즈 데밍W. Edwards Deming, 타이치 오노 Taiichi Ohno, 시게오 신고Shigeo Shingo, 월터 슈와트Walter Shewhart를 비롯한 수많은 사람이 놀라운 틀을 마련해준 덕분에 AGI 골드랫 연구소는 지금의 기법과 원리들을 개발할 수 있었다.

특히 TOC를 개발하고 AGI 골드랫 연구소를 세운 엘리야후 골드랫 박사에게 깊이 감사한다. 골드랫 박사는 제프 콕스와 함께 쓴 《더 골》을 비롯해서 여러 저서를 통해 자신의 생각을 세상에 드러냈다. 골드랫 박사의 천재성이 아니었다면 오늘 우리가 하고 있는 일은 불가능했을 것이다.

아울러 이 책에는 복잡한 시스템의 관리법을 찾아 고객들을 장기적인 성공으로 이끌려는 AGI 골드랫 연구소 사람들의 열정과 노고가 담겨 있다. AGI 골드랫 연구소의 모든 사람은 즐거운 연구를 계속하도록 해준 여러 고객들과 그들의 조직에 깊이 감사한다. 우리가 기꺼이 섬기기를 원하는 이 고객들 중에는 미 해군과 해병대, 공군이 있다. 뿐만 아니라 나이키Nike, 코닝Corning, 피앤지Proctor & Gamble, 실드 에어Sealed Air, ITT, 노스롭 그루먼Northrup Grumman, 루슨트Lucent, 보잉Boeing, 록히드 마틴Lockheed Martin, 군제Gunze, 스미노Sumino를 비롯한 수많은 기업도 우리의 자랑스러운 고객들이다.

디 제이콥과 수잔 버글랜드의 동료인 데일 호울Dale Houle과 휴 콜Hugh Cole은 이 책의 개념과 다양한 응용 도구들을 개발하는 데 중요한 역할을 한 AGI 골드랫 연구소 핵심 인물들이다. 호울은 AGI 골드랫 연구소의 설립 이후로 TOC를 구상하고 설파하고 발전시키는 데 중요한 역할을 했다. 콜은 처음에는 고객으로, 그 뒤에는 컨설턴트로, 그 후로 지금까지 여러 해 동안은 파트너로 AGI 골드랫 연구소와 긴밀한 관계를 맺어왔다. 그는 우리가 구상한 모든 개념을 조직의 모든 사람이 이해할 수 있게 풀어내준다. 마지막으로, 우리의 많은 컨설턴트와 중역, 파트너, 직원들은 이 책의 이야기가 우리 고객들의 일상 속에서도 그대로 재현되기를 바라며 노력하고 있다.

옳은 개념이나 접근법을 읽기 쉽고 감동적인 이야기로 바꾸기는 결코 쉽지 않다. 제프 콕스는 우리의 특별한 친구이자 이 책을 함께 만든 동료다. 그의 책들을 읽어보면 개념을 풀어 설명해주는 재능뿐 아니라 어려운 비즈니스 개념을 눈을 떼기 힘들 만큼 흥미로운 이야기로 바꾸려는 열정을 발견할 수 있다. 그와 협력하면서 우리는 사람들의 삶에 우리의 일이 얼마나 중요한지 더욱 절실히 깨달았다. 그에게 감사한다. 나음번 협력이 참으로 고내된다.

마지막으로, 이 책의 출판을 현실로 이뤄준 사람들에게 감사한다. 무엇보다도 우리의 에이전트 캐시 헤밍Cathy Hemming에게 감사한다. 그의 경험과 지식은 우리를 세계 최고의 출판사인 사이먼 앤 슈스터Simon

& Schuster의 프리 프레스Free Press로 이끌었다. 우리는 에밀리 루스Emily Loose 편집장의 뛰어난 팀과 협력하는 행운을 누렸다. 루스의 비전과 감성은 그 누구와도 비길 수 없다. 루스의 팀에 감사하고 이 팀의 성공을 진심으로 바란다.